HEINRICH HUNKE

Raumordnungspolitik

– Vorstellungen und Wirklichkeit –

VERÖFFENTLICHUNGEN
DER AKADEMIE FÜR RAUMFORSCHUNG UND LANDESPLANUNG

Abhandlungen
Band 70

Raumordnungspolitik
Vorstellungen und Wirklichkeit

Untersuchungen zur Anatomie der westdeutschen Raumentwicklung
im 20. Jahrhundert
in ihrer demographischen und gesamtwirtschaftlichen Einbindung

von

HEINRICH HUNKE

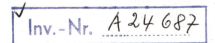

GEBRÜDER JÄNECKE VERLAG · HANNOVER · 1974

Anschrift des Verfassers:

Prof. Dr. Heinrich Hunke, 3 Hannover, Rimpaustraße 16

ISBN 3 7792 5339 9

Alle Rechte vorbehalten · Gebrüder Jänecke Verlag Hannover · 1974
Gesamtherstellung: Druck- und Verlagshaus Gebrüder Jänecke, Laatzen/Hannover
Auslieferung durch den Verlag

IV

INHALTSVERZEICHNIS

Übersichten (am Schluß des Bandes)

Abbildungen

Vorwort

Die Begriffe Raumordnung und Landesentwicklung sind im Verlauf der letzten 20 Jahre in zunehmendem Maße zu politischen Forderungen geworden und haben einen hohen Stellenwert erringen können. Von unterschiedlichen Sachverhalten ausgehend, immer an der Auseinandersetzung mit der technischen Welt orientiert, hat die Wissenschaft Zusammenhänge sichtbar gemacht, die die Intervention von Staat und Gesellschaft herausgefordert haben. Andererseits haben Lehre und Forschung bis heute keine geschlossene, praxisbezogene Theorie vorlegen können, die Raumordnungs- und Landesentwicklungsprobleme konkret zu lösen gestattet. Im besonderen ist unklar geblieben, inwieweit Landesentwicklung machbar und bis zu welchem Grade sie ein irreversibler Vorgang ist. Die nachfolgende Untersuchung enthält meine Bemerkungen zu den Möglichkeiten und Grenzen der Raumordnungsintervention. Sie ist damit praktisch eine Fortsetzung der Diskussion auf der Plenarsitzung der Akademie für Raumforschung und Landesplanung und der Deutschen Akademie für Städtebau und Landesplanung 1971 in Stuttgart mit dem Thema „Aufgaben und Möglichkeiten der Raumplanung in unserer Zeit", über die es im Geleitwort zu der Veröffentlichung der Ergebnisse heißt, daß „beide Akademien auf eine Fortsetzung und Vertiefung der Diskussion hoffen".

Die Studie, die ich hier vorlege, ist natürlich nicht in einem Jahr entstanden. Ich beschäftige mich fast 25 Jahre mit diesen Problemen, allein Sammlung und Aufbereitung des umfangreichen Zahlenmaterials haben über viele Umwege hinweg über Gebühr Zeit in Anspruch genommen und wären ohne die große freundschaftliche Unterstützung von vielen Seiten undurchführbar gewesen, und ich meine darüber hinaus fast, daß die gegenwärtige Problemlage eigentlich auch nur der erkennen und würdigen kann, der die Entwicklung in Theorie und Wirklichkeit lange Jahre aus der Nähe verfolgt hat. Denn einem solchen Beobachter drängt sich natürlich mit Macht die Frage nach der Effizienz von Landesentwicklungsmaßnahmen auf. Mir schien jedenfalls, daß es not tat, an die Wirklichkeit selbst klare Fragen zu richten, um sie sich von ihr — unbekümmert um das Ergebnis — beantworten zu lassen. Das Ergebnis ist m. E. so interessant, daß es einem größeren Kreis unterbreitet werden sollte.

Ich bejahe die Idee der Raumordnungspolitik, aber ich meine, daß wir, um sie erfolgreich durchführen zu können, zunächst die räumliche Ordnung in ihren Strukturen und Abläufen besser kennen müssen als wir es heute vermögen. Die Untersuchung wurde daher darauf abgestellt, die räumliche Ordnung in der Bundesrepublik Deutschland über aufschlußreiche Jahrzehnte hinweg, und zwar in der Zeit vor und nach dem Zusammenbruch unseres Staates, mit allen Einflüssen der Verdichtung und der Intervention zu messen und zu analysieren. Dabei wurden die Instrumente der Raumordnungspolitik, Markt und Plan, die Zielvorstellungen und insbesondere die Frage nach dem Planungsfreiheitsraum in die Analyse einbezogen.

Die Untersuchung ist, wenn man so will, eine historische Darstellung der Raumentwicklung in unserer Zeit mit einer wissenschaftlichen Reflektion über sie und eine empirische Studie über das sozioökonomische Verhalten der Bevölkerung, im letzten die Niederschrift über eine einmalige 30jährige Simulation, die die Geschichte vorgenommen hat. Von dieser Warte aus zeigt sich, daß die räumliche Ordnung kein „mühsam gebändigtes Chaos" ist, wie PRITZKOLEIT formuliert hat, das man beliebig verändern und formen kann, sondern ein Gebilde, das weitgehend von den Gesetzen der industriellen Welt beherrscht wird und in demselben Umfange dem kurzfristigen menschlichen Einfluß entzogen ist. Nur wer die „Apparatur" der räumlichen Ordnung kennt, kann darauf rechnen, sie verändern und verbessern zu können.

Die Untersuchung wurde im März 1973 abgeschlossen. Einige kleinere Untersuchungen aus späterer Zeit wurden noch in das Manuskript eingearbeitet. Dagegen konnte leider das so wichtige Heft 4 der „Volkswirtschaftlichen Gesamtrechnungen der Länder" mit dem Bruttoinlandsprodukt 1970 je Beschäftigten, das 1974 erschienen ist, nicht mehr berücksichtigt werden.

Ich danke allen, die mir bei der Abfassung der Untersuchung behilflich gewesen sind. Der kritischen Durchsicht des Manuskripts, die von Dr. MANFRED BAHLBURG, Dr. HILDBURG GRÄFE-HUNKE und Prof. Dr. RAINER THOSS vorgenommen wurde, habe ich manche Anregung und Verbesserung zu verdanken. Meine langjährige Mitarbeiterin Frau MARIA WOITSCHEK schrieb mir das Manuskript in verschiedenen Fassungen. Herr HANS H. BOMMER hat sich in vorbildlicher Weise um die redaktionelle Herstellung bemüht. Mein besonderer Dank gilt meiner Frau, die mit großem Verständnis und ebenso großer Unterstützung die schwierige und zeitraubende Erstellung der Untersuchung überhaupt ermöglicht hat.

Hannover, März 1974   *Heinrich Hunke*

Einführung

Ein führender Landesplaner[1]) hat vor kurzem dargelegt, daß „Raumordnungswissenschaft . . . nur Wissenschaft von der Methodik der Kooperation oder Koordination (der einzelnen beteiligten Wissenschaften) sein (könnte)." Wenn ich das richtig verstehe, könnte nach dieser Auffassung Raumforschung nur Verwaltungslehre der „neuen" Planungswissenschaft (also Methodik der Kooperation) oder technische Planungswissenschaft (d. h. Koordination) sein. Raumforschung wäre nach dieser Auffassung gleichsam eine Brille, durch die man die erstrebte Wirklichkeit sieht. Diese ideale Auffassung wäre richtig und praktikabel, wenn die Raumordnung über eine Tradition verfügte, aus der heraus eine Regelung der Tagesfragen erfolgen könnte, oder über ein geschlossenes wissenschaftliches System, aus dem Antworten für eine konkrete Situation formuliert werden könnten. Beides aber ist nicht der Fall, und so ist Raumforschung zunächst und vor allem anderen Gewinnung von ausreichendem und geordnetem Wissen, was sie und die beteiligten Disziplinen erarbeitet haben: Tatsachenwissenschaft, Bestandsanalyse und Diagnose. Die einschränkende Definition wäre zu verschmerzen, wenn nicht von hier aus eine tiefgehende Theorie- und Praxisproblematik Raumforschung und Raumordnungssysteme überlagern würden, die uns die Wirklichkeit nicht sehen lassen. Diese Tatsache ist nämlich viel tiefer begründet, als gemeinhin angenommen wird. Sie liegt nicht in der Unzulänglichkeit der Technik, der Diagnose und Therapie der Raumbehandlung, sondern in der Erkenntnis dessen, was wirklich Raumentwicklung ist und infolgedessen Raumverbesserung sein kann. Um es mit einem Vergleich von SCHUMPETER zu sagen, der daran das Problem Macht und ökonomisches Gesetz verdeutlichte: Das räumliche Geschehen gleicht dem Kartenspiel, bei dem die Rolle der Macht sich in der Verteilung der Karten, die Rolle des ökonomischen Gesetzes in den Regeln des Spiels präsentiert. Die Raumordnungspolitik beschäftigt sich bisher fast ausschließlich mit dem Verteilen der Karten, aber erst die Kenntnis des Spielsystems der räumlichen Ordnung gestattet die Konstruktion der Raumordnungsbrille.

Schon bei SCHMOLLER ist zu lesen, daß „alle Versuche aber, dem Menschen seine Stelle in der Welt und der Geschichte anzuweisen, Staat und Gesellschaft zu erkennen", genau „wie die Ursache, die Entwicklung der Natur im ganzen zu erfassen, über die vorhandene Einzelerkenntnis hinausgehen und sich irgendwie ein Bild des Ganzen, des Woher und Wohin machen, eine in sich geschlossene Einheit alles Vorgestellten und Gewußten schaffen (müssen)"[2]). Daran aber fehlt es bis heute. Man prüfe doch einmal gewisse Raumordnungsgutachten, in denen ein paar Vergleichszahlen für die Bevölkerungsbewegung, das Industriewachstum und das Sozialprodukt isoliert nebeneinandergestellt werden, in denen aber im übrigen jede Analyse des Ganzheitsbezugs fehlt. Und trotzdem maßt man sich an, die komplizierte „Apparatur" der Raumordnung zu überblicken, und tut so, als ob man wüßte, wie alles zusammenwirkt und wie das Ganze und das Einzelne sich ändert, wenn man auf das Ganze oder einen Teil einwirkt. Das Bundesraumordnungsgesetz spricht von gesunden Räumen, also müßte es doch wohl die erste Aufgabe der Raumforschung sein, sich eine klare Vorstellung von der natürlichen räumlichen Entwicklung zu machen, um

---

[1]) H. G. NIEMEIER, in: structur 7 (1972), S. 161.
[2]) G. SCHMOLLER: Grundfragen 3, S. 323.

daran die Entartung, d. h. das Wesen des pathologischen Raumes, zu erkennen. Merkwürdigerweise ist aber die Raumplanung von vornherein von der Idee der transmutatio naturae besessen, und — ich meine — aus diesem Grunde ist sie eine „dunkle" Wissenschaft geblieben — etwa wie die Alchemie, die auf europäischem Boden ein Jahrtausend nach der transmutatio der Natur gesucht hat. Auf die Tatsachenlage in der Raumordnung übertragen bedeutet das, daß vorschnell einige Vorstellungen wirksam wurden, die jetzt den Weg zur Wirklichkeit verstellen und eine Erkenntnis der Tatsachen erschweren.

Ich nenne zunächst drei dieser Vorstellungen:

— Erstens die Annahme, daß jeder Teilraum einer autonomen Entwicklung zugeführt werden könnte, während in Wirklichkeit die Einbindung in die demographische und volkswirtschaftliche Entwicklung des ganzen Landes auch sein Schicksal darstellt. Die Raumforschung hat sich daran gewöhnt, die Region als eine Einheit zu sehen. Aber das ist sie meistens nicht. Nicht einmal im Spektrum der staatlichen Kräfte, aber schon gar nicht in der Verzahnung der wirtschaftlichen Einflüsse, die in und außerhalb der Region ihren Sitz haben und als Kapitalunternehmen in verschiedenen Händen mit wechselnden Mehrheiten in einem auch für die Verantwortlichen kaum mehr überschaubaren Ganzen die regionale Entwicklung mitbestimmen. Die vorliegende Untersuchung wird zeigen, daß die überregionalen Verflechtungen Determinationen entwickeln, die jede Teilraumentwicklung in größere Zusammenhänge einbinden[3]).

— Zweitens die Überzeugung, daß die Autonomie der Planung besser und erfolgreicher sei als die Steuerung des Allokationsprozesses durch Marktvorgänge. Stellvertretend für viele zitiere ich GOTTFRIED MÜLLERS These in Stuttgart: „Raumplanung und Raumordnungspolitik werden davon auszugehen haben, daß eine über den ‚Markt' gesteuerte strukturräumliche Entwicklung wie bisher so auch in Zukunft eine daseinsrichtige Zuordnung von Gesellschaft, Wirtschaft und Raum nicht gewährleisten kann. An die Stelle des ‚Marktes' bzw. als ‚Ergänzungsfunktionär des Marktes' tritt die Planung, d. h. der Planungsprozeß, verstanden als System umfassender planerischer Aktivitäten in der Spannweite von der Zielvorgabe über die Situationsanalyse einschließlich Prognose, der Erarbeitung von Alternativen bis zur Planaufstellung und schließlich der Durchsetzung sowie der nachfolgenden Wirkungskontrolle[4])". Wenn das als Forschungsansatz gedacht ist, stimme ich ihm zu, wenn der Inhalt aber darüber hinausgehen sollte, Funktion und Effizienz gleichsam absolut gedacht sind, dann muß man darüber sprechen.

— Drittens die Überzeugung, daß man den Stein der Weisen für die Landesentwicklung längst gefunden habe. Nicht nur die Zeit ist vergangen, wo man glaubte, daß die Wirt-

---

[3]) Den gleichen Standpunkt vertreten ISBARY, V. D. HEIDE und MÜLLER: „Alle Nachprüfungen werden immer wieder ergeben, daß es auf die funktionale Verflechtung, nicht auf einzelne räumliche Datenaussagen ankommt, um eine Vorstellung über Gebiete mit gesunden Strukturen und Lebensbedingungen zu gewinnen" (Gebiete mit gesunden Strukturen — Merkmale und Abgrenzung. Akademie für Raumforschung und Landesplanung (ARL), Abhandlungen (Abh.), Bd. 57, Hannover 1969, S. 36). Im gleichen Sinn beklagt AFFELD, daß „die räumlich funktionale Arbeitsteilung bisher nicht zum tragenden, durchgängigen Grundsatz eines raumordnerischen Leitmodells geworden ist" (Raum- und siedlungsstrukturelle Arbeitsteilung als Grundprinzipien zur Verteilung des raumwirksamen Entwicklungspotentials. In: structur 9, 1972, S. 197 ff.).

[4]) G. MÜLLER: Zielvorstellungen und Instrumentarium für die künftige Siedlungsstruktur. In: Aufgaben und Möglichkeiten der Raumplanung in unserer Zeit, Akademie für Raumforschung und Landesplanung (ARL), Forschungs- und Sitzungsberichte (FuS), Bd. 78, Hannover 1972, S. 29.

schaft schon wisse, wie man es richtig mache, inzwischen haben sich die Parteien und die Medien auch darauf geeinigt, daß die Wirtschaftsplanung an Behördenschreibtischen und ähnliche Dirigismen veraltet und überflüssig sind, aber daß Infrastruktur (d. h. Straßen bauen und Bildungsinvestitionen) das unterentwickelte Land beleben wird. Nach dieser Auffassung kommt dann die Wirtschaft von selbst und der betr. Landkreis wird sicher den Bundesdurchschnitt erreichen. „Das Grundmodell einer so verstandenen Planung ist das der induzierenden Planung"[5]. Natürlich gibt es skeptische Stimmen in diesem Chor[6]. M. E. liegt hier ein Irrtum der Raumplanung, wenn die Infrastruktur von vornherein mit absoluter Effizienz in das Instrumentarium der Raumplanung eingesetzt wird.

Die nachfolgende Untersuchung unterscheidet sich von diesen Annahmen und Modellen grundlegend dadurch, daß sie den westdeutschen Raum so nimmt, wie er ist. An ihren Feststellungen ist kaum zu zweifeln; denn sämtliche Zahlen entstammen der amtlichen Statistik, die in vier großen Schnitten für die Jahre 1939, 1950, 1961 und 1970 den Raumbezug wiedergibt. Damit gewinnt die Diagnose jene Aussagekraft, die man immer vermißt hat. Auch der Bezugsrahmen ist ein anderer als in früheren Untersuchungen. Die Landesentwicklung kann m. E. nur in Vergleichen sichtbar werden. Aus diesem Grunde ist immer die Relation zum Gesamtraum gewählt worden. Die einzige Möglichkeit, daß die Ergebnisse der Untersuchung der Wirklichkeit nicht entsprechen könnten, ist, daß die beschriebenen Entwicklungen mit der vorliegenden Rastermethode nicht deutlich gemacht werden konnten. Dieser Nachweis müßte mit einem besseren Mikroskop erbracht werden.

Auch die Wahl des Zeitraumes hat besondere Bedeutung: Der Zeitraum von 1939 bis 1970 war die Zeit vor, in und nach einem einmaligen Bevölkerungsexperiment.

Die Untersuchung behandelt die vier entscheidenden Fragen jeglicher Raumordnung: Sie beginnt erstens mit einer Darstellung und Überprüfung der Kategorien oder Regelsysteme, die die räumliche Ordnung bestimmen. Sie fragt zweitens kritisch nach den Zielvorstellungen. Sie behandelt drittens anschließend das Problem des Handlungsspielraums, indem sie die Entwicklung des westdeutschen Raumes in der Zeit der säkularen Störung (1939—1970) analysiert. Dieser Zeitabschnitt enthüllt mehr als andere, was Raumordnung wirklich ist und wer sie determiniert. Die Untersuchung spricht zum Schluß auch die Raumordnungsintervention an, allerdings nur in bezug auf Norddeutschland.

Das Ergebnis der Untersuchung kennzeichnet eine langfristige Landesentwicklung, die in diesem Umfange bisher nicht vorliegt. Das Ergebnis ist außerdem eindeutig, und jeder Regierungsbezirk in Westdeutschland und jeder Stadt- und Landkreis in Nordwestdeutschland kann seinen gesamtwirtschaftlichen Rang und seine gesamtwirtschaftlichen Funk-

---

[5] G. MÜLLER, a. a. O., S. 29.

[6] So hat KARL OETTLE dargelegt, daß es keinen „Sachzwang" zwischen Wirtschaftlichkeit der Infrastrukturinvestitionen und Bevölkerungskonzentration gibt. „Das Kriterium der Wirtschaftlichkeit hat nur sekundäre Bedeutung. Es ist maßgebend dafür, wie der übergeordnete Zweck möglichst kostengünstig erreicht wird; keinesfalls darf es aber Einfluß darauf haben, ob und wie der Zweck formuliert wird" (S. 141). An anderer Stelle heißt es: „Die Maßstabsvergrößerung wurde als eine spezielle und künstliche erkannt. Es wurde dargetan, daß sie nicht zwangsläufig genereller Natur werden kann ... Damit entfällt eine wichtige Voraussetzung für die als notwendig bezeichnete räumliche Kontraktion bzw. Konzentration" (S. 142). (K. OETTLE: Thesen zu Fragen der Manipulierbarkeit möglicher Entwicklungen. In: Raumordnung und Landesplanung, Festschrift für W. GUTHSMUTHS, München 1971.)

tionen in Übersichten ablesen[7]). Das Ergebnis könnte raumordnungspolitisch die Folge haben, die man sich gesellschaftspolitisch von der Offenlegung der Steuerlisten verspricht.

OSWALD SPENGLER hat die Notwendigkeit von Ursache und Wirkung als die Logik des Raumes bezeichnet. Er meint damit die Wirklichkeit, die „aus der Seele in die Welt, aus dem Reiche der Freiheit in das der Notwendigkeit, aus dem unmittelbar Lebendigen ins Räumlich-Logische projiziert wird"[8]), und damit dem Gesetz der Kausalität unterliegt. Ich hoffe, daß die Untersuchung deutlich machen kann, daß die Siedlungs- und Arbeitsstättensysteme den Geschehensverbänden nachgeordnete Sachverbände sind und damit die Logik des Raumes auch im industriellen Zeitalter von den sozialen Gebilden des Zusammenlebens bestimmt wird. Die Allokation von Wohnstätten und Arbeitsplätzen hat sich bekanntlich unter der Herrschaft des Industrialismus entscheidend gewandelt. Es ist zwar richtig, daß die industriellen Investitionen die Entwicklung bestimmen, aber die Siedlungsstrukturen sind doch eine weithin eigenständige Größe geblieben.

Grundsätzlich sind Siedlungs- und Arbeitsstättensysteme in dieser Untersuchung Raumerschließungs- und -nutzungssysteme im industriellen Zeitalter, die mit unterschiedlicher Mobilität ausgezeichnet und von unterschiedlichen Standortentscheidungen

---

[7]) Die Übersichten
a) für die Bundesrepublik Deutschland (ohne Berlin):
  I   Bevölkerungsentwicklung der westdeutschen Verwaltungsbezirke 1925—1970,
  II   Die regionale Wirtschaftsentwicklung in Westdeutschland 1950—1970,
  III   Bevölkerungsentwicklung in den westdeutschen Agglomerationen 1871—1961,
b) für Nordwestdeutschland:
  IV   Bevölkerungsentwicklung in Nordwestdeutschland 1939—1970,
  V   Entwicklung der Beschäftigten, Industriebeschäftigten und des Bruttoinlandsproduktes in Nordwestdeutschland nach 1950,
  VI   Die regionale Entwicklung des Fremdenverkehrs in Nordwestdeutschland,
  VII   Produktivitäts- und Wohlstandsniveau in Nordwestdeutschland 1930—1970,
finden sich in einer Tasche am Schluß des Bandes.
Die Übersicht I beruht auf den amtlichen Zählwerken.
Der Übersicht II liegen die Veröffentlichungen des Statistischen Bundesamtes und die Sozialproduktsberechnungen der Länder — Heft 1—3 — zugrunde.
Die Übersicht III hat für die Agglomerationen die Veröffentlichung von BORRIES, Grundlagen der westdeutschen Siedlungsstruktur, ARL, Abh. Bd. 56, Hannover 1969, Tab. 8, benutzt. Die Einwohnerzahlen für die Großstädte wurden entnommen aus „Die Entwicklung der Bevölkerung der Stadtregionen", Hannover 1963, ARL, FuS, Bd. XXII, S. 192, Tab. 4.
Die Übersicht IV beruht mit den Zahlen für die Wohnbevölkerung für 1939—1961 auf GUSTAV UELSCHEN (Die Bevölkerung in Niedersachsen 1821—1961, Hannover 1966, Abh. Bd. 45) und auf den statistischen Veröffentlichungen der Länder Niedersachsen und Bremen. Die Zahlen über den Wohnungsbau finden sich im Tätigkeitsbericht der Landestreuhandstelle für das Jahr 1969, Übersicht 2 und in entsprechenden Mitteilungen des Statistischen Landesamtes Bremen vom 9. 5. 1972.
Übersicht V wurde aus Berichten der statistischen Landesämter Bremen und Niedersachsen zusammengestellt.
Übersicht VI fußt auf der Amtlichen Fremdenverkehrsstatistik des Landes Niedersachsen.
Übersicht VII wurde aus „Steuerstatistiken als Grundlage raumwirtschaftlicher Untersuchungen", Hannover 1971, ARL, FuS Bd. 67, S. 18—20, Tab. 2, und ARNO SCHRÖDER (Der Ballungsprozeß in Niedersachsen-Bremen im Spiegel der Steuerstatistiken, a. a. O., S. 135 ff.) entwickelt.
Gebietsstand ist in allen Übersichten der 6. 6. 1961.
Die Prozent-Relationen sind reine Gliederungszahlen, die sich immer auf die gleiche Fläche beziehen, so daß eine einwandfreie Vergleichbarkeit gesichert ist, ohne Rücksicht darauf, welche absolute Größe die verglichenen Raumeinheiten besitzen.
  [8]) O. SPENGLER: Untergang des Abendlandes. 15.—22. Aufl., München 1920, Bd. I, S. 9 u. 514.

4

determiniert werden. Die Bevölkerung, gemeinhin als Objektivation des örtlichen Lebens betrachtet, ist von persönlichen (Wohnung, Garten, Schule, Erholung) und wirtschaftlichen Standortentscheidungen abhängig. Die Arbeitsstättensysteme gehen „aus Kalkulationen hervor, die von übergreifenden Zusammenhängen (strukturelle Aspekte der Branche, Marktentwicklung, Innovationschancen) geleitet werden, und deren Schicksal, nachdem sie realisiert worden sind, auf weiteres weitgehend von den Konstellationen und Konjunkturen in diesen die Lokalität weit übergreifenden Zusammenhängen determiniert sind"[9].

Wenn trotzdem in der nachfolgenden Studie die Probleme der Raumordnung und Landesentwicklung vorwiegend aus ökonomischer, d. h. volkswirtschaftlicher Sicht behandelt werden, dann ist das natürlich einseitig, aber man wird sehen, daß über und vor allen Darlegungen die Einsicht von „der Verflechtung aller Einzelwirtschaften" und der „verbundenen Gesamtheit" aller Lebensvorgänge stand, „in welcher die Teile in lebendiger Wechselwirkung stehen und in welcher das Ganze als solches nachweisbare Wirkungen hat; eine Gesamtheit, welche trotz ewigen Wechsels der Teile in ihrer Wesenheit, in ihren individuellen Grundzügen für Jahre und Jahrzehnte dieselbe bleibt, welche, soweit sie sich ändert, sich uns als ein sich entwickelnder Körper darstellt"[10]. Ich glaube außerdem, daß sich mit dem sozialwissenschaftlichen Instrumentarium manche „anatomischen" und „physiologischen" Beziehungen aufzeigen lassen, die auch für das Raumverständnis nicht-ökonomischer Wissenschaften von Bedeutung sind. Jedenfalls kenne ich kein anderes Koordinatensystem, in dem die Entwicklung und ihre Parameter besser sichtbar gemacht werden können, und keine Betrachtung wird sich als fruchtbar erweisen, die nicht die Begriffe von Produktivität und realem Einkommen in ihr System einbezieht[10a].

---

[9] H. LINDE: Sachdominanz in Sozialstrukturen. Gesellschaft und Wissenschaft 4, Tübingen 1972, S. 30, Anm. 28.

[10] G. SCHMOLLER: Grundriß der allgemeinen Volkswirtschaftslehre. München-Leipzig 1923, Teil I, S. 4/5.

[10a] G. PICON: Panorama des idées contemporaines. Paris 1957, S. 247.

1. Die Theorie- und Praxis-Problematik von Raumordnung und Landesentwicklung
– zum Consensus über einige grundlegende Ordnungsvorstellungen –

1.1. Landesentwicklung, Raumordnung und Regionalpolitik

Ich verstehe unter Landesentwicklung die Bereitstellung der erforderlichen organisierenden individuellen und staatlichen Leistungen, um die in einem Raum schlummernden natürlichen und menschlichen Kräfte zu entfalten und zu nutzen[11]).

1667 veröffentlichte JOACHIM BECHER, ein Mann vom Format des Paracelsus, seinen „Politischen Discours" „von den eigentlichen Ursachen des Auf- und Abnehmens der Städte, Länder und Republiken, in specie wie ein Land volkreich und nahrhaft zu machen" sei. Damit war das Problem der Landesentwicklung geboren, und es ist seitdem nicht mehr untergegangen.

Politik und Wissenschaft sprechen heute meistens von Raumordnung, wenn sie Landesentwicklung meinen. Raumordnung ist die Aufgabe, in bestimmten Räumen eine dem Wesen des Menschen gemäße Raumstruktur anzustreben und die für den einzelnen und die Gesamtheit bestmögliche Nutzung der Erdoberfläche sicherzustellen[12]).

Beide Begriffe unterscheiden sich durch ein Dreifaches: Raumordnung enthält eine bestimmte Ordnungsvorstellung, die dem Begriff der Landesentwicklung nicht von vornherein immanent ist. Raumordnung kann auch als „ein übergeordnetes fachneutrales Instrument zur gebietlichen Ordnung und Entwicklung"[13]) begriffen werden. Man könnte etwa so sagen, daß Raumordnungspolitik und regionale Wirtschaftspolitik gemeinsam den Bereich der aktiven Landesentwicklung abdecken. Schließlich kann Landesentwicklung auch als ein Mittel der vorausschauenden Determination der räumlichen Ordnung betrachtet werden.

Regionalpolitik ist die Zusammenfassung der für die Landesentwicklung und Raumordnung einsetzbaren Maßnahmen, insbesondere in den Bereichen der Agrar-, Industrie-, Verkehrs- und Finanzpolitik. Nach HANS K. SCHNEIDER hat sie die Aufgabe, „die wirtschaftlichen Strukturen in den Teilräumen des Gesamtgebietes derart zu gestalten, daß die Ergebnisse des Wirtschaftsprozesses dem für die Gesamtwirtschaft und Gesellschaft maßgeblichen Zielsystem bestmöglich entsprechen"[14]). Er nennt im einzelnen als Ziele der Regionalpolitik: „die regionalen Implikationen des Gerechtigkeitsziels: Vermeidung und Beseitigung extremer Disparitäten in der interregionalen Verteilung der durchschnittlichen Pro-Kopf-Realeinkommen; die regionalen Implikationen des Stabilitätszieles: Reduzierung der konjunkturellen und strukturellen Anfälligkeit der Region; die regionalen Implikationen des gesamtwirtschaftlichen Wachstumszieles: Schaffung der Voraus-

---

[11]) H. HUNKE: Standort und Gestalt der Raumforschung. ARL, Abh., Bd. 44, Hannover 1964, S. 53.
[12]) H. HUNKE, a. a. O., S. 53.
[13]) HARTKOPF, in: structur 1972, Heft 6, S. 125.
[14]) H. K. SCHNEIDER: Über die Notwendigkeit regionaler Wirtschaftspolitik. In: Beiträge zur Regionalpolitik, Berlin 1968, S. 3. u. 4.

setzungen, die gesamtwirtschaftlich optimale regionale Wachstumsraten ermöglichen". Es ist klar erkennbar, daß hier die „Angleichung" der Regionen an die Konditionen des Gesamtgebietes im Mittelpunkt der Ziele steht und sich wie die Raumordnung in der Regel „im Aufzeigen von Zielbildern mit einem hohen Abstraktionsgrad" ergibt.

RÜDIGER GÖB — von dem diese letzte Formulierung stammt — hat jüngst gemeint, daß „auch die Regionalpolitik ... unter einem gesamtheitlichen Zielbild stehen (muß), bei dem die ordnungspolitischen Werte und Notwendigkeiten der Wirtschaftspolitik sicherlich sehr bedeutsam sind, das aber darüber hinausgehen muß. Raumordnungspolitik und Regionalpolitik sind so begriffen synonym"[15]). Das ist sicher richtig. Wenn er allerdings aus seiner Überlegung, „Regionalpolitik als ordnungspolitischer Ausdruck einer regionalisierten Wirtschaftspolitik allein ist zu eng", auf „die Notwendigkeit eines Ausgleiches zwischen den einzelnen Regionen, der eben nur in der Form eines leistungsgerechten Kosten- und Ertragsausgleiches zwischen den einander komplementär zugeordneten Räumen möglich ist", schließt, dann bedeutet das, daß die räumliche Bilanz auch zum obersten Schiedsrichter in allen Fragen der Wirtschaftsrechnung eingesetzt wird, und das ist — wie sich später zeigen wird — nicht möglich. Die Wirtschaft steht nämlich mit all ihren Betrieben und Unternehmen bereits unter dem gestaltenden Einfluß zweier Bilanzsysteme: des Volkswirtschaftsbilanzsystems, das durch Währung und Staat wirksam ist, und des Wirtschaftszweigebilanzsystems, welches die Strukturen bestimmt. Die Einführung eines dritten — regionalen — Bilanzsystems würde die beiden bestehenden Bilanzsysteme in ihrer Funktion und Wirksamkeit beeinträchtigen. Was über diese beiden Systeme hinausgeht, kann nur Sache eines Finanzausgleichs sein.

Hinter den drei Begriffen: Landesentwicklung, Raumordnung und Regionalpolitik steht grundlegend die Frage nach der Zielfindung: wie verteilt und wie beschäftigt die Bevölkerung eines Raumes im Idealfall sein müßte und welche Korrekturen aus außerwirtschaftlichen Gründen — etwa Volksgesundheit, Landesverteidigung und Freizeit — notwendig erscheinen und wie dieses ganze Unternehmen finanziert werden kann. Unter diesem Blickwinkel könnte man Raumordnung und Landesentwicklung auch als das Bemühen definieren, zu einem vernünftigen Ausgleich zwischen öffentlichen und privaten Belangen und Kosten zu gelangen.

In diesem Zusammenhang muß den Forderungen von Landespflege und Umweltschutz, die „sich inzwischen begrifflich weit über die Landespflege hinaus ausgeweitet (haben)"[16]), entscheidende Bedeutung zugemessen werden. BUCHWALD hat auf der Wissenschaftlichen Plenarsitzung der Akademie für Raumforschung und Landesplanung 1967 darauf hingewiesen, „daß in der Definition der Raumordnung als ,optimaler Zuordnung von Raum und Bevölkerung' zwangsläufig allein in dem Wort optimal ... eine starke ... in Forschung, Planung und Gestaltung unserer Erdoberfläche wenig berücksichtigte ökologische Komponente der Raumforschung und Raumordnung, die wir heute als Landespflege bezeichnen, (steckt)"[17]). Er definiert dementsprechend „Ökologie als die Wissenschaft von der Struktur und Funktion der Natur ..., wobei die menschliche Gesellschaft in ihrem vitalen Bereich als Teil der Natur aufgefaßt wird"[18]). In der letzteren umfassenden Darstellung

---

[15]) R. GÖB: Regionalpolitische Wirtschaftspolitik und metaökonomische Regionalpolitik. In: structur 8 (1972), S. 170.

[16]) UMLAUF: Zum Verhältnis von Umweltschutz und Raumordnung. In: Raumforschung und Raumordnung (Rf. u. Ro.) 1972, H. 4/5, S. 196.

[17]) K. BUCHWALD: Umwelt und Gesellschaft zwischen Wachstum und Gleichgewicht. In: Rf. u. Ro., 1972, H. 4/5, S. 160.

[18]) K. BUCHWALD, a. a. O., S. 147.

8

fordert BUCHWALD nunmehr als Ausfluß dieser Haltung, „eine Form der Wirtschaft mit Produktion für den Markt zu entwickeln, die bei grundsätzlicher Förderung der wirtschaftlichen Eigeninitiative und des Wettbewerbs die sozialen wie die ökologischen Gesichtspunkte entsprechend ihrer existentiellen Bedeutung für hochentwickelte Industriegesellschaften einschneidend berücksichtigt", und er fügt hinzu, daß es, „abgesehen von den Ansätzen bei MANSHOLT, in Richtung auf einen europäischen Sozialismus... heute noch keine Konzeption für eine den ökologischen Zwängen gerecht werdende, d. h. umweltkonforme und soziale Wirtschaftsordnung, die zugleich jenes als Motor erforderliche Maß privater Initiative und Freiheit zuläßt, (gibt)"[19]. Demgegenüber muß darauf verwiesen werden, daß leider der jetzige ökologische Erkenntnisstand präzise Aussagen über einen zweckentsprechenden Instrumenteneinsatz so schwer macht. „Das Problem des Umweltschutzes (selbst) stellt sich aus sozialwissenschaftlicher Perspektive grundsätzlich dar als Problem, die verschiedenen raumverändernden Aktivitäten der Gesellschaftsmitglieder ‚richtig‘, d. h. zum Wohle aller bzw. der Mehrzahl, zu organisieren"[20]) und wird weder verkannt, noch ist es unlösbar. Ich meine, daß die Raumforschung als sozialwissenschaftliche Kategorie wohl in der Lage ist, alle räumlichen Faktoren — auch die der Ökologie — als Vorteile und Belastungen, ausgedrückt in Einkommen, wie in einer Gleichung darzustellen. Es mag sein, daß eines Tages eine überbauende Matrix die dem Wachstum gezogenen Grenzen noch deutlicher macht, aber bis dahin ist noch ein langer Weg. Im Gegenteil möchte ich feststellen, daß „im Grunde die ‚neuen‘ ökonomischen Erklärungen und Gestaltungsvorschläge von Verhaltensweisen und Institutionen in verschiedenen Lebensbereichen nur eine Wiederbesinnung auf Ökonomie als einen alten Versuch pragmatischer weltlicher Weisheit darstellen"[21]. Umweltschutz muß nur gefordert werden. Bisher war „umweltschädigen", wie BOMBACH sagt, gratis. Wenn dafür gezahlt werden muß, wird die Wirtschaft auch in der Lage sein, sehr rasch umweltfreundliche und umwelterhaltende Technologien zu entwickeln.

1.2. Die Konflikte

Im letzten Grunde geht es in der Landesentwicklung und Raumordnung um drei Probleme:

— die weitere Industrialisierung als raumentwickelnde und raumordnende Kraft,

— die Rolle des Staates in der Landesentwicklung und seine raumpolitische Konzeption und

— das Problem der räumlichen Ausstattung oder die Infrastruktur.

Zur *Rolle der weiteren Industrialisierung als der raumbestimmenden Kraft in der gegenwärtigen Landesentwicklung* ist zu sagen, daß das 19. und 20. Jahrhundert von den Gesetzen des Industrialismus beherrscht wurde. Als am 21. Juni 1869 die Preußische Gewerbeordnung in § 1 bestimmte: „Der Betrieb eines Gewerbebetriebes ist jedermann gestattet, soweit nicht durch dieses Gesetz Ausnahmen oder Beschränkungen vorgeschrie-

[19]) K. BUCHWALD, a. a. O., S. 163.
[20]) R. KRYSMANSKI: Sozialwissenschaftliche Aspekte des Umweltschutzes. In: Rf. u. Ro., 1972, H. 4/5, S. 192.
[21]) G. GÄFGEN: Die wirtschaftliche Gestaltung nicht-kommerzieller Bereiche. In: Volkswirtschaftliche Korrespondenz der Adolf-Weber-Stiftung, Nr. 10/1972.

ben oder zugelassen sind", übernahm die Industrie die Führung in der wirtschaftlichen Entwicklung in Deutschland und der Staat die Aufsicht über die gewerbliche Tätigkeit, die bis dahin von den lokalen Institutionen ausgeübt wurde. Soviel ist sicher, daß ohne diese Entfesselung millionenfacher Energien die wirtschaftliche Entwicklung in den letzten 100 Jahren nicht möglich gewesen wäre.

Die Gewerbepolitik steht in der Gegenwart vor einer dreifachen Frage:

— Die erste Frage heißt: Wird die Gewerbefreiheit auch in Zukunft die Regel sein? Niemand vermag das heute mit Sicherheit zu sagen. Es ist zwar sicher, daß der Zugzwang des heutigen Wirtschaftssystems, der es zusammenhält und formt, oft unterschätzt wird, aber wer vermöchte zu sagen, wie stark die Gruppe derer ist, die Handel und Gewerbe wieder — wie es bis zum Beginn des 19. Jahrhunderts war — unter Konzessionspflicht stellen möchte. Es gibt mächtige Kräfte, die die ökonomisch-gesellschaftliche Lage verteidigen, aber es gibt auch geistige Strömungen, Ideale und Utopien, die die Gewerbefreiheit entschieden ablehnen. Insofern ähnelt die Gegenwart den ersten Jahrzehnten des 19. Jahrhunderts. RUDOLF STADELMANN hat in einer lesenswerten Studie auseinandergesetzt, wie sehr das Problem der Gewerbefreiheit damals die deutschen Menschen beschäftigt hat. Die Gewerbefreiheit war „die Losung der Bürokratie, die seit dem preußischen Gesetz von 1810 in wachsendem Maße und schließlich in allen Bundesstaaten die Schranken des Zunftgeistes niederlegen, die Initiative beflügeln, die rückständige Technik beleben und den Wohlstand befördern wollte", während sich „die überwiegende Mehrheit gegen die neuen Spielregeln der Gewerbefreiheit sträubte ... Selbst auf dem radikalen Frankfurter Gesellentag, der auch die Tagelöhner und Fabrikarbeiter zuließ, ist die Mehrheit Gegner der Gewerbefreiheit und Anhänger des Innungsprinzips gewesen"[22]). Genauso ist heute die Gegnerschaft gegen Fortschritt und Wachstum stimmenmäßig stärker, als man gemeinhin annimmt.

— Die zweite Frage betrifft die weitere Entwicklung der Industrialisierung. Bei FOURASTIÉ stehen die Sätze: „Das Volumen der nationalen Gesamtproduktion ist in Frankreich von 1950 bis 1962 so rasch gewachsen wie von 1880 bis 1939. D. h., daß die Wachstumsrate in 12 Jahren die gleiche Größenordnung hatte wie vor dem Krieg in 60 Jahren ... Wenn Frankreich seit 1750 diesen Zuwachsrhythmus gehabt hätte, wäre seine Industrieproduktion heute 10 000mal größer als die gesamte Weltproduktion im Jahre 1960", und er fügt hinzu, „daß solche Zuwachsraten für die jahrtausendealte Menschheit unnatürlich sind: Das ist keine Evolution mehr, noch eine Explosion, das ist eine Mutation, eine Metamorphose." Diese Überlegungen sind natürlich eine retrospektive historische Wachstumsbetrachtung. Es kann aber keinem Zweifel unterliegen, daß, wenn dieses Wachstum Wirklichkeit würde, es innerhalb kürzester Frist „bewirtschaftet" werden müßte. Und um diese Frage geht im Grunde genommen die ganze Raumordnungs- und Umweltschutz-Diskussion in der Gegenwart. Sicher ist andererseits, daß die Industrieentwicklung hinsichtlich der Zahl der Industriebeschäftigten in Deutschland ihren Höhepunkt erreicht hat. Die zukünftige Entwicklung wird stärker vom Kapitaleinsatz bestimmt werden als bisher.

— Schließlich tritt das Problem der Industrieballung verstärkt ins Bewußtsein. Über diese Frage sind Berge von Büchern geschrieben worden, und auch diese Studie kann an diesem Problem nicht vorübergehen. Als THÜNEN seinen Isolierten Staat schrieb, „fingierte" er eine „Stadt", „um welche sich in konzentrischen Zonen die verschiedenen

---

[22]) R. STADELMANN: Soziale und politische Geschichte der Revolution von 1848. München 1948, S. 12 f. St. nennt „das Aufbäumen des Mittelstandes gegen die Proletarisierung eines der bedeutendsten Phänomene der Achtundvierziger Revolution" (S. 165).

Sphären lagern, aus denen die zur Erhaltung der Stadt notwendigen Befriedigungsmittel bezogen werden"[23]). Natürlich wußte auch Thünen, daß Städte nicht immer da liegen, wo sie liegen sollten, aber entsprechend dem Prinzip der Zweckmäßigkeit und Rationalität, das im Isolierten Staat herrscht, stellt er das Gesetz auf, daß „die Städte... in bezug auf Größe und Entfernung so über das Land verbreitet sein (müssen), daß daraus das größte Nationaleinkommen hervorgeht". Und er fügt hinzu: „Diesem Prinzip aber wird entsprochen, wenn die Gewerbe und Fabriken da ihren Sitz haben, wo sie am wohlfeilsten produzieren und ihre Erzeugnisse zu den niedrigsten Preisen an die Konsumenten gelangen lassen können"[24]). Eugen Dühring hat in einer Betrachtung über diese Auffassung darauf hingewiesen, daß natürlich die Entstehung der Städte umgekehrt verlaufen ist. Er sagt: „In der Wirklichkeit ist das Vorhandensein landwirtschaftlicher Produktion ursprünglich so wenig an das Dasein eines zentralen städtischen Marktes gebunden, daß sich vielmehr ... die Mittelpunkte der Industrie erst wie eine zweite Schöpfung auf der Grundlage des zerstreuteren Ackerbaues ausbilden". „Wer also die Entwicklung der gegenseitigen Beziehungen zwischen Stadt und Land feststellen will, muß vor allen Dingen die Bildung der kleinen und großen Knotenpunkte des Verkehrs und der Industrie erklären". Er bejaht aber ausdrücklich „die Berechtigung zu dem Thünenschen Schema", weil „es gleichsam die Zugkraft veranschaulicht, mit welcher die Ausdehnung und Gestaltung des Bodenanbaues von einem stark konsumierenden Zentrum bewerkstelligt und auf diese Weise dem platten Lande ein wirtschaftlich schöpferischer Antrieb erteilt wird"[25]).

Alle späteren Erörterungen haben zu dem gleichen Ergebnis geführt und klargestellt, daß es sich im Grunde bei dem Stichwort Stadt in der Raumordnung um die Agglomerationen dreht, und gerade die Diskussionen in der Regional- und Strukturpolitik mit dem Ziel einer aktiven Sanierung der ländlichen Räume kommen zu dem Schluß, daß die Schaffung von entwicklungsfähigen Industriestandorten nur dann Aussicht auf Erfolg haben kann, wenn diese Orte mit ihrem Einzugsbereich über ein ausreichendes Bevölkerungspotential verfügen.

Wer also der Raumordnungspolitik die Aufgabe übertragen möchte, einen möglichst effizienten Einsatz der Produktionsfaktoren im Raum zu erreichen, muß sich gleichzeitig um den Nachweis bemühen, „wo die Grenzen einer sinnvollen und einer verfehlten Stadtentwicklung zu finden sind"[26]).

Die *Rolle des Staates in der Landesentwicklung und Raumordnung* ist vielschichtig und Gegenstand unterschiedlicher Betrachtung. Der Staat muß, wenn er die Landesentwicklung fördern will, drei Grundsätze beachten: (1) die staatlichen Aktivitäten müssen allgemein zugänglich sein; (2) der Staat muß beachten, daß seine Aktivitäten Weckung und Schaffung produktiver Kräfte, aber auch bloße Konzessionen an andere Faktoren oder sogar Verzerrung volkswirtschaftlicher Rationalität bedeuten können, (3) der Staat muß den instrumentalen Mitteleinsatz hinsichtlich des Wettbewerbs abschätzen.

Kurt Heinig hat in bezug auf diese Umstände vor vielen Jahren sehr grundsätzliche Ausführungen in den „Allgemeinen Vorbemerkungen zum Bundeshaushaltsvoranschlag 1955" gemacht, die ich im wesentlichen für richtig halte. Er fordert zunächst über die

---

[23]) H. Vaihinger: Die Philosophie des Als Ob. IV. Aufl., 1920.

[24]) H. v. Thünen: Isolierter Staat, S. II, 27 u. 28

[25]) E. Dühring: Kritische Geschichte der Nationalökonomie und des Sozialismus. 1875, S. 323.

[26]) E. Egner, in: Probleme des räumlichen Gleichgewichts in der Wirtschaftswissenschaft. Schriften d. Vereins f. Socialpolitik, Bd. 14, S. 141.

betriebswirtschaftliche Klarlegung der Bundesausgaben hinaus „die Analyse hinsichtlich ihrer aktiven Wirkung auf die wirtschaftliche und soziale Struktur Bundesdeutschlands". Er macht dann darauf aufmerksam, daß „wesentliche Funktionen der wirtschaftlichen und sozialen Strukturbildung und -entwicklung ... außerhalb des finanziellen Budgets, wenn auch innerhalb der legislativen Willensbildung (liegen)" und meint, daß „die im gewohnten Denken als Gegensätze auftretenden Begriffe ‚Staat' oder ‚Nichtstaat', ‚Planwirtschaft' oder ‚Soziale Marktwirtschaft' kaum noch den tatsächlichen Verhältnissen entsprechen. Sie sind zur ‚politischen Scheidemünze' geworden. Dabei ist ständig ... eine Symbiose aus ‚gegen' und ‚für', aus ‚staatlich' und ‚privat' im Gange, in der Skala unterschiedlich kräftig, aber in der Tendenz überall wirkend ... Nicht nur die Tendenz und die Richtung, sondern auch die einzelnen Kostenelemente des Sozialproduktes sind durch die verschiedensten Gruppen resp. Kollektivinteressenten zum größten Teil gebunden und auch gesteuert, womit nicht verhindert wird, daß sich das Resultat, also die Summe der Kosten, weiterhin als ‚Marktpreis' bezeichnet." Er fügt hinzu: „Man redet von freiem Außenhandel und von freier Konvertibilität aller Währungen, wir haben auch bedeutende internationale Organisationen, die sich programmatisch und durch internationale Abreden um sie bemühen. Zugleich sind alle Elemente, aus denen sich ‚Preis' und ‚Geld' zusammensetzen, nicht nur ‚gefördert', sondern gebunden, gesteuert, reguliert und sogar dressiert. Der Ministerrat der OEEC hat in seiner Januarsitzung 1955 ... einen schüchternen und begrenzten Versuch unternommen, die staatlichen Exportbeihilfen abzubauen, die jede ‚Soziale Marktwirtschaft' illusorisch machen. Dabei stellte er fest, daß die Regierungen, zu denen auch die deutsche gehört, auf diesem Gebiet einen Erfindungsreichtum an den Tag legen, der einer besseren Sache würdig wäre. Man schilderte, wie der Außenhandel vor allem durch Nichtablieferung eines Teiles der Exporterlöse (Exportprämien), durch direkte Exportsubventionen, durch Befreiung der Exporteure von indirekten Steuern und Sozialleistungen, durch deren Rückerstattung usw., durch künstlich ermäßigte Exportkreditversicherungen, durch Bereitstellung von Rohstoffen, durch Investitionshilfe usw. gefördert wird. Es gibt überhaupt kaum Preiselemente, die nicht staatlich resp. privatwirtschaftlich — staatlich beeinflußt würden." Und er schließt seine Replik: „Wie sollte man dieses Wirtschaftssystem, unter dem wir auch in Bundesdeutschland leben und das im Haushaltsplan nur stellenweise an die Oberfläche resp. ins Bewußtsein der Legislative tritt — obwohl sie es basiert — eigentlich nennen? Neuerdings ist von Amerikanern, die das System ebenfalls haben, vorgeschlagen worden, es vielleicht ‚mixed Economy' zu nennen. Aber auch dieser Begriff, so meint man, beschreibe nicht deutlich genug ‚die Medizin in der Flasche'. Man spricht auch von Verwaltungswirtschaft und von ‚controlled economy', auch von ‚laboristic economy', oder von ‚bearbeiteter Ökonomie' und von ‚dual economy'. Der Begriff ‚Soziale Marktwirtschaft' ist nur ein Substitut für alle jene Funktionen"[27].

Ich meine, daß diese Zustandsbeschreibung den Sachverhalt richtig wiedergibt, und daß alle diese Überlegungen für die Raumordnung mit ihrer weitverbreiteten quasi-subventionären Grundeinstellung — oder wie früher gesagt wurde, dem Bemühen um einen vernünftigen Ausgleich zwischen öffentlichen und privaten Belangen und Kosten — von besonderer Bedeutung sind. Aber eine letzte Klarheit über das strukturelle Neue wird damit nicht ausgesagt. In den 30er Jahren hat man zu Beginn der weitgespannten wirtschaftlichen und technischen Pläne in der wissenschaftlichen Diskussion dem überkommenen Verfassungsstaat den Planungsstaat gegenübergestellt und sein Wesen darin gefunden, daß im Planungsstaat „aus einer rationalen, zweckgerichteten politischen Willens-

---

[27]) K. Heinig, in: Finanzarchiv, Bd. 16 (1955/56), S. 159.

entscheidung heraus ein Programm konkreter Aufgaben bezeichnet wird, und zwar von Aufgaben, die wesentlich auf wirtschaftlichem, sozialem und technischem Gebiet liegen und für deren Erfüllung der Staat verantwortlich ist"[28]). Das Wesen des Planungsstaates ist demnach in einer neuen Form staatlichen Handelns zu sehen, das auf die Beseitigung der Zersplitterung der staatlichen Exekutive und parlamentarischer Hemmungen, die Bestimmung von Aufgaben auf wirtschaftlichem, sozialem und technischem Gebiet und die erforderliche Operationalität von Maßnahmen zur Erreichung eines Zieles ausgerichtet ist. Im übrigen ist der Planungsbegriff auch damals dunkel geblieben. Er wurde daher in Deutschland im wirtschaftlichen Bereich durch das Prinzip der staatlich gelenkten Volkswirtschaft ersetzt.

Das *Ziel der Regionalpolitik* ist die Verbesserung der regionalen Wirtschaftsstruktur, oder wie es der Sachverständigenrat im Jahresgutachten 1968 formuliert hat: Verwirklichung einer regionalpolitischen Konzeption, „in der die Funktionen der Verdichtungsräume, der mittleren Zentren sowie der ländlichen Gebiete so berücksichtigt sind, daß auf Grund der marktwirtschaftlichen Kräfte und des Strebens der regionalen Instanzen ein Zusammenspiel entsteht, das auf längere Sicht eine ausgewogene Entwicklung ohne Subventionen ermöglicht". Diese Formaldefinition, die schon einen Fortschritt in der Diskussion darstellt, darf uns nicht darüber hinwegtäuschen, daß bisher in diesem entscheidenden Punkt alles andere als Übereinstimmung besteht. Die Verdichtungsräume betonen, daß sie den erheblich größeren Teil des Sozialprodukts erzeugen und zur Erhaltung des ganzen Landes einen überdurchschnittlichen Beitrag leisten. Das Bundesfinanzministerium hat diesen Standpunkt im Finanzbericht 1964 unterstützt und dazu bemerkt: „Es wäre nicht vertretbar, die Schwachen in einer Weise zu begünstigen, durch die die Leistungskraft der Starken auf die Dauer beeinträchtigt würde. Vielmehr ist es aus finanzpolitischen Gesichtspunkten notwendig, die Funktionsfähigkeit der begünstigten Gebiete zu sichern." Der Sachverständigenrat hat das im Jahresgutachten 1968 mit „der Befürchtung (unterstrichen), daß bei einer intensivierten Politik zur aktiven Sanierung der weniger entwickelten Gebiete die gegenwärtigen und zukünftigen Probleme unserer Großstädte allzusehr in den Hintergrund geraten". Der Sachverständigenrat fügt hinzu: „So richtig es sein dürfte, einen Ausweg aus den Wachstumsproblemen der Ballungsgebiete darin zu suchen, daß man die weitere Entfaltung der kleineren und mittleren Großstädte begünstigt, so fragwürdig wäre es, eine wesentliche Entlastung der Ballungsgebiete davon zu erhoffen, daß man die weniger entwickelten ländlichen Gebiete fördert, jene aber ihrem Schicksal überläßt." Nun, diese Alternative, die künstlich konstruiert ist und niemand ganz ernst nehmen kann, ist Wind vor der Hoftür. In Wirklichkeit geht es um Fragen der volkswirtschaftlichen Rationalität, die nicht global und einseitig mit dem Argument der historischen Priorität beurteilt werden können, so mächtig sich diese auch erwiesen hat.

Inzwischen ist die regionale Strukturpolitik eine Gemeinschaftsaufgabe von Bund und Ländern geworden, und diese Regelung ist grundsätzlich begrüßenswert, wenn sichergestellt werden kann, daß sich die Industrieförderung in Zukunft unter Beachtung gesamtwirtschaftlicher Belange und Ausnutzung raumspezifischer Vorteile vollzieht. Auch das Sachverständigengutachten begrüßt diese Regelung. Zu der beabsichtigten Einführung einer Investitionszulage für alle Investitionen in Gebieten mit unterschiedlicher Wirtschaftskraft, „soweit sie zur Verbesserung der Wirtschaftskraft oder zur Schaffung neuer Arbeitsplätze führen, in Höhe von 10 bzw. 15 % unabhängig von der Steuerschuld", meldete der Sachverständigenrat Bedenken an, solange die Gefahr besteht, „daß die Investitionen in Gebieten, die zusammen mehr als $2/5$ der Bundesrepublik ausmachen,

---

[28]) W. GREWE: Staatsform und Planung. In: Hochschule f. Politik, Jb. 1938, S. 38.

mehr oder weniger allgemein subventioniert werden". Dieser Hinweis sollte nicht leichtgenommen werden. Im übrigen ist die staatliche Initiative beim Übergang von Subventionen zu raumwirksamen Investitionen nur zu begrüßen. Es kann keinem Zweifel unterliegen, daß mit der Investitionszulage in der Regionalpolitik ein neuer Abschnitt begonnen hat, wenn es gelingt, dem Instrument durch richtige Dosierung und regionale Beschränkung die erforderliche Effizienz zu sichern.

Das Problem der regionalen Ausstattung ist unter dem Begriff *Infrastruktur*[28a]) im Verlauf weniger Jahre zu einem zentralen Begriff in der Raumordnung geworden, wie FREY formuliert, zu einem Lieblingswort der Politiker „als Schlüssel zur Lösung oder zur Vernebelung aktueller wirtschaftspolitischer Probleme für die einen, als Ansatzpunkt zur Rationalisierung der staatlichen Aktivität für die anderen", „wobei unter Infrastruktur alles Denkbare, nur selten etwas Präzises verstanden wird". LINDE hat seinen Eindruck wie folgt formuliert: „Man spielt also, d. h., man spekuliert mit dem Einsatz öffentlicher

---

[28a]) Nach JOCHIMSEN werden mit Infrastruktur „Die wachstums- und integrations- und versorgungsnotwendigen Basisfunktionen einer Gesamtwirtschaft" umschrieben (Hdwb. d. RfuRO, Hannover 1970, II, Sp. 1318). GRUMBACH und GREWE (FRANZ GRUMBACH und GERD GREVE: Wandlungen in der Beschäftigtenstruktur. In: Wandlungen der Wirtschaftsstruktur in der Bundesrepublik Deutschland, Schriften f. Vereins f. Socialpolitik N.F. Bd. 26, Berlin 1962, S. 23 ff.) haben eine Gliederung der Beschäftigten nach dem Zweck, „für den die von den Beschäftigten erstellten Güter und Dienstleistungen verwendet werden", vorgenommen und dabei einen besonderen Infrastruktursektor gebildet, der allerdings etwas groß geraten ist, weil er nicht nur die öffentlichen Dienstleistungen, Handel und Verkehr, sondern auch eine Gruppe „gemischte Industrien" umfaßt. Darunter werden Gas, Wasser, Elektrizität, Chemie, Papiererzeugung bzw. -verarbeitungen und die Wirtschaftsgruppe Druck verstanden. Die Verfasser rechtfertigen die Zurechnung dieser Wirtschaftszweige mit dem Argument, daß diese Industrien eine notwendige Vorbedingung für die Existenzmöglichkeit der anderen Wirtschaftszweige darstellen. Immerhin gibt diese Einteilung einen instruktiven Überblick über Entwicklung und Bedeutung des Infrastruktursektors, der zu einem großen Teil als öffentliche Verwaltung geführt wird. Danach betrugen die Beschäftigten:

	um 1855		um 1885		um 1910		1936		1959	
	Mio	%	Mio	%	Mio	%	Mio	%	Mio	%
im Kapitalgütersektor	1,0	7	2,0	10	4,4	15	5,8	18	7,0	28
im Konsumgütersektor	12,7	83	15,5	75	18,0	61	16,0	51	8,3	33
im Infrastruktursektor	1,2	8	2,4	12	5,6	19	8,8	28	9,2	36
darunter:										
Dienstleistungen i. öff. Bereich	0,45	3	0,66	3	1,36	5	2,65	8	2,83	11
Handel u. Verkehr	0,60	4	1,40	7	3,40	12	5,00	16	5,20	20
Gemischte Industrien	0,09	2	0,29	1	0,78	3	1,1	4	1,20	5
Beschäftigte insges.	15,24		20,67		29,40		31,50		25,40	

Die Strukturverschiebungen in den Sektoren lassen klar erkennen, daß der Kapitaleinsatz in den gewerblichen Produktionsbereichen, insbesondere im Konsumgütersektor, den Aufbau des Infrastrukturbereiches erzwungen und ermöglicht hat und daß die Entwicklung des Infrastrukturbereiches mehr denn je durch seine Folgekosten bestimmt wird.

Die Verfasser weisen selbst darauf hin, daß sich die absoluten Ziffern auf ungleiche Gebietsstände (Deutsches Reich, Bundesrepublik Deutschland) beziehen, machen aber darauf aufmerksam, daß „die Beschäftigtenstruktur in der Bundesrepublik nicht wesentlich von der im Deutschen Reich ab(weicht)" (S. 26).

Mittel auf sehr ungewisse Folgeinvestitionen von Privaten, Unternehmen und Haushalten. Das ist der Ernst der sogenannten Entwicklungsplanung, des Vorhaltens von Infrastruktur. Sicher ist am Ausgang dieses Konzepts, welches die politische Ratlosigkeit so schön in administrativen Betrieb umsetzt, nur dasjenige, dessen Erfolg nicht von der kooperativen Stützung durch private Investitionen abhängt"[29]. Es wird inzwischen immer deutlicher, daß die bloße Umschichtung von Finanzmitteln in den öffentlichen Haushalten noch keine Landesentwicklung ist und daß die finanziellen Kräfte eben nicht ausreichen, alles gleichzeitig zu tun. Das Sachverständigengutachten 1968 unterstreicht diese Feststellung mit den Worten: „Wegen der langen Fristen, um die es hier geht, müssen auch Vorstellungen darüber in die Konzeption eingehen, wo die Bevölkerung der Zukunft wohnen möchte. Bei alledem ist zu bedenken, daß gesellschafts- und sozialpolitisch begründete Ziele der Regionalpolitik gegen das, was marktwirtschaftlich vernünftig ist, nur mit dauernden Subventionen durchgehalten werden können."

Einer rationalen Beurteilung der Infrastrukturverbesserung steht sehr oft die Bezeichnung als Infrastruktur-*Investitionen* im Wege. Denn während der Erfolg betrieblicher Investitionen an der Ertragsrechnung abzulesen ist, entziehen sich die Infrastrukturinvestitionen einer solchen Erfolgsrechnung. Ob die Nutzen-Kosten-Analyse für die Staatswirtschaft das werden kann, „was die Investitionsrechnung für den privaten Unternehmer ist", ist deswegen fraglich, weil ihr ein exakter Bezugsrahmen fehlt. Sie kann zwar die Entscheidungsfindung zwischen Alternativen in bezug auf Einzelprojekte bedeutsam erleichtern, aber sie wird im Falle eines Gesamtprogramms bis auf weiteres kaum in der Lage sein, die Prioritäten und Notwendigkeiten nach Kosten und Nutzen zu gewichten.

Auch das Mittel der Zweckbindung von Steuern, wie der Mineralölsteuer an den Straßenbau, bietet keine generelle Lösung, jedenfalls dann nicht, wenn das Steueraufkommen „bereichsfremd" oder „nichtbereichsfördernd" eingesetzt wird.

Der MARXsche Ansatz[30], „zu erkennen, wie die regionale Standortqualität durch produktivitätsorientierte Infrastrukturinvestitionen verbessert werden kann, daß jeder Wirtschaftsraum ständig in der Lage ist, seine Standortfaktoren bestmöglich zu nutzen", hat bisher leider nicht zu regionalen Produktivitätsvergleichen geführt.

Dagegen haben die investitionstheoretische Rechtfertigung von Bildungsökonomen, die Aufwendungen im Bildungssektor den Investitionen rentierlicher Art ebenbürtig, wenn nicht überlegen hinzustellen, und Begründungen wie die folgende: „Der Anteil des Staates am Bruttoinlandsprodukt wird zunehmen müssen, bis die Höhe der Pro-Kopf-Ausgaben in x der in anderen Ländern entspricht, um die jetzt gegebene Einkommensdifferenz gegenüber dem Bundesdurchschnitt nicht noch größer werden zu lassen", zu einer Entwicklung geführt, die die Bezeichnung Investitionsrechnung nicht mehr beanspruchen kann.

---

[29] Über Zukunftsaspekte in der Raumplanung. In: Seminar für Planungswesen an der TU Braunschweig, 1971, H. 8, S. 99.

[30] D. MARX: Regionale Produktivitätsmessung als Ansatzpunkt überregionaler Raumordnungspolitik. In: Jahrb. f. Sozialwissenschaft 14 (1963), S. 414 ff. — Derselbe: Wachstumsorientierte Regionalpolitik. Wirtschaftspolitische Studien 3. Göttingen 1966.

1.3. Das „System der Raumordnung"
und die marktwirtschaftliche Wettbewerbsordnung

OTREMBA hat darauf aufmerksam gemacht, daß die Raumordnung im Begegnungs-
und Spannungsfeld zweier Raumkategorien — des irdischen Raumes und des Raumes als
Vorstellung — arbeitet. „Der irdische Raum ist in seiner dreidimensionalen Gestalt von
Litho-, Bio- und Atmosphäre in vielfältiger Arbeitsteilung der Forschungsgegenstand
zahlreicher Raumwissenschaften. In der Erkenntnis der Harmonie und der Bewirkung
der Harmonie liegt die hohe Kunst der Raumforschung und der Raumordnung"[31].

In der Bewirkung der Raumgestaltung hat bisher die Wirtschaft den entscheidenden
Part gespielt, und Nationalökonomie und Betriebswirtschaftslehre haben dementsprechend „den Schlüssel zu dem allgemeinen soziologischen Phänomen der heutigen Bevöl-
kerungsaggregierung" geliefert[32]. Sie haben den entscheidenden Faktor mit den Stand-
ortvorteilen erklärt. Dabei wurde die Beschränkung auf Erscheinungen, „die sich aus örtlichen Gegebenheiten von Angebot und Nachfrage im Hinblick auf die mit der Raum-
überwindung verbundenen Kosten ergeben", allmählich überwunden, und schon bei
RITSCHL findet sich die Feststellung, daß „die örtliche Verschiedenheit der Steuer- und
Soziallasten ... ein nicht zu unterschätzender, aber in der Theorie bisher übersehener
Standortfaktor (ist)[33]. Es läßt sich andererseits nicht leugnen, daß in der einzig entscheidenden Frage kein Fortschritt erzielt werden konnte: „Ob die richtige Wahl getroffen wurde, entscheidet sich (auch heute noch) erst a posteriori"[34]. „In der Dynamik gibt
es keinen optimalen Standort, weil wir die Zukunft nicht wissen"[35].

Mit diesen Feststellungen kann die Raumordnungspolitik natürlich wenig anfangen,
und mit Recht wurde gesagt, daß hier „die Aufgabe eines echten, wissenschaftlich vertret-
baren Kompromisses vor(liegt), der nur in sehr eingehender Auseinandersetzung mit den
realen Lebensbedingungen und der unabdingbaren Rationalität der Wirtschaft gefunden
werden kann"[36]. Soweit ich sehe, ist eine solche Auseinandersetzung bisher nur an zwei
Stellen versucht worden[37].

Ist eine Abänderung der natürlichen räumlichen Ordnung in einem freiheitlichen
System, d. h. bei grundsätzlicher Anerkennung der Ordnungsfunktion des Preismechanismus, möglich? Ich sehe dafür zwei Wege.

MIKSCH hat den Weg überlegt, den die Wirtschaftspolitik seit jeher geht, wenn sie
einen neuen Zustand herbeiführen will, „nämlich die Bedingungen des realen Prozesses
mit Hilfe der Rechtsordnung den Voraussetzungen des gedanklichen Modells möglichst
anzugleichen"[38] — und gleichzeitig abgelehnt, und zwar aus zwei Gründen: wegen der
möglichen Störung des Gleichgewichtsprozesses und wegen „der relativen Optimalität

---

[31] In: Handwörterbuch der Raumforschung und Raumordnung, 2. Aufl. ARL, Hannover
1970, Sp. 2567.
[32] A. WEBER: Über den Standort der Industrien. Tübingen 1909, 1. Aufl., Teil 1, S. III.
[33] H. RITSCHL: Reine und historische Dynamik des Standorts der Erzeugungszweige. In:
Schmollers Jb. f. Gesetzgeb., Verwaltg. u. Wirtsch., 51. Jg., 1927, S. 841.
[34] H.-J. MUTH: Die Steuer als Faktor der Standortwahl. Diss., Berlin 1956, S. 62.
[35] A. LÖSCH: Die räumliche Wirtschaft. Jena 1944, S. 10 f.
[36] F. COESTER: Das System der Raumordnung und die Wirtschaftspolitik. In: Wirtschaftspol.
Chronik, Inst. f. Wirtschaftspolitik, Köln 1969, H. 1, S. 3.
[37] Beiträge zur Regionalpolitik. Berlin 1968. — H. HUNKE: Der interregionale Wohlstandsausgleich. In: Informationen, Nr. 17/18, 1969.
[38] L. MIKSCH: Zur Theorie des räumlichen Gleichgewichts. In: Weltwirtschaftliches Archiv,
Bd. 66 (1951), S. 23.

des verkehrswirtschaftlichen Prozesses", die ihm als praktisch „vollkommen" erscheint, „wenigstens in dem Sinne, daß Vollkommeneres nicht erreicht werden kann". „Denn wenn der Preismechanismus die vorhandenen Produktionsmittel nicht einzuschmelzen vermag, so bedeutet das eben, daß es in Anbetracht der ganzen Datenkonstellation, zu der auch sie gehören, unwirtschaftlich wäre, sie einzuschmelzen". Ich meine, daß dieser Feststellung außer belanglosen Worten nichts hinzuzufügen ist.

Ich habe wiederholt auseinandergesetzt, daß die Raumordnung durch zwei Regelsysteme determiniert wird: die privaten Aktivitäten der wirtschaftlichen, insbesondere der industriellen Welt und die öffentlichen Aktivitäten im Regelkreis der öffentlichen Haushalte, die einander mit der Verfügungsmacht über Geld begegnen, das aber mehr ist als bloßes Zahlungsmittel, sondern zugleich Ausdruck der Wirtschaftsrechnung und Repräsentanz der standörtlichen Ordnung[39]). Man mag zu dieser Konzeption stehen, wie man will, auf jeden Fall beschreibt sie die geltende Rechtslage und die Wirklichkeit, und der unterschiedliche Lenkungsmechanismus beider Regelwerke wird auf diese Weise nicht beeinträchtigt; die Verantwortung für das Ergebnis tragen beide Partner. Im übrigen bietet er die Möglichkeit, ein ideales Bündel kollektiver Wünsche zu finanzieren.

Mit Recht machte COESTER in diesem Zusammenhang darauf aufmerksam, daß die regionale Wirtschaftspolitik nicht darauf beschränkt ist, die Frage zu prüfen, „ob die Intervention marktkonform oder nicht marktkonform ist", sondern sie muß auch die „Verträglichkeit" raumpolitischer Ziele mit allen anderen Grundanliegen prüfen. Er nimmt damit Gedanken wieder auf, die WAGEMANN seinerzeit bewogen haben, die Volkswirtschaft „eine nach dem Prinzip der Harmonie zusammengeschlossene Lebensgemeinschaft" zu nennen[40]).

Nach WAGEMANN ist „die ‚automatisch sich regulierende‘, d. h. sich selbst steuernde Volkswirtschaft ... nichts weiter als die Erhebung des privatwirtschaftlichen Prinzips zum Grundgedanken der volkswirtschaftlichen Organisation. Bei voller Staatsregie wird dagegen das staatswirtschaftliche Prinzip zu dem der volkswirtschaftlichen Organisation erhoben. (Erst) die Idee der staatlichen Wirtschaftslenkung faßt beide Prinzipien zur organisatorischen Einheit zusammen" (S. 96). WAGEMANN hat selbst darauf hingewiesen, und die Erfahrung hat es bestätigt, daß „zwischen beiden Extremen in den staatlichen Beziehungen zur Wirtschaft zahlreiche Abstufungen der Wirtschaftsbeeinflussung (liegen). Diese steigt von der leichten Regulierung über die stetige Steuerung oder Lenkung zur Reglementierung und zur partiellen Staatsregie auf" (S. 97).

Diese Abstufungen interessieren hier im Augenblick nicht, so entscheidend sie sind. Denn ich habe immer noch die nüchternen beschwörenden Worte von J. M. KEYNES, einem der Entdecker der Funktionen der öffentlichen Haushalte für Aufgaben der Wirtschaftsgestaltung und Wirtschaftslenkung, im Ohr, als er sagte: „Wir können das, was BURKE ‚eines der subtilsten Probleme der Gesetzgebung‘ genannt hat, ‚nämlich die Bestimmung darüber, was der Staat selbst auf sich nehmen muß, um die allgemeine Vernunft zu leiten, und was er unter möglichst geringer Einmischung dem Tun des Individuums überlassen soll‘, nicht nach abstrakten Theorien entscheiden, sondern müssen es nach seinem Wert im einzelnen durchgehen. Wir müssen unterscheiden zwischen dem, was BENTHAM in seiner vergessenen, aber nützlichen Nomenklatur Agenda und Non-Agenda genannt

---

[39]) H. HUNKE: Standort und Gestalt der Raumforschung. ARL, Abh., Bd. 44, Hannover 1964, S. 50 ff. — Derselbe: Der interregionale Wohlstandsausgleich. Informationen Nr. 17/18 (1969), S. 512.

[40]) E. WAGEMANN: Wirtschaftspolitische Strategie. Hamburg 1937, S. 36.

hat. Es ist vielleicht die wichtigste Aufgabe der heutigen Nationalökonomie, von neuem zwischen der Agenda und der Non-Agenda zu unterscheiden ... Die wichtigsten Agenda des Staates betreffen nicht die Tätigkeiten, die bereits von Privatpersonen geleitet werden, sondern jene Funktionen, die über den Wirkungskreis des Individuums hinausgehen, jene Entscheidungen, die niemand trifft, wenn sie der Staat nicht trifft. Nicht das ist wichtig für den Staat, daß er die gleichen Dinge etwas besser oder schlechter ausführt, die heute bereits von Einzelpersonen getan werden, sondern daß er die Dinge tut, die heute überhaupt nicht getan werden"[41])[42]).

---

[41]) J. M. Keynes: Das Ende des Laissez Faire. — Ideen zur Verbindung von Privat- und Gemeinwirtschaft, Vorlesung am 23. 6. 1926 an der Universität Berlin. München-Leipzig 1926. S. 30 und 35.

[42]) Es besteht an dieser Stelle Veranlassung, sich der folgenden Unterscheidungen zu erinnern:

1. *Marktwirtschaft* ist eine Wirtschaftsordnung, bei der (a) eine dezentrale ex-post-Koordination der individuellen Wirtschaftspläne über den Markt erfolgt, wo (b) auf den Märkten freier Wettbewerb herrscht, (c) sich die Produktionsfaktoren in Privatbesitz befinden, (d) freier Konsum und Arbeitsplatzwahl und freie Spar- und Investitionsentscheidungen existieren, (e) die Höhe des individuellen Einkommens von der persönlichen Leistung abhängt und (f) der Staat sich darauf beschränkt, Kollektivbedürfnisse zu befriedigen.

2. *Wirtschaftslenkung* ist eine zusammenfassende Bezeichnung für eine Marktwirtschaft mit staatlichen Maßnahmen und bewußter Einflußnahme auf den Wirtschaftsprozeß; Mittel der Wirtschaftslenkung sind (a) Steuerpolitik, (b) Preispolitik, (c) Wettbewerbsordnung und (d) Bewirtschaftung.

3. *Volkswirtschaftliche Gesamtplanung (Planifikation)* ist eine Wirtschaftsordnung mit „Aufstellung eines langfristigen koordinierten Volkswirtschaftsplanes für alle Wirtschaftszweige und Festlegung der Richtlinien für eine koordinierte Volkswirtschaftspolitik in einem Staat mit sonst freier Marktwirtschaft, um bestimmte volkswirtschaftliche oder soziale Ziele (Steigerung der Arbeitsproduktivität, Sicherung der Vollbeschäftigung, Änderung der Einkommensverteilung, Ausgleich der Zahlungsbilanz) zu erreichen".

4. *Soziale Marktwirtschaft* ist eine Marktwirtschaft ergänzt durch Staatstätigkeit für (a) Stabilität des Geldmarktes und stetige konjunkturelle Entwicklung (Vollbeschäftigung), (b) Wettbewerbsordnung, (c) Anpassungsinterventionismus und (d) Ergänzung durch Sozialpolitik, Raumordnung und Ausbildung.

H. Frhr. von Stackelberg hat betont, daß „eine Entscheidung für das verkehrswirtschaftliche System, genauer für ein System, in welchem die Findigkeit richtiger Rechnungsgrößen durch die Konkurrenz erzwungen wird, in keiner Weise einen Verzicht auf staatliche Wirtschaftslenkung bedeutet" (Möglichkeiten und Grenzen der Wirtschaftslenkung. In: Ordo-Jb. für die Ordnung in Wirtschaft und Gesellschaft, Bad Godesberg 1949, S. 199). Er ist im Gegenteil der Ansicht, daß Eingriffe dieser Art „ein Funktionieren der Verkehrswirtschaft erst ermöglichen". Er unterscheidet regulierende Maßnahmen („für die Erzeugung einer vollständigen Konkurrenz") und dirigierende Maßnahmen („Ausrichtung der Wirtschaft auf die Leistung bestimmter Endergebnisse").

A. Predöhl hat der „dogmatischen Wirtschaftspolitik" eine „pragmatische Wirtschaftspolitik" entgegengehalten: „Ihr oberster Grundsatz ist die Forderung, den immanenten Kräften der Wirtschaft so wenig wie möglich entgegenzutreten, sie vielmehr so weit wie möglich auszunutzen. Das ist im Grunde auch der Sinn der Marktwirtschaft ... Marktwirtschaft setzen wir also keineswegs gleich Wettbewerbswirtschaft. Es hängt ganz von den Bedingungen ab, die die Wirtschaftspolitik im Einzelfall vorfindet, ob sie diese oder jene Methode der Ordnung zu wählen hat ... Immer kommt es darauf an, nicht gegen den Strom, sondern mit dem Strom zu schwimmen, mit leichten Korrekturen, mögen diese auch ... ‚dirigistisch' sein" (Monopol und Konzern in pragmatischer Sicht. In: Methoden und Probleme der Wirtschaftspolitik, Berlin 1964, S. 42 f.).

5. *Planwirtschaft* ist die Organisation einer Volkswirtschaft, bei der ein ökonomischer Gesamtplan über den Ablauf des Wirtschaftsprozesses entscheidet und der alle Einzelpläne der Wirtschaftssubjekte untergeordnet sind. Es sind denkbar Planwirtschaft mit oder ohne freie Berufswahl und Planwirtschaft mit oder ohne freie Konsumwahl.

1.4. Landesentwicklungsplanung als Globalplanung

Neben oder an die Stelle der marktwirtschaftlichen Kräfte tritt neuerdings die Planung, d. h. die systematische Koordination von öffentlichen Aktivitäten[43]).

Raumplanung umfaßt in diesem Sinne: „(a) die Summe der denkbaren Entwürfe eines verbesserten räumlichen Zusammenhanges unserer Lebensvollzüge (wie arbeiten, wohnen, erholen, kommunizieren) oder, um genau zu sein, der diesen Lebensvollzügen dienenden Sachen (Arbeitsstätten, Wohnungen, Freizeitflächen, Straßen, Wege, Leitungen) und darüber hinaus (b) ... Zwang zur Festlegung auf einen dieser Entwürfe unter Berücksichtigung aller Modalitäten seiner Machbarkeit"[44]). In der Definition der Landesplaner wurde das Programm zur „planmäßigen Entwicklung" noch dahin eingeschränkt, „daß Planung nur für solche Ziele sinnvoll ist, die der Beeinflussung durch die menschliche Vernunft überhaupt zugänglich sind und die ihr erreichbar erscheinen"[45]). Diese Begrenzung wurde inzwischen fast allgemein aufgegeben. Schon bei JOSEPH H. KAISER ist zu lesen, daß „Plan und Planverwirklichung Kategorien sind, die Sachverstand und politische Macht unter den Bedingungen der modernen Welt in eine enge Beziehung zueinander bringen"[46]).

Das ist verbal durchaus richtig, wenn auch nicht der Planung eigentümlich; denn man sollte nicht übersehen, daß auch früher eine in ein Gesetz gekleidete politische Maßnahme grundsätzlich nach dem gleichen Verfahren, d. h. im modernen Wortlaut nach „Plan", abgelaufen ist und daß zu allen Zeiten Domination und Determination eine Einheit bildeten. Gleichwohl hat sich die Bundesrepublik Deutschland mit dem Bundesraumordnungsgesetz vom 8. 4. 1965 und dem Stabilitätsgesetz vom 8. 6. 1967 zwei Instrumentarien geschaffen, die hinsichtlich ihrer Gestaltungsansprüche und Effizienz besondere Aufmerksamkeit verdienen.

---

[43]) So führt E. NAWROTH als vorherrschende Meinung folgendes aus: „Die gegenwärtigen Raumverhältnisse in der Bundesrepublik sind im wesentlichen bedingt durch das Selbstverständnis unserer sich regenerierenden Nachkriegsgesellschaft, die mit Hilfe einer auf vollen Touren laufenden Marktwirtschaft sich langsam zur ‚Konsum- und Wohlstandsgesellschaft' entwickelt hat. Maximale Produktivität und Expansion als erklärtes Wirtschaftsziel, ‚gehorsam' gegenüber den immanenten Gesetzmäßigkeiten und ‚Sachnotwendigkeiten' des Marktes und der Gewinnmaximierung als immer wieder geltend gemachtes Postulat, ‚Marktkonformität' unserer gesamten Ordnungspolitik als verbindliche politische Leitnorm: diese und ähnliche, von der staatlichen Wiederaufbaupolitik bewußt forcierten, im Grunde aber auf das Gewinn- und Konsuminteresse des einzelnen gerichtet, von deutlichem Marktordnungsoptimismus beflügelten dynamischen Maximen, bedingten in erster Linie einen einmaligen wirtschaftlichen Konzentrationsprozeß mit unausbleiblichen gesellschaftspolitischen Schattenseiten ... Letztere riefen in zunehmendem Maße, vor allem in der sog. ‚Zweiten Phase' der sozialen Marktwirtschaft, gesellschaftspolitisch-ganzheitliche Ordnungsüberlegungen wach. Sie konzentrieren sich auf die unausweichliche Verantwortung der Industriegesellschaft für den einzelnen ebenso wie für die kommende Generation. Die Bereitschaft, dem produktionsintensiven Wirtschaftsablauf ausgesprochen gesellschaftspolitische Daten zu setzen, wurde betont. Die Notwendigkeit einer konstruktiven, langfristigen Raumordnungspolitik als Konsequenz sozialen Rechtsstaatsdenkens trat immer drängender in den Vordergrund der öffentlichen Meinung ... Ein Anzeichen dafür, daß inzwischen die Raumordnungspolitik stärker in das Bewußtsein der politischen Öffentlichkeit gerückt ist, ist das Bundesraumordnungsgesetz selbst" (In: Die Neue Ordnung, 1973, H. 3, S. 168).

[44]) H. LINDE: Über Zukunftsaspekte in der Raumplanung, insbesondere Leitbilder u. ä. In: Veröffentlichungen des Seminars für Planungswesen an der TU Braunschweig, 1971, H. 8, S. 85.

[45]) Landesplanung — Begriffe und Richtlinien. Düsseldorf 1953, S. 13 u. 14.

[46]) JOSEPH H. KAISER: Planung I. 1965, S. 180.

Inzwischen hat Frido Wagener die eingetretene Entwicklung so gedeutet, daß wir langfristig „in eine dritte Phase der Planungsentwicklung getreten (sind)". Er begründet das wie folgt: „Die Finanzschwierigkeiten des Beinahe-Staatsbankrotts der Jahre 1963 bis 1966 brachten als neues Planungsinstrument die mittelfristige Finanzplanung. Eine neue Wirtschaftspolitik ging zur Globalsteuerung der Marktwirtschaft über. Es begann die Zeit der Planungsbegeisterung der Innen-, Wirtchsafts-, Finanz-, Verkehrs- und Landwirtschaftsministerien. Es entstand eine nicht mehr übersehbare Flut von Plänen und Programmen, die in keiner Weise systematisch aufeinander abgestimmt waren. Die politische und finanzielle Durchführung war offenbar selten ihr oberster Maßstab. Langsam schälte sich aus dieser ‚Plänewirtschaft' (Jochimsen) die Notwendigkeit heraus, die Probleme einer wachstumsgerechten Landesentwicklung in einer infrastrukturgebundenen Gesellschaft durch eine vieldimensionale Entwicklungsplanung zu mildern und zu lösen. In der gegenwärtig noch anhaltenden ambivalenten Phase der Planungsentwicklung stehen die Vertreter der überwiegend raumbezogenen Auffangplanung den Befürwortern einer raum-, zeit- und finanzbezogenen umfassenden Entwicklungsplanung der öffentlichen Hand gegenüber. Die Auseinandersetzung ist noch nicht entschieden"[47]:

Diese Ausführungen von Frido Wagener, die auf „die Bildung einer neuen übergreifenden Planung" in Gestalt einer „vieldimensionalen Entwicklung" abzielen — er selbst spricht von einem „nationalen Planungssystem" — verdienen mit Aufmerksamkeit gelesen zu werden, wenn es auch schwierig zu beurteilen ist, ob und inwieweit der aufgezeigte Unterschied essentiell ist — denn schließlich stammen das Raumordnungsgesetz und das Stabilitätsgesetz aus dem gleichen Zeitabschnitt, und alle diese Planungen bezwecken gemeinsam „die gebotene Kontrolle des technischen Prozesses durch den Staat" (Forsthoff). Der Bundesgesetzgeber hat sogar im Bundesraumordnungsgesetz die raumwirksamen Investitionen in die Raumplanung einbezogen, und beide Gesetze gehen von der Annahme aus, daß ein Vorgehen nach einem Gesamtkonzept instrumental genügend geklärt sei, d. h., daß eine Globalsteuerung einen gewünschten Zustand herbeiführen könnte. Ihre Effizienz beruht gleichfalls auf „einem ex-ante-Abstimmungsproblem", von dem Hoppmann allerdings für die konzertierte Aktion im Rahmen des Stabilitätsgesetzes gesagt hat, daß seine Dimensionen „die praktische Leistungsfähigkeit der Wirtschaftspolitik weit übersteigen und daß die konzertierte Aktion auf utopischen Annahmen über die Möglichkeit (fußt), ökonomische Variable zu beeinflussen"[48]. Unzweifelhaft haben sich die öffentlichen Hände schon und umfassend gebunden. Infolgedessen muß den Bemerkungen über die Mängel des bisherigen Planungssystems — keine Systematik, kein Maßnahmenbezug, kein Zeitbezug, kein Finanzbezug, keine Operationalität, keine Wichtigkeitskonzentration, keine Alternativplanung — grundsätzliche Bedeutung zugemessen werden, allerdings nicht nur für ein bestimmtes Planungssystem, wie Wagener meint, sondern im Hinblick auf die Organisation der Zukunft überhaupt.

Das entscheidende Kriterium in der Beurteilung des von Wagener vorgetragenen Gedankens bezieht sich auf den Begriff und Umfang der Planung. Brenken fragt, „ob eine gleichrangige Verwendung dieses Begriffs ... dem Wesen und der Wirkung der jeweiligen Planungskomplexe gerecht wird"[49]. Brenken will „von Planung und Plänen der

---

[47]) Frido Wagener: Für ein neues Instrumentarium der Planung. In: Raumplanung — Entwicklungsplanung, ARL, FuS Bd. 80, Hannover 1972, S. 24 f.

[48]) Hoppmann: Konzertierte Aktion als Instrument der Globalsteuerung. In: Wirtschaftswissenschaftliches Studium 1/1972, S. 11.

[49]) G. Brenken: Zur Systematik der öffentlichen Planung. In: Raumplanung — Entwicklungsplanung, ARL, FuS Bd. 80, Hannover 1972, S. 62.

öffentlichen Hand nur sprechen, wenn es sich um eine förmliche Konkretisierung für die Erfüllung öffentlicher Aufgaben mit Außenwirkung handelt"[50]). Nach seiner Anschauung gibt es drei Planungsarten: die Fachplanung, die Landesplanung (als die zusammenfassende raumordnerische Planung) und die Finanzplanung. BRENKEN zeigt sich zwar bereit und schlägt sogar vor, die raumordnerische Planung als eine „Gesamtkonzeption für jedes raumbezogene und raumbedeutsame Verhalten aller öffentlichen Hände" in eine „Landesentwicklungsplanung" umzubauen und mit Angaben über Priorität und Finanzkraft zu „kombinieren", „indem man die mittelfristigen Zeiträume als erste Prioritätsstufe der langfristigen Planung ansieht und für den in diesem Zeitraum zu verwirklichenden finanziellen Aufwand mit anführt"[51]). Dagegen meint er, daß von den Objektbereichen, „auf die sich die Planung vom Gegenstand her zu beziehen hat", eigentlich nur „die Infrastruktur, d. h. die öffentlichen oder von der öffentlichen Hand zu fördernden Einrichtungen und Anlagen zur sozialen oder kulturellen Betreuung der Bevölkerung, zur verkehrs- und versorgungsmäßigen Erschließung und zur zivilen und militärischen Verteidigung" zu planen sind, während die übrigen Leistungen der öffentlichen Hand „weitgehend ... einer generellen Entscheidung des Gesetzgebers überlassen" werden sollen. Es ist schwierig, die Bedeutung dieses Einwandes zu überblicken. BRENKEN meint wohl, daß die Investitionen der öffentlichen Hand für die Infrastruktur zu verplanen sind, während die darüber hinausgehenden Leistungen der öffentlichen Hand zur Disposition der Parlamente stehen sollen. Gleichwohl scheiden sich hier die Geister: Während FRIDO WAGENER eine neue, die gesamte öffentliche Tätigkeit einbeziehende Entwicklungsplanung verlangt, beschränkt BRENKEN die Planungsaufgabe auf den „Ausbau der für die Landesentwicklung einschließlich der zusammenfassenden Infrastrukturplanung zuständigen Stellen der Raumordnung und Landesplanung".

Bei nüchterner Prüfung kann schließlich der Gedanke nicht ausgeschlossen werden, daß der Konflikt zwischen FRIDO WAGENER und BRENKEN überhaupt im falschen Saal ausgetragen wird, wenn WAGENER gar nicht beabsichtigen sollte, die Raumordnung zu effektuieren, sondern sie zu einer zentralen Planung auszugestalten suchte. WAGENER sagt das zwar nicht ausdrücklich, seine Beanstandungen an der Raumordnung (keine Systematik, kein Maßnahmenbezug, keine Wichtigkeitskonzentration, keine Operationalität, keine Alternativplanung) beziehen sich auf das bisherige Landesplanungssystem, aber er zielt auf eine „raum-, zeit- und finanzbezogene Entwicklungsplanung der (!) öffentlichen Hand", oder, wie HEINZ WEYL offener formuliert: „die übergreifende Synthese von Raumordnung aller Ebenen (Landesplanung bis Flächennutzungsplan) mit der ökonomischen, technologischen und sozialen Programmierung"[52]). Und dann erhebt sich in der Tat die Frage, ob die zentrale Planung auf öffentliche Maßnahmen mit oder ohne Raumbezug beschränkt bleiben kann oder „ob Raumordnung nach heutigem Verständnis so stark von entwicklungsplanerischen Bezügen bestimmt wird, daß die Dominanz des raumbezogenen Aspektes dadurch verdrängt wird, und so der Weg frei wird, Raumordnung als eine durchgängige, alle Ebenen vom Bund bis zur Stadt umfassende Entwicklungsaufgabe zu interpretieren"[53]). Dabei ist nicht wichtig, daß nun Raumordnungspläne Entwicklungspläne genannt werden, auch nicht der Maßnahme-, Zeit- und Finanzbezug, auch nicht der Gedanke, „daß Raumplanung und Raumordnungspolitik davon auszugehen haben, daß eine über den ‚Markt' gesteuerte strukturräumliche Entwicklung ... in Zukunft eine

---

[50]) G. BRENKEN, a. a. O., S. 63 f.

[51]) G. BRENKEN, a. a. O., S. 71.

[52]) H. WEYL: Strukturveränderung und Entwicklungsplanung. Informationen 1969, S. 469 ff.

[53]) SCHMIDT-ASSMANN, in: Arbeitsmaterialien, Hannover 1971, S. 43.

daseinsrichtige Zuordnung von Gesellschaft, Wirtschaft und Raum nicht gewährleisten kann" und die Planung ein „Ergänzungsfunktionär des Marktes" sein soll, wohl aber die Formulierung, daß „ein Entwicklungsplan" „ein Legislationsprogramm" enthält, „das die Tätigkeit privater Individuen, Unternehmer und Institutionen regelt"[54].

Als ein Beispiel „regionaler Wirtschaftsplanung" gilt der Große Hessenplan von 1965, der im Jahre 1970 in dem Landesentwicklungsplan von Hessen aufgegangen ist. Schon STRICKRODT hat darauf hingewiesen, daß diese Kennzeichnung nur richtig ist, wenn sie sehr weit verstanden wird, „nämlich unter Einschluß aller der Aufgaben, die im Verfassungssystem der Bundesrepublik den Regierungen bzw. den Parlamenten der Länder obliegen"[55]. Es ist unzweifelhaft richtig, daß der Große Hessenplan „erste Anstöße zu einer flächen-, finanz- und zeitbezogenen Gesellschafts- bzw. Entwicklungsplanung gegeben" hat[56]. Er ist das erste umfassende Experiment, ein ganzes Land mit Hilfe eines Investitionsplanes optimal zu entwickeln, „ein in Maßnahmen und Zahlen umgesetztes Regierungsprogramm, was es in der Bundesrepublik bisher noch nicht gab"[57]. Wenn man die Landesentwicklungsplanung für Hessen charakterisieren will, dann kann man feststellen, daß sie Dokumentation und Tableau ist: „Dokumentation erwarteter, vorausschaubarer Entwicklungen" insoweit, als sie die räumlichen Bedingungen für Daseinsvorsorge und Infrastruktur und ihre Finanzierung (mit geschätzten Finanzierungsanteilen des Bundes und der gewerblichen Wirtschaft) enthält, und Tableau der Regionalisierung von öffentlichen Investitionen, wobei der Durchführungsabschnitt 1971—1974 alle wesentlichen investiven und nichtinvestiven Maßnahmen registriert, ohne daß den finanziellen Entscheidungen des Gesetzgebers vorgegriffen wird. Mit Wirtschaftsplanung hat das hessische Landesentwicklungssystem nichts zu tun.

Der terminus technicus Planung ist eben vieldeutig geworden. Planen bedeutet von Hause aus ein rationales Verhalten, und lange wurde Planung mit „dem Komplex der aufeinander abgestimmten Entscheidungen über die Verwendung der verfügbaren Mittel" identifiziert. Aber das gilt in der Gegenwart nicht mehr[58]. Klarstellend hat F. GYGI auf

---

[54] G. MÜLLER: Zielvorstellungen und Instrumentarien für die künftige Siedlungsstruktur. In: Aufgaben und Möglichkeiten der Raumplanung in unserer Zeit, ARL, FuS Bd. 78, Hannover 1972, S. 32.

[55] G. STRICKRODT: Die politischen Bedingungen des Großen Hessenplanes im Hinblick auf den föderalistischen Aufbau der Bundesrepublik Deutschland. In: Informationen 18/67, S. 627.

[56] W. HÜFNER: Ein System integrierter Entwicklungsplanung und Raumordnung. In: Finanzpolitik und Landesentwicklung, ARL, FuS Bd. 84, Hannover 1972, S. 50.

[57] W. HÜFNER, a. a. O., S. 55.

[58] Es ist sehr interessant, diesen Wandel in der Bedeutung von Planung am Stabilitäts- und Wachstumsgesetz zu verfolgen. Das Stabilitätsgesetz war ursprünglich ein reines Planungsgesetz für die öffentlichen Ausgaben und wurde über Nacht ein umfassendes Gesetz zur globalen Wirtschaftslenkung. „Das Gesetz war ursprünglich mit dem Ziel eingebracht worden, die Ausgabegebarung der öffentlichen Hände zu beschränken und die reale gesamtwirtschaftliche Nachfrage auf das mögliche reale volkswirtschaftliche Leistungsvolumen zu begrenzen. In der Rezession 1967 wurde es dadurch ergänzt, daß man die expansive nachfrageorientierte Konjunkturpolitik fundamentierte. Gleichzeitig änderte man die Bezeichnung in Stabilitäts- und Wachstumsgesetz, obgleich an keiner Stelle etwas über Wachstum im üblichen Sinne, nämlich Ausweitung des Angebotspotentials, gesagt wird. So ist dem Gesetz die Fiktion immanent, daß die Zielsetzung die stetige Entwicklung der Nachfrage (stetiges Wachstum) entsprechend (‚angemessen') dem Wachstum des Produktionspotentials ist, wobei das Produktionspotential von sich aus ohne Beeinflussung schon stetig wächst. Damit wird aber auch unterstellt, daß das Produktionspotential immer gleich hoch ausgelastet ist und eine Steuerung der Konjunktur im Hinblick auf eine Verstetigung des Verlaufs nur durch Anpassung der Nachfrage erreicht werden kann" (G. KRAJEWSKI: Wettbewerb, Oligopolisierung und inflationistische Preisauftriebstendenzen. In: Mitt. d. TU Braunschweig, Jg. VIII, F. II, 1973, Anm. 57).

22

den entscheidenden Unterschied hingewiesen, daß der Plan nicht „dienendes", sondern „gestaltendes" Recht ist, wie uns „der Plan als Rechtsinstitut in der Raumplanung, aber auch in dem Wirtschaftslenkungsrecht in mannigfachen Erscheinungsformen" entgegentritt und daß der „Einbruch von Planungsgebilden in unser überliefertes Rechtsgefüge" als „ein neues Instrument der Sachgüterverteilung" betrachtet wird[59]. Für den Bereich der Nationalökonomie hat Tuchfeldt diese Tatsache dahin gedeutet, daß es nunmehr Aufgabe der Wirtschaftspolitik sei, auf Konjunktur und Struktur der Wirtschaft Einfluß zu nehmen, und daß die Lösung dieser Aufgaben ein Planen auf der Grundlage sorgfältiger Lageanalysen und Vorausschätzungen verlangt[60]. Immerhin kann man sagen, daß ein Planen dieser Art sich immer noch aus den Mitteln und nicht aus den Zielen ergibt. Heute ist aber die Lockung eines neuen Paradieses in Gestalt einer durchgeplanten herrschaftslosen Welt mit allen vorgestellten Vorteilen eines technisierten Ablaufs, einer entsprechenden Konsumkraft und einer immer größer werdenden Freizeit so unverkennbar, daß die sog. Landesentwicklungsplanung bisweilen als ein neues „Gesamtsystem volkswirtschaftlicher Planungsbereiche" betrachtet wird. Und zwar mit einer ganz klaren Absicht: „Ziel dieser integrierten Planung ist es (nicht nur), die Verflechtungs- und Abhängigkeitsbeziehungen zwischen den einzelnen Planungsbereichen in Struktur und Prozeß *darzustellen*", sondern auch „einen weitgehend integrierten Lebens- und Wirtschaftsraum im Planungsgebiet *herzustellen* ... Wird die Planung flexibel an die demographischen, wirtschaftlichen, infrastrukturellen und regionalen Veränderungen angepaßt, läßt sich das Ziel eines integrierten Lebens- und Wirtschaftsraumes verwirklichen"[61].

Zu dieser Planungsvorstellung gilt es eine Reihe von Gesichtspunkten vorzutragen:

1. Zunächst ist es wohl legitim, der zentralen Planung genauso zu mißtrauen wie der liberalen Harmonie; so sagt Steigenga: „Wie stark auch die sozialwissenschaftliche Forschung selbst für die Formulierung der Problemstellung, die Analyse der Probleme und bei der Auswahl der Methoden von der Intuition abhängt, sie wird dieser Intuition prinzipiell mißtrauen und alle intuitiv gewonnenen Erkenntnisse auf ihre Haltbarkeit prüfen"[62]. Vom Ansatz der Raumplanung aus ist das vielleicht unberechtigt; denn ob nun die Planung „eine gleichartige Aufgabe wie die Betriebsorganisation im Rahmen des Unternehmens (hat), nämlich die räumliche Struktur so zu ordnen, daß sich das gesellschaftliche Dasein unter günstigen räumlichen Bedingungen entfalten kann", oder ob man glaubt, „für den Raum hinsichtlich seiner konkreten und geographischen Realität ... die zu Gesamtbedürfnissen der Menschen ... am besten geeigneten funktionalen Strukturen" suchen zu müssen, so ist der räumliche Bezug unverkennbar. Aber Steigenga weist mit Recht darauf hin, „daß der Raum im letzten Falle mehr ist als der Begriff planum ..., er ist viel eher oikos, ein Wohn- und Lebensgebiet, das unterschiedliche physische und soziale Eigenschaften besitzt"[63]. Von derselben Grundlage aus habe ich trotz grundsätzlicher Zustimmung zur Kunstlehre der Planungswissenschaften betont, daß die Feststellung der raumordnenden Ausgangsgrößen, ihre Funktionalität und die Überprüfung der

---

[59]) F. Gygi: Planung als Rechtsinstitut. In: Wirtschaft u. Recht, Jg. 1964, H. 4, S. 278.

[60]) E. Tuchfeldt: Die volkswirtschaftliche Rahmenplanung im Widerstreit der Meinungen. In: Weltwirtschaftl. Archiv, Bd. 94 (1965), H. 1.

[61]) Planung in der Region. Hrsg. von Haus Rissen, Institut f. Politik und Wirtschaft, Hamburg-Rissen, 7—9/71.

[62]) Steigenga, in: Handwörterbuch der Raumforschung und Raumordnung, 2. Aufl., ARL, Hannover 1970, Bd. II, Sp. 2340.

[63]) Steigenga, in: Handwörterbuch der Raumforschung und Raumordnung, 2. Aufl., ARL, Hannover 1970, Band II, Sp. 2342.

Ergebnisse Aufgaben der wissenschaftlichen Raumforschung sein sollten[64]). Erich Dittrich hat daraus den Schluß gezogen, daß die Planungslehre nur für Länder „ohne schwere historische Gewichte" geeignet sei[65]). Ich habe mich dem damals nicht ausdrücklich angeschlossen, aber ich wußte seine Bedenken wohl zu würdigen und kann nur mit Überraschung registrieren, wenn heute offiziös „die noch junge raumbezogene Planungswissenschaft" als eine „Weiterentwicklung der Raumforschung" beurteilt wird[66]).

Es ist anzunehmen, daß Wagener wegen der von ihm mit Recht gerügten Nachteile der bisherigen Raumplanung — kein Maßnahmenbezug, kein Zeitbezug, keine Operationalität, keine Wichtigkeitskonzentration, keine Alternativplanung — „die raum-, zeit- und finanzbezogene umfassende Entwicklungsplanung" einführen möchte. Es mag auch sein, daß eine solche Über- und Vorausschau „wachstumsgerechter" und „praxisbezogener" werden könnte, aber erwiesen ist das nach den Erfahrungen mit der Raumordnung und dem Stabilitätsgesetz keineswegs.

In Wirklichkeit geht es um viel schwierigere Probleme, die nicht einfach wegorganisiert werden können. In der Planungswissenschaft stehen konstruktive Elemente im Vordergrund. Sie ist daher für die Verkehrs- und Stadtplanung, auch für die Infrastrukturebene unzweifelhaft besonders geeignet. Ob sie diese Bedeutung für den Bereich der Erfahrungs- und Verhaltenswissenschaften und die Sektoren, für die sie verantwortlich sind, haben kann, muß mit starken Zweifeln betrachtet werden. Planungsbegriffe wie „geplante Zukunft" oder „staatlicher Gesamtablauf" sind Leerformeln, die alle die Nachteile aufweisen können, die Wagener der Raumplanung nachsagt. Steigenga hat darauf hingewiesen, „daß ein Unterschied zwischen Kleinstbereich (etwa Gewerbebetrieb oder Stadtteil) und Großbereich (d. h. Fragen auf regionaler und nationaler Ebene) besteht; denn während der Kleinstbereich ein ‚begrenztes und übersichtliches Gebiet mit knapper zeitlicher Zielsetzung' ist, handelt es sich beim Großbereich um einen sehr großen Raum und in zweiter Linie um einen verhältnismäßig langen Zeitabschnitt", und „es erhebt sich die Frage, ob die Ziele, die auf mikro-niveau, d. h. im Kleinstbereich, mittels eines Planes (angefangen von der Erweiterung einer Stadt bis zur Planung einer neuen Stadt) verwirklicht werden können, auf dieselbe Weise auch auf makro-niveau, d. h. im Großbereich, in die Wirklichkeit umgesetzt werden können. In dem letzteren Bereich sind die Ziele in abstrakterem Sinne zu formulieren als im Kleinstbereich"[67]).

Aber die Problematik der volkswirtschaftlichen Planung liegt eigentlich noch tiefer. Ausgehend von den Erfolgen der technischen Aufgabenplanung im Straßenbau, Städtebau, bei der Mondfahrt und im Industriesystem (Galbraith sagt: „Alle auffälligen Errungenschaften des Industriesystems beruhen auf Planung") versuchen die Technokraten und ihre Anhänger, ihre Erfahrungen auf Wirtschaft und Gesellschaft zu übertragen, und die Ideenplaner, eine geplante Gesellschaft zu schaffen, wie sie sein *soll*. Sie übersehen dabei drei prinzipielle Unterschiede, zu deren rationeller Beherrschung oder Lösung die vorhandene Wissenschaft wenig oder nichts Positives beitragen kann.

— Der Planungsbegriff der Ökonomen und Soziologen ist ein völlig anderer als der der

---

[64]) H. Hunke: Standort und Gestalt der Raumforschung. ARL, Abh. Bd. 44, Hannover 1964, S. 42.

[65]) E. Dittrich: Planungstechnik oder politische Wissenschaft. In: Informationen 1960, Nr. 1, S. 2 f.

[66]) Raum und Ordnung. Nachrichten des Bundesministeriums des Innern vom 7. 7. 1972, 12 (1972).

[67]) Handwörterbuch der Raumforschung und Raumordnung, 2. Aufl., ARL, Hannover 1970, Sp. 2349.

24

Techniker und Naturwissenschaftler; denn es handelt sich hier nicht um die Vorbereitung und Beherrschung von Arbeitsphasen und die Konstruktion entsprechender Apparaturen, sondern um die Abschaffung von Preis und Markt und die autoritative Festlegung dessen, was hergestellt und verbraucht wird und zu welchem Preis[68]). Im übrigen hat der Markt noch eine besondere Eigenschaft, den die Planung nie haben kann; GALBRAITH, der Apostel der Industrieplaner, hat das einmal so formuliert: „Die lobenswerteste Eigenschaft des freien Marktes besteht darin, daß er Angebot und Nachfrage bei einem bestimmten Preis ausgleicht. Die Planung hat keinen inhärenten Mechanismus zur Herstellung eines Gleichgewichtes"[69]). Ich füge hinzu: Planung und Bewirtschaftung bewirken in der Regel genau das Umgekehrte, d. h. Steigerung der nicht zu deckenden Nachfrage.

— Planung von Wirtschaft und Gesellschaft ist ein Vorstoß in einen Lebensraum, der bisher nach völlig anderen Regelungen abläuft; denn Planung von Wirtschaft und Gesellschaft bezieht sich auf eine Bevölkerung, die in all ihren Individuen mit Einsicht, Urteilsvermögen und Willen begabt ist. Es ist zuzugeben, daß viele dieser Entscheidungen nach alten Erfahrungen erfolgen und nicht rational erscheinen oder auch nicht sind. Aber was könnte ein zentrales Gehirn demgegenüber als Ersatz anbieten? Die Wissenschaft kennt sich in Teilbereichen aus; für die Lösung vieler Probleme aber fehlt ihr jegliches Wissen, und ein gewaltiger Forschungs- und Lernprozeß müßte somit einer zu planenden Gesellschaft und Wirtschaft voraufgehen.

---

[68]) KONRAD MEYER definiert Planen noch „als Herstellen und Ausarbeiten eines Entwurfs" oder im übertragenen Sinne als „das Ebenen eines Weges zum Ziel" (Handwörterbuch der Raumforschung u. Raumordnung, Bd. II, Sp. 2351). Das ist sicher richtig, aber darum handelt es sich gar nicht, sondern um ein Problem der Steuerung und Lenkung. In diesem Sinne ist bei v. EYNERN zu lesen: „Planung ist eine systematische Koordination der Aktionen, besonders soweit sie mit langfristigen Investitionen großer Kapitalien verbunden sind" (Grundriß der politischen Wirtschaftslehre. Köln-Opladen 1968, S. 114). Noch klarer äußert sich GALBRAITH: „Aus der Sicht des Wirtschaftswissenschaftlers besteht die Planung in einer Abschaffung von Preis und Markt als bestimmenden Faktoren für die Produktion; an ihre Stelle tritt die autoritative Festlegung dessen, was hergestellt und verbraucht wird und zu welchem Preis. Man könnte so auch auf den Gedanken verfallen, daß das Wort Planung für zwei verschiedene Dinge gebraucht wird" (GALBRAITH, a. a. O., S. 39).
G. RINCK bezeichnet als Gegenstand des „an gesamtwirtschaftlicher Richtigkeit und sozialer Gerechtigkeit orientierten" Wirtschaftsrechts „die Wirtschaftslenkung durch Planung, Zwang und Subvention" (G. RINCK: Wirtschaftsrecht — Wirtschaftsverwaltung, 3. Aufl. 1972, Vorwort, Anm. 1), wobei Planung anscheinend als Vorbereitung, Abstimmung und Koordination im Hinblick auf Zwang und Subvention gedacht ist. G. RAUSCHENBACH hat in einer Besprechung des RINCKschen Buches (Abgrenzung und neuer Inhalt des Wirtschaftsrechts. In: Der Betriebsberater 18/1973, S. 809 ff.) vorgeschlagen, die „schon klassisch zu nennende Wirtschaftslenkung" durch den Begriff „Plan" oder „sogar Planwirtschaft" für die „Durchsetzung bestimmter ordnungspolitischer Auffassungen oder gesellschaftspolitischer Forderungen" zu ersetzen. Die RINCKsche Definition würde dann Planwirtschaft durch Zwang oder Subvention lauten.
Planung im Sinne der modernen Terminologie kann somit bedeuten:
(1) Aufstellung von Plänen für die Installation oder den Ablauf von Infrastrukturen und Wirtschaft,
(2) Planung wie zu (1) verbunden mit Lenkungsbefugnissen und
(3) Planung im Sinne zentraler Verwaltung (Ausschaltung des Marktes).
Das entscheidende Problem ist und bleibt, ob der marktwirtschaftliche Wettbewerb als konstitutives Strukturelement erhalten bleibt oder nicht. Wegen der Vieldeutigkeit des Planungsbegriffs spricht diese Untersuchung von Wirtschaftslenkung für Maßnahmen gegenüber dem Partner Wirtschaft und von Planung für die Aufgaben der öffentlichen Hände in Fragen der Raumplanung. Der Staat würde nach meiner Terminologie damit zweispännig fahren: mit Wirtschaftslenkung gegenüber der Wirtschaft und Planung in seinen eigenen Bereichen.
[69]) J. K. GALBRAITH: Die moderne Industriegesellschaft. München-Zürich 1967, S. 56.

— Das Entscheidende für eine ökonomische Betrachtung ist, daß nicht klar ist, wie in einer geplanten Wirtschaft die Rechengesetze zum Zuge kommen sollen. Das ist deswegen so entscheidend, weil sie über den Erfolg wirtschaftlichen Handelns befinden. H. Frhr. von Stackelberg hat dargelegt, welche Berechnungen für den gesamten wirtschaftlichen Kalkulationsprozeß erforderlich sind: „Würde man etwa eine Tabelle des Grenzertrages eines bestimmten Produktionsmittels entwerfen, so würde diese Tabelle z. B. bei Verwendung von 20 verschiedenen Produktionsmittelarten eine 20dimensionale sein. Würde man beispielsweise sich mit der Ermittlung der Grenzerträge für 5 verschiedene Einsatzmengen jedes Produktionsmittels bei gegebenem Einsatz aller übrigen Produktionsmittel begnügen, so würden immerhin für jedes Produktionsmittel 5^{20}, d. h. fast 100 Billionen Grenzertragsgrößen zu berechnen sein. Und für jede Produktionstechnik wäre von neuem eine solche Rechnung aufzustellen. Es bedarf keiner weiteren Ausführungen, um die These zu begründen, daß es vollständig unmöglich ist, eine gesamtwirtschaftliche Kalkulation auf der Grundlage der Grenzertragsrechnung praktisch durchzuführen"[70]).

2. Wenn wir uns also dem Zusammenwirken von Landesplanung und Planungswissenschaft zuwenden, dann muß der gesamte Bereich der Raumordnung zur Diskussion gestellt werden. Insbesondere interessieren folgende Fragen:

— Was soll geplant werden: die öffentlichen Investitionen, ggf. der gesamte öffentliche Instrumenteneinsatz, alle Investitionen, die räumlichen Strukturen oder der individuelle bzw. kollektive Nutzen? Die beiden letzten Gruppen könnten wohl von der Planungswissenschaft schwerlich beurteilt werden. Selbst die Raumforscher haben bis heute nicht immer erkannt, daß die Planung nach der Theorie der Minimalkosten zu einem anderen Ergebnis führen muß als die nach dem Maximum der Nutzung.

Lösch hat darauf aufmerksam gemacht, „daß die räumliche Ordnung durch geographische Unterschiede der Selbstkosten, der Preise und der Einkommen gelenkt wird. Sie sind der Hebel, über den alle Kräfte (regulierende Kräfte, ordnende Kräfte, auflockernde Kräfte) wirken"[71]). Und er setzt hinzu: „Wollte man die geographischen Preisunterschiede beseitigen oder auch nur einfrieren, so müßte man sie bald durch eine *vollständige* Raumplanung ersetzen, die vor der ungeheuren Aufgabe stünde, die Wechselwirkung von Tausenden von Standorten aufeinander zu berücksichtigen, was bisher nur dem Spiel des Preisgefälles auf die Dauer gelungen ist. Es hätte mehr für sich, die geographischen Preisunterschiede noch zu vergrößern, bis sie überhaupt erst den wirklichen Kostenunterschieden entsprechen." Es ist sicher, daß die heute bekannten Maßstäbe der Planungswissenschaft gegenüber dieser Aufgabe versagen müssen.

— Wer soll planen? Wer soll stellvertretend für die Gesellschaft planen? Elisabeth Pfeil hat sich mit diesem Fragenkomplex in bezug auf den Städtebau auseinandergesetzt, aber diese Fragen gelten auch für Landesentwicklung und Raumordnung; denn „damit ist die Frage aufgeworfen, wer eigentlich hier die Maßstäbe setzt und wer die lebensschaffenden oder tödlichen Entscheidungen trifft: der Architekt-

---

[70]) H. Frhr. v. Stackelberg: Möglichkeiten und Grenzen der Wirtschaftslenkung, a. a. O., S. 196. — Nach einer Schätzung eines sowjetischen Ökonomen ist für das Wirtschaftsgebiet der UdSSR ein Programmierungsansatz von ungefähr $5 \cdot 10^7$ unbekannten Variablen und $5 \cdot 10^6$ Randbedingungen zu berücksichtigen, um optimale Entscheidungen treffen zu können (zitiert nach Kl. Becker: Plan und Markt im Neuen Ökonomischen System der DDR, Diss. Göttingen 1969, S. 127, Anm. 214).

[71]) August Lösch: Die räumliche Ordnung der Wirtschaft. Stuttgart 1962, S. 218 f.

Städtebauer, der Politiker, der Fachmann, der Bürokrat, der Kulturphilosoph, der Hausbesitzer, das Publikum?"[72]). Man könnte diese Liste fortsetzen. Über das, was mit diesen Fragen zusammenhängt, muß jedenfalls sehr gründlich nachgedacht werden.

— Wozu dient die Planung? Es war der Grundgedanke des Liberalismus, durch freie Konkurrenz in allen Bereichen: im wirtschaftlichen, sozialen, politischen und geistigen Bereich eine prästabilisierte Harmonie zu erzielen. Aber in diesem System hatten „alle Resultate nur eine jeweilige Gültigkeit und müssen stets gewärtig sein, von einem neueren und deshalb noch besseren Ergebnis des unaufhörlichen Konkurrenzkampfes verdrängt zu werden. Der Glaube an den Fortschritt im Sinne einer ständigen Aufwärtsentwicklung findet hier seinen prägnanten Ausdruck, nur ist es kein Zufall, sondern Symptom, wenn ‚bigger and better' die stereotypen Leitworte der amerikanischen Reklame geworden sind"[73]). Wenn nun an die Stelle bzw. als Ergänzung der „auf Konkurrenz beruhenden Harmonie" die vorausschauende Planung treten soll, so meine ich, daß sie die bisherige Gesellschaftsordnung bzw. das jetzige Wirtschaftssystem nur verbessern könnte, wenn sie die Lebensverhältnisse, die sie zu gestalten hat, besser kennt als die bisherigen Partner, insbesondere aber die Regelungssachverhalte genauestens übersieht, damit sie in allen wichtigen Fragen rational entscheiden kann, und wenn ihr gleichzeitig ein öffentliches Verantwortungsbewußtsein an die Seite gestellt werden könnte, das in allen Institutionen einen starken persönlichen Einsatz mit gleicher Dienstbereitschaft am Ganzen verbindet.

3. Die Fehler, die FRIDO WAGENER der bisherigen Raumordnung vorwirft, sind nicht typisch für das Prinzip der bisherigen Landesplanung. Die Landesplaner waren, wie sie zu Beginn ihrer Arbeit erklärten, „gegenüber den Kräften und Organen, welche für die Entwicklung eines Landes die politische Verantwortung tragen", „möglichst objektive, beständige, auf vielseitige Sachkenntnis gestützte Berater". Wenn Landesplanung und Raumordnung, so wie sie sind, nunmehr den Stempel ihrer Zeit tragen, die die Addition aller Wünsche zum obersten Regulator erhoben hat, und die die einzige Planung, die sie besaß, mit Fleißaufgaben bedachte, dann liegt diese Entwicklung außerhalb ihrer Kompetenz. Auch in der raum-, zeit- und finanzbezogenen Entwicklungsplanung könnte die Planung nur effektiv werden, wenn man sie mit JOCHIMSEN als einen Querschnittsraster in der komplexen Aufgabenplanung sieht. Planung ist so oder so eine Segelanweisung für pragmatisches Handeln. HANS LETSCH hat in diesem Zusammenhang ein Wort von CLEMENCEAU, „Der Krieg ist eine zu wichtige Angelegenheit, als daß man ihn allein den Generälen überlassen könnte", zitiert, und ich füge hinzu, Planung ist eine zu gefährliche Sache, als daß man sie allein den *Berufsplanern* überlassen könnte. Mit anderen Worten: Eine staatliche „Landesentwicklungsplanung" hat solange ihren Sinn, als die Sachzwänge des allgemeinen Lebens, der Sachverstand der Verwaltung und der Wille der Regierten in der Planung angemessen zum Zuge kommen und sie sich auf die Programmierung der Zukunftsaufgaben, ihre finanzielle Abstimmung und die instrumentale Durchsetzung im Verwaltungsbereich beschränkt. Es ist nicht gut zu bezweifeln, daß eine Planung, die das Wissen um diese Zwänge nicht in sich selber trägt, die Schwierigkeiten nur verschlimmern würde.

Wenn ich trotzdem den Gedanken, die isolierte Zielplanung in Gestalt der Landesplanung durch eine raum-, zeit- und finanzbezogene Politik der Landesentwicklung ab-

---

[72]) ELISABETH PFEIL: Großstadtforschung — Entwicklung und gegenwärtiger Stand, 2. Aufl. ARL, Abh. Bd. 65, Hannover 1972, S. 288 f.

[73]) KARL LOHMANN, in: Tymbos für Wilhelm Ahlmann, Berlin 1951, S. 200 f.

zulösen, für richtig halte, so hat das einen bestimmten Grund: Nur die Landesentwicklung kann die räumliche Ordnung wirklich verändern. Die Landesentwicklung hat eine strukturelle neben der räumlichen Seite, man kann beide nicht voneinander trennen, aber die strukturelle Komponente ist die tragende Komponente, und gerade deswegen ist es richtig, in der neuen „Planung" die gesamte Landesentwicklung zu sehen. In meiner Studie „Standort und Gestalt der Raumforschung" ist deshalb von vornherein die Landesentwicklung „als Mittel der vorausschauenden Determination der räumlichen Ordnung" und Raumforschung als eine „umfassende Wissenschaft von der Landesentwicklung" beschrieben worden, und schon 1962 habe ich sie in der Schrift „Finanzausgleich und Landesentwicklung" mit dem Untertitel „Untersuchung des finanziellen Zusammenwirkens von Bund und Ländern mit einer Regionalbilanz für Niedersachsen" dargestellt. Dabei wurde auch erwähnt, daß im Einzelfall das Regionale überhaupt nur ein Kleid, ein zufälliger Annex sein kann, „während die Gesamtheit gemeinsamer Probleme, welche die Region als Grenze und die Notwendigkeit zu Maßnahmen bestimmen, vom Geographischen völlig abstrahiert werden kann". PREDÖHL hat die räumliche Ordnung einmal so definiert, daß es sich „bei der Standortswahl um nichts anderes handelt als einen Spezialfall der Wahl der günstigsten Produktionsmethode" [74]. Und EGNER hat gemeint, daß „Standortgunst . . . konkurrenzfähige Kostengestaltung (heißt)" [75]. Genau dieser Einwand bewegt mich zum Eintreten für die Landesentwicklungsplanung. „Es handelt sich hier, grundsätzlich gesehen, um das Ziel wirtschaftliche Gesamtkörper strukturell zu proportionalisieren. Dazu gehört auch die räumliche Ausgewogenheit" [75a].

Insoweit ist der Gedanke der Landesentwicklungspolitik richtig. Das Entscheidende bei dieser Neuausrichtung wird allerdings sein, daß in den Planungsstäben für die Untersuchung und Lösung der Interdependenz und Komplementarität zwischen den in den Landesentwicklungszielen gegebenen Domination und der in den einzelnen Faktoren des Lebensraumes vorhandenen Determination eine sozialwissenschaftliche Beurteilung zum Zuge kommt; denn sie allein kann eine zwecksprechende Diagnose und Therapie garantieren.

Dabei wird es nicht genügen, eine systematische Koordination der öffentlichen Aktivitäten herbeizuführen, sondern sie ist so vorzunehmen, daß sie von der Bevölkerung in Zukunft auch angenommen wird. Für die aber, die trotz der offenen Fragen die Zielplanung über den Bereich der öffentlichen Investitionen und die Wirtschaftssteuerung entsprechend dem volkswirtschaftlichen Prinzip hinaus auf das gesamte Wirtschaftsgeschehen ausweiten möchten oder diesen Plänen Vorschub leisten, zitiere ich an dieser Stelle ein Gleichnis, das FRIEDRICH VON GOTTL in einer ähnlichen Situation dem Mythos der Planwirtschaft entgegengestellt hat. Ich kenne keine Äußerung, die uns klarer sagen könnte, was man tun und was nicht geschehen sollte. „Unsere Wirtschaft — sagt GOTTL — sei als Apfelbaum verbildlicht. Der ist im Laufe der Zeit mächtig emporgewachsen, breit ausladend in seinem Geäste, auch zu einer reichen Tracht an Früchten gediehen. Das Gleichnis leidet freilich daran, daß sich der jährliche Ertrag an Äpfeln als das Bild jenes sogenannten ‚Sozialproduktes' aufdrängt, mit dem sich das naiv theoretische Denken eine so unsäglich hölzerne Vorstellung vom letzten Erfolg der Wirtschaft bildet. Zu welchem letzten Erfolg die Wirtschaft wahrhaft führt, in der Richtung gestalthafter Verbürgnis dauernden Einklangs von Bedarf und Deckung, das spiegle sich einfach im pflanzlichen

[74]) A. PREDÖHL: Das Ende Weltwirtschaft. Hamburg 1962, S. 79.

[75]) E. EGNER: Sinn und Grenzen regionaler Industrieförderung. In: Neues Archiv f. Niedersachsen, Bd. 12, 1963, S. 141.

[75a]) H.-J. SERAPHIM: Theorie der allgemeinen Volkswirtschaftspolitik. Göttingen 1963, S. 257 f.

Gedeihen des Baumes. Um dieses nun zu fördern und auch Schäden von ihm abzuwehren, kommt neben anderem ein Dreierlei in Betracht, Veredeln, Beschneiden und Stützen ... Gleichsam dem Baum veredelnd eingeimpft, könne man sich geistige Dinge denken. Man sucht zum Beispiel das Gefühl der Gemeinschaft in allen denen zu erwecken, die in den verschiedenen Stellungen des nämlichen Gebildes wirken, indem sie diese zwar mit ganz verschiedenen Leistungen ausfüllen, während sie doch alle gemeinsam verantwortlich bleiben für den gedeihlichen Bestand des Gebildes. Oder eine tiefe geistige Strömung würde eine grundsätzliche Wende in der persönlichen Haltung aller jener herbeiführen, denen vorzugsweise die wirtschaftliche Aktivität zufällt. Das Handeln der Unternehmer wäre dann von einem neuen Ethos des Erwerbs getragen. Unter dem gleichbleibenden Zwang dauernder Erzielung von Ertrag, würden sie unter Verzicht auf den persönlichen Vorteil, auf den ,Profit‘, nur dem Dienst an der Gemeinschaft sich weihen. Ohne daß sich an der Gestaltungsweise der Wirtschaft etwas ändern müßte, ohne alle die Gefahren einer Umgestaltung also ergäbe sich damit sozusagen ein ,profitfreier‘ Kapitalismus. Könnte der nicht aus den sozialen Nöten der Gegenwart heraus einen ,Weg ins Freie‘ bahnen? So spröde der Gedanke eines solchen seelischen Umschwungs auch bleibt, er leidet doch wenigstens nicht an den Fehlern in sich unmöglicher Konstruktionen. Der Umschwung müßte sich freilich, um überhaupt wirksam zu werden, bei der aufstrebenden Jugend vollziehen. Schmälert das seinen Wert?

Beschnitten aber am Baum will alles sein, was krankhaft wuchert oder auch verdorrt ist und der Pflanze nur zur Last fällt. Mancherlei Zwangswirtschaft ,mit verkehrtem Vorzeichen‘ könnte schon darin ihr Bild finden. Allerdings bliebe erst noch der Wurzelfäule des Baumes zu begegnen, als Bild gemeint für jenen so freventlich aufgepeitschten Klassenhaß, der als schwerster Fluch auf unserem Wirtschaftsleben lastet.

Vor allem also die Art, den Baum zu stützen, sei für das Gleichnis ausgewertet. Einst an einen Stützpfahl gebunden, in einem Schutzgitter geborgen, so war der Baum aufgewachsen. Das verbildlicht die vielerlei Eingriffe kraft öffentlicher Gewalt, mit denen der Staat damals an der Erziehung zum unternehmungsweisen Erwerb mitwirkte, der kapitalistischen Wirtschaft die Bahn ebnend. Darüber ist der Baum inzwischen längst hinausgewachsen, diese Stützen sind gefallen. Aber je reicher er sich im Astwerk und im Gezweige entfaltet, desto mehr bietet sich neuerdings Anlaß, ihn da und dort zu stützen. Vielleicht bedarf dessen ein geschwächter, kränkelnder Ast; oder man treibt Stützen ein, die sich gegen eine drohende Verwachsung im Geäst stemmen; besonders wehrt man mit Stützen der Gefahr, daß allzu reich behangene Äste oder Zweige vor der Reife ihrer Früchte abbrechen. Nun kommt es nicht darauf an, diese Bilder auf die verschiedenen Formen der Zwangswirtschaft reinlich zu verteilen. Genug, daß eben wirklich alles Stützen dem natürlichen Wachstum des Baumes und damit seinem Gedeihen zuliebe und nicht zuleide erfolgt. Droht gar ein heftiges Sturmwetter in dem Geäst zu wüten, den Baum am Ende zu entwurzeln und umzuwerfen, dann ist erst recht der Anlaß geboten, die Stützen schleunigst zu verstärken. In all diesen vernünftigen Arten, den Baum zu stützen, spiegelt sich die eigentliche Mission der Leitregelung. In solcher Weise dient alle Zwangswirtschaft als Werkzeug der Zurechtgestaltung des Wirtschaftslebens, darunter also auch die Planwirtschaft als Tatbestand.

Ganz anders, wäre man darauf versessen, daß man dem lebendigen Gefüge des Baumes mehr und mehr Stützen gewaltsam und rücksichtslos einstaucht. Dabei unterliefe etwa die Absicht, den natürlichen Wuchs des Baumes von Grund aus zu wandeln, was als das Bild einer Leitregelung reformatorischer Mission diene. Aus einem Gewächs, das vom derben Stamm aus frei und breit in Ästen und Zweigen ausfächert, daraus sollte wohl ein

Spalierbaum werden, ein flaches Gitterwerk von Zweigen, an Drähten hängend. So sicher man Schiffbruch erleidet mit dieser heillosen Idee, vorher schon tritt totsicher etwas anderes ein. Es genügt dieses Einzwängen von starrem, totem Gestänge in das lebende Gewächs, um dessen Saftstrom da und dort zu drosseln oder ganz abzuquetschen, bis ein Ast um den anderen kümmert, verdorrt und abstirbt. Schließlich wäre es um den Baum selber geschehen. Man hätte ihn zu Tode gestützt. Von ihm sind sicherlich keine Früchte mehr zu erwarten. Soweit das Bild dafür, wenn Zwangswirtschaft, aus Sucht der Umgestaltung der Wirtschaft gleich von Grund aus, zum Selbstzweck würde.

Was soll man aber zu der Vorstellung sagen, nun wäre es an Stelle des zugrunde gerichteten Baumes ausgerechnet dieses tote Gestänge, die förmlich zu einem System ausgebauten, längst aber sinnlos gewordenen Stützen, was nun selber Äpfel tragen würde, jawohl, und sogar ihrer reichlicher noch, als einst der lebende Baum! In dieser tollen Vorstellung spiegelt sich der Mythus der Planwirtschaft"[76]).

Denen aber, für die die Ausführungen von GOTTL doch nur ein nichtssagendes Gleichnis bleiben, ist vielleicht mit modernen Erkenntnissen über die Folgen des Bruches „mit der Herrschaft der kapitalistischen Produktionsweise" von CHARLES BETTELHEIM gedient. Er schreibt: „In der Mehrzahl der ‚sozialistischen' Länder liegt der Besitz der Produktionsmittel in den Händen von ‚Unternehmen'. Die Existenz des dem Besitz an Produktionsmitteln ‚übergeordneten' Staatseigentums setzt ... dem Besitz des Unternehmens Grenzen ... Das ‚Unternehmen' ist ein kapitalistischer Apparat, einer der Orte, wo die kapitalistischen Gesellschaftsverhältnisse sich artikulieren und in dessen Rahmen sich diese Verhältnisse reproduzieren. Nur eine ‚Revolutionierung' der ‚Produktionseinheiten' von der Form des ‚Unternehmens' kann der Existenz dieses kapitalistischen Apparats ein Ende bereiten und ihn durch einen neuen Apparat ersetzen — einen Ort der Artikulation und Reproduktion sozialistischer Gesellschaftsverhältnisse." Und er fügt abschließend eine Zusammenfassung an, die das Zitierte wiederholt und verdeutlicht: „Auf der wirtschaftlichen Ebene ist die Existenz von Warenbeziehungen und kapitalistischen Gesellschaftsverhältnissen in den Übergangsgesellschaften mit der Existenz der ‚Unternehmen' verbunden. Diese ‚Produktionseinheiten' entsprechen der Struktur der Produktionskräfte und einem Komplex von gesellschaftlichen Verhältnissen, die vom Kapitalismus geerbt wurden. Diese tendieren dahin, diese Verhältnisse zu reproduzieren"[77]). BETTELHEIM vertritt — so meine ich — in dieser Analyse eine sehr wesentliche Erkenntnis, daß die Produktionseinheiten der Struktur der Produktivkräfte und der jeweiligen Gesellschaft entsprechen, daß man den Besitz an den Unternehmen in Staatseigentum überführen kann und daß trotzdem die Unternehmen fortleben als kapitalistische Apparate, bis ihnen die Form des Unternehmens genommen wird, d. h. die Autonomie der Entscheidung, die Flexibilität gegenüber dem Markt und das kaudinische Joch der Rentabilität.

Mit anderen Worten: Auch in einer neuen Gesellschaft, welchen Charakter sie auch immer besitzen möge, werden im letzten die „Produktionseinheiten" in Form der „Unternehmen" von größter Bedeutung sein. Und damit behält HAYEK eigentlich recht: „Die bloße Tatsache, daß es für jedes Gut einen Preis gibt — oder eigentlich, daß die örtlichen Preise miteinander in einem Zusammenhang stehen ... — bringt die Lösung zustande, zu der (was gerade denkbar, aber nicht praktisch möglich ist) ein Einzelner gekommen wäre, der alle die Informationen besessen hätte, die in Wirklichkeit unter alle an dem Prozeß

---

[76]) FR. VON GOTTL-OTTLILIENFELD: Der Mythus der Planwirtschaft. Jena 1932, S. 112 f.

[77]) CH. BETTELHEIM: Ökonomisches Kalkül und Eigentumsformen. Rotbuch 12, Berlin 1970, S. 67 ff.

beteiligten Menschen verteilt sind"[78]). Das aber bedeutet für das hier anstehende Problem, daß die Landesentwicklungspolitik gut beraten wäre, wenn sie auch in der absehbaren Zukunft die Autonomie der Unternehmen und das Marktgeschehen als tragende Pfeiler in die Entwicklung „einplanen" würde[79]).

Mit diesen Bemerkungen ist zunächst der grundsätzliche und instrumentale Rahmen abgesteckt, in dem sich jede Raumordnungs-, Landesentwicklungs- oder Regionalpolitik vollziehen muß. Hier fallen die Vorentscheidungen für den *Einsatz* von Staat und Gesellschaft, Planung und Markt, die den Weg und die Mittel bestimmen. Eine solche Landesentwicklungspolitik hat viele Chancen, die Kräfte rationaler zu bündeln als bisher, wenn es ihr gelingt, alle Kräfte des jeweiligen Landes zu integrieren und neu zu installieren. Die integrierte Landesentwicklungsplanung kann für diesen Zweck allerdings nur „Planung der Aufgabenplanung" sein, „Planung der Querschnittsaspekte, also der Kristallisationspunkte, die im Entscheidungsprozeß eine Rolle spielen sollen und müssen".

---

[78]) F. A. Hayek: Individualismus und wirtschaftliche Ordnung. Ellenbach-Zürich 1952, S. 114 f.

[79]) Diese Auffassung deckt sich mit der Beurteilung von Hans Freyer, „daß ein starker Einschlag von staatlicher und selbstgewollter Planung die heutigen Industriegesellschaften von denen des 19. Jh. unterscheidet, doch die Prinzipien der unternehmerischen Verantwortung und der freien Interessenvertretung sind in ihr strukturbestimmend geblieben". Freyer hat richtig beobachtet, daß die westlichen Planungsmethoden sich flexibel halten, „im Zweifelsfall lieber mit indirekten als mit drastischen Zugriffen (arbeiten), lieber mit Dezentralisation als mit zentralistischen Instanzen und immer die Initiativen einplanen, die von den Wirtschaftsmächten selbst ausgehen ... Das Konzept einer totalen Planung wird abgelehnt, und dies nicht um partikulärer Interessen willen, sondern in einer Entscheidung, die allgemeine Resonanz findet" (H. Freyer: Schwelle der Zeiten. Stuttgart 1965, S. 221 f.).

2. Die Zielvorstellungen – ein historischer und systematischer Aufriß

2.1. Die Bedeutung von Zielvorstellungen

JOCHIMSEN hat in einem Vortrag vor dem Forschungsausschuß Raum und Finanzen am 2. 12. 1971 das Planungsproblem in seinem Referat „Planung der Aufgabenplanung"[1] bedeutsam vertieft, indem er sich mit der heute geübten isolierten Zielplanung, isolierten Mittelplanung, isolierten Methodenplanung und isolierten Zuständigkeitsplanung auseinandersetzte. In seiner Einteilung wäre das Raumordnungsgesetz in die isolierte Zielplanung einzuordnen, die Finanzplanung in die isolierte Mittelplanung. Eine Lösung sieht JOCHIMSEN in einer fünffachen Querschnittsplanung, die in einem ersten Querschnitt alle Ressourcenelemente, einschließlich der ressourcenmäßigen Restriktionen, d. h. die Finanzplanung entsprechend umbaut und ergänzt, und in einen zweiten Raster, den er „den Aspekt der räumlichen Koordinierung" nennt, die Raumordnung behandelt, und denen er drei weitere notwendige Ebenen hinzufügt: den Querschnittsraster der Organisation für alle Fragen der funktionalen und territorialen Neubildung, die Zuständigkeitsplanung und die Überprüfung der Wirkung der Politik auf den Menschen, d. h. die Feststellung der Effizienz der politischen Maßnahmen. In bezug auf die Raumplanung heißt es bei JOCHIMSEN: „Es ist ein Irrtum zu glauben, daß eine grundsätzliche Gesetzgebung wie das Raumordnungsgesetz mit Blickrichtung auf Probleme des dritten Drittels des 20. Jahrhunderts zugleich schon Handlungsprogramme für die kommenden 3 bis 10 Jahre in irgendeiner Weise eingrenzen könnte. Der Irrtum des logischen Deduktionismus, aus Oberzielen zu Mittel- und Unterzielen zu kommen, ist schon von GUNNAR MYRDAL (in seinem Aufsatz 1933 in der Zeitschrift für Nationalökonomie) hinreichend belegt worden."

Aber auch, wenn man sich nicht wie JOCHIMSEN und diese Studie zum pragmatischen Modell bekennt, sondern annimmt, daß eine reine Zielplanung aufzubauen wäre, „die praktisch methodisch eindeutig und ohne große Schwierigkeiten durchgezogen" werden könnte, und wenn man nicht mit JOCHIMSEN den räumlichen Aspekt als *einen* Querschnittsraster des Landesentwicklungsplanung zugrundelegt, an dem Problem der Zielvorstellungen kann sich niemand vorbeidrücken. Hier liegt eine zweite einer jeden räumlichen Planung immanente Barriere, die sie zu überwinden trachten muß.

2.2. Aus der Geschichte der Zielvorstellungen

Aus der Geschichte der Zielvorstellungen verdient folgendes festgehalten zu werden: Als EBEN EZAR HOWARD seine Garden Cities of To-Morrow (1902) veröffentlichte, der Abgeordnete von Bodelschwingh im Preußischen Abgeordnetenhaus die gleichzeitige

---

[1] H. JOCHIMSEN: Planung der Aufgabenplanung. In: Finanzpolitik und Landesentwicklung, ARL, FuS Bd. 84, Hannover 1972.

Schaffung von Arbeitsplatz und Wohnstatt im industriellen Zeitalter forderte (1904), ADOLF DAMASCHKE die Bodenreform begründete und im Ruhrsiedlungsverband das erste moderne Instrument der Landesplanung entstand, da wuchs aus vielen Einzelunternehmungen das Phänomen, das heute die Bezeichnung Raumordnung trägt. Diese kritische Einstellung mit stark antikapitalistischen Zügen gegenüber der tatsächlichen sozioökonomischen Entwicklung hat die Raumordnung bis heute beibehalten. Dabei ist allmählich klar geworden, daß „man sich zwischen zwei Polen bewegt: dem Menschen und dem Raum. Der Letztere ist das Objekt. Der Mensch ist nicht nur die treibende Kraft in der Entwicklung seines Gebietes, sondern er steht auch im Mittelpunkt der Raumordnung. In diesem Bemühen der Obrigkeit geht es darum, die vorhandenen Umweltbedingungen dem menschlichen Wohlergehen und darüber hinaus dem menschlichen Glück anzupassen"[2].

Gleichzeitig mit diesen Aktionen begann die Wissenschaft sich mit dem Menschen im Raum zu befassen. 1907 unterschied WERNER SOMBART[3] Städtegründer (er meinte damit die primären Städtebildner: Handwerker und Industrielle, die nach auswärts verkaufen, und Kaufleute) und Städtefüller (das sind Menschen und Berufe, die ihren Unterhalt durch die anderen finden). GÜNTHER GASSERT, ein Sombart-Schüler, entwickelte aus diesem Ansatz die Begriffe Kern- und Mantelbevölkerung, an die wiederum GUNTER IPSEN mit seiner Bevölkerungslehre anknüpfte. Auch das spätere basic-non basic-Konzept hat hier seinen geistigen Standort.

ANDREAS PREDÖHL schuf in den 20er Jahren einen neuen Ansatz für die Standorttheorie, indem er die Interdependenzen räumlicher Bedingtheiten im funktionellen Zusammenhang der Preise für begründet hielt. In seiner Analyse weltwirtschaftlicher Beziehungen finden sich viele wichtige Anhaltspunkte für die Erklärung regionaler Entwicklungsprozesse, insbesondere die Feststellung, daß es „die gleichen Zahlungsbilanzprobleme zwischen allen räumlichen Ausschnitten der Wirtschaft bis hinunter zum Betrieb (gibt), ja bis zur einzelnen Person. Sie haben nur bei anderen Räumen keine so große wirtschaftspolitische Bedeutung und treten meist auch statistisch nicht in Erscheinung. Sichtbar sind sie erst wieder beim Betrieb und der Einzelperson in der betrieblichen und der persönlichen Buchführung"[4].

Die genannten und andere Arbeiten haben viel Licht in die räumlichen Beziehungen von Siedlungsstruktur und Wirtschaft gebracht. Aber es mag mit dem kurzen Hinweis darauf sein Bewenden haben. In diesem Abschnitt stehen die ausgesprochenen Zielsysteme als „Richtungsangaben" oder „Segelanweisungen" für einen gewünschten Entwicklungstrend der Allokation von Wohnen und Arbeiten im Mittelpunkt der Darstellung. Aus wissenschaftlicher Analyse sind 4 solcher Zielsysteme hervorgegangen:

— die Idee des abgeschotteten bzw. ausgewogenen Raumes,
— die Theorie der zentralen Orte,
— die Theorie der Werkstattlandschaft und
— die Verdichtungskonzeption.

---

[2] Der Regierungsbericht über die Raumordnung in den Niederlanden. Bonn-Bad Godesberg 1961, S. 5 f.
[3] W. SOMBART: Der Begriff der Stadt und das Wesen der Städtebildung. 1907.
[4] A. PREDÖHL: Außenwirtschaft, Göttingen 1949, S. 139 f.

2.3. Die Idee des abgeschotteten bzw. ausgewogenen Raumes

Es war WEIGMANNS Hauptgedanke, das Staatsgebiet in „relativ ausgewogene, selbständige Versorgungsräume — als landwirtschaftlich und gewerblich ausgewogene Teilräume" — zu entwickeln[5]).

Diese Konzeption hat Anfang der 60er Jahre in der Gestalt des strukturell ausgewogenen Raumes von neuem Anerkennung gefunden. Die Akademie für Raumforschung und Landesplanung hat sie zum Gegenstand ihrer Plenarsitzung 1964 in Kiel gemacht[6]). Ein ausgewogener Raum als Idealtypus ist nach der Definition ein in sich ruhender, stabiler, harmonischer sozioökonomischer Raum, der die Voraussetzung für eine eigenständige Entwicklung in sich trägt. Er liegt im System zwischen den großräumigen Problemgebieten und den überlasteten Verdichtungsräumen. Der terminus technicus „strukturell" ausgewogener Raum will besagen, daß die Struktur der Wirtschaft und nicht ihr Ablauf ausgewogen sein soll. Was ist ein strukturell ausgewogener Raum in der Praxis? GERHARD ZIEGLER berief sich in Kiel auf den ersten Grundsatz des Entwurfs des Raumordnungsgesetzes, in dem gesagt ist: „In Gebieten, deren räumliche Struktur gesunde Lebens- und Arbeitsbedingungen sowie ausgewogene soziale und wirtschaftliche Verhältnisse ausweist, soll diese Struktur gesichert und weiterentwickelt werden. In Gebieten, in denen eine solche Struktur nicht besteht, sollen Maßnahmen zur Strukturverbesserung ergriffen werden", und er meinte, daß dieses Leitbild „auf gleiches Recht für alle, möglichst gleiche Chancen, gleiche Erziehungs-, Bildungs-, Erwerbs- und Entwicklungsmöglichkeiten, Hilfe des Starken für den Schwachen, optimale, gerechte Verteilung der Steuermittel je nach Aufgaben, also ganz allgemein auf eine gewisse Ausgeglichenheit und Ausgewogenheit (zielt)" (S. 48).

Bei ZIEGLER ist vieles utopisch geblieben. Immerhin hat er an einer Stelle „Maßzahlen" für ausgewogene Räume genannt (S. 51), wenn er auch meint, daß sie nicht konstitutiv sein könnten. Eine kritische Analyse der Konzeption des strukturell ausgewogenen Raumes läßt erkennen, daß in ihr drei Teilbereiche enthalten sind:

1. Nach dem Merkmal des Leistungsgleichgewichtes (Freiheit der Entscheidung) würde der Begriff beinhalten, daß sich der strukturell ausgewogene Raum aus eigener Kraft zumindest durchschnittlich weiter entwickeln kann.

2. Nach dem Merkmal der Versorgung könnte man den angestrebten Zustand mit Sombart als Autarchie (selbständige Herrschaft über den eigenen Raum) und nicht Autarkie (Selbstgenügsamkeit) verstehen.

3. Auf der Ebene der Erwerbsmöglichkeiten (darauf hat ISENBERG in der Diskussion und umfassend in der Schrift „Probleme und Aufgaben der Landesplanung" hingewiesen) bedeutet der strukturell ausgewogene Raum die Berücksichtigung von sieben konkurrierenden Erfordernissen: „angemessenes" Verhältnis zwischen Bevölkerung und Erwerbsgrundlagen, Vielseitigkeit und Krisenfestigkeit der Produktion, Erreichbarkeit der kulturellen und gesetzlichen Einrichtungen, Ausschöpfung der Standortvorteile, Berücksichtigung der Vitalsituation, Sicherung des Naturhaushaltes und Schutzbereitschaft gegenüber Katastrophen.

---

[5]) H. WEIGMANN: Ideen zur Theorie einer Raumwirtschaft. In: Weltwirtschaftliches Archiv, 34. Bd., 1931, H. 1. — Standortstheorie und Raumwirtschaft. In: Festschrift zum 150. Geburtstag von J. H. Tühnen, Rostock 1933, S. 137 ff. — Politische Raumordnung. Hamburg 1935. — Grundzüge einer Theorie der staatlichen Wirtschaftspolitik. In: Ztschr. f. d. gesamte Staatswissenschaft, 95. Bd., 1934/35.

[6]) Tendenzen der Raumentwicklung in unserer Zeit. ARL, FuS Bd. XXXI, Hannover 1965.

Vieles in der Konzeption des strukturell ausgewogenen Raumes erinnert — wie gesagt — an die WEIGMANNsche Harmonisierung von Volksordnung und Raumordnung durch die Schaffung relativ selbständiger Versorgungsräume. Sie hat allerdings auch Züge der Konzeption der zentralen Orte angenommen. Neuerdings versucht der Forschungsausschuß Raum und gewerbliche Wirtschaft unter der Leitung von DETLEF MARX den MARXschen Ansatz der Schaffung eines „funktionsfähigen regionalen Arbeitsmarktes" zu konkretisieren. „Funktionsfähige Arbeitsmärkte sollen — verbunden mit ausreichenden Wohn- und Erholungsräumen — in der entwicklungspolitischen Endstufe sich selbst tragende Funktionsräume in einem System begrenzter Agglomerationen bilden, mit dem Ziel, den Zwang zur interregionalen Mobilität zu minimieren."

2.4. Die Theorie der zentralen Orte

A. KÜHN jr. hat gemeint, „daß die Typologie CHRISTALLERS für moderne regionale Forschungsaufgaben ... eine gute theoretische Ausgangsbasis liefert"[7]. Auch KONRAD MEYER hat den Stellenwert von CHRISTALLERS deduktiv gefundenen „Raumgesetzen eines hierarchisch geformten Netzes zentraler Orte" für die Raumordnung der heutigen Zeit sehr hoch eingestuft; denn nach seiner Aussage gibt „es keine Regionalplanung, keine Vorstellungen über optimales Wachstum und optimale Standortverteilung ohne CHRISTALLERS Lehre der zentralen Orte"[8]. Er will damit ausdrücken, daß ein Aufbau des sozioökonomischen Siedlungsgebietes nach den Ideen CHRISTALLERS die beste aller Siedlungswelten darstellt. Darüber hinaus betont er, „daß die vor 1945 von CHRISTALLER entwickelten Vorstellungen als ein ,operationales Modell einer optimalen Raum- und Siedlungsplanung' gelten" können[9]. CHRISTALLER hat beide Ansprüche nicht erhoben; er unterscheidet ausdrücklich drei Kategorien von Standorten: die Standorte der Bodennutzung, die sich notwendigerweise über die gesamte Fläche verteilen, die Standorte des Handels, des Verkehrs, des Handwerks, der Dienstleistungen, die sich notwendigerweise in den Mittelpunkten konzentrieren und die er als zentrale Orte bezeichnet, und die Standorte, „die an einem bestimmten, jedoch nicht notwendig den Charakter von Mittelpunkten besitzenden Punkt des Raumes gebunden sind, nämlich die Standorte der Industrie, des Bergbaus, des Kur- und Fremdenverkehrs, der militärischen Anlagen"[10]. CHRISTALLER sagt an einer anderen Stelle, daß die Industrie „grundsätzlich anderen Standortgesetzen" folgt und daß sie eher die optimale Gestaltung eines auf dem Prinzip der zentralen Orte erwachsenden Gebietes stört. In Übereinstimmung damit begreift GUNTHER IPSEN die CHRISTALLERsche Erkenntnis als „eine Theorie städtischer Felder" und ergänzt, daß „der Meinung widersprochen werden (muß), es handele sich dabei um eine allgemeine Theorie des Städtewesens. („Das Beispiel Bayern, an dem die Theorie gefunden wurde, war ein glücklicher Zufall ... Nicht umsonst ist die Theorie z. B. bei dem Versuch der Anwendung auf Sachsen gescheitert.") Die Deduktion gilt nur für solche Fälle, die auf dem Grund-

---

[7] A. KÜHN jr.: Die erkenntnistheoretische Problematik der Prognose und ihre Bedeutung für die raumwissenschaftliche Zukunftsforschung. In: Raumforschung und Raumordnung 1969, H. 1, S. 12.

[8] Handwörterbuch der Raumforschung und Raumordnung, a. a. O., Sp. 403.

[9] Handwörterbuch der Raumforschung und Raumordnung, a. a. O., Sp. 405.

[10] W. CHRISTALLER: Das Grundgerüst der räumlichen Ordnung in Europa. In: Frankfurter Geogr. Hefte 1950, H. 1, S. 6 f.

verhältnis der Land- und Amtsstadt aufbauen. Es ist die städtisch entfaltete Agrargesellschaft und ihr Staatsgebiet, die hier begriffen werden, mit einem Wort: das vorindustrielle Städtewesen ... In der industriellen Welt ist sie nur solange aufschlußreich, wie sich die Standortwahl dem vorgegebenen städtischen Feld anschließt. Das Eigentümliche der industriellen Raumordnung wird von der Theorie der zentralen Orte nicht gefaßt. Dafür bedarf es anderer Begriffe, wie sie in der Raumwirtschaftstheorie Predöhls angesetzt wird"[11]). Genauso urteilt BORRIES, daß CHRISTALLER „eine anscheinend schlüssige Erklärung der Siedlungsstruktur vom Ansatz des Versorgungsprinzips her" geschaffen hat, aber „alle Grundleistungen unberücksichtigt bleiben, die die Stadtstruktur in entscheidendem Maße determinieren". „Unter den Verhältnissen der Gegenwart erscheint es unrealistisch, die Hauptfunktionen großer Städte in ihren zentralen Leistungen regional begrenzter Reichweiten zu sehen; ohne ihre Bedeutung als Industriestandort und die darin begründeten Wachstumskräfte zu berücksichtigen. CHRISTALLERS ‚Theorie der zentralen Orte' ist daher eher der Charakter einer ‚historischen' Theorie zuzuerkennen, insofern sie die Ordnungsprinzipien der vorindustriellen Siedlungsstruktur aufzeigt ... CHRISTALLER erklärt die historischen Grundlagen der modernen Siedlungsstruktur, aber nicht diese selbst und schon gar nicht deren — eben vom System der zentralen Orte hinwegführenden — Entwicklungstendenzen"[12]).

J. H. MÜLLER und P. KLEMMER[13]) haben neuerdings vor einer „Zirkelschlagmethode" angesichts der „stark divergierenden Bevölkerungs- und Kaufkraftdichte" der Agglomerationen gewarnt: „Vielfach hat man den Eindruck, daß Planer der Faszination der Symmetrie unterliegen, die von dem Kernmodell CHRISTALLERS ausgeht" (S. 19). Sie haben zweitens betont, daß die industriellen Standortgesetzmäßigkeiten nicht berücksichtigt wurden und meinen, daß daher „generell gesagt werden (kann), daß die Fixierung eines Systems von zentralen Orten als Strategie einer bestimmten Siedlungspolitik nicht losgelöst von wirtschaftsstrukturellen Untersuchungen erfolgen darf" (S. 19). MÜLLER hat 1972 noch einmal in einer Einführung zu Arbeiten des Arbeitskreises „Zentralörtliche Erscheinungen und Verdichtungsräume" für Württemberg unterstrichen, „daß ein Gesamtsystem zentralörtlicher Erscheinungen sich mit außerordentlich vielfältigen Teilwirkungen auseinandersetzen muß, die keiner eindimensionalen Erklärung zugänglich sind" (S. 4)[14]). In beiden Arbeiten wird eindeutig erklärt, „daß die CHRISTALLERsche Theorie zentraler Orte ohne ganz entscheidende Modifikationen nicht als Grundlage für die Erklärung der von der Landesplanung Baden-Württemberg als zentrale Orte qualifizierten Gemeinden in Anspruch genommen werden kann". LINDE unterstreicht ebenfalls die Beurteilung

---

[11]) G. IPSEN: Stadt IV Neuzeit. In: Handwörterbuch der Sozialwissenschaften, Bd. 9, Stuttgart-Tübingen-Göttingen 1956, S. 795.

[12]) VON BORRIES: Ökonomische Grundlagen der westdeutschen Siedlungsstruktur. ARL, Abh. Bd. 56, Hannover 1966, S. 56 f. — Vgl. H. HUNKE: Standort und Gestalt der Raumforschung. ARL, Abh. Bd. 44, Hannover 1964, S. 6.

[13]) J. H. MÜLLER und P. KLEMMER: Das theoretische Konzept Walter Christallers als Basis der zentralen Orte. In: Zentrale Orte und Entwicklungsachsen im Landesentwicklungsplan, ARL, FuS Bd. 56, Hannover 1969.

[14]) J. H. MÜLLER: Einführung zu zentralörtlichen Funktionen in Verdichtungsräumen, ARL, FuS Bd. 72, Hannover 1972, S. 4. — Ähnlich ist bei VON BÖVENTER zu lesen: „Der eigentliche interregionale Ausgleich der Leistungen geschieht ... hauptsächlich innerhalb des sekundären Sektors; das hierarchische System CHRISTALLERS kann man sich gewissermaßen als ein ‚Netz der zentralen Funktionen' über das regionale System der Produktionsstätten des sekundären Sektors und des Bergbaues denken" (VON BÖVENTER: Die Struktur der Landschaft. In: Optimales Wachstum und optimale Standortverteilung, Schriften d. Vereins f. Socialpolitik, N.F. Bd. 27, Berlin 1962, S. 123).

der Zentrale-Ort-Konzeption als des „Modell(s) der optimalen Standortfindung für mehr oder weniger selten in Anspruch genommene Leistungen bzw. Güter unterschiedlicher Reichweite unter den Bedingungen einer räumlich-homogen-dispers verteilten Agrarbevölkerung. Das erklärende Prinzip ist die Minimierung des mittleren Zeit-Wege-Aufwandes". Und er fügt hinzu, daß dieses Prinzip der „Verbesserung der Versorgung in zumutbarer Entfernung" gegen „die drohende Entleerung ländlicher Räume" wirkungslos sein muß, weil es sich hier zweifellos um „die mit der Umstrukturierung der Landwirtschaft einhergehende Freisetzung von Arbeitskräften und Bevölkerung" und nicht um „Unterversorgung" handelt[15]).

Trotz dieser Bedenken und Einwände hat sich das Konzept der zentralen Orte raumordnungspolitisch durchgesetzt. Es ist der Bereich, „der unumstritten ist und sowohl von der Regionalpolitik wie auch von der Raumordnungspolitik bejaht und ausdrücklich vertreten wird"[16]). Dabei ist allerdings ein wichtiger Unterschied vorhanden: Für die Regionalpolitik sind zentrale Orte nur Ansatzpunkt für Förderungsmaßnahmen auf Zeit, während die Raumordnungspolitik in den zentralen Orten „ein ordnungspolitisches Instrument" erblickt, das mit Hilfe ordnungsorientierter Ausstattungsvorstellungen die „unterschiedliche Wertigkeit" der einzelnen Orte festlegt.

2.5. Die Theorie der Werkstattlandschaft

Am Anfang dieser Betrachtung stehen zwei Arbeiten: ein Gutachten von PREISER[17]) (1937) über die Prüfung der Frage des Vorbildes von Württemberg zur Entwicklung Ostpreußens und von THALHEIM über „Die industrielle Ballungstendenz und die Wege zu ihrer Beseitigung" (1940)[18]). Seitdem sind diese Probleme unter den verschiedensten Bezeichnungen virulent geblieben. Insbesondere hat das „Vorbild" Württemberg seine attraktive Kraft behalten. Dabei hat schon 1943 ADOLF MÜNZINGER darauf hingewiesen, „daß man (im Falle Württemberg) nur mit den sichtbaren Tatsachen rechnete, nicht mit geschichtlichem Werden und nicht mit dem zwangsläufigen Wirken gegebener Verhältnisse und der Notwendigkeit der Überwindung", als man die württembergische Wirtschaftsstruktur als „etwas durchaus Ideales" ansah. MÜNZINGER schrieb schon damals, daß die württembergische Landwirtschaft „in Wirklichkeit die trübe Kehrseite des nach außen hervortretenden Glanzes und der Krisenfestigkeit der württembergischen Wirtschaft darstellt und alles das zu tragen hat, was die Wirtschafts- und Sozialstruktur Württembergs vielleicht krisenfest erscheinen lassen kann" (S. 160), und daß von Württemberg „als einem Vorbild für andere Länder ... bei der heutigen Entwicklung des Zusammenlebens von Industrie und Landwirtschaft in keiner Weise mehr gesprochen werden (kann)" (S. 156)[19]). Diese Stellungnahme hat nicht einmal unter den völlig veränderten wirtschaftlichen Nachkriegsverhältnissen, als das Zusammenleben von Industrie und Landwirtschaft

---

[15]) H. LINDE: Über Zukunftsaspekte in der Raumplanung, insbesondere Leitbilder u. ä., a. a. O., S. 97.

[16]) K. H. HANSMEYER: Ziele und Träger regionaler Wirtschaftspolitik. In: Beiträge zur Regionalpolitik, Berlin 1968, S. 45.

[17]) E. PREISER: Die württembergische Wirtschaft als Vorbild. Stuttgart 1937.

[18]) THALHEIM: Die industrielle Ballungstendenz und die Wege zu ihrer Beseitigung. Mskr. 1940.

[19]) A. MÜNZINGER: Die württembergische Wirtschaft. Vorbild für den Osten? In: Raumforschung und Raumordnung 1943, H. 5/6, S. 152 ff.

in ganz Westdeutschland kritisch wurde, größere Bedeutung erlangt. In Wirklichkeit ist „die Württembergisierung" der Industrie das geheime Ideal der deutschen Raumordnungspolitik geblieben. Die Untersuchung von THALHEIM ist erst im Kriege erschienen und hat damals nur begrenzte Wirkung auslösen können. Dafür hat sie in der Nachkriegszeit im Weltbild der neuen Raumordnung große Fernwirkungen ausgelöst. ERICH EGNER hat sich damals im Forschungsausschuß für industrielle Standortfragen mit demselben Problem beschäftigt und im Anschluß an ERNST JÜNGER gemeint, daß die „Werkstattlandschaft" geeignet sei, ein neues Gliederungsprinzip des Raumes zu bilden. „Dies Prinzip der inneren Gliederung der Werkstattlandschaft kann als der Gegensatz der Ballungslandschaft und der Streuungslandschaft umschrieben werden"[20]. EGNER war sich durchaus klar darüber, „daß eine Lehre von den Kräften der Standortverteilung im Rahmen der kapitalistischen Wirtschaft entwickelt werden muß", aber die „Störungen des Weltmarktes" und die „hochgradige Krisenanfälligkeit" der einzelnen Volkswirtschaften führten ihn zu der Frage, „ob das kapitalistische Prinzip der Standortslagerung volkswirtschaftlich das einzig Denkbare ist, oder ob nicht Möglichkeiten seiner wirtschaftspolitischen Veränderung gegeben sind". Seine These besagt im Prinzip, „daß der Entwicklungsabstand der Streuungsräume von den Ballungsräumen größer geworden ist, als es nötig gewesen wäre, wenn man die wahre Situation rechtzeitig erkannt hätte"[21]. Seine Zielsetzung für die wirtschaftliche Raumordnung ist „eine Strukturpolitik, welche die Grundlagen für den Marktprozeß schafft". Hinsichtlich des staatlichen Machteinsatzes unterscheidet er die empfehlende, die ankurbelnde und die befehlende Standortspolitik.

Man identifiziert diese Tendenz der Neuverteilung der Ressourcen heute manchmal mit gewissen Übersteigerungen in der Raumordnungspolitik — sicherlich zu Unrecht. Sie hat unzweifelhaft das Verdienst, die Gestaltgesetze des Industrialismus in einem ersten Ansatz in der Raumforschung zur Diskussion gestellt zu haben.

Bei einer Würdigung der EGNERschen Theorie der Werkstattlandschaft muß man sich im übrigen daran erinnern, daß sie in den 50er Jahren von allgemeiner Zustimmung getragen wurde. Am Anfang der langen Reihe von Stellungnahmen steht stellvertretend für viele eine Äußerung von WILHELM RÖPKE, bei dem die Forderungen zu finden sind: „Hin zur Dezentralisierung im weitesten und umfassendsten Sinne, ... zur Korrektur von Übertreibungen in Organisierung, Spezialisierung und Arbeitsteilung mit einem Minimum von Selbstversorgung aus eigenem Boden, zur Rückführung aller Dimensionen und Verhältnisse vom Kolossalen auf menschliches Maß, zur Herausbildung neuer nichtproletarischer, d. h. solcher Industrieformen, die der bäuerlichen und handwerklichen Existenz angeglichen sind, zur natürlichen Förderung der kleinen Einheiten der Betriebe und Unternehmungen sowie der soziologisch gesunden Lebens- und Berufsformen, zur Aufbrechung von Monopolen aller Art und zum Kampf gegen Betriebs- und Unternehmungskonzentration, zur Auflösung der Großstädte und Industrierevere und zu einer soziologisch richtigen Landesplanung, die eine Dezentralisierung der Siedlungen und der Produktion zum Ziele hat, zur Schaffung von Bedingungen, die ein gesundes Familienleben und eine ungekünstelte Erziehung der Kinder ermöglichen ..."[22].

Und an anderer Stelle heißt es bei WILHELM RÖPKE: „Wir brauchen Untersuchungen über die Frage, inwieweit die technische Entwicklung der letzten Jahrzehnte das Betriebs-

---

[20] E. EGNER: Wirtschaftliche Raumordnung in der industriellen Welt. ARL, Abh. Bd. 16, Bremen 1950, S. 46, S. 20, S. 22, S. 117.

[21] E. EGNER: Die regionale Entwicklung der Industriewirtschaften. In: Industrialisierung ländlicher Räume, ARL, FuS Bd. XVII, Hannover 1961, S. 36.

[22] W. RÖPKE: Civitas humana. Zürich 1949, S. 275.

optimum gesteigert oder gesenkt hat und eine entsprechende Gruppierung der einzelnen Fortschritte ... Die Erfindungen haben einen durchaus verschiedenen Charakter in bezug auf ihre ökonomischen, sozialen und anthropologischen Wirkungen und sollten einmal danach mit Feingefühl und soziologischem Verständnis klassifiziert werden; sie sollten unter diesem Gesichtspunkt auch gelenkt werden"[23]).

Der Deutsche Landkreistag stellte seine Kundgebung in der Paulskirche in Frankfurt 1949 unter das Motto: „Stadt und Land nicht Gegensatz, sondern Einheit." Der Deutsche Verband für Wohnungswesen, Städtebau und Raumplanung konkretisierte 1951 diese Auffassungen mit „der Untersuchung über die Möglichkeiten einer stärkeren gewerblichen und industriellen Streuung in Hessen"[24]) und mit der Forderung: Industrie aufs Land[25]), und es kann keinem Zweifel unterliegen, daß die noch heute geltenden Forderungen auf Verkleinerung des Einkommensgefälles und nach aktiver Sanierung in diesen Erörterungen entstanden sind.

Am 30. 11. und 1. 12. 1961 hat sich dann die Konferenz für Raumordnung in Bonn mit den „Problemen der Raumordnung in Ballungsgebieten" befaßt[26]). Egner hielt das zentrale Referat, und es ist überraschend, wie stark und mit welchen Formulierungen nunmehr die Ballung verteidigt wurde. Der Vertreter der Industrie, Wieacker, formulierte neun Leitsätze, unter denen Formulierungen wie „der Ballungsraum ist ein wesentliches Element der Ordnung im Gesamtraum der Bundesrepublik", er ist erforderlich „für die zur Erhaltung der Wettbewerbsfähigkeit notwendige Rationalisierung" und zur besseren Ausnutzung der „Infrastruktur" hervorgehoben werden müssen. Sie werden unzweifelhaft von der wissenschaftlichen Erfahrung getragen. Er sagte aber auch: „Die Aufnahmefähigkeit von Ballungsräumen hat Grenzen. Sie herauszustellen und ihre Beachtung mutig durchzusetzen, ist eine wesentliche Aufgabe der Raumordnung und Landesplanung" (S. 35). Neuffer verteidigte die bestehenden Ballungsräume mit drei Thesen: (1) „Die Ballung ist keine Ballung der Schornsteine, sondern eine solche der Schreibtische." (2) „Das enge Kontaktbedürfnis ist in diesem Bereich sehr viel größer. Daraus ensteht die Gefahr übergroßer Arbeitsplatzverdichtungen in den Stadtzentren mit den sich daraus ergebenden negativen Folgeerscheinungen auf dem Gebiet des Verkehrs." (3) „Raumordnung mit dem Ziel, eine Wanderungsbewegung aus den sogenannten Ballungsgebieten hinaus in die nicht verdichteten Gebiete einzuleiten, erscheint bei unserer Rechts- und Sozialstruktur aussichtslos. Ein solches Bemühen läuft grundlegenden sozialen und insbesondere volkswirtschaftlichen Bedürfnissen entgegen" (S. 36 f.). Der Landesplaner in Hessen, Gunkel, formulierte die anstehende Problematik dahin, daß die Reinhaltung von Wasser und Luft und das Verkehrsproblem „keine Probleme der Raumordnung", sondern des modernen Lebens überhaupt seien. Seine Thesen waren: „Am besten hilft man den Ballungsgebieten, wenn mehr Ballungsgebiete entwickelt werden" und „die Industrielandschaft hat ihre eigenen ökonomischen Gesetze (?), ihre eigenen soziologischen Werte und vor allem ihre eigene Schönheit" (S. 39 f.). Der Vertreter Baden-Württembergs machte darauf aufmerksam, daß es auch in früheren Kulturepochen mächtige Ballungsräume und gleichzeitige strukturelle Verödung von Streuungsgebieten gegeben habe, und empfand es als unbefriedigend, daß „technischen, finanziellen und organisatorischen Fak-

---

[23]) W. Röpke: Civitas humana, a. a. O., S. 299.

[24]) Frankfurt am Main 1951.

[25]) Schriften VIII. Köln 1953.

[26]) Probleme der Raumordnung in Ballungsgebieten. Vorträge und Diskussionsbeiträge auf der 9. Sitzung der Konferenz für Raumordnung, München 1962.

toren" bei „Erwägungen über Ballungsprobleme ... und über raumordnerische Maßnahmen zur Begrenzung und Auflockerung von Ballungen entscheidende Bedeutung bei-
zumessen sei" (S. 51). Er entwickelte zwei Thesen: (1) „Erkennt man, daß eine gesunde
Raumordnung die Erhaltung und Entwicklung von Bipolarität, eine Spannung zwischen
Ballung und Streuungsgebiete anstreben muß, dann wird es nicht genügen, bei raumordnerischen Maßnahmen nur an technisch-materielle Faktoren zu denken. Die Gefährlichkeit
der Ballungsgebiete liegt wohl an der Tatsache, daß unter ihrem Einfluß das andere Land
veröden muß ..." (2) „Es wird notwendig sein, bei der wissenschaftlichen Erforschung
der Grundlagen der Raumordnungspolitik der Anthropologie mehr Aufmerksamkeit zu
widmen" (S. 52).

Die 9. Sitzung der Konferenz für Raumordnung hat ein Gegenstück in der Wirt-
schaftswissenschaftlichen Tagung der Adolf-Weber-Stiftung am 16. Oktober 1964 unter
der Devise „Produktivitätsorientierte Regionalpolitik"[27]. JÜRGENSEN entwickelte dort
eine Reihe von Thesen, von denen zwei hervorzuheben sind: (1) „Das Nebeneinander
von überentwickelten und unterentwickelten Regionen in einer Volkswirtschaft bedeutet
eine Verschwendung von Produktivkräften. Eine solche Situation läßt sich mit einer
Unternehmung vergleichen, die ein Erzeugnis anbietet und es in verschiedenen Betrieben
produziert, von denen einige die optimale Betriebsgröße überschreiten und andere sie noch
nicht erreicht haben" (S. 9 f.). (2) „Im Mittelpunkt der Regionalpolitik hat das Streben
nach einer wachstumsoptimalen Faktorallokation im Raum zu stehen, d. h. der Faktorallokation, die den maximalen Gegenwartswert aus der Summe des gegenwärtigen und des
zukünftigen Sozialprodukts ... erbringt. Es ist mithin zu prüfen, wo der Zuwachs an
Arbeitsplätzen am günstigsten zu lokalisieren ist" (S. 11 f.).

W. ALBERS meldete „Vorbehalte" „gegen die These von einer grundsätzlichen stand-
ortmäßigen Überlegenheit von Ballungen jeden Ausmaßes" an und stellte fest, daß die
öffentliche Hand „bis jetzt in der Bundesrepublik in nicht unerheblichem Umfang bal-
lungsfördernd gewirkt hat".

J. H. MÜLLER formulierte Bedenken gegen die JÜRGENsche Forderung einer gesamtwirtschaftlichen Orientierung der Regionalpolitik, indem er darauf hinwies, „daß sie von
einer unbewiesenen These ausgehe, daß die Durchschnittskosten in den Ballungsgebieten
höher seien als in Nichtballungsgebieten" und äußerte die Vermutung, „daß die Durchschnittskosten in Ballungsräumen noch sinkende Tendenz haben" (S. 76).

Die Tagung endete mit einem starken Bekenntnis zur Ballung. JÜRGENSEN erklärte,
„sein Referat sei ein Plädoyer für die Ballung gewesen" (S. 77), „SCHUSTER erklärte sich
mit dem Plädoyer für die Ballung einverstanden" (S. 77), „Prof. FUNCK äußerte ebenfalls
seine grundsätzliche Zustimmung zu den Ausführungen der Referenten" (S. 78), während
HANSMEYER auf den Unterschied zwischen der individuellen und gesellschaftlichen Wohl-
fahrtsfunktion hinwies und gewisse Zweifel gegen die These erhob, „daß alle Ballungen
haben wollen" (S. 79). PRIEBE erklärte, daß „bei einer übergeordneten Sicht die Problematik der Ballungsgebiete und die Problematik der Nichtballungsgebiete völlig gleichrangig
nebeneinander (stünden), was auch durch die Bevölkerungsverteilung zwischen Ballungsgebieten und Nichtballungsgebieten zum Ausdruck käme" (S. 80). PREDÖHL unterstrich
abschließend, „daß Investitionen zur Erschließung der industriell schwach strukturierten
Gebiete nicht mit allzu viel Vorsicht vorgenommen werden sollten, denn wenn diese Vorsicht wirklich richtig wäre, hätte man kaum amerikanische Eisenbahnen gebaut" (S. 84).

---

[27]) Produktivitätsorientierte Regionalpolitik. Schriften der Adolf-Weber-Stiftung, Berlin 1965.

Der Raumordnungsbericht 1966 hat die Stellungnahme für die Ballung amtlich eingesegnet, wenn es auf S. 37 heißt: „In der Industriegesellschaft ist die Verdichtung für die gesamtheitliche Entwicklung von Räumen in wirtschaftlicher, sozialer und kultureller Hinsicht notwendig. Sie ist nicht nur eine Begleiterscheinung der räumlichen Entwicklung, die hinzunehmen wäre; die Verdichtung ist vielmehr ein durchgängiges Gestaltungsprinzip, in dem sich die Notwendigkeit einer Funktions- und Arbeitsteilung aus der Nutzung von Agglomerationsvorteilen niederschlägt."

2.6. Die Verdichtungskonzeption

Sie ist das Konzept der Entwicklungsachsen und Entwicklungsschwerpunkte.

Die umfassendste Darstellung ist in einer Veröffentlichung des Lehrstuhls von GOTTFRIED MÜLLER enthalten[28]). WOLFGANG ISTEL hat den Versuch unternommen, für diese Konzeption eine „wissenschaftstheoretische Begründung", eine „Theorie" zu liefern (S. 1,3). Er erläutert die Entwicklungsachsen wie folgt: „Verdichtungsbänder sind Ergebnisse einer Bestands- bzw. Trennaufnahme und somit deskriptiver Natur ... Entwicklungsachsen hingegen sind Bandstrukturen programmatischen Inhalts" (S. 4), und er fügt hinzu, daß die Entwicklungsachsen „programmatisch-qualitativer Natur" sind. Hier liegt im übrigen die entscheidende Frage der Konzeption, ob aus Verkehrs- und Versorgungssträngen Entwicklungsachsen werden müssen.

Die Entwicklungsachsen bilden nach der Auffassung ihrer Erfinder das planerische Konzept für die zukünftige räumliche Entwicklung. So kommt es nach GOTTFRIED MÜLLER „entscheidend darauf an, daß nach der Strategie der Wachstumspole und dem ‚System der Wachstumsachsen' die ökonomische Entwicklung in Übereinstimmung mit den strukturräumlichen Erfordernissen einer ‚Gesellschaft von morgen' gelenkt wird"[29]). Ihr „Raumordnungsmodell" geht in der Formulierung von ISTEL von dem Gedanken aus, „daß der Kontraktionsprozeß[30]) durch einen rechtzeitigen (!) Ausbau der Bandinfrastruktureinrichtungen nach einem System von Entwicklungsachsen in Anlehnung an das bereits jetzt erkennbare zusammenhängende Adernetz der Verdichtungsbänder gelenkt werden kann ... Die ‚Punktstruktur' des Siedlungssystems der Agrargesellschaft wird in eine ‚Punkt-Band-Struktur' umgeformt" (S. 19). An anderer Stelle heißt es, „daß die Infrastruktur, speziell die Bandinfrastruktur, auf die Entwicklung des Raumes eine

---

[28]) W. ISTEL: Entwicklungsachsen und Entwicklungsschwerpunkte — Ein Raumordnungsmodell. München 1971.

[29]) G. MÜLLER: Zielvorstellungen und Instrumentarium für die zukünftige Siedlungsstruktur. In: Aufgaben und Möglichkeiten der Raumplanung in unserer Zeit, ARL, FuS Bd. 78, Hannover 1972, S. 28.

[30]) Kontraktion ist nach ISBARY die „Zusammenziehung, die Konzentration der Bevölkerung in bestimmte Standorte und Zonen. Sie vermehrt nicht nur die Bevölkerung an der einen Stelle, sondern sie greift als gesellschaftsbedingter Prozeß die Bevölkerungssubstanz dieser anderen Gebiete dann an, wenn diese Gebiete keine konzentrierende Arbeitsbereiche aufweisen". ISBARY sieht in der Kontraktion eine Zwischenstufe zur Konzentration. Er meint: „Die Kontraktion der Bevölkerung muß zwar entwicklungsgesetzlich zur Konzentration führen, denn die Konzentration entspricht dem gesellschaftsbedingten Gliederungsprinzip. Aber diese Konzentration mußte keineswegs zu einer einseitigen Ausbildung umfangreicher Ballungsgebiete führen. Bereits im Maßstab eines kleinen zentralen Ortes oder einer Kreisstadt wäre eine dem genannten Gliederungsprinzip entsprechende Konzentration möglich gewesen" (G. ISBARY: Der Strukturwandel im ländlichen Raum. In: Neues Archiv in Niedersachsen, Bd. 12, 1962/63, S. 13 f.).

induzierende Wirkung ausübt" (S. 24). Und um noch eine dritte Stelle zu zitieren: „Die Abhängigkeit der Funktionsgesellschaft von der Infrastruktur macht sie in ständig zunehmendem Maße zu einer infrastrukturgebundenen Gesellschaft" (S. 53).

Die Richtigkeit der Verdichtungskonzeption als Grundlage für die Raumplanung wird mit vier Argumenten begründet:

1. Es wird oft auf das im Modell der Entwicklungsachsen liegende „kostensparende Prinzip" verwiesen (S. 21). ISTEL formuliert das in dem Beispiel Niederösterreich wie folgt: „Aus Kosten- und Wirtschaftlichkeitsüberlegungen heraus ist eine gute verkehrliche Anbindung aller Siedlungen nicht möglich, weshalb eine Konzentration der Arbeitsplätze der Folgeeinrichtungen und auch der Wohnstätten im Bereich der Hauptverkehrslinien angestrebt wird" (S. 149). ISTEL gibt aber zu, daß wir nicht in der Lage sind, Alternativvorstellungen, „ob einerseits Entwicklungsachsen dorthin gelegt werden sollen, wo sich bereits der Kontraktionsprozeß abzeichnet, oder ob andererseits der Erschließungseffekt von Entwicklungsachsen in unerschlossenen Räumen für die gesamte strukturräumliche Entwicklung optimal ist", zu „bewerten" (S. 24).

2. ISTEL formuliert die Auffassung, daß stark verdichtete Gebiete, „die auf eine achsiale Entwicklung hinweisen oder in ‚verklumpten' Solitärverdichtungen (Solitärstadträume mit starker Verdichtung) Gebiete mit gesunden Strukturen und Lebensbedingungen sind" und daß nur „die technische Infrastruktur im Rückstand" ist (S. 30 f.). Eine optimale Veränderung würde darin liegen, „Präferenzlinien für Industrieansiedlungen" (Industrieachsen) mit Parallelen von bevorzugter Wohnfunktion zu konzipieren (S. 35).

3. Es wird prognostiziert, daß ein weiteres Wachstum der Agglomerationen im Zuge der weiteren Entwicklung liegt. Man verweist dabei auf die bekannte Rheinachse, die bis zum Jahre 2000 45 Mio. Menschen auf sich konzentriert haben soll[31]). ISTEL weist als Beleg auch auf die Stadtregionen hin. Ganz allgemein formuliert ISTEL den Kontraktionsprozeß dahin, daß „in der industriegesellschaftlichen Siedlungsstruktur, die durch die ... Modelle der Ballungsgebiete und Stadtregionen veranschaulicht wird, ... bereits die Weichen für die funktionsgesellschaftliche Siedlungsstruktur gestellt (wurden). Die Funktionsgesellschaft wird jener sich bereits abzeichnenden Gesellschaftsepoche zugeordnet, ‚die durch eine optimale Zuordnung der raumrelevanten Daseinsgrundfunktionen des Menschen in ihrer spezifischen Wertbezogenheit auf den Menschen gekennzeichnet ist'" (S. 46).

4. Es wird ein planerischer Gesichtspunkt vorgetragen: „Die Abgrenzung der 24 Verdichtungsräume wurde nach dem Prinzip der Abgrenzung homogener Räume vorgenommen. Eine Aussonderung von Räumen gleicher Struktur unter Beachtung des Homogenitätsprinzips hat aber für eine planerische Konzeption lediglich einen begrenzten bzw. bedingten Aussagewert. Zum Zweck sozioökonomischer Betrachtungsweisen müssen jedoch auch und insbesondere funktionale Gesichtspunkte berücksichtigt werden. Es ist das Verdienst ISBARYS, anhand funktionaler Kriterien eine Karte für Verdichtungsgebiete entwickelt zu haben, die den Anforderungen funktionaler gesamträumlicher Betrachtun-

---

[31]) In den Betrachtungen der EWG wird der Rahmen noch weiter gespannt: „Zählt man noch die Nachbargebiete mit einer Bevölkerungsdichte von mehr als 200 E/qkm hinzu, so vergrößert sich dieser Block im Innern um 4 Benelux-Provinzen und dehnt sich gleichzeitig etwas weiter nach Nordosten und Südosten aus, da die Regierungsbezirke Detmold, Hannover und Braunschweig einerseits nur die Regierungsbezirke Darmstadt, Rheinhessen, Pfalz, das Saarland, Nord-Württemberg und Nord-Baden andererseits hinzuzurechnen sind. In dieser erweiterten Form zählt das Ballungsgebiet (schon heute!) 50,7 Mio Einwohner. Räumlich beinhaltet es einen Kreis mit einem Halbmesser von 300 km, dessen Mittelpunkt in der Nähe von Köln liegt." (Die Regionale Entwicklung in der Gemeinschaft. 1971, S. 35).

gen gerecht wird und bereits ein Grundgerüst einer planerischen Konzeption erkennen läßt, nämlich das der Entwicklungsachsen und das der Regionalisierung des Bundesgebietes". Etwas einschränkend fügt Istel hinzu: „Die Darstellung der Kontraktion von Isbary (ist) ihrer Zeit etwas vorausgeeilt, d. h. der Verdichtungsprozeß ist noch nicht so weit fortgeschritten, wie ihn Isbary zu sehen glaubt. Es ist aber Isbary gelungen, den Trend in einem genialen Wurf erfaßt zu haben. Insofern könnte man die Karte der Verdichtungsbänder mehr als in die Zukunft weisend bezeichnen, als sie den derzeitigen Stand wiedergibt" (S. 52 f.).

Für den unbefangenen Kritiker ist es schwer, das Verdichtungsprinzip hinsichtlich der von Istel gekennzeichneten Tragfähigkeit für die Raumordnung zu beurteilen. Die Zustimmung und Verwendung in Planerkreisen bedeutet wenig, solange man die vorhandenen Unterschiede in den Definitionen, Kriterien und Schwellenwerten bei der Ausweisung von Entwicklungsachsen und Entwicklungsschwerpunkten in den einzelnen Länderplänen ganz offen in Erscheinung treten. Nach den Untersuchungen für Bayern geht Istel „von der Annahme aus", daß ein Kontraktionsprozeß nachweisbar ist (S. 57). Istel schreibt dazu, daß „die zeichnerische Darstellung der gebündelten Bandinfrastruktur ... insofern auf große Schwierigkeiten (stößt), als durch die bisherige Eisenbahn- und Straßenbaupolitik vielfach genau das Gegenteil des Bündelungseffekts angestrebt worden ist" (S. 68). Auch „die kartographische Darstellung der statistischen Daten lehrt, daß die Baulandpreise in Bayern nicht der Vermutung entsprechen, daß sich in ihnen ein Spiegelbild der Kontraktion zeigt" (S. 71). Istel meint allerdings, daß die räumliche Verteilung der Industriebeschäftigten in Bayern „eine longitudenale Aufreihung der Standorte mit hohen Industriebeschäftigten entlang den Vorzugslinien gebündelter Bandinfrastruktur" (S. 74) aufweist und sieht darin eine Bestätigung seiner These. Istel sagt schließlich, daß der derzeitige Stand der Kontraktion „seinen stärksten Ausdruck in der Karte der Besiedlungsdichte findet. Zugleich wird in ihr auch die bestehende Tendenz sichtbar, die Tendenz zu bandartigen Verdichtungen" (S. 77). Aber er konstatiert auch beachtliche Abweichungen.

2.7. Die Analyse von Frido Wagener

Frido Wagener hat versucht, „ein maßstabgerechtes Bild aller wichtigen, politisch abgestimmten und veröffentlichten Raumordnungsziele einschließlich der darin liegenden Konflikte und normativen Freiräume nach dem gegenwärtigen Stand" zu schaffen. Der Nachdruck wurde dabei auf den Ansatz „politisch abgestimmt" gelegt. Er ist dabei zu folgendem Ergebnis gekommen: „Aus der hohen Zahl differenzierter Ziele der Raumordnung schälen sich die Ideen der Konzentration und der menschengerechten Umwelt als deutlich vorrangig heraus. Im Verhältnis zueinander sind sie etwa gleichgewichtig ... Auf diese Ziele der Konzentration (d. h. die Förderung des Ausbaus von zentralen Orten und Entwicklungsachsen, der gesunden Verdichtung der Bebauung, der Konzentration öffentlicher Einrichtungen, der Konzentration von Gewerbe und Industrie und des Ausbaues von Zentren- und Achsensystemen in Verdichtungsräumen) entfallen insgesamt 251 Nennungen. Ein weiteres, fast ebenso betontes Gewicht wird im Rahmen der Ziele der Raumordnung der Frage der Sicherung oder Wiederherstellung einer menschengerechten Umwelt beigemessen (d. h. Einführung von Grünflächen in bebauten Gebieten, des besseren Umweltschutzes, Pflege der Landschaft, Schaffung von nahen Erholungsgebieten in Verdichtungsgebieten, Schutz der Natur in ländlichen Räumen, usw.). Auf sie entfallen insgesamt 245 Nennungen. Mit insgesamt nur 110 Nennungen fällt die Zahl der Ziele aus dem Bereich des Verkehrs deutlich gegenüber den Zielen der Konzentration und der menschengerechten Umwelt ab"[32].

Gegen diese Auswahl und Gewichtung raumrelevanter Aussagen (Gewichtung nach der Einwohnerzahl, nach der Veröffentlichungszeit, nach der Gültigkeitsintensität, nach dem Grad der Konkretheit) und ihre Einstufung in Zielkategorien ist vor allem einzuwenden, daß sie im Grunde nur die Filterwirkung bzw. die Attraktivität des Bundesraumordnungsgesetzes in bezug auf die Formulierungen in den Gesetzen und Plänen der Länder widerspiegelt, aber über die wirklichen raumwirksamen Vorgänge und ihre Beurteilung durch die Bevölkerung begreiflicherweise nichts aussagen. Beweiskräftig wäre z. B., wenn man die öffentlichen Ausgaben im Hinblick auf die Raumordnungsgesetze bzw. Landesentwicklungsprogramme analysieren würde. So wie die Analyse konstruiert ist, ist sie eine philologische Analyse der Ländergesetzgebung.

2.8. Das Bundesraumordnungsgesetz

Von wesentlicher Bedeutung ist natürlich die Willensbildung im Bundesraumordnungsgesetz vom 8. 4. 1965. Es ist einmal interessant und aufschlußreich, wie das Gesetz die unverkennbare Vielfalt der Räume und der Raumordnungsvorstellungen in der Bundesrepublik in den Griff bekommen hat, welche Tendenzen es fördern bzw. abstoppen möchte und welches Instrumentarium ihm wichtig dünkt.

Nach juristischer Methodenlehre hat ein Gesetz „die Aufgabe, eine ungeheure Vielzahl mannigfach unterschiedener, in sich höchst komplexer Lebensvorgänge in übersehbarer Weise aufzufassen, zu beschreiben und sie in einer solchen Art zu ordnen, daß Sachverhalte, die als ‚gleich‘ angesehen werden können, gleiche Rechtsfolgen auslösen können"[33]. Dabei spielt die stärkere Verwendung des „Typus" in der Rechtswissenschaft eine große Rolle. Man sieht in ihm eine „Hinwendung zur Realität" (S. 433) und unterscheidet dabei den offenen bzw. empirischen Typus, der durch „Aufzeigen seiner Einzelzüge gerade in ... sinnvollem Zusammenhang beschrieben werden" kann (S. 440), und den normativen (abstrakten) Idealtypus, der durch die erschöpfende Angabe seiner stets unabdingbaren Merkmale fest begrenzt" wird (S. 440). „Er erscheint als Vorbild, als ein Zielbild, auf das hinzustreben ... Aufgabe und Erfüllung der Lebensbestimmung ist. Er wird damit zugleich zum Bewertungsmaßstab für alles, was empirisch an ... Verwirklichungen anzutreffen ist" (S. 425). Ein empirischer Typus ist kein Wertmaßstab. LARENZ sagt ausdrücklich: „Wenn sich ... mit der Gegenüberstellung zweier prinzipiell andersartiger ‚Idealtypen‘ (im Sinne des Modells) die Meinung verbindet, daß einem von ihnen der unbedingte Vorzug vor dem anderen verdient, nimmt der so verstandene Idealtypus ... den Charakter eines normativen Idealtypus an."

Wenn wir von diesen grundlegenden Ansichten ausgehen, so gilt für das Bundesraumordnungsgesetz folgendes:

---

[32] F. R. WAGENER: Ziele der Raumordnung nach Plänen der Länder. Speyer 1971, S. 337 f.

[33] K. LARENZ: Methodenlehre der Rechtswissenschaft. Berlin—Heidelberg—New York 1962, 2. Aufl., S. 415.

1. Das Bundesraumordnungsgesetz hält sich von jeder Legaldefinition von Raumordnung und Raumordnungspolitik fern. „Das Gesetz nähert sich allenfalls einer Definition an, indem es von Aufgaben und Zielen spricht ... Auch jene Aufstellung von Aufgaben und Zielen der Raumordnung kann eine wissenschaftliche Betrachtung nur als eine offene ansehen, die mögliche Ergänzungen auf Grund veränderter Verhältnisse nicht ausschließt"[34]. Dabei ist im Letzten offengeblieben, ob das Bundesraumordnungsgesetz ein reines Planungsgesetz ist oder ob es auch für die Wirtschafts-, Finanz- und Verkehrspolitik verbindlich ist. Der verantwortliche Bundesminister LÜCKE wollte „weder ein Planungsgesetz" noch einen „Entwicklungsplan", sondern „strukturelle Ordnungsprinzipien" zur Abschwächung des volkswirtschaftlichen Leistungsgefälles[35].

2. Das Bundesraumordnungsgesetz vom 8. 4. 1965 ist ein Schlußglied in einer langen Kette von Auseinandersetzungen. Dabei ist „der Erkenntniswandel zwischen gesetzgeberischer Initiative und legislativer Verabschiedung des Raumordnungsgesetzes gravierend"[36]. Die Grundsätze der Raumordnung im Entwurf des Gesetzes vom 25. 3. 1963 enthielten noch in Punkt 1 die Forderung nach Verringerung des regionalen Gefälles und in Punkt 5 die Förderung von privatem Eigentum an Grund und Boden. Beide Raumordnungsziele[37] sind im Gesetz nicht mehr enthalten. Während in dem Entwurf die kranken Räume angesprochen waren, wurde nun die Erhaltung normal strukturierter Gebiete und die positive Hilfe für überlastete Verdichtungsräume in den Vordergrund gerückt (§ 2, Ziff. 1 u. 6). Der Bezugsrahmen, auf den sich das Bundesgesetz zurückgezogen hat, heißt zweckentsprechende optimale räumliche Verdichtung als Voraussetzung für gesunde Lebens- und Arbeitsbedingungen[38].

3. Das Bundesraumordnungsgesetz verwendet den Begriff des optimal verdichteten Raumes als den normativen Idealtypus, der den „unbedingten Vorzug vor den anderen verdient". Am Rande hat dann noch die Theorie der zentralen Orte in das Gesetz Eingang gefunden.

JACOBI hat in der Bundestagssitzung vom 12. 2. 1965 darauf hingewiesen, daß es „den kommunalen Spitzenverbänden zu danken (ist), daß sie trotz ihrer unterschiedlichen Interessenlage immer wieder auf die Entideologisierung des Gesetzes in der Frage des

---

[34] E. DITTRICH: Raumordnungspolitik und Gesellschaftspolitik. In: Informationen Nr. 14/66, S. 417; vgl. E DITTRICH: Leerformeln in Raumforschung und Raumordnungspolitik. Raumforschung u. Raumordnung 1966, H. 5, S. 193 ff.

[35] Der Volkswirt v. 29. 3. 1963.

[36] ISBARY, VON DER HEIDE, MÜLLER: Gebiete mit gesunden Strukturen und Lebensbedingungen. ARL, Abh. Bd. 57, Hannover 1969, S. 1.

[37] W. BIELENBERG unterscheidet zwischen Grundsätzen und Zielen der Raumordnung: „Ziele müssen qualifizierte Programme und Pläne sein" (Informationen Nr. 10/66 v. 31. 5. 1966); sie sind räumlich-konkret, Grundsätze sind sachlich-abstrakt. Der Unterschied ist in dieser kritischen Analyse ohne Bedeutung.

[38] § 2 Ziff. 2: „Eine Verdichtung von Wohn- und Arbeitsstätten, die dazu beiträgt, räumliche Strukturen mit gesunden Lebens- und Arbeitsbedingungen sowie ausgewogenen wirtschaftlichen, sozialen und kulturellen Verhältnissen zu erhalten, zu verbessern oder zu schaffen, soll angestrebt werden."
§ 2 Ziff. 5: „Für ländliche Gebiete sind eine ausreichende Bevölkerungsdichte und eine angemessene wirtschaftliche Leistungsfähigkeit sowie ausreichende Erwerbsmöglichkeiten auch außerhalb der Land- und Forstwirtschaft anzustreben."
§ 2 Ziff. 6: „In Verdichtungsräumen mit gesunden Lebens- und Arbeitsbedingungen sowie ausgewogener Wirtschafts- und Sozialstruktur sollen diese Bedingungen und Strukturen gesichert und, soweit nötig, verbessert werden. Der Verdichtung von Wohn- und Arbeitsstätten, die zu ungesunden räumlichen Lebens- und Arbeitsbedingungen sowie zu unausgewogenen Wirtschafts- und Sozialstrukturen führt, soll entgegengewirkt werden."

Verdichtungsraumes gedrängt haben"[39]), und J. P. FRANKEN hat am 2. 10. 1964 in einem sehr abgewogenen Vortrag über das Landesentwicklungsprogramm des Landes Nordrhein-Westfalen, der die wissenschaftlichen Veröffentlichungen als Grundlage heranzieht, betont, daß „bei der Ermittlung der zurzeit vorherrschenden räumlichen und gesellschaftlichen Entwicklungstendenzen" das Land Nordrhein-Westfalen abweichend vom Raumordnungsbericht 1963 zu dem Ergebnis gekommen ist, daß „wachsende gesellschaftliche Arbeitsteilung nach wie vor räumliche Konzentration der Bevölkerung bedingt", daß es darauf ankommt, „die Kernräume unserer industriellen Produktion intakt zu halten", d. h., daß „unsere landesplanerischen Vorstellungen sich neueren Entwicklungen anpassen müssen"[40]). Neu ist in diesem Zusammenhang die Formulierung, daß „die regionale Wirtschaftspolitik Strukturverbesserung für jene Teilräume anzustreben hat, deren Entwicklung gegenüber dem allgemeinen Durchschnitt zurückgeblieben oder deren Entwicklung übergeordneten Entwicklungen anzupassen ist". Diese landesplanerische Aufgabe der Strukturverbesserung wird jedoch nicht der Landesplanung, sondern einer „Zentralen Stelle für Maßnahmen der regionalen Strukturverbesserung" übertragen. Hier taucht auch die Formel zum ersten Male auf, daß „die Landesplanung einerseits die Auflockerung übermäßiger Ballungen und andererseits die Verdichtung in Auflockerungsgebieten, d. h. in ländlichen Zonen, durch Schaffung gebietlicher Entwicklungsschwerpunkte anstrebt". ISBARY, VON DER HEIDE und GOTTFRIED MÜLLER haben an anderer Stelle in einem synoptischen Vergleich des Bundesraumordnungsgesetzes mit dem Landesentwicklungsprogramm für das Land Nordrhein-Westfalen aufgezeigt, „wie sich in der Praxis die Raumordnungsgrundsätze in Landesrecht umsetzen lassen"[41]); andererseits liegt aber fest, daß das Landesentwicklungsprogramm bereits am 7. 8. 1964 und das Raumordnungsgesetz erst am 8. 4. 1965 in Kraft getreten ist.

4. Das Bundesraumordnungsgesetz geht von der Einsicht aus, daß die räumliche Struktur die Leistungskraft eines Gebietes repräsentiert. Es unterscheidet Strukturen, Bedingungen und Umweltgestaltung. Die räumliche Struktur ist wie gesagt für das Gesetz gleichbedeutend mit der Leistungskraft eines Gebietes. Strukturelemente sind die wirtschaftlichen, sozialen und kulturellen Verhältnisse; sie können „ausgewogen" oder „unausgewogen" sein. Bedingungen sind Lebens- und Arbeitsbedingungen, unter denen Wohnverhältnisse, Verkehrs- und Versorgungseinrichtungen einschließlich Bildungs-, Kultur- und Verwaltungseinrichtungen in zumutbarer Entfernung verstanden werden. Sie werden als „gesund" oder als „ungesund" klassifiziert[42]).

Das Bundesraumordnungsgesetz identifiziert dann den optimal verdichteten „Normalraum" mit diesen zwei Eigenschaften: „gesunden Lebens- und Arbeitsbedingungen sowie ausgewogenen wirtschaftlichen, sozialen und kulturellen Verhältnissen" und unterscheidet ausgehend von dem Normalraum drei Gruppen von Strukturgebieten:

— Gebiete mit gesunden Lebens- und Arbeitsbedingungen und ausgewogener Struktur im Sinne der Raumordnungsgrundsätze Nr. 1, Satz 1 und Nr. 6, Satz 1,

---

[39]) Bundestags-Drucks. VI/1340, S. 31.

[40]) J. P. FRANKEN: Das Landesentwicklungsprogramm für das Land Nordrhein-Westfalen. In: Die freie Wohnungswirtschaft, H. 11, 1964, S. 469 ff.

[41]) G. ISBARY, H.-J. VON DER HEIDE, G. MÜLLER: Gebiete mit gesunden Strukturen und Lebensbedingungen. ARL, Abh. Bd. 57, Hannover 1969, S. 71 f.

[42]) PARTZSCH macht darauf aufmerksam, daß „gesund" und „ausgewogen" Zielqualitäten der Raumordnung sind, Verdichtungs- und ländlicher Raum strukturelle Gebietskategorien, Zonenrandgebiet und das übrige Bundesgebiet politische Gebietskategorien, so daß infolge der möglichen Kombinationen 8 raumordnerische Gebietstypen vorkommen können (D. PARTZSCH: Gebietskategorien nach dem Raumordnungsgesetz des Bundes. In: Handwörterbuch der Raumforschung u. Raumordnung, a. a. O., Bd. I, Sp. 884).

— Gebiete mit ungesunden Lebens- und Arbeitsbedingungen und unausgewogenen Strukturen; dazu zählen Gebiete im Sinne der Raumordnungsgrundsätze Nr. 3 („Gebiete, in denen die Lebensbedingungen in ihrer Gesamtheit im Verhältnis zum Bundesdurchschnitt wesentlich zurückgeblieben sind oder ein solches Zurückbleiben zu befürchten ist"), Nr. 4 (Zonenrandgebiet) und Nr. 6 („ungesunde Lebens- und Arbeitsbedingungen in Verdichtungsräumen") und

— Übrige Gebiete (Raumordnungsgrundsatz 1, Satz 2).

GERHARD ISBARY, HANS-JÜRGEN VON DER HEIDE und GOTTFRIED MÜLLER haben in einem Gutachten[43]) versucht, „den bisher vernachlässigten, weil als ‚normal' angesehenen, aber entscheidenden Begriff des gesunden Raumes, das Hauptziel der Raumordnung, zu klären". Sie gehen dabei von der Überzeugung aus, daß „der bisher eingeschlagene Weg zur Abgrenzung der verschiedenen Gebietskategorien im Ansatz irrig" und „in eine Sackgasse geraten" ist — „der Durchschnittswert ist . . . der größte Feind im Aufdecken funktionaler Zusammenhänge" (S. 27) und daher als Norm oder Bezugsrahmen ungeeignet — und stellen selbst die „funktionale Zusammenschau der Entwicklung der Verhältnisse der Bevölkerung zu ihrem Lebensraum" in den Mittelpunkt der Untersuchung, wobei in dem Gutachten die Ausdrücke „gesund" und „ausgewogen" synonym verwendet werden. Seine Formel lautet „gesunde Strukturen und Lebensbedingungen". Dabei fällt zunächst die Formel, daß als gesunde Gebiete die gelten, die zugunsten der kranken mehr zahlen, als sie erhalten, unter den Tisch. Sie lehnen auch eine Bestandsgarantie der einzelnen Räume ab, indem sie schreiben, daß „die durch das Sozialstaatsprinzip des Grundgesetzes auch verfassungsrechtlich verankerte Forderung, im Bundesgebiet wertgleiche Verhältnisse zu schaffen . . . nicht dahin verkannt werden (darf), daß damit der bisherige Besitzstand jedes Teilraumes verewigt werden soll" (S. 30). Sie vertreten dann die richtige Auffassung, daß die Entwicklung seit Beginn der Industrialisierung nur Standorte sucht, nicht Städte, „wo die geeigneten Standorte in oder in unmittelbarer Nähe von alten Städten liegen, wurden und werden diese Städte selbstverständlich in den Kontraktionsprozeß (warum denn nicht Agglomerationsprozeß?) einbezogen; wo dies nicht der Fall ist, werden reine Landsiedlungen von der Entwicklung erfaßt, ja, es entstanden große Siedlungen, selbst Großstädte aus wilder Wurzel" (S. 31). Aber dann verlassen die Gutachter das „nationale und supranationale Beziehungsgefüge des funktionalen Schwerefeldes" (S. 27), und das Gutachten bewegt sich rein in den Bahnen der Verdichtungskonzeption weiter: das Adernetz der Verdichtungsbänder, die Ausbildung zentraler Orte, die Besiedlungsdichte (d. h. das Verhältnis der Wohnbevölkerung zur theoretisch besiedelbaren Fläche) werden zu Indizien für gesunde Räume erklärt, und insbesondere die Sozialgliederung der Bevölkerung im Anteil der Dienstleistungen wird als „das wichtigste Indiz" für gesunde Struktur und Lebensbedingungen hervorgehoben. Es wird allerdings zugegeben, daß der Anteil der Dienstleistungen allein nicht viel besagt: „Während der hohe Dienstleistungsanteil Nordwestdeutschlands mit seiner geringen Ergiebigkeit auf Minderproduktivitäten (versteckte Arbeitslosigkeit) hinweist, zeigen sich der größere Teile Hessens, Teile von Rheinland-Pfalz und Süd-Bayern besonders attraktiv durch ein Arbeits- und Lebensmilieu, das durch hochproduktive Dienstleistungen angereichert ist" (S. 39). Als nicht gesund werden insbesondere die Bezirke Oldenburg, Düsseldorf, Münster, Detmold, Arnsberg, Darmstadt, Kassel, Trier, Pfalz, Saarland, fast das ganze Baden-Württemberg und Bayern „nördlich der Linie Memmingen—Straubing" mit Ausnahme „stark ausstrahlender Dienstleistungsstädte" wie Hamburg, Hannover, Osnabrück, Köln, Bielefeld, Kas-

---

[43]) G. ISBARY, H.-J. VON DER HEIDE, G. MÜLLER: Gebiete mit gesunden Strukturen und Lebensbedingungen, a. a. O.

48

sel, Koblenz, Saarbrücken, Regensburg, Nürnberg, Würzburg und Augsburg angesprochen. In bezug auf die überlasteten Verdichtungsräume wird gesagt, daß es nur sektorale Überlastungserscheinungen in Verdichtungsräumen gibt. Das Schlußergebnis lautet, „daß in Gebieten mit gesunden Lebens- und Arbeitsbedingungen sowie ausgewogenen wirtschaftlichen, sozialen und kulturellen Verhältnissen die Umweltverhältnisse mit den menschlichen Lebensbedürfnissen unserer Zeit übereinstimmen müssen" (S. 44). Die Gutachter ziehen den Schluß, daß gegenwärtig eine Region „in keinem Fall" mehr als 10 % im landwirtschaftlichen Sektor, mehr als 48 % im Gewerbesektor und mindestens 42 % in den Dienstleistungen haben sollte. „Erst dann kann von ausgewogenen Strukturen und Lebensbedingungen gesprochen werden. Bis 1980 könnte sich dieses Verhältnis auf 7:45:48 verschieben" (S. 38). Wichtig ist vor allem die These des Gutachtens, daß ein gesunder Raum durch zwei Eigenschaften: die vielfältige Durchgliederung und die Anpassungsfähigkeit seiner wirtschaftlichen und sozialen Strukturen gekennzeichnet ist.

Inzwischen hat der Bundestag am 3. 7. 1969 die Bundesregierung aufgefordert, „auf der Grundlage einer konkreten räumlichen Zielvorstellung für die Entwicklung des Bundesgebietes die regionale Verteilung der raumwirksamen Bundesmittel festzulegen". In der Regierungserklärung vom 28. 10. 1969 hat der Bundeskanzler dieses Bundesraumordnungsprogramm angekündigt. Das im Juni 1971 vom Bundeskabinett und der Ministerkonferenz für Raumordnung gebilligte Raumordnungsprogramm wird enthalten

— die Einteilung des Bundesgebiets in 38 Regionen,

— eine status-quo-Prognose der Entwicklung der Bevölkerung und der Arbeitsplätze bis 1985,

— ein raumordnerisches Zielsystem für die siedlungsstrukturelle Entwicklung und eine Zielprojektion für Einwohner und Arbeitsplätze bis 1985,

— Regionalisierung der raumwirksamen Bundesausgaben und

— Ableitung von räumlichen und zeitlichen Schwerpunkten und Prioritäten.

Das Bundesraumordnungsprogramm wird nach den vorliegenden Verlautbarungen im übrigen die Zielvorstellungen der Verdichtungskonzeption übernehmen: „Wohn- und Arbeitsstätten sowie Infrastruktureinrichtungen sind schwerpunktmäßig zu bündeln oder zusammenzufassen." Es wird angestrebt: „Konzentration der raumwirksamen Mittel auf wenige zentrale Orte . . ., die entlang einer Entwicklungsachse wie ‚Perlen an einer Schnur' aufgereiht sind. Künftige Siedlungen werden sich an leistungsfähigen Infrastrukturbändern mit gebündelten Verkehrswegen, Vorflutern und Versorgungsleitungen orientieren müssen"[44]). Es kann keinem Zweifel unterliegen, daß nach diesen Zielvorstellungen eine reine Achseneuphorie die Siedlungsstruktur beherrschen wird.

Drei Anmerkungen scheinen in diesem Zusammenhang angebracht zu sein:

1. Es ist wahrscheinlich so, daß der offensichtliche Fehlschlag mit dem Versuch, die zurückgebliebenen Gebiete durch ein generelles Nivellement anzugleichen, durch das beschränktere Ziel der Förderung von Siedlungen zentralörtlicher Bedeutung abgelöst worden ist, im Sinne von ISBARY, der einmal geäußert hat, daß der Staat über „ein durchaus ausreichendes Instrumentarium (verfügt), um in koordinierter Arbeit derartige Kernsiedlungen auszurüsten und auszustatten".

---

[44]) G. HARTKOPF: Das Umweltprogramm der Bundesregierung. In: structur 6/1972, S. 124 f.

2. Das Bundesraumordnungsgesetz und alle Landesplanungsgesetze wenden sich an die öffentlichen Hände, um ihre raumwirksamen Mittel raumordnungspolitisch einzusetzen. Man geht von der Annahme aus, daß durch eine entsprechende Infrastrukturpolitik instrumental die gewünschte Raumordnung herzustellen sei. Man weiß zwar, daß jede Raumordnung durch den Sachzwang zweier Regelkreise, Wirtschaft und öffentliche Haushalte, bestimmt wird und daß es deshalb von entscheidender Bedeutung ist, auch die regionale Wirtschaftspolitik zielbewußt einzusetzen, aber das geschieht nicht über die Bestimmungen des Gesetzes, sondern über die Vorschrift, daß die regionale Wirtschaftspolitik die Raumordnungsgrundsätze zu beachten hat.

3. Das Bundesraumordnungsgesetz erstrebt eine „ausreichende Bevölkerungsdichte" des ländlichen Raumes, die „Verdichtung von Wohn- und Arbeitsstätten". Damit ist die Raumordnungspolitik offenbar auf die Linie der gelenkten Agglomerationen eingeschwenkt, aber es ist bisher nicht sichtbar geworden, mit welchen Mitteln das bewerkstelligt werden soll. Es liegt der Gedanke nahe, daß man Verdichtung sagt, aber an Urbanität denkt.

2.9. Die Raumordnungssysteme — eine Analyse

Wer rückblickend diesen 30jährigen Denkprozeß über die Zielvorstellungen der deutschen Raumordnung übersieht, kann folgendes feststellen:

1. Die überkommene und werdende räumliche Ordnung wird langsam als Erkenntnisobjekt interessant, und insbesondere werden Bevölkerungs- und Wirtschaftsverteilung in mannigfachen Begriffsbildungen als Ballungen (ISENBERG), Problemgebiete (DITTRICH), Aktiv- und Passivräume und Stadtregionen (BOUSTEDT) vom öffentlichen Bewußtsein aufgenommen. „Die Forderung nach einer räumlichen Ordnung wird nur selten noch bestritten, was offen bleibt, ist das exakte Wie, Was und Wo"[45]).

2. In der Bewertung der Bevölkerungs- und Wirtschaftsverteilung gehen die Meinungen allerdings auseinander. Viele halten sie für eine Fehlentwicklung, andere für eine durchaus normale Entwicklung. Die Ideen zur Neuordnung bewegen sich dementsprechend von Anfang an in zweifacher Richtung: die einen in Richtung der Auflockerung der Agglomerationen, die zentrale Orte-Theorie und die Verdichtungskonzeption in Richtung der gezielten Verdichtung. Sie konnten damit natürlich nicht der Gefahr entgehen, zu Schutzbehauptungen von Interessentengruppen zu werden. Die Entwicklung ähnelt der Geschichte des Städtebaus, von der gesagt wurde, „daß zu allen Zeiten genau entgegengesetzte Vorstellungen nebeneinander bestehen. Wir sehen frühe Ansätze, späte Verwirklichungen, sich rasch absetzende Zielvorstellungen und Wertakzente. Die geistige Entwicklung enthält Vorwegnahmen und Rückgriffe, es fehlt nicht an Visionen, aber der Kairos ist nur selten gegeben, und kaum vermag sich eine Idee rein durchzusetzen"[46]).

3. Im Mittelpunkt aller Erörterungen stehen von Anfang an die Agglomerationen. Merkwürdigerweise ist die Frage nach der optimalen Größe dieses Phänomens nie untersucht worden. Diese Frage ist auch bis heute unentschieden. Das ist um so merkwürdiger, als alle

---

[45]) H. LEHMANN: Raumordnung und Leitbild. In: Raumforschung und Raumordnung, 1963. H. 3, S. 149.

[46]) E. PFEIL: Großstadtforschung, a. a. O., S. 326.

unterschiedlichen Zielvorstellungen (mit Ausnahme der Theorie der zentralen Orte) von Nationalökonomen erdacht worden sind, von denen man annehmen sollte, daß sie diese Überlegungen für einen Beweis oder zur Widerlegung der Theoreme benutzt hätten.

4. Noch ein weiteres ist überraschend: Die Wissenschaft hat sich mit den Zielvorstellungen und der Raumordnungsintervention auseinandergesetzt, aber die wichtige Frage des Planungsspielraums und des Planungsfreiheitsraumes hat sie unbeachtet liegenlassen.

5. Immer klarer wurde jedoch erkannt, daß eine neue Entwicklung bzw. Ordnung des Raumes keine Angelegenheit der Sozialpolitik sein kann, sondern daß sie sich im LISTschen Sinne gleichzeitig um Weckung der produktiven Kräfte bzw. Ausschöpfung eines regionalen Entwicklungspotentials bemühen muß. Aber dieser Klärungsprozeß ist bis heute nicht abgeschlossen, sondern die angestrebte räumliche Ordnung ist nach wie vor oft die Summe aller Wünsche. Es stehen nebeneinander:

— (a) Raumordnung als Verbesserung der öffentlichen Grundleistungen, d. h. als „die dem Staat im Rahmen seiner Daseinsvorsorge gestellten Aufgabe, ständig um eine dem derzeitigen gesellschaftspolitischen Leitbild gemäße Ordnung des Raumes bemüht zu sein"[47];

— (b) Raumordnung als Schaffung einer geeigneten industriellen Ausstattung einer Region[48]; so heißt es in den Grundsätzen der regionalen Wirtschaftspolitik: „Allgemeines Ziel der regionalen Wirtschaftspolitik ist es, eine optimale regionale Wirtschaftsstruktur zu schaffen und in allen Gebieten dafür zu sorgen, daß ungenutzte bzw. schlecht genutzte Produktionsfaktoren für das allgemeine Wirtschaftswachstum mobilisiert werden". Diese Formulierung darf nicht darüber hinwegtäuschen, daß sie einen grundsätzlichen Zielkonflikt enthält, weil allgemeines Wirtschaftswachstum optimale Allokation der Produktionsfaktoren und Mobilität voraussetzt, während optimale regionale Wirtschaftsstruktur das Entwicklungspotential in einer Region festhalten möchte und eine passive Sanierung ausschließt.

— (c) eine Gruppe von Raumplanern sieht in einem hohen Anteil der Dienstleistungen „das wichtigste Indiz für gesunde Strukturen und Lebensbedingungen"[49].

Diese drei Raumordnungssysteme lassen sich auf einen gemeinsamen Nenner bringen: „Niemand soll wegen unzureichender allgemeiner Lebensverhältnisse oder fehlender Arbeitsmöglichkeiten gezwungen werden, aus dem ländlichen Raum in attraktivere, besser ausgestattete Gebiete abzuwandern"[50]. Eine offiziöse Ver-

---

[47] N. LEY, in: Handwörterbuch der Raumforschung und Raumordnung, ARL, Hannover 1966, Sp. 1509; vgl. G. BRENKEN: Arbeitsmaterialien. Hannover 1971, S. 63 f. Auch NIEMEIER und GOTTFRIED MÜLLER rechnen zu dieser Gruppe. So heißt es bei ihnen, daß es „darauf ankommt, das herzustellen, was wir heute Infrastruktur nennen, d. h. die Grundausstattung des Landesgebietes in bezug auf Wohnungs- und Städtebau, Versorgung, Verkehr, Erholung, soziale und kulturelle Einrichtungen. Mehr sollte eigentlich die Verwaltung nicht, mehr darf sie nicht. Die Raumplanung hat die gleiche Chance für alle herzustellen, das ist ihre Aufgabe als gestaltende Verwaltung, darüber hinaus dürfte sie eigentlich nicht gehen. Die Raumplanung hat lediglich den Platz abzustecken für die gesellschaftliche und wirtschaftliche Entwicklung ... Raumplanung als Verwaltungsaufgabe ist Schaffung einer Mindestexistenzbasis für die Gesellschaft". (H. G. NIEMEIER, GOTTFRIED MÜLLER: Raumplanung als Verwaltungsaufgabe. ARL, Abh. Bd. 43, Hannover 1964, S. 11).

[48] H. HUNKE, in: Informationen 17/18-1969, S. 505.

[49] G. ISBARY, H.-J. VON DER HEIDE und GOTTFRIED MÜLLER: Gebiete mit gesunden Strukturen und Lebensbedingungen, a. a. O., S. 38.

[50] JOCHIMSEN und TREUNER, in: Der Volkswirt, 1968, Nr. 32, S. 27.

lautbarung aus der Feder von Rüdiger Göb definiert im gleichen Sinne die Raumordnung „als eine Herbeiführung der bestmöglichen Verteilung von Wohnungen und Arbeitsstätten, von wirtschaftlichen, kulturellen und sozialen Einrichtungen ... Damit soll vor allem bewirkt werden, daß in dem einheitlichen Wirtschafts- und Lebensraum der Bundesrepublik überall gleichwertige und den Ansprüchen an eine menschenwürdige Umwelt gerecht werdende Lebensbedingungen bestehen"[51]).

— (d) Raumordnung als interregionaler Wohlstandsausgleich, den Hansmeyer als „Leitbild gleicher Versorgung", Kloten als „soziales Wohlfahrtsoptimum" und Giersch „als Wohlstandsausgleich zwischen den reicheren und ärmeren Gebieten" formulieren. Ausgangspunkt ist in allen Fällen die Forderung des Grundgesetzes nach Einheitlichkeit der Lebensverhältnisse. Darunter werden aber sehr unterschiedliche Forderungen zusammengefaßt:

— Die Forderung nach *Erhaltung* und *Verbesserung* wirtschaftlich starker Regionen.

So heißt es im Gebietsentwicklungsplan für das Ruhrgebiet: „Die Wirtschaftskraft des Ruhrgebietes als Existenzgrundlage seiner Bewohner ist zu erhalten, die notwendigen Strukturwandlungen der Ruhrgebietswirtschaft sind zu erleichtern, eine weitere wirtschaftliche Entwicklung des Gesamtgebietes im Rahmen der räumlichen Möglichkeiten und der sozialhygienischen Notwendigkeit ist zu sichern"[52]).

— Die *Verringerung* der interregionalen Wohlstandsunterschiede.

Insbesondere hat sich die Infrastrukturpolitik in der Praxis diesem Leitbild relativ gleicher Versorgung weitgehend angenähert.

— Die *Beseitigung* der regionalen Wohlstandsunterschiede.

Ein Beispiel bietet der Entwicklungsplan des Landkreises Unna mit den Forderungen: „Jedes Individuum soll einen seinen Vorstellungen und Fähigkeiten entsprechenden Arbeitsplatz in angemessener Entfernung von seinem Wohnort erhalten. — Jedes Individuum soll in Wohnverhältnissen leben, die seinen Wohnvorstellungen entsprechen. — Jedes Individuum soll seinen Bedürfnissen entsprechend mit Konsumgütern, privaten Dienstleistungen und öffentlichen Leistungen versorgt werden. — Die Erreichung eines dem Landesdurchschnitt gleichen Bruttoinlandsproduktes je Kopf der Wirtschaftsbevölkerung wird angestrebt."

In einer Analyse der Region Aachen heißt es: „Die die Untersuchung leitende Zielvorstellung ist es, in der Region die Ergiebigkeit der Produktion je Erwerbsperson nachhaltig zu steigern, unter den einschränkenden Nebenbedingungen, das wirtschaftliche Gefälle zu vermindern, einseitige, besonders krisenanfällige Strukturen zu verbessern und eine dem allgemeinen zivilisatorischen Stand entsprechende Mindestausstattung der Bevölkerung mit öffentlichen Leistungen zu garantieren"[53]).

Und selbst im Raumordnungsgesetz lautet die Forderung in § 2 Nr. 4: „Die Leistungskraft des Zonenrandgebietes ist bevorzugt mit dem Ziel zu stärken, daß in

---

[51]) In: Informationen zur politischen Bildung. Mai-Juni 1968.
[52]) Gebietsentwicklungsplan. Essen 1964, S. 21.
[53]) Beiträge zur Regionalpolitik. Berlin 1968, S. 26.

allen seinen Teilen Lebens- und Arbeitsbedingungen sowie eine Wirtschafts- und Sozialstruktur geschaffen werden, die denen im gesamten Bundesgebiet mindestens gleichwertig sind."

— (e) Das Raumordnungsmodell der Entwicklungsachsen und -schwerpunkte in Gestalt der Bündelung von Wohn- und Arbeitsstätten, Infrastruktur und Erholungsräumen.

Der Beirat für Raumordnung hat durch Beschluß vom 28. 10. 1971 dieses letzte Modell als Zielsystem für die Bundesraumordnung empfohlen.

6. Zu einer Abstimmung der Zielvorstellungen, d. h. zu einer Ausschaltung oder Minimierung der Zielkonflikte ist es bisher nicht gekommen.

Schon im Saro-Gutachten heißt es: „Voraussetzung aller wirksamen Raumordnungspolitik ist eine klare Vorstellung über das Leitbild der Raumordnung und darauf beruhend ein verpflichtendes Bekenntnis, dieses Leitbild zur Richtschnur aller Maßnahmen und Entscheidungen zu nehmen. Bisher können mangels dieser eindeutigen Ausrichtung durch das Leitbild viele entscheidende Maßnahmen in der Bundesrepublik keinen Ausgleich der Differenzen von ‚Raumordnung' und ‚räumlicher Ordnung' enthalten, vielmehr bergen sie in sich Widersprüche und Gegenläufigkeiten"[54]). ERICH DITTRICH, von dem diese Formulierung stammt, hat dann den Versuch unternommen, ein Leitbild der Raumordnung zu schaffen, um „die Raumordnung von einer falschen Ideologie zu befreien und Planung und Freiheit in ihrer Verbindung wie in ihrer gegenseitigen Abgrenzung näher zu bestimmen"[55]), und zwar in doppelter Richtung, um „das komplexe Leitbildkonzept auf seine quantitative Dimension zu reduzieren" und „diese Dimension als letztlich gewichtigste vor allen anderen anzusprechen und zu akzentuieren"[56]).

Ich habe eine Landesentwicklungslehre als Zusammenschau von Raumordnungszielen (Domination), der Raumordnungsintervention (Determination) und den Methoden der Planungswissenschaft vorgeschlagen, um die notwendigen Aufschlüsse über Ziele, Mittel und Wege der Landesentwicklung zu erhalten[57]).

Neuerdings hat RAINER THOSS „die Formulierung von Leitbildern für die Landesplanung mit Hilfe linearer Programme"[58]) vorgenommen. Ausgehend von der offenbaren Tatsache der besonderen Schwierigkeit der Umsetzung gesellschafts- und wirtschaftspolitischer Leitsätze in konkrete Maßstäbe schlägt er eine Aussage über eine die gesetzten Bedingungen erfüllende, hypothetische Verteilung von Arbeitsstätten, Wohnorten und Verkehrswegen und die mit dieser Verteilung verbundene Flächennutzung mit Hilfe eines Programmierungsmodells vor. „Die gesuchte mengenmäßige Verteilung von Wohnbevölkerung und Produktionsfaktoren innerhalb der betrachteten Region ergibt sich also als Lösung einer mehr oder weniger komplizierten Optimierungsaufgabe" (S. 24). „Voraussetzung (dafür) ist (allerdings) eine möglichst exakte Angabe über die technischen Möglichkeiten, die gesetzten Ziele und die bestehenden Interdependenzen" (S. 24). THOSS be-

---

[54]) Zitiert nach LINDE: Die räumliche Verteilung der Bevölkerung als Ergebnis gesellschaftlicher Prozesse. In: Bevölkerungsverteilung und Raumordnung, ARL, FuS Bd. 58, S. 45, Hannover 1970.

[55]) E. DITTRICH: Raumordnung und Leitbild. Wien 1962, H. 2, S. 1.

[56]) H. LINDE, a. a. O., S. 45.

[57]) H. HUNKE: Standort und Gestalt der Raumforschung. ARL, Abh. Bd. 44, Hannover 1964.

[58]) R. THOSS: Stadt — Region — Land. Schriftenreihe d. Instituts für Stadtbauwesen. TH Aachen, Sonderdruck 8 b, Aachen 1969.

vorzugte zunächst die Einteilung der Bundesrepublik in 100 Regionen[59]) und später in 38 Gebietseinheiten des Bundesraumordnungsprogramms, verwandte zunächst eine 3-Sektoren-Gliederung und später die Einteilung in 6 Sektoren: Land- und Forstwirtschaft, warenproduzierendes Gewerbe, Handel und Verkehr, sonstige Dienstleistungen, Wohnungswesen, Staat, wobei die letzten 3 Sektoren zusammen den Wirtschaftsbereich Übrige Dienstleistungen in der Berechnung des Bruttoinlandsprodukts der Landkreise und kreisfreien Städte ausmachen.

Auch das Bundesraumordnungsgesetz hat uns in dieser Beziehung nicht weiter gebracht; denn es enthält nur die Bestimmung: „Die Grundsätze sind von den genannten Stellen im Rahmen des ihnen zustehenden Ermessens gegeneinander und untereinander nach Maßgabe des § 1 abzuwägen“ (§ 2, Absatz 2). LINDE nennt das „immunisierte Leerformeln“.

Aber was hätte das Bundesraumordnungsgesetz auch anderes tun können? Es konnte nicht mehr als ein Rahmen sein, der aus Erfahrung heraus oder gemäß wissenschaftlicher Erkenntnis zu einem wirksamen Instrument gemacht werden muß.

7. Letztlich entscheidend aber ist, daß alle Untersuchungen, von gelegentlichen Andeutungen abgesehen, nicht ermitteln konnten, was in den räumlichen Gefügen gesund oder krank ist oder krank macht und wo das Kranke seinen Sitz hat; d. h. welche angebliche oder wirkliche pathologische Erscheinung räumlich bestimmt ist oder ob der Sitz ganz woanders gesucht werden muß. AFFELD hat jüngst den „raumordnerischen Kategorienwirrwar“ einmal nach analytischen Kategorien der Bestandsbeschreibung, planungsmaßnahmenbezogenen Kategorien, förderungsbezogenen Kategorien und planungszielbezogenen Kategorien auseinandergenommen, und es zeigte sich, wie wenig über die bisherige Anatomie und Physiologie in den Räumen in Wirklichkeit bekannt ist.

---

[59]) R. THOSS: Vorschlag zur Koordinierung der Regionalpolitik in einer wachsenden Wirtschaft. In: Institut f. Statistik und Ökonometrie, Institut f. empirische Wirtschaftsforschung, Universität Mannheim, Mannheim 1968, Diskussionspapier Nr. 7/1968. Erschienen in: Jahrbuch für Nationalökonomie u. Stat. 182 (1968/69). — R. THOSS: Planning in the Federal Republic of Germany. In: Economics of Planning, 10 (1970), S. 89 ff. — R. THOSS: Ein Zwischenbericht über ein erweitertes Modell zur Koordinierung der Regionalpolitik. Unveröffentlichtes Manuskript, 1973.

3. Der Planungsfreiheitsraum (Die Verteilung von Bevölkerung und Wirtschaft auf der Grundlage der Verwaltungsbezirke und Agglomerationen)

Es geht um die entscheidende Frage, welche Chance auf Verwirklichung politische bzw. gesellschaftspolitische Zielsetzungen in der Raumordnung haben können. Es ist, anders ausgedrückt, die Frage nach dem Planungsfreiheitsraum oder dem Freiheitsspielraum der Raumplanung. Es kann keinem Zweifel unterliegen, daß diese wichtige Frage nur durch voraussetzungslose empirische Untersuchungen geklärt werden kann.

3.1. Die Siedlungsstruktur und ihre Entwicklung

Inzwischen sind 1969 unabhängig voneinander zwei Untersuchungen erschienen, die „die beiden wesentlichen Elemente der Siedlungsstruktur, Bevölkerung und Arbeitsstätten, in ihrer räumlichen Verteilung" behandeln. VON BORRIES geht von der Überzeugung aus, daß „die Einsicht in die ökonomische und historische Bedingtheit der westdeutschen Siedlungsstruktur und die Tendenzen und Faktoren ihre Entwicklung in der Gegenwart ... die Möglichkeiten und Grenzen raumordnender Maßnahmen besser erkennbar werden lassen"[1]. Ich habe, ausgehend von der Auffassung, daß Raumordnung ein determiniertes System von räumlichen Gebilden ist, die in ihrer Entwicklung von zwei Regelwerken, den privaten Aktivitäten und den öffentlichen Aktivitäten, bestimmt werden, dementsprechend die regionale Effizienz der privaten Aktivitäten und öffentlichen Haushalte untersucht[2]. Beide Studien sind im letzten empirische Arbeiten mit theoretischen Bezügen. VON BORRIES erstellt, ausgehend von einer Darstellung räumlicher Bewegungsvorgänge in Westdeutschland seit 1910 und im Deutschen Reich seit 1816, eine systematische Gegenüberstellung der Arbeitsstättenzählung von 1961 und der Gewerbestatistik von 1907, so daß 22 von 34 Wirtschaftszweigen aus dem Bereich des produzierenden Gewerbes durch Agglomerationsindex und Relokationsindex verglichen werden können. Ich habe die Untersuchungen von SALIN für die Vergleichsjahre 1907 und 1925, von KLOTEN für die Zeitspanne von 1939 bzw. 1950 bis 1960 und des Sachverständigengutachtens von 1950 bis 1964 herangezogen und sie hinsichtlich der räumlichen Bevölkerungsverteilung, der Verteilung der Beschäftigten und der Erzeugung des Bruttoinlandsproduktes erweitert und vertieft.

In diesem Zusammenhang sind die Untersuchungen von KLOTEN und DIETRICHS besonders zu erwähnen. KLOTEN hat 1962 ausgesprochen, daß die Agglomerationen insgesamt dem Vorkriegszustand wieder zustreben, aber nicht zu derselben Struktur tendieren[3]. BRUNO DIETRICHS hat in seiner Auseinandersetzung mit dem Jahresgutachten des Sachverständigenrates zur Begutachtung der gesamtwirtschaftlichen Entwicklung für 1966 ausgeführt, daß im wesentlichen in Westdeutschland gleiche Bevölkerungsverteilung in

[1] H.-W. VON BORRIES: Ökonomische Grundlagen der westdeutschen Siedlungsstruktur. ARL, Abh. Bd. 56, Hannover 1969.

[2] H. HUNKE: Der interregionale Wohlstandsausgleich. In: Informationen Nr. 17/18, 1969. Gleichlautend mit dem Titel: Zur Funktion und Effizienz von Raumordnungssystemen. In: Raumforschung u. Landesplanung, München 1970, H. 15.

[3] N. KLOTEN unter Mitarbeit von WIENAND KAU und LEO KOWALSKI: Wandlungen der industriellen Raumstruktur in der Bundesrepublik Deutschland. In: Wandlungen der Wirtschaftsstruktur in der Bundesrepublik Deutschland, hrsg. von Heinz König, Schriften d. Vereins f. Socialpolitik. N.F. Bd. 26, Berlin 1962, S. 367.

den Jahren 1939 und 1961 angenommen werden kann. Er hat dabei grundsätzlich Bedenken gegen die Ausdeutung der Lorenz-Kurve angemeldet, weil diese zwar etwas über die Entwicklung in den Gemeindegrößenklassen aussagt, aber „eine auf Gemeindegrößenklassen bezogene Bevölkerungsverteilung ... keineswegs mit der regionalen Bevölkerungsverteilung identisch (ist)"[4], weil der Raum je nach der Lage der Gemeinden im Einzugsbereich der Großstädte, den Verdichtungsgebieten oder im ländlichen Bereich von unterschiedlicher Bedeutung ist. DIETRICHS hat in diesem Zusammenhang auf den Bundesraumordnungsbericht 1966 der Bundesregierung hingewiesen, wonach von 1939 bis 1961 die Ballungszonen um 33 %, die Bundesausbaugebiete um 28 % und die gesamte Bundesrepublik um 34 % angestiegen sind, und daraus den Schluß gezogen, daß sich die Bevölkerungsverteilung in ihren Relationen gegenüber 1939 nicht entscheidend verändert hat. Er hat überdies 1967 eine Tabelle über die Steigerungsraten der Bevölkerung in den Ballungszonen, den Bundesausbaugebieten und im Zonenrandgebiet gegenüber 1939 beigesteuert, die das bisherige Ergebnis erhärtet[5]).

Die Ergebnisse der empirischen Forschung lassen sich wie folgt zusammmenfassen:

1. VON BORRIES betont: „Die Bevölkerungsentwicklung der Agglomerationen ... kann bis zum Jahre 1871 zurückverfolgt werden. Der Bevölkerungsanteil der Agglomerationen stieg zwischen 1871 und 1925 von rd. 33 % auf rd. 51 %. Er erreichte also spätestens im Jahre 1925, vermutlich aber schon ... vor dem Ersten Weltkrieg, das heutige Niveau ... Trotz einem Bevölkerungswachstum Westdeutschlands zwischen 1939 und 1961 um 34 % und einer entsprechenden Erhöhung der Bevölkerungsdichte von 162 auf 280 E/qkm ist der Bevölkerungsanteil der Agglomerationen im gleichen Zeitraum geringfügig gesunken, nachdem er schon zwischen 1925 und 1939 nur noch unwesentlich gestiegen war" (S. 27 f., S. 25). Und der Agglomerationsgrad der einzelnen Wirtschaftszweige ist „in der fraglichen Periode nahezu unverändert geblieben" (S. 37).

Ich hatte schon 1960 ausgeführt, daß „die großen Investitionsmaßnahmen des Bundes, wie die Verteilung der Wohnungsbaumittel, die Verteilung der ERP-Mittel, die Investitionshilfe der Wirtschaft u. a. Maßnahmen im Prinzip die historisch gewachsene Raumstruktur — ich würde heute sagen: Siedlungsstruktur — konserviert" und daß „alle Teilräume der Bundesrepublik, soweit sie in Länderzahlen (des Sozialprodukts) zum Ausdruck kommen, ... sich nur unerheblich verändert (haben)"[6]. Ich habe 1963, als gleichzeitig der Raumordnungsbericht der Bundesregierung „die Wanderung eines großen Teiles der Bevölkerung von den Abwanderungsgebieten in die Verdichtungsgebiete ... als eines der Hauptprobleme der räumlichen Entwicklung erkannte", auf der Plenarsitzung der Akademie in Berlin drei Aussagen gemacht, die die Konstanz der Relationen der Teilräume zum Ganzen und den gleichzeitigen Wandel der Wirtschaftsstruktur aussagten[7]. Ich habe schließlich 1969 die Feststellungen erweitert und unterstrichen: „Bevölkerungsagglomerationen und Industrieballungen haben sich im wesentlichen wieder auf der Vorkriegsbasis verfestigt ... Es werden unterschiedliche Industrialisierungstendenzen sichtbar, von

[4]) B. DIETRICHS: Gesamtwirtschaftliche Entwicklung und Raumordnung. In: Informationen 5/66, S. 129.

[5]) B. DIETRICHS: Entwicklungstendenzen in der räumlichen Struktur der Bundesrepublik. In: Informationen 4/67, S. 101 ff.

[6]) H. HUNKE: Investitionen als Instrument der Landesentwicklung. In: Raumforschung. 25 Jahre Raumforschung in Deutschland, Bremen 1960, S. 501.

[7]) H. HUNKE: Die öffentlichen Ausgaben als Elemente der regionalen Landesentwicklung und ihre gesamtwirtschaftliche Bedeutung. In: Finanzpolitik und Raumordnung, ARL, FuS, Bd. XXVIII, Hannover 1964, S. 64.

denen eine in die Verstärkung des bisherigen Industriebesatzes zielte und eine zweite in neuen Standorten dominant wurde, so daß neue Agglomerationen durchaus möglich sind, ohne daß jedoch eine Neuordnung der Standorte zu erwarten ist . . . Die regionalen Wohlstandsabweichungen, bezogen auf den Bundesdurchschnitt, sind geringer geworden . . . Im Prinzip sind die alten raumordnenden Tendenzen wirksam geblieben" (S. 534).

Die erwähnten Untersuchungen stellen gleichsinnig fest, daß nach 1939 letztlich keine wesentlichen Umschichtungen der Bevölkerung erfolgt sind und daß trotz der großen absoluten Zunahme in der Bundesrepublik „sowohl die regionale als auch die kleinräumige Bevölkerungsverteilung wenig verschieden von derjenigen vor dem Kriege" ist.

2. Mit diesen analytischen Feststellungen soll nicht gesagt werden, daß das Siedlungsgefüge völlig starr gewesen wäre. Von BORRIES macht auf einen „grundlegenden Entwicklungsbruch" zwischen 1939 und 1961 aufmerksam, „wofür der Anstieg des Bevölkerungsanteils der Landkreise . . . bei gleichzeitigem Rückgang des Bevölkerungsanteils der Stadtkreise . . . den Beweis liefert. In ihr kommt das Wachstum und die flächenhafte Ausdehnung der Agglomerationen und eine Änderung der städtischen Siedlungsweise zum Ausdruck" (S. 28 f.). Von BORRIES bemerkt zu der Erscheinung, daß die Änderung der städtischen Siedlungsweise „nicht eine Änderung der Siedlungsstruktur" bedeutet. Das beweist eindeutig auch eine Untersuchung der Akademie, wonach „zwischen den Kernstädten und dem Umland . . . ein deutlicher und abgrenzbarer Niveauunterschied (besteht), der das Umland zwar als eine Verdichtung, aber nicht als eine Verdichtung im Sinn und mit der Qualität der Kernstadt ausweist"[8]. HILLEBRECHT hatte schon früher darauf hingewiesen, daß „soziologisch gesehen . . . in dem vormals rein ländlichen Vorfeld der Städte ein ‚Neutrum' (besteht), das immer mehr städtische Merkmale annimmt", und LEHNER hat dazu bemerkt, daß die Bevölkerung im Umland „prozentual — vielfach sogar absolut — stärker (wächst) als die Bevölkerung in der Mutterstadt"[9].

Mit anderen Worten: Die räumliche Expansion der Verstädterung ist gewachsen, aber die aus den Einwohnerzahlen abgeleitete Folgerung, daß sich das Großstadtwachstum fortsetzt[10], muß mit Skepsis betrachtet werden.

3. Beide Untersuchungen kommen zu dem Ergebnis, „daß die standörtlichen Umlagerungen der Wirtschaftszweige überwiegend im Rahmen der bestehenden regionalen Siedlungsstruktur erfolgt sein (müssen) . . . Die Standortumlagerungen haben Änderungen der regionalen Wirtschaftsstrukturen zur Folge gehabt, aber es sind keine neuen regionalen Schwerpunkte der Beschäftigung (des Grundleistungssektors) entstanden. Gehen wir nicht von dem statistischen, sondern von dem ursächlichen Zusammenhang aus, dann kann die Siedlungsstruktur im Hinblick auf die Gesamtlagerung der Wirtschaftszweige als eine bestimmende Variable angesehen werden"[11].

---

[8] H. HUNKE: Das sozioökonomische Raumgefüge in Bayern und Niedersachsen/Bremen 1935—1968. In: Steuerstatistiken als Grundlage raumwirtschaftlicher Untersuchungen, ARL, FuS Bd. 67, Hannover 1971, S. 17.

[9] FR. LEHNER: Wechselbeziehungen zwischen Städtebau und Nahverkehr. Schriftenreihe f. Verkehr u. Technik, 1966, S. 14.

[10] Vgl. Vortrag von H. P. BAHRT: Der Bürger und die Raumordnung. Vortrag vor der Friedrich-Naumann-Stiftung, 19.—21. 3. 1964 in Baden-Baden.

[11] VON BORRIES, a. a. O., S. 104; vgl. HUNKE, in: Finanzpolitik und Raumordnung, ARL, FuS Bd. XXVIII, Hannover 1964, S. 64; HUNKE, in: Der interregionale Wohlstandsausgleich, Informationen Nr. 17/18, 1969, Tab. 2.

4. Beide Autoren vertreten die Auffassung, daß es in der Raumordnung im Grunde immer um die Agglomeration geht. Ich meinte, daß wir uns um den Nachweis bemühen müssen, „wo die Grenzen einer sinnvollen und einer verfehlten Stadtentwicklung zu finden sind" (S. 562), und von Borries formuliert, daß „für die Raumordnung in Westdeutschland die Frage wesentlich (ist), von welcher unterer Größenordnung Agglomerationsvorteile generell wirksam werden, bezogen auf Einwohnerzahl, Beschäftigtenzahl oder Verdichtungsgrad. Gäbe es darüber gesicherte Unterlagen, dann ließe sich der Umfang raumordnender Lenkungsmaßnahmen abschätzen, der notwendig wäre, um neue entwicklungsfähige Agglomerationen zu schaffen. Es wäre ferner zu ermitteln, in welcher Weise überhaupt die marginalen, betrieblichen und volkswirtschaftlichen Agglomerationsvorteile von der Größe der Stadt oder städtischen Agglomerationen abhängen. Es mag sehr wohl sein, daß sie tatsächlich in einem weiten Bereich nahezu Null sind" (S. 143).

3.2. Der Agglomerationstrend und seine ökonomischen und bevölkerungsgeschichtlichen Determinationen

Diese überraschenden Tatsachen sind trotzdem einsehbar. Ich darf in diesem Zusammenhange an zwei Entdeckungen erinnern, die vorübergehend in Vergessenheit geraten sind.

Zunächst hat Miksch richtig beobachtet, daß die Standortentwicklung im steigenden Maße „von Bedingungen abhängt, die der Industrialisierungsprozeß selbst geschaffen hat"[12]. Er spricht von einer dem Industrialisierungsprozeß immanenten Entwicklungstendenz, die es mit sich bringt, daß „mit wachsender Anhäufung produzierter Produktionsmittel" diese gleichsam „wie ein starres Gerüst" wirken, „die seinen weiteren Verlauf bestimmen und nur innerhalb gewisser Grenzen wieder aufgelöst werden", und daß diese „historischen räumlichen Daten" den zur Einschmelzung notwendigen Datenänderungen auf dem Wege des Preismechanismus eine „zunehmende Wirksamkeitsschwelle" entgegenstellen. Das scheint so zu sein, und die Rückkehr der Bevölkerungs- und Wirtschaftsverteilung nach dem Zusammenbruch des Reiches hätte somit an die Anlageinvestitionen der Betriebe und der Infrastruktur aus einer früheren Zeit angeknüpft und diese im großen und ganzen wieder hergestellt.

Auch das Nachlassen des Ballungstrends liegt tiefer begründet. Gunter Ipsen hat als erster den Vorgang der industriellen Ballung als eine Form städtischen Lebens, „als Lebensgeschehen in der geschichtlichen Wirklichkeit" in seiner Bevölkerungslehre aufgezeigt[13] und „Aufbau und Gefüge des industriellen Lebensraumes aus dem Bevölkerungsvorgang" bestimmt. Ipsen und Haufe begreifen so den „gesellschaftlichen Prozeß der europäischen Großstadtbildung über staatliche und territoriale Grenzen hinweg"[14] und kennzeichnen das industrielle System als Lebensraum für die freigesetzte Landbevölkerung, zudem ausgestattet mit der merkwürdigen Eigenschaft „des doppelten Stellenwertes" („jede neue Stelle, die durch ihre Leistung Unterhaltsmittel von außerhalb beschafft,

---

[12] L. Miksch: Zur Theorie des räumlichen Gleichgewichts. Weltwirtschaftl. Archiv, Bd. 66 (1951), H. 1, S. 21.

[13] G. Ipsen: Bevölkerung. In: Handwörterbuch des Grenz- und Auslandsdeutschtums, Breslau 1933, Bd. 1, S. 425 ff.

[14] H. Haufe: Die Bevölkerung Europas — Stadt und Land im 19. und 20. Jahrhundert. Berlin 1936, S. 145.

gibt in der modernen Großstadt einer zweiten Stellung Nahrung auf Grund von Ansprüchen oder Diensten an die erste") (S. 437) und der „Überdehnbarkeit", d. h. „während die germanische Agrarverfassung oder die mittelalterliche Handwerksordnung die Stellenzahl grundsätzlich festlegt, ist die Stellenzahl eines solchen großstädtischen Mantels liberaler Verfassung grundsätzlich unbeschränkt" (S. 438). Über den Vorgang und das Ausmaß der „Wanderungsbestimmtheit" sagt Ipsen, daß „zu Beginn der zweiten Bevölkerungswelle (nach 1871) ... die künftigen Industriegebiete und die Hinterländer 50 Mio Einwohner (zählen); 1925 beherbergen die ersten um 100 Mio, während die anderen nur eben ihren Stand gehalten haben. Damit hat sich das Verhältnis von 1 : 1 auf 2 : 1 verschoben. Mit anderen Worten: Die gesammelte Volkskraft des gesamten Lebensraumes ist der einen Hälfte, ist dem industriellen Aufbau zugute gekommen" (S. 444). Ipsen hat in einer späteren Arbeit berechnet, daß Groß-Berlin und Magdeburg in den Jahren 1925 bis 1933 „zu der geringen Zunahme von 330 000 Einwohnern ... mehr als den gesamten Wanderungsverlust der Ostprovinzen, mehr als die Hälfte ihres Geburtenüberschusses insgesamt, nämlich einen Wanderungsgewinn von 383 000 Menschen, gebraucht" haben[15]). Elisabeth Pfeil hat auf Untersuchungen von Boekh und Ballod hingewiesen, wonach „in den letzten Jahrzehnten des 19. Jh. der Anteil der Binnenwanderung etwa die Hälfte des Wachstums der deutschen Großstädte getragen hat, die andere Hälfte kam aus den eigenen Geburtenüberschüssen ... Indessen sind die Geburtenüberschüsse genau genommen auch eine Folge der stetigen Zuwanderung"[16]). Jedenfalls scheint der Verstädterungsvorgang im Umfang des vergangenen Jahrhunderts ein einmaliger Prozeß gewesen zu sein, und wenn man die Gesetze des Industrialismus begriffen hat, dann weiß man, daß „ein und dieselbe Bewegung, die vom Ende des 18. Jh., zumal seit 1848 bis heute, die Volkszahl verdoppelt hat, künftig ihren Stillstand bewirkt. Das Ende der industriellen Bevölkerung ist — der industrielle Gattungsvorgang; ein Maß und Ende, das sie in sich selber trägt, soweit sie durch die Ausweitung der Daseinsspanne bestimmt war"[17]).

3.3. Raumgefüge und Raumordnungskonzeption

Abschließend müssen diese Darlegungen mit den Landesentwicklungskonzeptionen gegenübergestellt werden. Das Ergebnis kann m. E. in zwei Thesen zusammengefaßt werden:

These 1:

Eine großartige Neuordnung des deutschen Raumes, wie sie den Verfechtern der Raumordnung vorschwebte und vielleicht zu gewissen Zeitpunkten bis vor kurzem noch möglich gewesen wäre, ist sicherlich für absehbare Zeit unmöglich geworden. Ich habe mich früher bei dieser Feststellung auf „die privaten wirtschaftlichen Aktivitäten, stark im Besitz ihrer historischen Leistung, jedoch eigentlich unantastbar wegen des sie tragenden Gesetzes der wirtschaftlichen Rationalität" und die öffentlichen Aktivitäten, „begabt mit der Kraft eines Riesen, der aber um seine Macht nicht weiß", berufen. Ich kann nunmehr hinzufügen, daß wir uns auch aus bevölkerungspolitischen Gründen, weil einfach kein zu verteilendes Potential in ausreichendem Maße mehr zur Verfügung steht, mit dem

---

[15]) G. Ipsen: Stadt (IV) Neuzeit. In: Handwörterbuch der Sozialwissenschaft, Bd. 9, Stuttgart-Tübingen-Göttingen 1956, S. 792.
[16]) E. Pfeil: Großstadtforschung, a. a. O., S. 128.
[17]) G. Ipsen: Bevölkerung, a. a. O., S. 459.

Ergebnis abfinden müssen. VON BORRIES sagt: „Es scheint, als seien durch historischen Zufall oder in der Vergangenheit angelegte Entwicklungsprozesse die Gebiete wirtschaftlicher (und bevölkerungsmäßiger) Expansion und Stagnation bestimmt. Und als wäre nur von einem neuen Zufall eine Umkehrung der räumlichen Entwicklungstendenzen zu erwarten. An die Stelle des Zufalls kann allerdings, und darin liegt die Chance der Raumordnung, auch staatliche Intervention treten — um den Marktautomatismus zu ergänzen, nicht notwendigermaßen mit dem Ziel oder mit der Folge, ihn außer Kraft zu setzen" (S. 143).

These 2:

Dagegen hat die subsidiäre oder marktkonforme Raumordnungspolitik, die darin besteht, durch staatliche Intervention regional gezielte marktwirtschaftliche Prozesse vorwegzunehmen, zu beschleunigen oder zu lenken, alle Aussicht, im kleinen erfolgreich zu werden und gleichzeitig Umweltverträglichkeit oder Umweltfreundlichkeit zu einem „von Verwaltung und Rechtsprechung ebenso selbstverständlich eingehaltenen Grundsatz zu machen wie Menschenwürde, soziale Gerechtigkeit, Wettbewerb und technische Zuverlässigkeit"[18]. Hier kommt den Forschungsergebnissen der sozialen und der natürlichen Ökologie entscheidende Bedeutung zu. „Darin liegt die Chance, mittels Raumordnung außerökonomische Zielsetzungen zu verfolgen und die historisch (d. h. auch ökonomisch) bewährte Siedlungsstruktur umzugestalten, ohne die ökonomische Rationalität des Ordnungssystems der räumlichen Wirtschaft anzutasten"[19].

3.4. Bevölkerungsentwicklung und ihre wirtschaftliche Einpassung in Westdeutschland

Die Bevölkerungsverteilung und ihre wirtschaftliche Einpassung in den westdeutschen Lebensraum, die im wesentlichen Selbstregulierung war, ist für die Raumordnung eine so entscheidende und interessante Angelegenheit, daß sie in diesem Zusammenhang noch einmal in zwei Übersichten (im Anhang) dargestellt wird, von denen die eine (Übersicht I) die Bevölkerungsentwicklung der westdeutschen Verwaltungsbezirke von 1925 bis 1970 enthält und die andere (Übersicht II) die regionalwirtschaftliche Entwicklung (regionale Verteilung der Industriebeschäftigten, Anteil der Industriebeschäftigten an den Erwerbstätigen, die Entwicklung des Industriebesatzes, die regionale Verteilung des Bruttoinlandsproduktes und die Abweichungen vom Bundesdurchschnitt im Bruttoinlandsprodukt) seit 1950 enthält.

Raumordnung spiegelt sich — so habe ich schon eingangs betont — immer in den Relationen zu dem gesamten Gefüge. Aus diesem Grunde sind immer die regionalen Anteile am Gesamtgefüge angegeben worden. Wachstumsangaben, wie sie oft verwendet werden, täuschen wegen der unterschiedlichen Ausgangslage.

Aus der Übersicht über die Bevölkerungsentwicklung (Übersicht I) geht hervor, daß das regionale Gefüge von 1950 (8,4 Mio Menschen mehr als 1939) ein reiner Durchgangszustand gewesen ist und daß 1961 trotz der Zunahme der Bevölkerung um 13 729 000 E gegenüber 1939 bzw. 18 250 000 Menschen 1970 gegenüber 1939 der regionale Trend wieder zur Verteilung von 1939 zurückgeführt hat. Die regionalen Abweichungen in den einzelnen Regierungsbezirken betragen in Prozent zur Bundesrepublik (ohne Berlin):

---

[18]) HARTKOPF: Das Umweltprogramm der Bundesregierung. In: Raum und Ordnung, v. 5. 6. 1972.
[19]) VON BORRIES, a. a. O., S. 144.

	Veränderungen 1950 zu 1939	Veränderungen 1961 zu 1939	Veränderungen 1970 zu 1939
Schleswig-Holstein	+ 1,38	+ 0,34	+ 0,31
Hamburg	— 0,95	— 0,86	— 0,81
	+ 0,43	— 0,52	— 0,50
Hannover	+ 0,32	+ 0,16	+ 0,10
Hildesheim	+ 0,54	+ 0,20	+ 0,10
Lüneburg	+ 0,68	+ 0,41	+ 0,46
Stade	+ 0,36	+ 0,10	+ 0,09
Osnabrück	+ 0,12	+ 0,04	+ 0,05
Aurich	+ 0,05	— 0,06	— 0,05
Braunschweig	+ 0,38	+ 0,18	+ 0,06
Oldenburg	+ 0,23	— 0,01	± 0,0
Land Niedersachsen	+ 2,68	+ 1,02	+ 0,80
Land Bremen	— 0,25	— 0,09	— 0,17
Düsseldorf	— 1,54	— 0,43	— 0,78
Köln	— 0,54	— 0,03	— 0,15
Aachen	— 0,30	— 0,17	— 0,16
Münster	— 0,05	+ 0,21	+ 0,12
Detmold	+ 0,31	+ 0,21	+ 0,20
Arnsberg	— 0,41	+ 0,01	— 0,30
Land Nordrhein-Westfalen	— 2,42	— 0,30	— 0,77
Darmstadt	+ 0,14	+ 0,16	} + 0,66
Wiesbaden	— 0,08	+ 0,10	
Kassel	+ 0,17	— 0,09	— 0,12
Land Hessen	+ 0,23	+ 0,17	+ 0,48
Koblenz	— 0,27	— 0,25	} — 0,35
Montabaur	— 0,05	— 0,10	
Trier	— 0,24	— 0,27	— 0,30
Rhein-Hessen	— 0,19	— 0,15	} — 0,49
Pfalz	— 0,44	— 0,30	
Land Rheinland-Pfalz	— 1,19	— 1,07	— 1,14
Nord-Württemberg	+ 0,17	+ 0,79	+ 1,13
Nord-Baden	— 0,14	— 0,02	+ 0,10
Süd-Baden	— 0,31	— 0,05	+ 0,13
Sd. Württ./Hohenzollern	— 0,13	+ 0,03	+ 0,21
Land Baden-Württemberg	— 0,41	+ 0,75	+ 1,57
Oberbayern	+ 0,24	+ 0,29	+ 0,73
Niederbayern	+ 0,27	— 0,17	— 0,22
Oberpfalz	+ 0,14	— 0,05	— 0,07
Oberfranken	+ 0,28	± 0,00	— 0,10
Mittelfranken	— 0,04	— 0,13	— 0,14
Unterfranken	+ 0,03	— 0,08	— 0,08
Schwaben	+ 0,35	+ 0,17	+ 0,19
Land Bayern	+ 1,27	+ 0,03	+ 0,31
Saarland	— 0,30	— 0,27	— 0,35

Eine Analyse der Übersichten I und II ergibt folgendes Bild:

1. Wenn man ± 0,3 % (= rd. 40 000 E 1961 bzw. rd. 60 000 1970) bei einer Neuverteilung von 13 729 000 bzw. 18 250 000 Menschen als mögliche statistische Abweichung zwischen den Vergleichsjahren 1939 und 1961 bzw. 1970 zuläßt, dann wurde der Ausgangszustand 1961 wieder in Nordrhein-Westfalen (mit Ausnahme von Reg.Bez. Düsseldorf), in Hessen, in Bayern und im Saarland erreicht. Dabei ist festzustellen, daß Bayern bis 1961 fast 1,3 % der Bundesbevölkerung und Niedersachsen sogar 1,66 % gegenüber dem Höchststand von 1950 wieder abgegeben hat. Die Ausgangsverteilung haben bis 1961 nicht wieder erreicht Hamburg und Schleswig-Holstein, die wegen der starken hamburgischen Auswanderung nach Schleswig-Holstein zusammengefaßt werden (—0,52 %), Niedersachsen (+ 1,02 %, davon entfallen allein 0,41 % auf den Reg.Bez. Lüneburg), Rheinland-Pfalz (—1,07 %) und Baden-Württemberg (+ 0,75 %, davon allein Nord-Württemberg + 0,79 %).

Im letzten Jahrzehnt bis 1970 hat sich diese Entwicklung, wenn man von den Länderanteilen der Bevölkerung ausgeht, im Trend wie 1961 weiter entwickelt: Hamburg und Bremen haben ihren alten Rang nicht wieder erreichen können (0,50 bzw. 0,17 % Abnahme), in Niedersachsen ist die „Übervölkerung" über 1,02 % auf 0,80 % zurückgegangen, Nordrhein-Westfalen hat 0,77 % abgenommen, Rheinland-Pfalz 1,14 %. Dagegen sind die Länder Hessen mit 0,48 %, Baden-Württemberg mit 1,57 % und Bayern mit 0,31 % die Gewinner im dem 30-Jahre-Abschnitt von 1939 bis 1970. Legt man die 0,3-%-Grenze der Analyse der Regierungsbezirke zugrunde, dann fallen Lüneburg mit + 0,46 %, Düsseldorf mit —0,78 %, Darmstadt-Wiesbaden mit + 0,66 %, Koblenz-Montabaur mit —0,35 %, Rheinhessen-Pfalz mit —0,49 %, Nord-Württemberg mit + 1,13 % und Oberbayern mit + 0,73 % aus dem Rahmen. Auf den ersten Blick möchte man fast sagen, daß es den Anschein hat, als ob die Rheinland-Pfälzer nach Hessen und Baden-Württemberg strebten und sich die Bayern in Oberbayern versammelten.

2. Die Verwaltungsbezirke in Westdeutschland lassen sich nach dem Trend der Bevölkerungsentwicklung in den letzten 30 Jahren zu Gruppen zusammenfassen (alle Zahlen bedeuten Bevölkerungsveränderungen in % in Relation zur Bundesrepublik ohne Berlin).

Eine völlig gleichsinnige Entwicklung mit dem klaren Trend zum alten Rang zeigt sich in 9 Verwaltungsbezirken:

	Veränderungen 1950 zu 1939	Veränderungen 1961 zu 1939	Veränderungen 1970 zu 1939
Schleswig-Holstein	+ 1,38	+ 0,34	+ 0,31
Hamburg	— 0,95	— 0,86	— 0,81
Hannover	+ 0,32	+ 0,16	+ 0,10
Hildesheim	+ 0,54	+ 0,20	+ 0,10
Stade	+ 0,36	+ 0,10	+ 0,09
Braunschweig	+ 0,38	+ 0,18	+ 0,06
Oldenburg	+ 0,23	— 0,01	± 0,00
Aachen	— 0,30	— 0,17	— 0,16
Detmold	+ 0,31	+ 0,21	+ 0,20

Ein Trend zum alten Rang, aber mit einer zwischenzeitlichen Richtungsänderung von unterschiedlichem Gewicht, ist in 11 Verwaltungsbezirken zu erkennen:

	Veränderungen 1950 zu 1939	Veränderungen 1961 zu 1939	Veränderungen 1970 zu 1939
Lüneburg	+ 0,68	+ 0,41	+ 0,46
Osnabrück	+ 0,12	+ 0,04	+ 0,05
Aurich	+ 0,05	— 0,06	— 0,05
Bremen	— 0,25	— 0,09	— 0,17
Düsseldorf	— 1,54	— 0,43	— 0,78
Köln	— 0,54	— 0,03	— 0,15
Münster	— 0,05	+ 0,21	+ 0,12
Arnsberg	— 0,41	+ 0,01	— 0,30
Schwaben	+ 0,35	+ 0,17	+ 0,19
Rheinhessen	— 0,19	— 0,15	} — 0,49
Pfalz	— 0,44	— 0,30	

Eine ununterbrochene Erhöhung der Einwohnerzahl seit 1939 bzw. 1950 liegt in 7 Verwaltungsbezirken vor:

Darmstadt	+ 0,14	+ 0,16	} + 0,66
Wiesbaden	— 0,08	+ 0,10	
Nord-Württemberg	+ 0,17	+ 0,79	+ 1,13
Nord-Baden	— 0,14	— 0,02	+ 0,10
Süd-Baden	— 0,31	— 0,05	+ 0,13
Süd-Württemberg/Hohenzollern	— 0,13	— 0,03	+ 0,21
Oberbayern	+ 0,24	+ 0,29	+ 0,73

Eine ununterbrochene Abnahme der Bevölkerung seit 1939 bzw. 1950 zeigt sich in 9 Verwaltungsbezirken:

Trier	— 0,24	— 0,27	— 0,30
Koblenz	— 0,27	— 0,25	} — 0,35
Montabaur	— 0,05	— 0,10	
Kassel	+ 0,17	— 0,09	— 0,12
Niederbayern	+ 0,27	— 0,17	— 0,22
Oberpfalz	+ 0,14	— 0,05	— 0,07
Oberfranken	+ 0,28	± 0,00	— 0,10
Mittelfranken	— 0,04	— 0,13	— 0,14
Unterfranken	+ 0,03	— 0,08	— 0,08

Ein ungebrochener Agglomerations-Plustrend seit 1925 ist festzustellen in:

	1925	1939	1951	1961	1965	1970
Nord-Württemberg	4,66	4,84	5,01	5,63	5,76	5,97
Oberbayern	4,56	4,81	5,05	5,10	5,31	5,54

3. Wenn man den Planungsspielraum mit den in den letzten Jahrzehnten eingetretenen Veränderungen begrenzt, was ebenso richtig wie falsch sein kann, dann würde sich also die Landesplanung in Niedersachsen und Rheinland-Pfalz mit der Einpassung von je rd. 1% der Bundesbevölkerung, das ist je ½ Mio Menschen, in Nordrhein-Westfalen mit ³/₄ %, in Hamburg und Schleswig-Holstein mit ½ % oder weniger und in Baden-Württemberg neuerdings mit 1½ % der Bundesbevölkerung zu fassen haben. Das wäre ihr verfügbares Potential.

4. KLOTEN hat die bis 1961 aufgetretenen Wandlungen in der Bevölkerungsverteilung Westdeutschlands dahin zusammengefaßt, daß er in erster Linie eine Ost-West-

Wanderung, aber auch eine Süd-Wanderung feststellte. Es heißt bei ihm: „Nutznießer dieser Entwicklung war jedoch nicht nur der westdeutsche Raum, sondern in erheblichem Umfange auch Südwestdeutschland, so daß sich unter Berücksichtigung der relativen Stagnation in Hamburg und der Ballungstendenz im Alpengebiet die rückläufigen Quoten im übrigen Bayern, in Schleswig-Holstein, Niedersachsen, Nordhessen und im Westteil von Rheinland-Pfalz sowie den absoluten und relativen Zuwächsen in Nordrhein-Westfalen, Südhessen, Rheinhessen, Pfalz und Baden-Württemberg, überdies eine Nord-Süd-Verlagerung abzeichnet" [20]). Wenn man vom Blickwinkel des Jahre 1970 die Bevölkerungsverteilung in Westdeutschland betrachtet, dann muß man sagen, daß sich die Tendenz zu einer West- und Süd-Wanderung auch im letzten Jahrzehnt als wirksam erwiesen hat, allerdings mit gewissen Unterschieden: Die Regierungsbezirke Hannover, Lüneburg und Osnabrück haben ihren Trend zum Vorkriegszustand vorerst nicht fortgesetzt, Bremen und die Regierungsbezirke Düsseldorf, Köln und Arnsberg haben wieder stärker abgenommen, in Hessen sind die Regierungsbezirke Darmstadt und Wiesbaden stärker gewachsen, und Kassel hat abgenommen. In Rheinland-Pfalz haben die Regierungsbezirke Rheinhessen und Pfalz ihren Rückstand vergrößert, während eine Bevölkerungszunahme nunmehr ganz Baden-Württemberg ergriffen hat, und in Bayern haben sich die früheren Trends verstärkt, d. h. München ist weiter gewachsen, und das übrige Land mit Ausnahme des Regierungsbezirks Schwaben hat wie bisher abgenommen.

CRISTOPH BECKER ist dieser Bevölkerungswanderung in Westdeutschland mit der Konstruktion des Bevölkerungsschwerpunktes nachgegangen. Er hat festgestellt, daß „der Bevölkerungsschwerpunkt für die Bundesrepublik Deutschland ohne West-Berlin . . . in der Zeit von 1950 bis 1969 von der Ostspitze des Landkreises Marburg über eine Strecke von 13 km an die Südgrenze dieses Kreises und ein wenig darüber hinaus nach Süden (wanderte). Von 1950 bis 1960 wanderte der Bevölkerungsschwerpunkt sehr deutlich nach Südwesten, von 1961 bis 1969 nach Süden mit einer schwachen östlichen Komponente. Ein überraschend scharfer Knick trennt die beiden Wanderungsrichtungen voneinander" [21]). Es scheint so, daß der scharfe Knick im Jahre 1960 und die nunmehr alleinige Wanderung des Bevölkerungsschwerpunktes nach Süden den vorstehend skizzierten Sachverhalt richtig wiedergibt.

In der Frage, ob die bisher zu beobachtende Wanderung von Dauer sein wird, gehen die Auffassungen auseinander. Der Bundesraumordnungsbericht 1968 äußert, „daß sich die relative Entwicklungsschwäche des nördlichen Bundesgebietes bis 1980 fortsetzen wird" [22]). BECKER schließt sich dieser Auffassung an. SCHWARZ meint im Sinne dieser Untersuchung, „daß sich am Grundmuster der Bevölkerungsverteilung im Bundesgebiet in den vergangenen Jahrzehnten kaum etwas geändert hat und die kurz nach dem Zweiten Weltkrieg eingetretenen Veränderungen im wesentlichen nur vorübergehende Erscheinungen waren" [23]).

5. Es ist leider nicht möglich, die Industrie- und Wirtschaftsentwicklung bis 1939 zurückzuverfolgen, um die zeitliche Lagerung der Produktionssysteme festzustellen, weil die Zahlenangaben nicht ausreichend isoliert oder regionalisiert werden können. Die wirt-

[20]) N. KLOTEN: Wandlungen der industriellen Raumstruktur, a. a. O., S. 298.

[21]) CHR. BECKER: Die Darstellung großräumiger Bevölkerungswanderungen in der BRD mit Hilfe des Bevölkerungsschwerpunktes. In: Informationen Nr. 22/1970, S. 678.

[22]) Drucksache des Deutschen Bundestages V/3958 vom 12. 3. 1969, S. 45.

[23]) K. SCHWARZ: Maßzahlen zur Beurteilung der räumlichen Verteilung der Bevölkerung im Bundesgebiet. In: Wirtschaft und Statistik, 1970, H. 7, S. 339.

schaftliche Entwicklung der einzelnen Länder läßt in der Begrenzung von 1950 und 1970 jedoch folgende Veränderungen erkennen:

Länder	Regionale Verteilung d. Industrie-Beschäftigten 1950—1969	Entwicklung d. Industrie-Besatzes 1951—1969	Regionaler Anteil am BIP 1950—1966	Abweichungen d. BIP im Bundesdurchschnitt 1950—1966
Schleswig-Holstein	+ 0,11 %	+ 26	— 0,5 %	— 28,4 % auf — 14,7 %
Hamburg	— 0,30 %	+ 23	— 0,6 %	+ 81,9 % auf + 72,6 %
Niedersachsen	+ 1,01 %	+ 38	— 1,3 %	— 19,8 % auf — 12,9 %
Bremen	+ 0,02 %	+ 17	— 0,2 %	+ 55,6 % auf + 26,9 %
Nordrhein-Westfalen	— 8,88 %	— 10	— 3,3 %	+ 17,9 % auf + 4,0 %
Hessen	+ 1,29 %	+ 34	+ 0,4 %	— 2,4 % auf + 4,8 %
Rheinland-Pfalz	+ 0,54 %	+ 25	— 0,3 %	— 16,5 % auf — 18,6 %
Baden-Württemberg	+ 2,58 %	+ 22	+ 1,3 %	+ 1,5 % auf + 4,3 %
Bayern	+ 3,64 %	+ 46	— 0,9 %	— 14,8 % auf — 8,0 %
Saarland		+ 28	— 0,1 %	— 10,3 % auf — 17,7 %

Die Übersicht II ergibt, daß die regionalen wirtschaftlichen Veränderungen, hier ausgedrückt durch die regionale Verteilung der Industriebeschäftigten und die Entwicklung des Industriebesatzes, größer anzusetzen sind als die regionalen Veränderungen in der Bevölkerungsverteilung. Die Verteilung der Industriebeschäftigten wird insbesondere durch die beträchtliche Abnahme in Nordrhein-Westfalen gestört. Andererseits haben sich die Relationen zwischen der Erzeugung des Sozialproduktes, das die Leistung der gesamten Wirtschaft repräsentiert, über die Bundesländer bzw. Regierungsbezirke hinweg trotz gewaltiger Impulse von Milliarden Investitionen unter Einschaltung von Millionen von Erwerbstätigen in den Wirtschaftsprozeß nur unwesentlich geändert. Die Untersuchung bestätigt insofern eine Feststellung von KLOTEN, die er für die Zeit von 1950—1960 getroffen hat, „daß die Nivellierung der relativen Unterschiede der Industrie im Raum nicht von einer gleichgerichteten Entwicklung des Beitrages der einzelnen Gebiete zum gesamten Nettoinlandsprodukt begleitet wird" und „daß die Antwort auf die Frage nach der Entwicklung der Wirtschaft im Raum unterschiedlich ausfällt, je nachdem, ob man nur auf die industrielle Entwicklung — gemessen an der Beschäftigtenzahl — oder auf alle Wirtschaftsbereiche — gemessen durch die Summe der Wertschöpfungen — abstellt"[23a].

Die Bewertung der räumlichen Veränderungen im industriellen Bereich verlangt jedoch eine zusätzliche Bemerkung, um ihren Stellenwert in der Landesentwicklung einigermaßen abschätzen zu können. In Baden-Württemberg sind KUNZ und SPÖRI auf Grund einer Sonderaufbereitung der Industriestatistik den Ursachen der regionalen Einkommensunterschiede für die Zeit von 1957 bis 1970 nachgegangen, wobei sie die 27 Kreise zu 5 Bevölkerungsdichte-Klassen zusammengefaßt haben. SPÖRI hat das Ergebnis als „Harmonisierung des Industriebesatzes zwischen den Kreisen des Landes" und „unveränderte regionale Struktur der Industrieverdienste" formuliert[23b] und zeigt sich überrascht, „daß sich trotz

[23a] NORBERT KLOTEN: Wandlungen der industriellen Raumstruktur in der Bundesrepublik Deutschland. In: Wandlungen der Wirtschaftsstruktur in der Bundesrepublik Deutschland, Schriften des Vereins f. Sozialpolitik N.F. Bd. 26, Berlin 1962, S. 309 f.

[23b] D. SPÖRI: Ursachen der regionalen Verdienstunterschiede in der Industrie. In: Ifo-Schnelldienst München 18/3. 5. 1972. Derselbe, Ursachen der räumlichen Verdienstunterschiede in der baden-württembergischen Industrie. Bericht Nr. 168 des Instituts für Südwestdeutsche Wirtschaftsforschung Stuttgart, Febr. 1972.

der Harmonisierung des Industriebesatzes zwischen den Kreisen des Landes die regionalen Einkommensdisparitäten innerhalb Baden-Württembergs nicht verringert haben" (S. 11). Die Harmonisierung des Industriebesatzes erblickt er in der Tatsache, daß die Industrie nicht nur in den Kreisen um die Großstadt, sondern auch im ländlichen Raum „stark expandiert (hat), während die Beschäftigtenzahlen in den Großstädten nur noch schwach stiegen oder stagnierten" (S. 12). Spöri hat berechnet, daß „in den Kreisen mit einer Besiedlungsdichte bis zu 99 E/qkm die Zahl der in der Industrie Beschäftigten heute um 50 % höher ist als 1957, in den Kreisen mit über 1 000 E/qkm dagegen nur um 7 %. Diese Wachstumsziffern ergeben jedoch ein falsches Bild, weil die unterschiedliche Ausgangsbasis in den einzelnen Bevölkerungsdichteklassen keine realistische Messung erlaubt hat. Spöri gibt selbst an, daß die Zahl der Industriebeschäftigten von 1957—1970 in der Bevölkerungsdichteklasse von 0—99 um 27 939, von 100—199 um 71 502, von 200—399 um 99 638 und von 400 und darüber um 123 954 Industriebeschäftigte zugenommen hat. Schon diese absoluten Ziffern sprechen eine deutliche Sprache. In der Sprache meiner Untersuchung bedeutet das, daß sich die Zahl der Industriebeschäftigten in der Bevölkerungsdichteklasse von 0—99 von 4,3 auf 5,2 % (+ 0,9 %), in 100—199 von 15,5 auf 16,8 % (+ 1,3 %), in 200—399 von 31,2 % auf 31,1 % (—0,1 %) und in der Bevölkerungsdichteklasse 400 und darüber von 49,2 % auf 46,8 % (—2,4 %) entwickelt haben. Die „unveränderte regionale Struktur der Industrieverdienste" erklärt sich damit von selbst. Es ist ebenso selbstverständlich, daß in der Randzone der Ballungsgebiete durch die Pseudomorphose der Stadt „eine Verringerung der Differenz spürbar wurde. Eine überzeugende Bestätigung dieser Ansicht findet sich bei Schwenk[23c]), der den Bevölkerungs- und Industriebeschäftigtenanteil für Stadt und Großraum Suttgart wie folgt beziffert:

	1950 Anteile der		1958 Anteile der		1961 Anteile der	
	Bevöl-kerung	Industr.-beschäft.	Bevöl-kerung	Industr.-beschäft.	Bevöl-kerung	Industri.-beschäft.
Stuttgart am Land	7,7	11,6	8,3	11,8	8,1	11,3
Stuttgart am Großraum	44,0	52,3	43,4	50,0	41,5	48,0
Großraum am Land	17,5	22,1	19,2	23,6	19,8	23,6

Von Borries, der die Größenordnung der gesamten standortlichen Umlagerungen von 22 Wirtschaftszweigen durch die Berechnung einer Relokationszahl, d. h. „der Anzahl der Beschäftigten dieser Wirtschaftszweige nach dem Stande von 1961 . . ., welche den heutigen Arbeitsort wechseln müßten, um dieselbe räumliche Verteilung jedes einzelnen Wirtschaftszweiges herzustellen wie im Jahre 1907", gemessen hat, kommt zu dem Ergebnis, „daß die standörtlichen Umlagerungen der Wirtschaftszweige überwiegend im Rahmen der bestehenden regionalen Siedlungsstruktur erfolgt seien (müssen)" und daß sie nur „eine geringe Raumrelevanz" (im Sinne einer Änderung der Siedlungsstruktur) gehabt haben[23d].

Meine Untersuchung wird später zeigen, daß in einem Ablauf von zwei Jahrzehnten einschließlich Wolfsburg mit rd. 4 % um 8—9 % aller Industriebeschäftigten im Jahre

---

[23c]) E. Schwenk: Entwicklungstendenzen in den Ballungsräumen Stuttgart und Mannheim. In: Bericht Nr. 109 d. Inst. f. Südwestdeutsche Wirtschaftsforschung v. 10. 8. 1962.

[23d]) H.-W. von Borries: Ökonomische Grundlagen der westdeutschen Siedlungsstruktur. ARL, Abh. Bd. 56, Hannover 1969, S. 104.

1970 den Standort von 1950 nicht bestätigt haben. Das sind zwischen 70 000 und 80 000 Arbeitsplätze. Bei den Beschäftigten handelt es sich um rd. 5 %, das sind 150 000 Beschäftigte.

Die widersprüchliche Entwicklung zwischen der regionalen Verteilung der Industriebeschäftigten und der Abnahme der Abweichungen des BIP je E vom Bundesdurchschnitt hat eine Reihe von Ursachen: Zunächst darf daran erinnert werden, daß die zeitliche Entwicklung des BIP natürlich mit der langsamen Herausarbeitung der früheren Bevölkerungsverteilung korrespondiert und daß alle Bevölkerungsbewegungen passiv und aktiv in die Erstellung des BIP je E eingegangen sind. Sodann läßt die relative Abschwächung der Zunahme des BIP je E in den Stadtstaaten Hamburg und Bremen vermuten, daß die Angleichung an den Bundesdurchschnitt mit einem Erlahmen der Ballungskräfte zusammenhängt und schließlich ist zu erwähnen, daß die regionale Verteilung des BIP nicht einfach mit den Industriebeschäftigtenzahlen korrespondiert, sondern die Entwicklung der Abweichungen vom Bundesdurchschnitt bestätigt die These, daß sich die Unterschiede in der Wirtschaftsstruktur insgesamt verringert haben.

Die Kommission der Europäischen Gemeinschaften hat inzwischen das Bruttoinlandsprodukt der Bundesrepublik Deutschland auf der Ebene der Basisregionen (Regierungsbezirke) eingehend untersucht und festgestellt, daß die Regionalentwicklung zwischen 1957 und 1966 „zu einer Annäherung der regionalen Indizes an dem Bundesdurchschnitt (führte)"[24]. Sie hat für die Quantifizierung des Vorganges die Verwaltungsbezirke entsprechend der Höhe des Pro-Kopf-Produkts die Regionen in 3 Gruppen eingeteilt (Tabelle 1) und kommt zu einigen interessanten Ergebnissen, die hier wiedergegeben werden:

(1) Diese Tabelle läßt erkennen, „daß die Wachstumsrate in der Gruppe der Regionen mit dem geringsten Sozialprodukt pro Kopf der Bevölkerung am stärksten war und umgekehrt" (S. 127).

(2) Die Untersuchung merkt an, „daß die Annäherung der regionalen Indizes an den nationalen Durchschnitt nicht nur auf ein beschleunigtes Wachstum in den weniger entwickelten Regionen, sondern auch auf eine Wachstumsverlangsamung in einigen hoch entwickelten Regionen, namentlich des Ruhrgebiets und der Stadtstaaten, zurückzuführen ist" (S. 126). Die 13 Regionen mit dem höchsten BIP wuchsen um 181 %, die 12 Regionen mit dem durchschnittlichen BIP um 196 % und die 13 Regionen mit dem schwächsten BIP um 206 % bei einem Durchschnitt der Bundesrepublik von 189 %. Ein Beispiel, das von besonderem Interesse ist, mag zeigen, was diese Entwicklung praktisch bedeutet: Der Unterschied zwischen dem niedrigsten Index (im Reg.Bez. Stade mit 57,5) und dem höchsten Index (in Hamburg mit 170,5) betrug 1957 113 Punkte, bei Ausklammerung der 3 Stadtstaaten Hamburg, Bremen und Berlin betrug der Unterschied zwischen Stade und dem dann höchsten Wert (in Düsseldorf mit 133,2) 75,7 Punkte. 1966 bestand zwischen Hamburg und Stade immer noch eine Diskrepanz von 107,6 Punkten.

3.5. Die Bevölkerungsentwicklung in den westdeutschen Agglomerationen

Anschließend muß die Bevölkerungsentwicklung in den westdeutschen Agglomerationen einer eingehenden Analyse unterzogen werden.

Ich beziehe mich dabei zunächst auf die Untersuchungen des Forschungsausschusses „Raum und Bevölkerung" über die Stadtregionen und die Studie von H. W. VON BORRIES

---

[24] Die regionale Entwicklung in der Gemeinschaft — Analytische Bilanz. Brüssel 1971, S. 125.

Tabelle 1: Wachstum des Gesamt-BIP der nach dem BIP pro Einwohner des Jahres 1957 gruppierten Regionen

Gruppe 1	BIP/E 1957	Jährl. Wachst. des BIP 57/66*)	BIP/E 1966	Gruppe 2	BIP/E 1957	Jährl. Wachst. des BIP 57/66	BIP/E. 1966	Gruppe 3	BIP/E 1957	Jährl. Wachst. des BIP 57/66	BIP/E 1966
Stade	2 460	9,31	5 250	Schleswig-Holstein	3 410	8,99	6 810	Saarland	4 153	6,67	6 644
Niederbayern	2 510	9,05	5 320	Pfalz	3 600	8,17	6 670	Münster	4 170	7,23	7 070
Montabaur	2 520	9,55	5 230	Rheinhessen	3 610	11,83	8 780	Hannover	4 390	8,69	8 570
Aurich	2 720	8,81	5 360	Südwttb.-Hoh.	3 640	9,77	7 150	Oberbayern	4 390	10,35	8 900
Trier	2 800	7,64	5 200	Schwaben	3 640	9,45	7 380	Nordbaden	4 410	9,54	8 690
Oberpfalz	2 890	9,19	5 950	Südbaden	3 760	9,60	7 280	Darmstadt/ Wiesbaden	4 460	9,85	8 930
Unterfranken	3 190	9,05	6 290	Osnabrück	3 770	7,98	6 860				
Kassel	3 210	10,14	7 090	Braunschweig	3 900	7,08	7 020	Arnsberg	4 840	6,26	7 700
Oldenburg	3 290	9,00	6 560	Detmold	3 950	9,15	7 870	Nordwürttemberg	4 840	9,82	9 490
Koblenz	3 320	8,81	6 410	Aachen	4 060	7,48	6 780	Köln	5 110	9,61	9 580
Lüneburg	3 350	10,95	7 660	Berlin	4 090	8,37	8 570	Düsseldorf	5 700	6,87	9 360
Hildesheim	3 370	7,55	6 290	Mittelfranken	4 120	8,74	7 980	Bremen	6 270	7,17	10 250
Oberfranken	3 380	8,85	7 000					Hamburg	7 300	7,97	13 930
Durchschnitt der 13 Regionen	3 084	9,17	6 339	Durchschnitt der 12 Regionen	3 796	8,85	7 427	Durchschnitt der 12 Regionen	5 005	8,31	9 038
Deutschland (B.R.)	4 280	8,57	8 070	Deutschland (B.R.)	4 280	8,57	8 070	Deutschland (B.R.)	4 280	8,57	8 070

Quelle: Die regionale Entwicklung in der Gemeinschaft — Analytische Bilanz. Brüssel 1971.

*) Jeweilige Preise.

68

über die ökonomischen Grundlagen der westdeutschen Siedlungsstruktur. Der Forschungsausschuß „Raum und Bevölkerung" hat in einem ersten Ansatz 56 Stadtregionen nach den Daten aus der Volks- und Berufszählung 1950 abgegrenzt. Es handelt sich um großstädtische Agglomerationen, „bei denen die Einwohnerzahl etwa an die 100 000 heranreicht und bei denen neben der Kernstadt auch ein gewisser verstädteter oder funktional eng verbundener Umlandbereich nachweisbar ist"[25]. Dementsprechend werden Großstädte mit 100 000 E ohne „nennenswerten Verstädterungsprozeß" im Umland nicht in die Analyse einbezogen und kleinere Agglomerationen mit entsprechend verstädtertem Umland aufgenommen. Auf der Basis der Daten von 1961 wurden später 68 Stadtregionen ausgewählt (d. h. 18 neue Stadtregionen einbezogen, 5 Stadtregionen zu einer Einheit zusammengefaßt und 1 Stadtregion aus der Betrachtung entlassen). Die Ergebnisse sind in Tabelle 2 zusammengestellt worden. VON BORRIES hat in seiner wiederholt angezogenen Untersuchung die Agglomerationen mit „einer Kernstadt oder einer Gruppe von Kernstädten mit mindestens 70 000 E sowie angrenzenden oder umliegenden Kreisen oder Kreisgebieten, welche stark verstädtert oder überwiegend auf die Kernstadt hin orientiert sind", ausgewählt. Die von ihm ausgewählten 50 westdeutschen Agglomerationen nach dem Stande von 1961 sind in Übersicht III enthalten. „Überwiegende Orientierung auf die Kernstadt wird angenommen, wenn mindestens 50 % der Bevölkerung eines Kreises oder Kreisgebietes auf Ergänzungsgebiet oder Verstädterte Zone der betreffenden Stadtregion (nach der Definition von Boustedt) entfallen"[26]. Beide Ansätze verwenden also im wesentlichen denselben gebietstypischen Ansatz. „Agglomerationen sind demgemäß funktionale Raumeinheiten städtischer Wirtschafts- und Sozialstruktur"[27]. Der wesentliche Unterschied besteht darin, daß VON BORRIES Kreise und nicht Gemeinden der räumlichen Abgrenzung zu Grunde legt. Ein Verzeichnis der städtischen Agglomerationen und ihrer Abgrenzung ist in Anlage 1 seines Buches zu finden.

Der gemeinsame Ausgangspunkt der drei angeführten Analysen liegt in der flächenmäßigen Konstanz der von ihnen ausgewählten Räume, so daß sich die Bevölkerungsentwicklung immer und in jedem Falle auf denselben Gebietsstand bezieht. In der nachstehenden Analyse wird die Auswahl der Agglomerationen nach VON BORRIES zum Ausgangspunkt der Betrachtungen gewählt, und zwar, weil ich in meiner Untersuchung ebenfalls die Stadt- und Landkreise zur Basis der Analyse gemacht habe. Der in die Betrachtung einbezogene Flächen- und Bevölkerungsanteil Westdeutschlands beträgt:

	Fläche in qkm	Bevölkerung	
		1939	1961
in der Abgrenzung der Stadtregionen von 1950	29 401	20,2 Mio E	26,6 Mio E
nach VON BORRIES	31 323	20,7 Mio E	27,0 Mio E
in der Abgrenzung der Stadtregionen von 1961	42 978	22,8 Mio E	30,3 Mio E

---

[25] O. BOUSTEDT: Die Stadtregionen als ein Instrument der vergleichenden Stadtforschung. In: Die Entwicklung der Bevölkerung in den Stadtregionen, ARL, FuS Bd. XXII, Hannover 1963, S. 16.

[26] H. W. VON BORRIES: Ökonomische Grundlagen der westdeutschen Siedlungsstruktur. ARL, Abh. Bd. 56, Hannover 1969, S. 4 f.

[27] H. W. VON BORRIES, a. a. O., S. 5.

Tabelle 2:

Die Entwicklung der Stadtregionen

	Stadtregionen von 1950						Stadtregionen von 1960			
	Fläche in qkm	Wohnbevölkerung in 1000					Fläche in qkm	Wohnbevölkerung in 1000		
		17.5.1939	6.6.1961	1.1.1970	1.1.1980	1.1.1990		17.5.1939	6.6.1961	31.12.68
Kerngebiete zusammen	10 727	17 618	22 160	22 160	22 160	22 160	13 734	19 414	24 923	20 232
				+ 1 643	+ 2 377	+ 2 690				
				23 803	24 537	24 850				
Umlandzonen	18 673	2 650	4 484	4 484	4 484	4 484	29 264	3 415	5 368	12 442
				+ 594	+ 1 080	+ 1 491				
				5 078	5 564	5 975				
Stadtregionen insgesamt	29 401	20 268	26 644	26 644	26 646	26 646	42 978	22 829	30 291	32 674
				+ 2 237	+ 3 457	+ 4 181				
				28 891	30 103	30 827				
Bundesgebiet ohne Berlin	247 973	40 248	53 976	53 976	53 976	53 976	247 973	40 248	53 977	58 321
				+ 3 644	+ 5 631	+ 6 810				
				57 620	59 607	60 786				
Kerngebiete zusammen		43,8 %	41,1 %	41,3 %	41,2 %	40,9 %		48,2 %	46,2 %	34,7 %
Umlandzonen		6,6 %	8,3 %	8,8 %	9,3 %	9,8 %		8,5 %	9,9 %	21,3 %
Stadtregionen insgesamt		50,4 %	49,4 %	50,1 %	50,5 %	50,7 %		56,7 %	56,1 %	56,0 %
Bundesgebiet ohne Berlin		100,0 %	100 %					100,0 %	100,0 %	100,0 %

Bemerkung: Die Bevölkerungszahlen für 1970—1990 sind Schätzungen auf der Raumbasis von 1950.
Quellen: Die Entwicklung der Bevölkerung in den Stadtregionen. ARL, FuS Bd. XXII, Hannover 1963.
Die Stadtregionen in der Bundesrepublik Deutschland 1961. ARL, FuS Bd. XXXII, Hannover 1967.

Aus Übersicht III und Tabelle 2 ergibt sich folgendes:

(1) Zunächst zeigen die Zahlen (was schon früher ausgeführt wurde), daß die Agglomerationen in der Auswahl nach VON BORRIES in der Zeit von 1871 bis 1925 von 33,06 % auf 51,03 % gestiegen sind, um bis 1939 auf 51,47 % anzuwachsen. Dann aber erlahmte die Ballungstendenz.

(2) In dem Zeitabschnitt von 1939 bis 1961 betrugen die Agglomerationen (in % der Gesamtbevölkerung von Westdeutschland)

	1939	1961
in der Abgrenzung von 1950	50,4 %	49,4 %
in der Abgrenzung nach VON BORRIES	51,47 %	50,07 %
in der Abgrenzung von 1961	56,72 %	56,12 %

(3) Zwischen 1939 und 1961 haben alle aufgeführten 50 Kernstädte bzw. Städte absolut zugenommen und mit Ausnahme von Bonn (+ 0,01 %), Hamm-Unna (+ 0,05 %) und Heidelberg (+0,02 %) nach 1939 relativ abgenommen. Augsburg hat seinen alten Rang behalten. Die 50 gleichnamigen Agglomerationen haben von 1939 bis 1961 um 6 338 000 E zugenommen, aber ihr Anteil an der Bundesbevölkerung ist von 51,47 auf 50,07 % abgesunken. Die Stadtregionen nach der Abgrenzung von 1961 sind um 7 461 000 Menschen gewachsen, aber ihr westdeutscher Anteil ist von 56,72 % auf 56,12 % abgesunken.

Die Summe der Agglomerationen nach Übersicht III hat von 1939 bis 1961 um 1,4 % im Rahmen Westdeutschlands abgenommen. Die größte Abnahme hatten das Ruhrgebiet mit 0,56 % und Hamburg mit 0,66 % zu verzeichnen. Bevölkerungszunahmen sind zu registrieren in den Agglomerationen (1/100 % = 5 397 E):

Stuttgart	0,45 %	Osnabrück	0,02 %
Frankfurt	0,10 %	Iserlohn	0,04 %
München	0,07 %	Lübeck	0,06 %
Düsseldorf	0,16 %	Pforzheim	0,03 %
Krefeld	0,09 %	Göttingen	0,04 %
Bonn	0,15 %	Oldenburg	0,03 %
Bielefeld	0,06 %	Salzgitter	0,09 %
Karlsruhe	0,02 %	Erlangen	0,06 %
Hamm-Unna	0,05 %	Neumünster	0,01 %
Heidelberg	0,06 %		

(4) Im Rahmen der Raumordnung ist der spill-over-Effekt im Umland der Städte von besonderer Bedeutung. IPSEN hat bemerkt, daß der Rückgang der Einwohnerzahl zum ersten Mal an der City von London festgestellt wurde, um 1860 in Paris und bald danach auch in den deutschen und amerikanischen Großstädten. „Zu Ende des 19. Jh. war es klar,

daß hier eine allgemeine Erscheinung der Großstadtbildung vorlag. Unterdes hat sich die Entleerung von Einwohnern (in den Großstädten) auf einem wachsenden Umkreis fortgesetzt"[28].

Nach der Analyse der Stadtregionen von 1950 haben die Umlandzonen von 6,6 auf 8,8 %, in den Stadtregionen von 1961 von 8,5 auf 9,9 % der westdeutschen Bevölkerung zugenommen.

Tabelle 3:

Entwicklung der Agglomerationen in Nordrhein-Westfalen (1939—1970) auf der Fläche von 1970

	Fläche am 27. 5. 1970		Bevölkerung				Anteile der Gebiete an d. Bev. in Nordrhein-Westf.			
	1 000 qkm	%	1939 in 1 000	1950 in 1 000	1961 in 1 000	1970 in 1 000	1939 in %	1950 in %	1961 in %	1970 in %
Ballungskerne	2,9	8,6	6 494	6 308	7 931	7 849	54,49	47,76	49,90	46,40
Ballungsrandzonen	4,5	13,4	1 816	2 287	2 891	3 390	15,23	17,31	18,17	20,04
Ballungen insgesamt	7,4	22,0					69,72	65,07'	68,07	66,44
Ländl. Zonen	26,6	78,0	3 608	4 612	5 090	5 675	30,27	34,92	31,36	33,55
Nordrh.-Westfalen	34,0	100	11 918	13 207	15 912	16 914	100,00	100,00	100,00	100,00
Bundsrepublik	248,6	100	43 008	50 173	56 185	60 051				

Quelle: V. FRHR. VON MALCHUS: Strukturwandel in Nordrhein-Westfalen in jüngster Zeit. In: Raumforschung u. Raumordnung 1973, Bd. 1, S. 17.

Wenn jedoch KARL SCHWARZ noch 1963 glaubte, „daß nach Beobachtungen der letzten Jahre die Konzentration von immer mehr Menschen in den stark verstädterten Gebieten (der Agglomerationen) fortschreitet"[29], was in seinen Schätzungen für die Zeit bis 1990 (Tabelle 2) zum Ausdruck kommt, dann hat die Bevölkerungsentwicklung in den 68 Stadtregionen nach den Berechnungen von BOUSTEDT für die Zeit von 1961 bis 1968 diese Auffassung nicht bestätigt. Nach den Berechnungen von BOUSTEDT betrug der Anteil der Wohnbevölkerung an der Gesamtbevölkerung Westdeutschlands 1939 56,7 %, 1961 56,1 % und 1968 56,0 %.

Eine umfassende Ergänzung dieser Betrachtungen enthält eine Untersuchung von V. VON MALCHUS über die Entwicklung der Bevölkerungsverteilung in Nordrhein-Westfalen für die Zeit von 1939 bis 1970 auf der räumlichen Bais von 1970 (Tabelle 3)[30]. In kristalliner Klarheit läßt sie das Bevölkerungswachstum des Landes von 11,9 auf 16,9 Mio E und die Bevölkerungsverteilung auf Ballungskerne, Ballungsrandzonen und Ländliche Zonen erkennen. Die Ballungskerne sinken in der angesprochenen Zeit von

---

[28] G. IPSEN: Stadt (IV) Neue Zeit. In: Handwörterbuch d. Sozialwissenschaften, Bd. 9, Stuttgart-Tübingen-Göttingen 1956, S. 798.

[29] K. SCHWARZ: Die Bevölkerungsentwicklung in den Ballungsgebieten. In: Die Entwicklung der Bevölkerung in den Stadtregionen, ARL, FuS Bd. XXII, S. 62.

[30] V. VON MALCHUS: Strukturwandel in Nordrhein-Westfalen in jüngster Zeit. In: Raumforschung u. Raumordnung 1973, Bd. 1, S. 17.

54,49 auf 46,4 %/o ab. Die Ballungsrandzonen steigen von 15,23 auf 20,04 %/o und die Ländlichen Zonen von 30,27 auf 33,55 %/o. Auch die Zwischenabschnitte treten eindrucksvoll in Erscheinung.

Dabei ist allerdings zu bedenken, daß die bisherigen Betrachtungen sich auf ein „festgehaltenes Areal der Stadtregionen" nach dem Entwicklungsstand von 1950 bzw. 1961 beziehen, die zwar denselben Trend in der Bevölkerungsverteilung bezeugen, aber zugleich ein Flächenwachstum der Verstädterungsräume erkennen lassen, das FEHRE als einen „Wettlauf zwischen Bevölkerungszunahme und Flächenwachstum" bezeichnet hat[31]). HORST FEHRE hat diese Agglomerationsdynamik für das Gebiet des Landes Nordrhein-Westfalen im Hinblick auf die Agglomerationsflächen untersucht, indem er für alle Volkszählungen seit 1939 „sämtliche Gemeinden des Landes Nordrhein-Westfalen nach Ausschluß der Waldflächen auf ihre Volksdichte hin überprüft und diejenigen als Verdichtungsflächen gekennzeichnet (hat), deren so reduzierte Volksdichte die ... ersichtlichen Schwellenwerte überschritten haben" (S. 228). Er hat dabei agglomerierte Verdichtungsflächen (das sind geschlossene Agglomerationen mit mindestens 100 000 E) und singuläre Verdichtungsflächen (unter 100 000 E) nach städtischen Zonen (1 000 E/qkm), verstädterten Zonen (500 bis unter 1 000 E/qkm) und angestädterten Zonen (250 bis unter 500 E/qkm) unterschieden. Die Veröffentlichung beschränkt sich zunächst auf die Flächen mit dem Verdichtungsgrenzwert von 500 E/qkm. Die Ergebnisse von FEHRE werden in Tabelle 4 wiedergegeben. Danach steht folgendes fest:

(1) „Auf dem unverändert gebliebenen Areal der Zentralstädte hat sich die ha-Dichte von 23 auf 28 E gehoben. Für die Agglomerierten Verdichtungsräume (Zentralstädte und Zirkumurbane Zonen), deren Flächen inzwischen beträchtlich von 4 569 auf 6 414 qkm angewachsen sind, zeigt sich keine Dichtezunahme. Denn nach ihrem Abfall bis 1946 hat die Agglomerationsdichte ihren Vorkriegswert (17 E/ha) seitdem noch nicht ganz erreicht. Obschon heute in den Verstädterungsräumen ... über 3 Mio Menschen mehr leben als vor dem Kriege, hat sich ihr Ballungsgrad nicht erhöht ... Das Bevölkerungsgewicht der Zentralstädte hat sich innerhalb ihrer Verdichtungsräume bereits seit 1939 (83,6 %/o) ununterbrochen vermindert bis 72,5 %/o (1961). Dafür wuchs die zirkumurbane Bevölkerung inzwischen von 1/16 auf fast 3/10 der Agglomerationen an" (S. 229 und 230).

(2) „1939 bedeckten die Verdichtungsareale 13,4 %/o, 1961 schon 18,9 %/o der Landesfläche. Ihr Bevölkerungsanteil ist inzwischen von 66,8 %/o ein wenig weiter bis 69,8 %/o angestiegen (1964 bis 73,3 %/o)" (S. 229).

(3) Von 1939 bis 1964 hat die Landesbevölkerung um 4,1 %/o zugenommen, die Zentralstädte wuchsen um 1,29 %/o (sie verzeichneten „das langsamste Wachstum"), während die Randzonen (verstädterte Zonen) um 11 %/o und die angestädterten Gebiete sogar um 11,75 %/o zunahmen. FEHRE drückt das so aus, daß „innerhalb der Agglomerationen das Wachstumsgefälle entgegengesetzt zum Dichtegefälle (verläuft)" (S. 232). Er stellt gleichzeitig fest, daß die durchschnittliche Einwohnerzunahme in den Agglomerationen insgesamt (Zentralstädte und Zirkumurbane Zonen) mit 3,84 %/o unter der Bevölkerungszunahme des ganzen Landes mit 4,1 %/o lag.

(4) Die singulären Verdichtungsflächen (unter 100 000 E außerhalb der Agglomerationen) erhöhten ihre Wohnbevölkerung von 1961 bis 1964 um 5,9 %/o, „wobei auch hier die Wachstumsgeschwindigkeit gleichfalls nach den Außenzonen zunimmt" (S. 232).

---

[31]) H. FEHRE: Zerfließen unsere Städte? In: Informationen 8/66, S. 228.

Tabelle 4:

Entwicklung der Agglomerationen in Nordrhein-Westfalen von 1939 bis 1964 (nach FEHRE)

Wohnbevölkerung (E) und Areal (qkm) von 1939 bis 1964

		17. 5. 1939	29. 10. 1946	13. 9. 1950	25. 9. 1956	6. 6. 1961	31. 12. 1964
Zentralstädte (1 000 E/qkm und mehr)	E	6 666 202	5 493 388	6 412 128	7 541 980	8 053 482	8 157 582
	qkm	2 878,08	2 878,08	2 878,08	2 878,08	2 878,08	2 878,08
Zirkumurbane Zonen							
Städtische Zone (1 000 E/qkm und mehr)	E	760 803	816 179	1 130 610	1 396 852	1 759 043	1 888 049
	qkm	652,41	652,41	885,46	1 001,00	1 279,70	
Verstädterte Zone (500 bis unter 1 000 E/qkm)	E	542 983	609 465	921 646	1 158 846	1 290 647	1 432 801
	qkm	1 038,59	1 038,59	1 705,64	2 023,26	2 256,60	
Agglomerierte Verdichtungsflächen	E	7 969 988	6 919 032	8 464 384	10 097 678	11 103 172	12 145 117
	qkm	4 569,08	4 569,08	5 469,18	5 902,34	6 414,28	
Dichte	E/qkm	1 744	1 514	1 548	1 711	1 731	
Bevölkerungsanteil der Zentralstädte	v. H.	83,6	79,4	75,8	74,7	72,5	
Anteil am Land Nordrhein-Westfalen							
Wohnbevölkerung (E)	v. H.	66,8	59,2	64,1	68,2	69,8	73,3
Areal (qkm)	v. H.	13,4	13,4	16,1	17,4	18,9	
Singuläre Verdichtungsflächen	E	840 103	888 430	1 332 786	1 493 593	1 762 444	2 703 903
	qkm	1 165,53	1 165,53	2 162,29	2 252,07	2 665,62	
Dichte	E/qkm	721	762	616	663	661	
alle Verdichtungsflächen des Landes	E	8 810 091	7 807 462	9 797 170	11 591 271	12 865 616	14 849 020
	qkm	5 734,61	5 734,61	7 631,47	8 154,41	9 079,90	
Anteil am Land Nordrhein-Westfalen							
Wohnbevölkerung (E)	v. H.	73,8	66,8	74,2	78,3	80,9	89,6
Areal (qkm)	v. H.	16,9	16,9	22,5	24,0	26,7	
Land NW (Areal: 33 977,54 qkm) Wohnbevölkerung	E	11 935 331	11 682 624	13 197 009	14 811 194	15 901 678	16 554 312

Quelle: HORST FEHRE: Zerfließen unsere Städte? In: Informationen 8/1966.

FEHRE hat gleichzeitig die Aussagen des Landesentwicklungsprogramms für Nordrhein-Westfalen[32]) in bezug auf die Zusammenhänge zwischen Bevölkerungsverteilung und der räumlichen Lagerung in den Ballungskernen, Ballungsrandzonen und ländlichen Gebieten durchleuchtet und folgendes vorgetragen:

(1) Die Ballungskerne weisen in Nordrhein-Westfalen „von allen Entwicklungszonen ... absolut die geringste Bevölkerungszunahme auf" (S. 234). „Binnen $3^1/_2$ Jahren hatte sich ihre Volkszahl nur um wenig mehr als 1 %/o erhöht, dagegen verbuchen die Ballungsrandzonen einen Zunahmesatz, der sogar 10 %/o übersteigt, und selbst die sog. ländlichen Zonen haben es auf eine zwischenzeitliche Zunahme von 5 %/o gebracht" (S. 234). „Für die Ballungsräume als Ganzes (Kerne und Randzonen vereinigt) errechnete sich ein Zunahmesatz von 3,7 %/o gegenüber 4,1 %/o im Landesdurchschnitt" (S. 234).

(2) Die singulären Verdichtungsräume haben sich demgegenüber „recht unterschiedlich" verhalten; denn während die Einwohnerzahl im Durchschnitt des Landes um 4,1 %/o angewachsen ist, haben die Kleineren Zentralstädte um 7,42 %/o und die Industrie- und Zentralorte um 5,49 %/o zugenommen.

Mit diesen Darlegungen glaube ich die Analyse der Entwicklung der Bevölkerungs- und Wirtschaftskörper auf der Grundlage der größeren Verwaltungsbezirke und der Agglomerationen abschließen zu können. Es kann schon jetzt als gesichert angesehen werden, daß die These vom großräumigen Rückzug der Siedlung aus den flächenbezogenen, historisch gewachsenen Strukturen der Agrargesellschaft nicht zu halten ist.

Es wird allerdings zu prüfen sein, ob das bisher erzielte Ergebnis auch in der Feinstruktur der Land- und Stadtkreise nachzuweisen ist. Als Untersuchungsobjekt habe ich für diesen Zweck Nordwestdeutschland, d. h. die Länder Bremen und Niedersachsen, ausgewählt. Natürlich sind die Landkreise wiederum eine Ansammlung von differenzierten kleineren Bevölkerungs- und Wirtschaftskörpern, und es wäre sicher sehr interessant, wenn auch die einzelnen Gemeinden unterhalb der Kreisebene nach dem 35-Jahre-Trend gemessen werden könnten, aber eine solche Analyse übersteigt die Möglichkeiten eines einzelnen Autors. Immerhin gibt der Abgrenzungsversuch von W. THOMAS, der im Gegensatz zu den Stadtregionen nicht die funktionale Verflechtung, sondern die Agglomerationsdynamik in der Umgebung der Städte untersucht, eine Möglichkeit, die lokale Bevölkerungsentwicklung auch unter diesem Gesichtspunkt für die Zeit von 1961 bis 1969 zu analysieren.

---

[32]) Landesentwicklungsprogramm. In: Ministerialblatt f. d. Land Nordrhein-Westfalen, Ausg. A, 1964, Nr. 107, S. 1205 ff.

4. Die sozioökonomische Landesentwicklung in Nordwest-
deutschland auf der Basis der Stadt- und Landkreise

4.1. Die Rahmenbedingungen der Entwicklung
(Veränderungen gegenüber den 20er Jahren)

Die wirtschaftliche Stellung Nordwestdeutschlands, d. h. von Bremen und Niedersachsen, in der Bundesrepublik wird in der fraglichen Zeit durch folgende Indikatoren gekennzeichnet, wobei in der Regel die Werte des Anfangs- und Schlußjahres des Zeitabschnitts angegeben werden:

	Bevölkerung			Industriebeschäftigte		
	1939	1950	1965	1938	1950	1969
Niedersachsen	11,29 %		12,13 %		8,79 %	9,57 %
Bremen	1,40 %		1,30 %		1,22 %	1,25 %
	12,69 %	14,25 %	13,43 %		10,01 %	10,82 %

	Entwicklung des Industriebesatzes			Regionale Verteilung des BIP		
	1939	1950	1969	1957	1966	
Niedersachsen	} rd. 90	71	109	11,5 %	10,2 %	
Bremen		111	128	1,8 %	1,6 %	
				13,3 %	11,8 %	

Alle Prozentangaben beziehen sich auf die gleichen Werte Westdeutschlands. In den Zählwerten dämmert damit bereits die Erkenntnis der Konsistenz der Anteile auch unter völlig veränderten Verhältnissen auf.

Vor dem Zweiten Weltkrieg war Nordwestdeutschland, wie es in den „Halbamtlichen Gutachten ‚Langfristige Entwicklung des Landes Niedersachsen' " vom Oktober 1952 heißt, „infolge seiner ausgeglichenen landwirtschaftlichen Leistung, seiner Bodenschätze, seiner industriellen Vielfältigkeit und seiner günstigen Verkehrslage ein gesundes und krisenfestes Land", und wie an anderer Stelle behauptet wird, ein Land mit „Ausge-, glichenheit", die es „mit wenigen anderen Ländern, wie etwa Württemberg, teilte". Nun, nichts ist so informativ wie ein Vergleich zwischen beiden Wirtschaftsgebilden, der anschließend folgt.

	Bevölkerungsdichte			
	1939	1950	1961	1967
Niedersachsen	96	142	141	148
Baden-Württemberg	153	178	173	181

Volkseinkommen in Mio RM/DM				
	1939	1950	1961	1966
Niedersachsen	2 684	8 685	26 298	37 638
Bremen		1 234	4 048	5 783
		9 919	30 346	43 421
Baden-Württemberg	4 377	10 423	37 052	55 477

Volkseinkommen je E in DM			
Niedersachsen	1 288	3 960	5 415
Baden-Württemberg	1 657	4 775	6 521

Daraus ergeben sich folgende Relativzahlen: Wenn das Volkseinkommen insgesamt für Niedersachsen und Bremen in den einzelnen Jahren = 100 gesetzt ist, betragen die Volkseinkommen von Baden-Württemberg 1950 105, 1961 122 und 1966 128. Wenn das Volkseinkommen in Niedersachsen (ohne Bremen) je Einwohner = 100 angenommen wird, beläuft sich das Volkseinkommen je Einwohner in Baden-Württemberg 1950 auf 128, 1961 auf 120 und 1966 ebenfalls auf 120.

Aber ganz gleich, wie man das alte Wirtschaftsgebiet Niedersachsen einstuft, in den letzten 40 Jahren hat sich der Charakter Nordwestdeutschlands völlig gewandelt. Drei entscheidende Veränderungen, regelrechte „Sprünge": ein Industriesprung, eine säkulare Bevölkerungsverdichtung und eine Veränderung der Wirtschaftsstruktur, haben den Raum verändert. Um so entscheidender wird es sein, ob Nordwestdeutschland seine Gestalt behalten hat.

4.1.1. Der Industriesprung

Das Deutsche Reich zählte 1929 20,5 Mio Arbeitnehmer, die bis 1933 auf 18,5 Mio zusammenschmolzen. Im April 1938 nach der Bindung von $2^{1}/_{2}$ Jahrgängen durch Arbeits- und Wehrdienst wurden wieder 20,4 Mio Arbeitnehmer gezählt. In der Reichsbilanz standen:

	Arbeitnehmer insgesamt	männlich	weiblich
Mai 1929	20 525 000	13 715 000	6 810 000
April 1938	20 400 000	14 090 000	6 310 000
Zu- bzw. Abnahme 1929—1938	— 125 000	+ 375 000	— 500 000

Diese Arbeitskräftebilanz hat sich in den einzelnen Wirtschaftsräumen sehr unterschiedlich ausgewirkt. Wir sind hinsichtlich der Konsequenzen für Nordwestdeutschland ziemlich gut unterrichtet, weil ERICH MANGELS „die räumlichen Verlagerungen" der Beschäftigung nach Landesarbeitsamtsbezirken und Arbeitsamtsbezirken im Vergleich Juni 1929 zu September 1937 dargestellt hat[1]). „Relativ ragen Niedersachsen, Bayern, Mittel- und Südostdeutschland besonders hervor, die ihren Beschäftigungsgrad gegenüber einem Reichsdurchschnitt von nur 1,4 % um mehr als 5 v. H., Niedersachsen sogar um 10 v. H., verbessern konnten." In Niedersachsen hatte die Zahl der beschäftigten Arbeiter und Angestellten um 117 000 und die Zahl der „überhaupt vorhandenen Arbeiter und Angestellten" um 67 000 zugenommen.

Tabelle 5:

Die wirtschaftliche Entwicklung in Nordwestdeutschland von 1929 bis 1937

Arbeitsamtsbezirk	Veränderung der	
	Arbeitnehmer- zahlen in %	Beschäftigten- zahlen in %
Gruppe I (Zunahme 20 % und mehr)		
Wilhelmshaven	+ 44,2	+ 57,9
Celle	+ 28,5	+ 31,2
Göttingen	+ 23,7	+ 28,7
Verden	+ 22,1	+ 24,2
Gruppe II (Zunahme 10—20 %)		
Nordhorn	+ 15,9	+ 17,8
Vechta	+ 11,0	+ 13,7
Stade	+ 11,0	+ 15,1
Gruppe II (Zunahme bis 10 %)		
Oldenburg	+ 9,8	+ 13,9
Braunschweig	+ 8,9	+ 13,8
Uelzen	+ 7,9	+ 8,9
Osnabrück	+ 6,6	+ 10,8
Brake	+ 5,2	+ 14,4
Leer	+ 2,7	+ 6,9
Goslar	+ 2,4	+ 5,1
Stadthagen	+ 2,1	+ 2,9
Hameln	+ 1,5	+ 6,1
Bremen	+ 1,0	+ 5,6
Helmstedt	+ 0,8	+ 7,6
Alfeld	+ 0,4	+ 3,9
Lüneburg	+ 0,0	+ 2,5

[1]) E. MANGELS: Räumliche Verlagerungen im Arbeitseinsatz. In: Raumforschung und Raumordnung 1938, H. 6, S. 230 ff.

Arbeitsamtsbezirk	Veränderung der	
	Arbeitnehmer-zahlen in %	Beschäftigten-zahlen in %

Gruppe IV (Abnahme)

Arbeitsamtsbezirk	Arbeitnehmerzahlen in %	Beschäftigtenzahlen in %
Nienburg	— 0,1	+ 1,2
Unterweser	— 0,8	+ 4,1
Emden	— 1,6	+ 4,3
Northeim	— 1,8	+ 3,8
Bassum	— 2,2	— 1,6
Hannover	— 3,0	+ 3,3
Hildesheim	— 5,4	— 2,2
Blankenburg	—17,4	—13,9

Im einzelnen ist zu dieser Entwicklung folgendes zu bemerken: Zunächst haben die Erfahrungen gezeigt, daß der Bevölkerungsstrom dem natürlichen Gefälle der Beschäftigungsmöglichkeiten nur zögernd gefolgt ist. So ist vielleicht auch zu erklären, daß die beiden Reihen der Beschäftigten und der Arbeitnehmer, die an sich ja durchaus parallel verlaufen, nicht einen größeren Grad der Anpassung zeigen. „Die Großstädte haben die Arbeitslosigkeit am spätesten und am wenigsten durchgreifend beseitigen können." Im Analysebezirk zeigen Hannover —3,0 und Hamburg —18,3 % der 1929 vorhandenen Arbeitskräfte. Bekanntlich bestand damals sogar eine Zuzugskontrolle für Arbeitnehmer für Berlin, Hamburg und Bremen. „Ziemlich einheitliches Gepräge mit überwiegendem Verlustcharakter zeigt ... das rheinisch-westfälische Textilgebiet ..., um schließlich im Niedersächsischen in dem jungen aufblühenden Bezirk Nordhorn (+ 15,9 %) zu enden." „Aber auch der dicht bevölkerte Bezirk Minden—Ravensberg und seine Nachbarschaft (Metall-, Bekleidungs-, Nahrungs- und Genußmittelindustrie) zählt jetzt durchweg mehr Arbeitskräfte als 1929: Bielefeld + 11,6 %, Herford + 11,1 %. Von hier zieht sich die Brücke deutlich ins Braunschweigische hinüber." Die Küstenbezirke zeigen eine starke Steigerung der Arbeitnehmerzahl: Wilhelmshaven-Rüstringen + 44,2 %, genau wie Kiel, Lübeck und Rostock, aber auch Stade. In Bremen bedeutet dieser Zeitabschnitt zunehmende Industrialisierung. Während noch 1933 76 197 Beschäftigten in Handel und Verkehr 65 577 Beschäftigte in Industrie und Handwerk gegenüberstanden, gab es 1939 75 109 Beschäftigte in Handel und Verkehr und 104 375 Beschäftigte in Industrie und Handwerk. Im übrigen zeigt die Tabelle, daß auch die Klein- und Mittelstädte in den sog. landwirtschaftlichen Bezirken Oldenburgs und der Provinz Hannover eine bedeutsame Entwicklung genommen haben.

In diese wirtschaftlich aufstrebende Landschaft wurden außerdem staatlich initiierte Agglomerationskerne wie Wolfsburg und Salzgitter gesetzt, so daß Niedersachsen im besonderen Maße — insbesondere wenn man auch die staatliche Gründung der Stadt Wilhelmshaven in die Berechnung mit einbezieht — als Entwicklungsland bezeichnet werden kann. Von 1936 bis 1939 ist die Zahl der Arbeitsplätze in der Industrie von 300 000 auf 440 000 gestiegen. Chandon[2]) zählt für 1939 sogar 480 000 Industriebeschäftigte, K. Werner[3]) schon für das Jahr 1936, allerdings mit Einschluß von Lippe, 510 000. Soviel ist jedoch sicher, daß dieser Zeitabschnitt ein entscheidendes Ereignis der nordwestdeutschen Wirtschaftsgeschichte im 20. Jh. umspannt: einen einmaligen Struktursprung, der erst nach Beendigung der Demontage seine Fortsetzung gefunden hat; im Herbst 1951 wurde die Zahl der Industriebeschäftigten von vor dem Kriege wieder erreicht, die Industriebesatzziffer (Zahl der Industriebeschäftigten je 1 000 E) von 90 konnte sogar erst 1954 registriert werden.

4.1.2. Die Bevölkerungsverdichtung

In Nordwestdeutschland stieg die Einwohnerzahl von 5,1 Mio im Jahre 1939 auf 7,35 Mio im Jahre 1950, d. h. um 2¼ Mio Menschen oder 44 % der Ausgangsbevölkerung. In Niedersachsen war die Bevölkerungsverdichtung sogar noch stärker: Aus 4,5 Mio E wurden im gleichen Zeitraum 6,8 Mio E. Mit anderen Worten: „Der gleiche Existenzraum, der 1939 2 Menschen Arbeit und Brot gab, sollte 1950 einem dritten dieselben Voraussetzungen zum Leben verschaffen. Wäre die niedersächsische Bevölkerung seit 1945 in gleicher Weise weiter gewachsen wie in der wachstumsstarken Zeit 1933—1945, so würde die Einwohnerzahl des Jahres 1950 erst Mitte der 70er Jahre erreicht worden sein, während das Land in Wirklichkeit nach dem Zusammenbruch des Reiches von heute auf morgen eine Aufgabe zu lösen bekam, für die es sonst 25 Jahre, d. h. eine Generation Zeit gehabt hätte "[4]). Für die Stadt Bremen hatte Wortmann 1943 für das Ende des Jahrhunderts eine Steigerung um fast 20 % von 450 000 auf 536 000 E prognostiziert[5]), nun waren es 1961 fast 600 000 geworden.

Diese veränderte Bevölkerungsverteilung wird begleitet durch eine ebenso große Veränderung im Bevölkerungsaufbau, die es in ihrem Ablauf in den nächsten Jahrzehnten zu verfolgen gilt (Tabelle 6a—6d).

Die Geburtenziffer ist von 17 im Jahre 1950 auf 14 im Jahre 1970 abgesunken, die Sterbeziffer von 9,8 auf 12,2 in der gleichen Zeit angestiegen, der Geburtenüberschuß von 7,5 auf 1,4 abgesunken. Die Zahl der Kinder unter 15 Jahren hatte 1970 fast die gleiche Zahl wie 1939 (244 gegenüber 241 je 1 000). Die Zahl der Erwerbsfähigen (Personen zwischen 15 und 65 Jahren) ist in der gleichen Zeit sogar von 682 auf 619 je 1 000 E zurückgegangen. Dabei wurde nicht berücksichtigt, daß sich außerdem die Ausbildungszeit allgemein verlängert hat. Die Tatsache wird von der Tab. 6c bestätigt; denn die Zahl der Erwerbstätigen hat sich von 2 994 000 (1950) auf 3 005 000 (1970) verschoben, obwohl die Bevölkerung in der gleichen Zeit von 6,79 Mio E (1950) auf 7,08 Mio E (1970) gestiegen ist.

---

[2]) E. C. Chandon: Die Industriestruktur des Britischen Besatzungsgebiets. In: H. 31 des Rhein.-Westf. Instituts für praktische Wirtschaftsforschung, Essen 1947, S. 18.

[3]) K. Werner: Die Industrie des Wirtschaftsgebietes Niedersachsen. Bremen 1948, S. 19.

[4]) H. Hunke: 10 Jahre Wirtschaftsausbau in Niedersachsen im Spiegel der öffentlichen Haushalte. 2. Aufl. ARL, Abh. Bd. 63, Bremen 1960, S. 6.

[5]) W. Wortmann: Die voraussichtliche Bevölkerungsentwicklung der Hansestadt Bremen bis zum Ende des Jahrhunderts. In: Archiv für Landes- und Volkskunde von Niedersachsen, Bd. IV, 1943, S. 231 ff.

Tabelle 6a: *Der Bevölkerungsaufbau in Niedersachsen 1939 bis 1970*

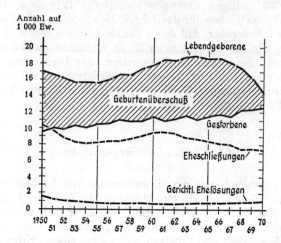

b) Altersaufbau der Bevölkerung (bezogen auf 1 000 E der Gesamtbevölkerung)

Jahr	Kinder unter 15 Jahre	65 Jahre und ältere Personen	Zusammen	Erwerbsfähige (15—65 Jahre)
1939	241	77	318	682
1950	253	91	344	656
1961	226	115	341	659
1970	244	137	381	619

c) Erwerbstätige* nach Wirtschaftsbereichen 1939 bis 1970

Wirtschaftsbereich	1939	1950	1961	1970	1970 zu 1950
	Anzahl in 1 000				
Land- und Forstwirtschaft	860	909	589	327	— 582
Produzierendes Gewerbe	771	1 083	1 292	1 341	+ 258
Handel und Verkehr	281	405	539	548	+ 143
Sonstige Wirtschaftsabteilungen	441	598	600	788	+ 190
Insgesamt	2 353	2 994	3 020	3 005	
%/o der Gesamtbevölkerung**)	53,0	44,0	45,5	42,4	
	%/o				
Land- und Forstwirtschaft	36,6	30,4	19,5	10,9	
Produzierendes Gewerbe	32,7	36,2	42,8	44,6	
Handel und Verkehr	11,9	13,5	17,8	18,2	
Sonstige Wirtschaftsabteilungen	18,7	20,0	19,9	26,2	
Insgesamt	100	100	100	100	

*) 1939 und 1950: Erwerbstätige = hauptberuflich Tätige; 1961 und 1970: Erwerbstätige = beruflich und nebenberuflich Tätige. **) 1939: Ständige Bevölkerung; 1950, 1961 und 1970: Wohnbevölkerung.

d) Lebensunterhalt der Bevölkerung 1939 bis 1970

Überwiegende Unterhaltsquelle	1939	1950	1961	1970
Von 100 der Bevölkerung leben überwiegend von (vom)				
Eigenen Einkünften aus				
Erwerbstätigkeit	53,0*)	44,0*)	41,5	38,3
Rente, Vermögen und dergleichen	8,5	12,9	15,2*)	17,1**)
Unterhalt durch Angehörige	38,4	43,1	43,2	44,6
Eigenen Einkünften oder denen des Ernährers aus Erwerbstätigkeit in den Wirtschaftsbereichen				
Land- und Forstwirtschaft	25,8	19,1	12,0	8,2**)
Produzierendes Gewerbe	33,2	32,4	37,4	38,3**)
Handel und Verkehr	12,0	12,4	13,6	14,3**)
Sonstige Wirtschaftsabteilungen	17,5	16,4	14,8	17,8**)
Rente, Vermögen und dergleichen	11,5	19,8	21,1	21,5**)

Auf die Tätigkeit und die Quellen des Lebensunterhalts bezogen, unterlag die Bevölkerung von 1939 bis 1970 nach den Tabellen ebenfalls beträchtlichen Veränderungen. Die Zahl der Erwerbsfähigen bzw. Einkommensbezieher stieg bzw. sank demnach in den einzelnen Bereichen (in Prozenten):

nach der Tätigkeit	1950 : 1939	1961 : 1950	1970 : 1960	1970 : 1939
Land- u. Forstwirtschaft	— 6,2	— 10,9	— 8,6	— 25,7
Produzierendes Gewerbe	+ 3,5	+ 6,6	+ 1,8	+ 11,9
Handel u. Verkehr	+ 1,6	+ 4,3	+ 0,4	+ 6,3
Sonstige Wirtschaftsbereiche	+ 1,3	— 0,1	+ 6,3	+ 7,5

nach Unterhaltsquellen	1950 : 1939	1961 : 1950	1970 : 1960	1970 : 1939
Land- u. Forstwirtschaft	— 6,7	— 7,1	— 3,8	— 17,6
Produzierendes Gewerbe	— 1,2	+ 5,0	+ 0,9	+ 5,1
Handel u. Verkehr	+ 0,4	+ 1,2	+ 0,7	+ 2,3
Sonstige	— 1,1	— 1,6	+ 3,0	+ 0,3
Eigene Einkünfte aus Erwerbstätigkeit	— 9,0	— 1,5	— 3,2	— 14,7
Renten, Vermögen u. dgl.	+ 8,3	+ 1,3	+ 0,4	+ 10,0
Unterhalt durch Angehörige	+ 4,7	+ 0,1	+ 1,4	+ 6,2

*) Einschl. Arbeitslosengeld und -hilfe. **) Ergebnisse der 1 % Stichprobe April 1970.
Quelle: 25 Jahre Niedersachsen — Zahlen und Anmerkungen zur Entwicklung des Landes zwischen 1946 und 1971. Statistische Monatshefte für Niedersachsen 1971, H. 11.

Nach dieser Analyse bezog die Bevölkerung in den Grenzen des heutigen Landes Niedersachsen 1939 den Lebensunterhalt zu 53 %/o aus eigener Erwerbstätigkeit, zu 8,5 %/o aus Renten, Vermögen und dergleichen. „Bereits 1950 — nach den erheblichen Verlusten an Männern während des Krieges sowie dem Zustrom von rd. 2,2 Mio Flüchtlingen und Vertriebenen — reduzierte sich der Anteil der Personen, die eigene Erwerbstätigkeit oder Arbeitslosengeld und -hilfe als Unterhaltsquelle besaßen, auf 44,0 %/o. Der Personenkreis, der von eigenen Einkünften aus Rente, Unterstützung, Vermögen und dergleichen lebte, erhöhte sich auf 12,9 %/o. Unterhalt durch Angehörige bezogen 43,1 %/o. Diese Entwicklung setzte sich in den Folgejahren fort. Die allgemeine Erwerbsquote sank bis 1970 auf 38,3 %/o. Die Quote der von eigener Rente und dergleichen Lebenden einschl. der Empfänger von Arbeitslosengeld und -hilfe stieg auf 17,1 %/o, und der von Angehörigen zu unterhaltende Teil der Bevölkerung erhöhte sich auf 44,6 %/o"[6]).

4.1.3. Der Strukturwandel in der Wirtschaft

Die Darstellung nach Erwerbstätigen in den einzelnen Wirtschaftsbereichen hat bereits den Strukturwandel in der Wirtschaft erkennen lassen. Er soll für einzelne Bereiche ergänzt werden.

Die Entwicklung in der *Landwirtschaft* (Tabelle 7) läßt erkennen, daß von 1949 bis 1970 414 400 vollbeschäftigte und 49 300 teilbeschäftigte Familienarbeitskräfte und 225 700 ständige Familienarbeitskräfte aus der Landwirtschaft ausgeschieden sind. Die Veränderungen in Betriebszahl, Fläche und Arbeitskräftebestand in den einzelnen Betriebsgrößen können aus der Tabelle 7b ersehen werden. Überraschend ist die Feststellung, daß „die Nutzfläche insgesamt . . . praktisch unverändert (blieb)"[7].

---

[6]) 25 Jahre Niedersachsen, a. a. O., S. 12.

[7]) 25 Jahre Niedersachsen, a. a. O., S. 13. — Die Statistischen Monatshefte für Niedersachsen Februar 1971, H. 2, S. 29, weisen die landwirtschaftlichen Nutzflächen mit 2 793 000 ha (1960), 2 806 000 ha (1965) und 2 814 000 ha (1970) aus. Die Landwirtschaftszählung 1971 hat 2 804 809 ha ergeben. WERNER WIEDEMANN hat darauf hingewiesen, daß die Verwertung des „Landzuwachses" regional sehr unterschiedlich war. Während es 1962 im Weser-Ems-Gebiet rd. 13 %/o mehr Betriebe zwischen 50 und 100 ha gab als 1949, hatte die Zahl der großbäuerlichen Betriebe in Ostfriesland um 14 %/o abgenommen. Die Veränderungen haben sich „größtenteils nicht über einen Eigentumswechsel, sondern meist im Wege der Pacht vollzogen . . . Die Pachtfläche hat im Bundesgebiet von 1949 bis 1960 um 16,5 %/o, im Weser-Ems-Gebiet aber um 31 %/o zugenommen" (Entwicklungstendenzen und Folgerungen im nordwestdeutschen Küstengebiet. In: Neues Archiv für Niedersachsen, Bd. 12, Göttingen 1962/63, S. 3). Nach dem Urteil von Sachverständigen sind jedoch in Zukunft auch größere Änderungen in der Flächennutzung nicht ausgeschlossen. Schätzungen für den Raum der Bundesrepublik Deutschland bis 1985 bewegen sich zwischen 1,4 und 3,0 Mio ha landwirtschaftlicher Nutzfläche, das sind 10—30 %/o. Das amtliche Landesentwicklungsprogramm Niedersachsen 1985 rechnet für Niedersachsen mit 300 000 ha als bis 1985 aus der landwirtschaftlichen Nutzung ausscheidenden Fläche (S. 369). Das sind rd. 10 %/o der landwirtschaftlichen Nutzfläche.

Tabelle 7:

Entwicklung in der niedersächsischen Landwirtschaft

a) Arbeitskräfte in landwirtschaftlichen Betrieben 1949 bis 1970 in 1 000

Erhebungsjahr*)	Familienarbeitskräfte				Familienfremde Arbeitskräfte				Arbeitskräfte**) insgesamt	Summe Spalte 1+5 je 100 ha LN
	vollbeschäftigte		teilbeschäftigte		ständige		nicht ständige			
	zusammen	darunter männlich	zusammen	darunter männlich	zusammen	darunter männlich	zusammen	darunter männlich		
	1	2	3	4	5	6	7	8	9	
1949	698,2	272,6	185,4	133,7	257,1	161,0	99,1	22,1	1 239,8	35,0
1956/57	573,4	238,6	190,5	121,4	129,5	84,8	131,2	43,0	1 024,6	25,3
1957/58	553,5	234,1	188,2	114,4	126,5	82,7	134,8	46,6	1 003,0	24,5
1960/61	469,6	183,5	174,4	125,3	84,3	60,5	64,7	23,0	793,0	19,8
1964/65	397,2	170,6	109,8	75,7	53,4	38,9	29,6	13,5	590,0	16,1
1966/67	360,9	154,6	130,2	87,6	45,7	34,9	22,5	9,4	559,3	14,5
1968/69	305,4	128,4	152,9	95,2	36,3	27,9	19,7	8,3	514,3	12,5
Juli 1970	283,8	120,8	136,1	86,1	31,4	24,1	20,2	8,4	471,5	11,5
Veränderung 1970 gegen 1949	−59,4	−55,7	−26,6	−35,6	−87,8	−85,0	−79,6	−62,0	−62,0	−67,1

*) 1949 Ergebnisse der landwirtschaftlichen Betriebszählung 1949 (Totalerhebung); in den übrigen Jahren Ergebnisse von repräsentativen Arbeitskräfteerhebungen mit unterschiedlichem Stichprobenumfang und unterschiedlicher Methodik. — **) Alle im Betrieb und Haushalt des Betriebsinhabers beschäftigten Personen über 14 Jahre.

b) Veränderungen in Betriebszahl, Fläche und Arbeitskräftebestand der landw.
Betriebe 1949 bis 1970
(nur Betriebe mit 2 ha und mehr Nutzfläche)

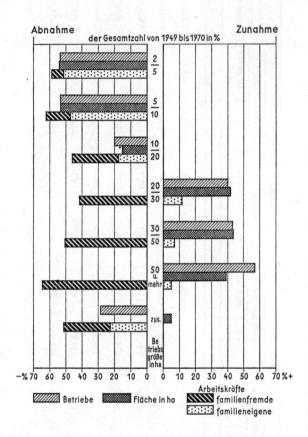

Die Entwicklung im *Handwerk* (Tabelle 8) ist ein Spiegelbild eines großen Konzentrationsprozesses und beachtlicher Strukturänderungen. Der Konzentrationsprozeß zwischen 1949 und 1967 ist an folgenden Zahlen abzulesen:

	1949	1967	
Betriebszahl	101 382	68 499	— 32 %
Beschäftigte	378 058	464 546	+ 23 %
Umsatz	2,5 Mrd DM	15,2 Mrd DM	+ 433 %

Tabelle 8:

Betriebe, Beschäftigte und Gesamtumsatz des Handwerks* 1949, 1956, 1963 und 1968 nach Handwerksgruppen

Handwerkszählungen am 30. September 1949, 31. Mai 1956, 31. Mai 1963 und 31. Mai 1968

Handwerksgruppe	Betriebe (Anzahl)				Beschäftigte (Anzahl)				Gesamtumsatz (1000 DM)			
	1949	1956	1963	1967**	1949	1956	1963	1967**	1.10.1948 bis 30.9.1949	1955	1962	1967
Bau- und Ausbauhandwerke	16 686	15 195	14 762	14 504	107 550	162 030	175 772	175 533	476 196	1 321 952	3 044 186	5 130 990
Metallverarbeitende Handwerke	18 143	17 153	16 706	16 760	78 465	93 688	111 055	125 540	650 284	1 438 095	3 147 311	4 392 462
Holzverarbeitende Handwerke	11 535	9 080	7 633	6 870	42 778	36 965	29 564	28 962	202 506	393 753	672 585	924 409
Bekleidungs-, textil- und lederverarbeitende Handwerke	33 065	22 713	15 223	11 153	69 818	45 341	30 415	23 557	274 720	385 644	500 693	507 976
Nahrungsmittelhandwerke	13 508	14 035	12 266	11 019	52 205	62 255	57 689	58 084	794 766	1 814 597	2 713 236	3 391 380
Handwerke für Gesundheitspflege, chemische und Reinigungshandwerke	6 633	7 132	7 131	6 837	21 577	32 038	42 801	45 093	84 495	187 071	388 447	555 191
Glas-, Papier-, keramische und sonstige Handwerke	1 812	1 666	1 512	1 356	5 665	6 720	7 311	7 777	60 331	101 801	189 022	285 017
Handwerk insgesamt	*101 382*	*86 974*	*75 233*	*68 499*	*378 058*	*439 037*	*454 607*	*464 546*	*2 543 298*	*5 642 913*	*10 655 480*	*15 187 425*

Handwerksgruppe	1949 = 100				1949 = 100				1948/1949 = 100			
Bau- und Ausbauhandwerke	100	91,1	88,5	86,9	100	150,7	163,4	163,2	100	277,6	639,3	1 077,5
Metallverarbeitende Handwerke	100	94,5	92,1	92,4	100	119,4	141,5	160,0	100	221,1	484,0	675,5
Holzverarbeitende Handwerke	100	78,1	66,2	59,6	100	86,4	69,1	67,7	100	194,4	332,1	456,5
Bekleidungs-, textil- und lederverarbeitende Handwerke	100	68,7	46,0	33,7	100	64,9	43,6	33,7	100	140,4	182,3	184,9
Nahrungsmittelhandwerke	100	103,9	90,8	81,6	100	119,3	110,5	111,3	100	228,3	341,4	426,7
Handwerke für Gesundheitspflege, chemische und Reinigungshandwerke	100	107,5	107,5	103,1	100	148,5	198,4	209,0	100	221,4	459,7	657,1
Glas-, Papier-, keramische und sonstige Handwerke	100	91,9	83,4	74,8	100	118,6	129,1	137,3	100	168,7	313,3	472,4
Handwerk insgesamt	*100*	*85,8*	*74,2*	*67,6*	*100*	*116,1*	*120,2*	*122,9*	*100*	*221,9*	*419,0*	*597,2*

*) Einschließlich Nebenbetriebe. — **) 30. September 1967. — Quelle: 25 Jahre Niedersachsen, a. a. O.

Die Veröffentlichung „25 Jahre Niedersachsen" vermerkt dazu, daß ein erheblicher Teil der Umsatzsteigerung die Folge von Preissteigerungen gewesen ist. Die Strukturänderungen ergeben folgendes Bild:

	Schrumpfung		Wachstum		
	Beschäft.	Umsatz	Betriebe	Beschäft.	Umsatz
Bau- u. Ausbau-Gewerbe			— 13,1 %	+ 63,2 %	+ 977,5 %
Metallverarb.			— 7,6 %	+ 60,0 %	+ 575,5 %
Holzverarb.	— 32,3 %	+ 356,5 %			
Bekleidung	— 66,3 %	+ 84,9 %			
Nahrungsmittelhandwerk			— 18,4 %	+ 11,3 %	+ 326,7 %
Gesundheit u. Körperpflege usw.			+ 3,1 %	+ 9,0 %	+ 557,1 %
Glas, Papier usw.			— 25,2 %	+ 37,3 %	+ 372,4 %
Handwerk insges.			— 32,4 %	+ 22,9 %	+ 497,2 %

Diese Darstellung, die die Entwicklung der *Beschäftigtenzahlen* für die Beurteilung als Schrumpfung oder Wachstum zugrunde legt, läßt erkennen, daß sich auch im Handwerk ein ständiger Umstellungsprozeß vollzogen hat. Metallverarbeitung und Dienstleistungshandwerk waren die Gewinner. In den übrigen Handwerksgruppen war die Entwicklung negativ. „Das Bekleidungs-, Textil- und lederverarbeitende Handwerk mußte von 1949 bis 1967 eine Abnahme seiner Beschäftigtenzahlen um fast ²/₃ hinnehmen. In absoluten Zahlen ist die Zahl seiner Beschäftigten von knapp 70 000 im Jahre 1949 auf 23 600 im Jahre 1967 zurückgegangen. Im holzverarbeitenden Handwerk verminderte sich der Beschäftigtenstand um knapp ein Drittel. Auch das Nahrungsmittelhandwerk wies von 1956 bis 1967 ständig Rückgänge auf, nachdem es von 1949 bis 1956 noch eine Zunahme um 19 % verbuchen konnte. Bei den Bauhandwerken stagniert seit 1956 die bisher wachsende Beschäftigtenzahl"[8]).

---

[8]) 25 Jahre Niedersachsen, a. a. O., S. 23.

Tabelle 9: *Betriebe*), Beschäftigte und Umsätze der Industrie**) in Niedersachsen nach ausgewählten Industriegruppen*

Industrie insgesamt / Industriegruppe	1950 Betriebe am 30. September	1950 Beschäftigte	1950 Umsatz insgesamt 1000 DM	1950 Umsatz darunter Auslandsumsatz ***) 1000 DM	1960 Betriebe am 30. September	1960 Beschäftigte	1960 Umsatz insgesamt 1000 DM	1960 Umsatz darunter Auslandsumsatz 1000 DM	1970 Betriebe am 30. September	1970 Beschäftigte	1970 Umsatz insgesamt 1000 DM	1970 Umsatz darunter Auslandsumsatz 1000 DM
Industrie insgesamt	4 771	457 773	7 808 600	498 700	4 582	715 218	25 539 069	4 382 349	4 922	808 683	51 598 508	11 039 853
darunter:												
Bergbau	141	28 095	256 000	58 200	202	49 762	1 531 575	148 800	180	23 583	1 727 990	141 119
Mineralölverarbeitung	37	11 381	285 800	700	13	3 925	809 958	20 410	11	3 495	1 336 276	45 316
Industrie der Steine und Erden	611	27 828	277 500	10 000	697	32 371	864 307	13 218	617	27 900	1 867 706	33 905
Eisenschaffende Industrie	22	10 916	340 500	48 700	7	27 882	1 473 556	275 852	5	29 036	2 530 115	503 488
Maschinenbau	351	35 772	351 800	81 900	311	73 507	1 816 224	559 713	405	88 199	3 962 079	1 486 031 ****)
Straßen- einschl. Luftfahrzeugbau	99	29 708	590 700	97 000	55	81 837	4 153 940	2 000 344	73 ****)	139 959 ****)	10 399 684 ****)	5 599 015
Elektrotechnische Industrie	136	19 697	237 600	14 900	141	57 853	1 539 931	332 295	206	84 514	3 720 303	647 815
Feinmechanische und optische, sowie Uhrenindustrie	55	7 436	60 100	23 900	49	13 188	223 269	83 792	58	14 952	462 187	192 821
EBM-Industrie	145	20 224	226 300	15 400	123	24 547	675 579	31 438	163	26 957	1 354 196	125 070
Chemische und Kohlenwertstoffindustrie	220	18 053	387 600	23 000	175	27 721	1 029 066	173 337	189	32 986	2 361 779	565 077
Feinkeramische Industrie	31	3 015	34 100	4 200	17	5 315	110 937	24 203	12	3 527	128 393	39 586
Holzverarbeitende Industrie	349	24 548	203 700	2 400	304	26 998	577 493	23 612	285	22 592	1 029 844	70 857
Gummi- und asbestverarb. Industrie	44	16 306	322 800	26 300	41	28 121	1 004 758	129 905	52	30 960	1 452 032	196 556
Textilindustrie	218	37 542	644 600	40 800	243	42 495	1 060 777	124 186	190	32 846	1 603 267	246 802
Bekleidungsindustrie	270	17 647	218 900	300	312	32 743	622 118	10 083	434	35 165	1 043 780	59 551
Nahrungs- und Genußmittelindustrie	896	54 840	2 155 900	1 700	830	64 739	4 638 165	61 543	761	74 122	9 515 738	316 958

*) Betriebe mit 10 und mehr Beschäftigten. — **) Nach hauptbeteiligten Industriegruppen. — ***) Auslandsumsatz nach beteiligten Industriegruppen. — ****) Einschl. Herstellung von Büromaschinen, Datenverarbeitungsgeräten und -einrichtungen. — Quelle: 25 Jahre Niedersachsen, a. a. O.

Der große Gewinner war in der Nachkriegszeit *die Industrie* (Tabelle 9). Wir werden uns im nächsten Abschnitt mit dieser Erscheinung im besonderen beschäftigen, weil ihre regionale Verteilung die Landesentwicklung geprägt hat. Nach der Tabelle 9 ist die Zahl der Betriebe mit 10 und mehr Beschäftigten von 4 771 (1950) auf 4 922 (1970) gestiegen, während die Beschäftigtenzahl von 457 773 auf 808 683 gestiegen und der Umsatz von 7,8 Mrd DM auf 51,6 Mrd DM gewachsen ist.

4.2. Die Investitionen in Nordwestdeutschland

4.2.1. *Der Industrieausbau in Niedersachsen*

Wirtschaftliches Wachstum ist an drei Voraussetzungen gebunden: (1) Vornahme beträchtlicher produktiver Investitionen; (2) Entwicklung von Industriesektoren mit einer sehr hohen Wachstumsrate; (3) „Vorhandensein oder schnelles Entstehen eines politischen, sozialen oder institutionellen Rasters, der die Impulse für eine Erweiterung im industriellen Sektor und die potentiellen external exonomies der Aufstiegsperiode ausnutzt und das Wachstum fortschreiten läßt"[9].

Nach den Berechnungen für das Deutsche Reich bzw. Westdeutschland wurden um die Jahrhundertwende rd. 7 bis 10 %, 1913 15 %, 1936 etwa 20 %, 1949 23 % und 1951/52 25 % des Volkseinkommens investiert.

Eine genaue Berechnung der Investitionen im wirtschaftlichen Bereich bzw. im industriellen Sektor ist für Nordwestdeutschland nicht möglich. Ich habe mich wiederholt mit diesem Problem beschäftigt. Danach ist anzunehmen, daß bis 1954 für rd. 200 000 Arbeitsplätze 4,2 Mrd DM aufgewendet wurden und bis 1957 für rd. 300 000 Arbeitsplätze rd. 8,1 Mrd DM[10]. Der marginale Kapitalkoeffizient, der die Relationen zwischen Investitionszuwachs und Produktionszuwachs mißt, war nicht höher als in der Industrie der Bundesrepublik[11]. Wahrscheinlich muß aber der gesamte Kapitaleinsatz in den genannten Jahren im Industriesektor höher eingesetzt werden; denn nach den Berechnungen der amtlichen Statistik wurden 1962 1,8 Mrd DM, 1964 2,4 Mrd DM und 1965 2,2 Mrd DM investiert[12]. Für 1969 berichtet das Statistische Landesamt von 2 226,8 Mio DM Industrieinvestitionen[13]. Ich schätze anhand dieser Daten und der in

---

[9] W. W. Rostow: Stadien wirtschaftlichen Wachstums. Göttingen 1967, S. 57.

[10] H. Hunke: 10 Jahre Wirtschaftsausbau in Niedersachsen im Spiegel der öffentlichen Haushalte. ARL, Abh. Bd. 36, 2. Aufl., Bremen 1960.

[11] H. Hunke: Investitionen als Instrument der Landesentwicklung. In: Raumforschung, 25 Jahre Raumforschung in Deutschland, ARL, Bremen 1960, S. 593.

[12] H. Hunke: Landesentwicklung im Widerstreit zwischen Romantik und Wirklichkeit. Hannover 1967, S. 14.

[13] Fachserie D, Industrie und Handwerk, Reihe 1, Betriebe und Unternehmen der Industrie, I, H. 1969.

Tabelle 10: *Der Industrieausbau in Niedersachsen 1936—1970 (nach H. HUNKE)*

	Mitte 1936	25.6.1938	17.5.1939	30.6.1949	30.6.1950	30.6.1951	30.6.1952	30.6.1953	30.6.1954	30.6.1955	30.6.1956	30.6.1957	30.6.1958
Bevölkerung (1936 = 100)	4 500 000 / 100	4 519 000 / 100,5	4 539 000 / 100,8	6 887 000* / 153,0	6 796 000 / 151,0	6 725 000* / 149,4	6 661 000* / 150,2	6 617 000* / 149,3	6 627 000 / 147,2	6 552 000 / 145,6	6 541 000 / 145,3	6 484 000 / 144,1	6 503 000 / 144,5
Zahl der unselbständig Beschäftigten (1936 = 100)	1 210 000 / 100	1 395 000 / 115	1 445 000 / 120	1 804 000 / 149,1	1 791 000 / 148,0	1 849 000 / 152,8	1 896 000 / 156,6	1 966 000 / 162,5	2 048 000 / 170	2 171 000 / 179,4	2 274 000 / 187,9	2 339 000 / 193,3	2 359 000 / 194,9
Zahl der Industriebeschäftigten (ohne Bau und Energie) (1936 = 100)	300 000 / 100	400 000 / 133	440 000 / 147	412 000 / 137,3	421 000 / 140	476 000 / 158,6	480 000 / 160	506 000 / 168,6	538 000 / 180	585 000 / 195	622 000 / 207,3	645 000 / 215,0	652 000 / 217,3
Industrieumsätze (in Mio DM) (1950 = 100)				6 541,0 / 83,8	7 808,6 / 100	10 680,8 / 136,8	11 364,9 / 145,5	12 266,5 / 157,1	13 921,9 / 178,3	16 542,2 / 211,8	17 803,5 / 228	19 339,4 / 247,6	20 515,8 / 262,7
Löhne und Gehälter in der Industrie (in Mio DM) (1950 = 100)				1 131,8 / 88,9	1 273,1 / 100	1 628,2 / 127,9	1 776,0 / 139,5	1 949,6 / 153,1	2 158,1 / 169,5	2 530,4 / 198,8	2 908,5 / 228,4	3 155,4 / 247,9	3 352,9 / 263,4
Nettoinlandsprodukt zu Faktorkosten im Warenpruduzierend. Gewerbe (i. Mio DM) (Jahresergebnisse)					3 329	4 049	4 645	5 198	5 752	6 873	7 468	8 012	8 891

	30.6.1959	30.6.1960	30.6.1961	30.6.1962	30.6.1963	30.6.1964	30.6.1965	30.6.1966	30.6.1967	30.6.1968	30.6.1969	30.6.1970
Bevölkerung (1936 = 100)	6 526 000 / 145,0	6 553 000 / 145,6	6 641 000** / 147,6	6 703 000 / 149,0	6 762 000 / 150,3	6 826 000 / 151,7	6 893 000 / 153,2	6 954 000 / 154,5	6 982 000 / 155,2	7 013 000 / 155,8	7 067 000 / 157,0	7 087 000 / 157,5
Zahl der unselbständig Beschäftigten (1936 = 100)	2 400 000 / 198,3	2 377 000 / 196,4	2 384 000 / 197,0	2 406 000 / 198,8	2 435 000 / 201,2	Ab September 1963 wird die Beschäftigtenkartei beim Landesarbeitsamt nicht mehr geführt, so daß seit diesem Zeitpunkt keine Zahlen vorliegen.						2 593 320 [1]
Zahl der Industriebeschäftigten (ohne Bau und Energie) (1936 = 100)	661 000 / 220,3	703 000 / 234,3	730 000 / 243,3	738 000 / 246,0	740 000 / 246,7	747 000 / 249,0	765 000 / 255,0	764 000 / 254,7	709 407	724 621	767 938	802 929
Industrieumsätze (in Mio DM) (1950 = 100)	22 483,2 / 287,9	25 539,1 / 327,1	27 941,1 / 357,8	30 338,3 / 388,5	31 681,8 / 405,7	34 788,5 / 445,5	37 222,3 / 476,7	38 165,3 / 488,8	36 760,8	40 377,0 [2]	46 056,7 [2]	51 598,5 [2]
Löhne und Gehälter in der Industrie (in Mio DM) (1950 = 100)	3 696,3 / 290,3	4 304,9 / 338,1	4 872,1 / 382,7	5 491,5 / 431,3	5 491,5 / 463,6	6 590,4 / 517,7	7 343,5 / 576,8	7 796,8 / 612,4	7 501,8	8 315,1	9 623,5	11 641,7
Nettoinlandsprodukt zu Faktorkosten im Warenpruduzierend. Gewerbe (i. Mio DM) (Jahresergebnisse)	10 027	11 275	12 386	13 666	14 388	15 821	17 050	17 357	16 359			

* Jeweils der 30. 9. des betr. Jahres.   ** 1. 6. 1961.   [1] Nach Arbeitsstättenzählung v. 27. 5. 1970.   [2] Ab 1. 1. 68 ohne Umsatz-(Mehrwert)Steuer.

der Tabelle 10 gegebenen Berechnungen über das Nettosozialprodukt im warenproduzierenden Gewerbe, daß die Investitionen im Industriesektor von 1950 bis 1970 zwischen 25 und 30 Mrd DM betragen haben. Wenn man annehmen dürfte, daß die Investitionsquote während der ganzen Nachkriegszeit durchschnittlich immer zwischen 6 und 8 %/o des Umsatzvolumens gelegen hätte[14]), könnte man die Industrieinvestitionen sogar mit 30—40 Mrd DM veranschlagen.

Über die Bedeutung der Investitionen liegen zwei Aussagen vor: Ich errechnete für die Zeit von 1955 bis 1957, daß „die Vergrößerung des Nettoinlandsprodukts . . . zu rd. $1/3$ nicht auf die Erweiterung der Arbeitsplätze, sondern auf eine allgemeine Leistungssteigerung des Wirtschaftsbereiches zurückzuführen (ist). Während in allen Jahren von 1950 bis 1955 die Zahl der Industriebeschäftigten schneller gewachsen ist als die Wertschöpfung, hat diese 1957 die Arbeitsplatzerweiterung übertroffen"[15]). VANDREY hat in einer Analyse der Industrieumsätze von 1958 bis 1970 die Umsatzanteile, die durch Preissteigerung, Produktionsverbesserungen, zusätzliche technische Ausrüstungen und Rationalisierung hervorgerufen wurden im Vergleich zum Stand von 1958 abgehoben und festgestellt, daß 1970 „allein über ein Viertel des industriellen Gesamtumsatzes den zusätzlichen Investitionen und der Rationalisierung seit 1958 zugerechnet werden (kann)"[16]).

In Bremen einschl. Bremerhaven ist die Zahl der Industriebeschäftigten von 64 007 (1951) auf 102 421 (1970) gestiegen, das sind 11,75 bzw. 11,24 %/o des Gesamtraumes.

Die zeitliche und strukturelle Entwicklung der Industrie im Lande Niedersachsen wird in zwei Tabellen (9 und 10) deutlich. Auf Grund dieser und anderer Quellen kann festgestellt werden:

(1) Die industrielle Entwicklung hat die ganze Wirtschaftsentwicklung in Niedersachsen bestimmt. Das warenproduzierende Gewerbe hatte 1950 42,0 %/o des Bruttoinlandsprodukts bei einem Bruttoinlandsprodukt von 11,3 Mrd DM und 20 Jahre später 51,7 %/o des BIP bei einem Bruttoinlandsprodukt des Landes von 67,8 Mrd DM erzeugt. Im Rahmen dieses warenproduzierenden Gewerbes war das Wachstum der Industrie der entscheidende Faktor.

(2) Der Industrieumsatz stieg auf das fast 7fache (+ 561 %/o). Die Zahl der Industriebeschäftigten stieg von 457 573 (1950) auf 808 700 (1970) um 77 %/o.

(3) „Der Betriebsbestand der Industrie — 1970 4 900 Betriebe mit 10 und mehr Beschäftigten — hat dagegen nur unwesentlich zugenommen"[17]).

---

[14]) Vgl. Die Investitionen der gewerblichen Wirtschaft in Niedersachsen 1962, 1964 und 1965. In: Statistik von Niedersachsen 1967, Bd. 107, S. 8.

[15]) H. HUNKE, a. a. O., S. 33.

[16]) In: 25 Jahre Niedersachsen. Statistische Monatshefte für Niedersachsen, H. 11/1971, S. 21.

[17]) In: 25 Jahre Niedersachsen, S. 20.

(4) Innerhalb der Industrie sind in der Zeit von 1950 bis 1970 erhebliche Verschiebungen eingetreten, die wir nach Schrumpfung, gleicher (unveränderter) Anteil und Wachstum überblicken. Es besaßen 1970 bezogen auf 1950 an Beschäftigten bzw. an Umsatz in %:

	Schrumpfung		Gleicher Anteil		Wachstum	
	Beschäft.	Umsatz	Beschäft.	Umsatz	Beschäft.	Umsatz
Bergbau	83,9	675,0				
Mineralölverarbeitung	30,7	467,6				
Steine+Erden			100,3	673,0		
eisenschaff. Industrie					266,0	743,1
Maschinenbau					246,6	1 126,2
Fahrzeugbau					471,1	1 760,6
Elektrotechn.					429,1	1 565,8
Feinmechanik und Optik					201,1	769,0
EBM-Industrie					133,3	598,4
Chemie					182,7	609,3
Feinkeramik					117,0	376,5
Holzindustr.	92,0	505,6				
Gummi					189,9	449,8
Textil	87,5	248,7				
Bekleidung					199,3	476,8
Nahrung und Genuß					135,2	441,4
Industrie insges.					176,7	660,8

4.2.2. Die öffentlichen Investitionen

Die Statistik des Landes ermittelte die Ausgaben der niedersächsischen Gebietskörperschaften seit der Währungsreform mit 125 Mrd DM[18]). Die Summe der eigenen Investitionen der niedersächsischen Gebietskörperschaften belief sich in der Zeit von 1948 bis 1969 auf 21,7 Mrd DM. Die staatlichen Investitionen betrugen 1949 37 %, 1959 16 % und 1969 weniger als 15 % der gesamten Investitionen von Land und Kommunen.

Die Personalausgaben des Landes beliefen sich 1949 auf 16 % der staatlichen Ausgaben, 1969 auf rd. 40 % aller staatlichen Ausgaben. Davon entfielen auf die zentrale Verwaltung 11,6 %, Polizei und Rechtsschutz 14,0 % und Schulen und Hochschulen 41,0 %.

---

[18]) 25 Jahre Niedersachsen — Zahlen und Anmerkungen zur Entwicklung des Landes. In: Statistische Monatshefte für Niedersachsen 1971, H. 11, S. 40.

Im Landeshaushalt wurden im Schnitt seit der Währungsreform etwa 28 % aller Ausgaben durch Finanzierungsbeiträge anderer Körperschaften „finanziert", 1969 sogar 29 % oder 2 Mrd DM. Dahinter verbergen sich der Länderfinanzausgleich, Bundeszuwendungen und Zuweisungen für den Hochschulbau und Erstattungen. In den Gemeindehaushalten belaufen sich die Finanzzuweisungen auf etwa 1/3 der Gemeindeeinnahmen. „Rund die Hälfte der Zuweisungen — 1969 waren es insgesamt 2,3 Mrd DM — stammen aus dem kommunalen Finanzausgleich . . ., die andere Hälfte setzt sich aus Zuweisungen und Erstattungen nach den verschiedensten Rechtsvorschriften auf fast allen Gebieten kommunaler Aufgabenerfüllung zusammen" (S. 42).

Ein Vergleich zwischen der Bundesrepublik und dem Lande Niedersachsen (Land und Kommunen) ergibt folgendes Bild über die Ausgaben in dem Zeitraum 1950—1970:

	Bundesrepublik	Land Niedersachsen
Öffentliche Ausgaben	1 174 Mrd DM	125 Mrd DM
Investitionen	208 Mrd DM	21,7 Mrd DM

D. h., wenn man in der Faustregel das Land Niedersachsen mit 10 % des Bundes ansetzt, dann liegt Niedersachsen auf beiden Gebieten leicht über dem Bundesdurchschnitt.

Wenn die mittelbaren Investitionen in die Rechnung einbezogen werden, dann verteilen sich nach einer Aufstellung des niedersächsischen Finanzministeriums die Landesinvestitionen für die Zeit von 1950 bis 1966 wie folgt:

Schulbau	568,5 Mio DM	3,9 %
Wissenschaftl. Hochschulen	1 203,4 Mio DM	8,3 %
Wohnungsbau	4 119,2 Mio DM	28,6 %
Altersheime	14,1 Mio DM	
Wasserwirtschaft (Küstenprogramm, Trinkwasserversorgung, Abwasserversorgung)	2 170,2 Mio DM	15,1 %
Landwirtschaft	4 564,4 Mio DM	31,1 %
Häfen	275,8 Mio DM	1,2 %
Straßenbau	815,8 Mio DM	5,6 %
Polizei	437,0 Mio DM	3,0 %
Regionale Wirtschaftsförderung	171,2 Mio DM	1,2 %
	14 359,6 Mio DM	100,0 %

Daraus ergibt sich, daß 31 % der Investitionen Kapitalinvestitionen zur Erleichterung des Strukturwandels in der Landwirtschaft waren, und wenn man noch die Wasserwirtschafts- und Straßenbau-Investitionen mit 20,7 % hinzunimmt, dann sind rd. 50 % aller Landesinvestitionen in den Nicht-Ballungsgebieten getätigt worden. Die Wirtschaftsförderung mit 1,2 % der Landesinvestitionen ist nicht erwähnenswert. Es ist aber nicht zu hoch gegriffen, wenn man den Landesbürgschaften den 10fachen Stellenwert zubilligt.

4.3. Finanzielle Hilfe von Bund und Ländern

4.3.1. Generalbilanz des Landes Niedersachsen

Ich habe seinerzeit für den Abschnitt von 1950 bis 1960 belegt, daß das Bundessteueraufkommen im Lande Niedersachsen ausgereicht hat, die gesamten Bedürfnisse des wirtschaftlichen Raumes, soweit sie im Bundeshaushalt enthalten waren, mit Ausnahme der Zahlungen für den Grünen Plan außerhalb des Landeshaushalts und die Landesverteidigung aus dem Lande zu decken[19]). Nach derselben Berechnung sind dem Lande über das Steueraufkommen hinaus vom Bunde 3,7 Mrd DM und im horizontalen Finanzausgleich 1,6 Mrd DM, insgesamt 5,3 Mrd DM zugeflossen. Von 1961 bis 1969 beliefen sich die Leistungen aus dem horizontalen Finanzausgleich auf 4,95 Mrd DM, die zusätzlichen Bundesleistungen darf man auf rd. 10 Mrd DM schätzen. Die Mittelzuführung war in der gesamten Zeit im Wohnungsbau proportional dem Wohnungsdefizit, im Grünen Plan dem Anteil des Landwirtschaftssektors im Bruttosozialprodukt, im Verteidigungshaushalt dem Stationierungsanteil der Bundeswehr.

4.3.2. Die Generalbilanz des Lastenausgleichs für Niedersachsen

In „Finanzausgleich und Landesentwicklung" wurde eine Übersicht über die Zeit bis zum 31. 12. 1960 gegeben[20]). Es wurde damals ausgeführt: „Insgesamt flossen (bis zum 31. 12. 1960) rd. 2,6 Mrd DM mehr in das Land, als aufzubringen waren ... Die Analyse ergibt, daß die Summe aus Kriegsschadenrente, Hausratentschädigung, Heimförderung und den Zahlungen aus dem Härtefonds für Beihilfen und Hausrat in Höhe von 3 325 490 000 DM fast genau dem Aufkommen aus dem eigenen Lande mit 3 321 505 000 DM entspricht. Man könnte das auch so ausdrücken, daß der eigentliche Lastenausgleich in den 10 Jahren von 1950 bis 1961 aus dem Lande selbst aufgebracht worden ist. Die Mittel für Arbeitsplatzdarlehen, den Wohnungsbau und die landwirtschaftliche Siedlung wurden im Lande aus dem Lastenausgleichsaufkommen anderer Länder und als Darlehen zur Verfügung gestellt."

Nach einer Berechnung für den 31. 12. 1970 betrug das Aufkommen für den Lastenausgleichsfonds für Niedersachsen 5 020 482 640 DM, die Leistungen aus dem Lastenausgleichsfonds in Niedersachsen beliefen sich auf 11 300 834 156 DM, so daß der Saldo für das Land 6 280 351 515 DM ausmachte. Die Analyse ergibt nunmehr für den gesamten Zeitraum, d. h. für die letzten 20 Jahre, daß Kriegsschadenrente (d. h. Unterhaltshilfe und Entschädigungsrente) und Ausbildungshilfe von 5 039 Mio DM fast aus dem eigenen Lande aufgebracht wurden, und daß dem Lande von außerhalb 6,3 Mrd DM zugeflossen sind, davon endgültig u. a. als Hauptentschädigung 1 778 Mio DM und als Hausratentschädigung 1 268 Mio DM, als Darlehen rd. 2 000 Mio DM.

---

[19]) H. HUNKE: Finanzausgleich und Landesentwicklung. Untersuchung des finanziellen Zusammenwirkens von Bund und Ländern mit einer Regionalbilanz für Niedersachsen. ARL, Abh. Bd. 40, Hannover 1962, S. 13.

[20]) H. HUNKE: Finanzausgleich u. Landesentwicklung, a. a. O., S. 28.

Tabelle 11:   Generalbilanz des Landes Niedersachsen gegenüber Bund und Ländern 1951—1970

	1951	1952	1953	1954	1955	1956	1957	1958	1959	1960
Anteil Niedersachsens an der Bevölkerungszahl des Bundesgebietes in v.H.*)	14,0	13,8	13,5	13,3	13,1	12,9	12,8	12,7	12,7	11,9
Anteil Niedersachsens am Brutto-Inlandsprodukt zu Marktpreisen in v.H.	11,2	11,2	11,2	11,2	11,1	10,9	10,7	11,0	11,0	10,4
Anteil Niedersachsens am Steueraufkommen im Bundesgebiet ohne Zölle u. Verbrauchsteuern	10,7	10,2	10,1	9,8	10,1	9,4	9,0	9,3	9,2	9,1
an der Umsatzsteuer	10,5	10,4	10,4	10,3	10,6	9,4	9,2	9,4	9,3	9,0
an der Lohnsteuer	8,5	8,5	8,9	8,5	8,9	9,0	8,5	9,0	8,9	8,8
an der veranlagten Einkommensteuer	13,3	11,3	10,7	9,7	9,4	9,1	8,5	9,6	8,4	8,6
an der Körperschaftsteuer	12,5	10,9	10,8	11,6	12,3	11,2	10,2	10,7	9,8	10,7
an der Vermögensteuer	7,7	7,2	9,1	6,5	10,1	9,0	7,9	7,9	7,3	7,1
an der Kraftfahrzeugsteuer	11,5	11,3	11,3	11,4	11,5	11,6	11,5	11,6	11,4	11,3
Saldo Zahlungsbilanz Bund/Land in Mio DM (Vorzeichen auf das Land bezogen)	+475,9	+400,6	+97,1	−96,7	−156,6	+93,7	+694,0	+759,9	+587,2	+565,7
Horizontaler Finanzausgleich für Niedersachsen in Mio DM	+26,3	+56,1	+60,1	+72,7	+127,7	+180,8	+208,0	+266,8	+258,0	+259,6

Noch Tabelle 11

	1961	1962	1963	1964	1965	1966	1967	1968	1969	1970
Anteil Niedersachsens an der Bevölkerungszahl des Bundesgebietes in v.H.*)	11,8	11,8	11,7	11,7	11,7	11,7	11,7			
Anteil Niedersachsens am Brutto-Inlandsprodukt zu Marktpreisen in v.H.	10,4	10,5	10,5	10,5	10,3	10,2	10,0	10,0	10,2	
Anteil Niedersachsens am Steueraufkommen im Bundesgebiet ohne Zölle u. Verbrauchsteuern	8,8	8,9	9,2	9,2	9,0	9,0	8,5	8,3	8,3	8,2
an der Umsatzsteuer	8,8	9,0	8,9	8,9	8,9	8,9	8,8		7,2	6,8
an der Lohnsteuer	8,9	9,2	9,5	9,5	9,4	9,3	9,4	9,4	9,3	9,3
an der veranlagten Einkommensteuer	8,5	8,5	8,6	8,7	8,9	9,0	8,7	8,7	8,3	8,7
an der Körperschaftsteuer	9,7	10,3	11,8	11,2	9,2	9,7	7,1	9,6	9,2	9,2
an der Vermögensteuer	6,5	6,2	6,9	7,7	7,9	7,8	8,3	8,3	8,6	8,4
an der Kraftfahrzeugsteuer	11,2	11,1	11,2	11,3	11,4	11,4	11,2	11,3	11,3	11,2
Saldo Zahlungsbilanz Bund/Land in Mio DM (Vorzeichen auf das Land bezogen)										
Horizontaler Finanzausgleich für Niedersachsen in Mio DM	+446,6	+491,3	+398,5	+430,7	+509,0	+501,0	+678,0	+612,4	+888,2	
Sonderzuweisungen von Bund bzw. Bund und Ländern:						+75,0	+105,0	+153,0	+165,8	+38,0

*) Von 1951—1959 ohne Saarland und Berlin.

4.3.3. Der Effekt der Mittelzuführungen

Der Effekt dieser Hilfe von außen in Höhe von (Mrd DM)

	Vertikaler Finanzausgleich	Horizont. Finanzausgleich	Lastenausgleich	insgesamt
1950—1960	3,7	1,6	2,6	7,9
1961—1970	10,0	4,95	6,3	21,25

also insgesamt rd. 29 Mrd DM, muß vornehmlich in Richtung der Investitionen gesucht werden. Es kann angenommen werden, daß

— Land und Kommunen auf diese Weise eine verbesserte Infrastruktur finanziert haben,
— Landwirtschaft und Wohnungsbau einen Teil des erforderlichen Kapitals für die Durchführung ihrer Investitionen erhalten haben.

Auf die Landwirtschaft entfällt etwa $1/3$ der genannten Summe, auf den Wohnungsbau wahrscheinlich der gleiche Anteil.

— Die Tabelle 11 über die Generalbilanz des Landes Niedersachsen läßt andererseits erkennen, daß eine Vergrößerung der Arbeitsproduktivität (im Maßstab einer Verschiebung der Relation zum Bund) nicht eingetreten ist. Das Sozialprodukt ist im Bundesmaßstab nach wie vor mindestens 2 % zu klein. Und wenn ich die Zahlenreihen als Ausdruck der Faktormobilität betrachte, dann ergibt sich für die letzten 10 Jahre, daß sich der Bevölkerungsanteil bei 11,7 %, die Lohnsteuer bei 9,3 % und die veranlagte Einkommensteuer bei 8,7 % eingependelt hat. Die Vermögensteuer ist auf 8,4 % gestiegen. Im übrigen ist ein Impuls von den öffentlichen Mittelzuführungen im Sinne eines größeren Output anscheinend nicht ausgegangen. Der neue Bevölkerungskörper hat sich mit Hilfe der finanziellen Unterstützung von außen besser in den Lebensraum eingepaßt, aber die Wirtschaftsstruktur hat eine entsprechende Entfaltung nicht gefunden. Es muß daher angenommen werden, daß das Gleichgewicht oder ein System von Gleichgewichten durch eine langfristige Zahlung von jährlich 200 DM je Einwohner für Infrastrukturinvestitionen, Landwirtschaft und Wohnungsbau vielleicht konserviert, jedenfalls aber nicht im Sinne von wirtschaftlichem Wachstum und wirtschaftlicher Rationalität modifiziert werden kann.

4.4. Das sozioökonomische Raumgefüge

4.4.1. Regionale Unterteilungen in Nordwestdeutschland

Diese im vorstehenden Abschnitt erfaßten gewaltigen Kräfte haben sich in Nordwestdeutschland wie folgt ausgewirkt: Die Bevölkerung ist von rd. 5,1 Mio E im Jahre 1939 auf 7,8 Mio gewachsen. In Niedersachsen allein sind nach 1950 in der Industrie zwischen 25 und 30 Mrd DM, vielleicht auch mehr, investiert worden, die öffentlichen Hände haben fast 22 Mrd DM in die Infrastruktur gesteckt, die bestimmende Kraft der Industrie hat von 544 000 Arbeitsplätzen auf 864 000 zugenommen, die Landwirtschaft ist um 600 000 Arbeitskräfte geschrumpft. Ich meine daher, daß es schon eine Frage von großem Gewicht ist, wie sich der Raum unter dem Einfluß dieser Kräfte gewandelt hat.

Schon früher gab es im Rahmen dieser Untersuchung eine Überraschung, als die Indikatoren Bevölkerungsverteilung und Verteilung der Industriebeschäftigten die überraschende Konsistenz für die Bevölkerung und die Industrie in ihrem Verhalten zum Raum im Rahmen Westdeutschlands erkennen ließen.

Aufgabe der folgenden Abschnitte wird es sein, die sozioökonomische Landesentwicklung in den einzelnen Teilen Nordwestdeutschlands zu verfolgen. Zu diesem Zweck stehen die Kreise und als größere Einheiten Regionen zur Verfügung. Ich verstehe unter Region ein größeres Gebiet, in dem Orte unterschiedlicher Größe und unterschiedlicher Funktionen zusammengefaßt werden, so wie sie in einer Addition von Kreisen gebildet werden können. Mein Regionsbegriff ist also kein planerisches Denkmodell mit einem System von Annahmen unter Abstraktion von störenden Funktionen und dem Versuch, Regionsstrukturen zu bestimmen. Regionen im Rahmen dieser Untersuchung sind lediglich Zwischenglieder zwischen dem Raum Nordwestdeutschland und seinen 77 Stadt- und Landkreisen, um die Indikatoren übersichtlicher zusammenfassen zu können. Das muß besonders hervorgehoben werden, nachdem E. Lauschmann neuerdings die Bildung von Industriezonen in der Analyse von Kloten angezweifelt hat, weil die Unterschiede in den Industriestrukturen bei der Einordnung der Regierungsbezirke in die einzelnen Industriezonen nicht berücksichtigt wurden[21]).

Regionen und Kreise im Rahmen dieser Untersuchung sind als „Gebietswirtschaften Gebilde der Stufe zwischen Volkswirtschaft und Betrieb. Sie sind — wie Heinrich sagt — vor allem durch staatliche organisierende Leistungen begründet" und „es wäre nicht erschöpfend, diese Gebietswirtschaften lediglich als ‚territorial' im Sinne des Räumlichen aufzufassen, denn bestimmend für sie ist zunächst die — vom Räumlichen zu unterscheidende — Arteigenart der jeweils entfalteten organisierenden Leistungen des Staates ... Erst die staatlich organisierte Wirtschaft wandelt ... Wirtschaftsgrundlagen ... vermöge der organisierenden Leistungen in Wirtschaftsmittel um und gestaltet so — mit Hilfe dieser Wirtschaftsmittel — gewissermaßen den Wirtschaftsraum bzw. das Wirtschaftsgebiet zur Gebietswirtschaft"[22]).

Eine sozioökonomische Regionaleinteilung enthalten die regionalen Zielprojektionen zum Zweiten Ausbauplan für die Bundesfernstraßen von 1971 bis 1985[23]), die im Auftrage des Bundesministers des Innern in der Bundesforschungsanstalt für Landeskunde und Raumordnung erarbeitet, vom Beirat für Raumordnung und der Ministerkonferenz empfohlen und mit dem Bundesminister für Verkehr abgestimmt wurden. Im Rahmen dieser Maßnahme hat das Institut für Raumordnung im Einvernehmen mit den Ländern 78 statistische Raumeinheiten festgelegt. Bremen bildet 1 Raumeinheit, Niedersachsen umfaßt 11 Raumeinheiten (301—311), die niedersächsischen Kreise Harburg und Stade wurden zusätzlich mit Hamburg und die Kreise Wesermarsch, Oldenburg Stadt und Land, Grafschaft Hoya, Verden, Osterholz, Wesermünde und die kreisfreie Stadt Delmenhorst mit Bremen als jeweiliges Umland aus Niedersachsen berechnet. Die nordwestdeutschen Gebietseinheiten werde ich in einigen Analysen benutzen.

Sodann hat Frerich Nordwestdeutschland in Anlehnung an Isenberg und Dittrich in „ökonomische Strukturzonen" unterteilt[24]):

A. Industriezonen
Industriezone Bremen
    mit Land Bremen, SK Delmenhorst, LK Osterholz, LK Verden;

---

[21]) E. Lauschmann: Grundlagen einer Theorie der Regionalpolitik. ARL, Abh. Bd. 60, Hannover 1970, S. 92.

[22]) W. Heinrich: Wirtschaftspolitik. Gebiets-, Verbands- und Betriebswirtschaft. Wien 1954, S. 3 f.

[23]) In: Raumordnungsbericht, Drucksache V/3958 (1969).

[24]) Joh. Frerich: Die Differenzierung der wirtschaftlichen Raumstruktur in der Bundesrepublik Deutschland. In: Die Mitarbeit, 1970, H. 3, S. 238 ff.

Industriezone Südniedersachsen
    mit VB Braunschweig, LK Holzminden, SK Wolfsburg, SK Hildesheim, LK Hildesheim-Marienburg, LK Alfeld-Leine, LK Peine, LK Einbeck, LK Osterode, SK Hameln, SK und LK Hannover, LK Springe (es fehlen somit Göttingen, Duderstadt, Northeim, Clausthal-Zellerfeld und Münden);

Industriezone Rhein-Ruhr
    mit LK Grafschaft Bentheim und SK und LK Osnabrück;

Abb. 1: Regionen im nordwestdeutschen Raum (nach ISENBERG)

Quelle: Informationen 5/67.

B. Agrarzonen

Agrarzone Niedersachsen-West

mit LK Aurich, LK Leer, LK Norden, LK Wittmund, LK Aschendorf-Hümmling, LK Cloppenburg, SK und LK Oldenburg, LK Grafschaft Hoya (es fehlen die Landkreise Lingen, Meppen, Vechta, Bersenbrück, Wittlage und Melle);

Agrarzone Niedersachsen-Ost

mit LK Hadeln, LK Wesermünde, LK Bremervörde, LK Rotenburg, LK Stade, LK Harburg, SK und LK Lüneburg, LK Soltau, LK Uelzen, LK Lüchow-Dannenberg und LK Gifhorn.

FRERICH rechnet als Industriezonen Gebiete mit 120 Industriebeschäftigten Industriebesatz, Agrarzonen mit einem Industriebesatz von 60 und weniger, „das führt jedoch auch zur Erfassung von Kreisen mit niedrigem Industriebesatz als Industriekreise, wenn sie in die jeweilige Industriezone eingestreut waren" (S. 242). „Einbezogen wurden

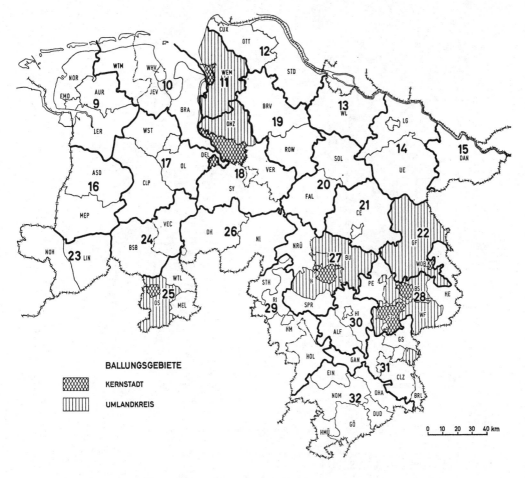

Abb. 2: Lage der Kreise und Regionen in Nordwestdeutschland (nach THOSS)

(außerdem) nur diejenigen Kreise, die sich zu größeren geographisch geschlossenen räumlichen Einheiten des einen oder anderen Strukturtyps zusammenfügen ließen" (S. 242).

GERHARD ISENBERG[25]) hat 1967 Nordwestdeutschland in 17 Regionen unterteilt, wobei die Kreise Stade und Harburg dem Lande Hamburg zugeschlagen wurden (Abb. 1). Die Absicht von ISENBERG war, das Gefälle in den Kopfbeträgen des Sozialprodukts durch eine geeignete Zusammenfassung der Kreise zu Regionen zu verringern.

Schließlich hat THOSS in seiner Untersuchung „Vorschlag zur Koordinierung der Regionalpolitik in einer wachsenden Wirtschaft"[26]) die Bundesrepublik in 120 Regionen aufgeteilt, von denen die Regionen 9 bis 32 das Untersuchungsgebiet Nordwestdeutschland ausfüllen.

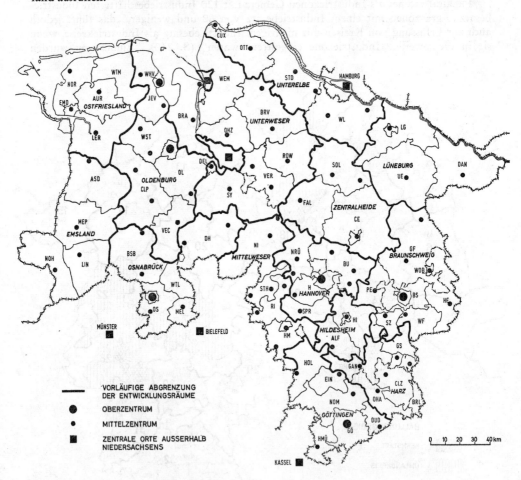

Abb. 3: Landesentwicklungsregionen in Niedersachsen

[25]) G. ISENBERG: Kreise oder Regionen als Grundlage für das Merkmal der Ausbaubedürftigkeit. In: Informationen 5/67, S. 152 f.
[26]) R. THOSS, In: Institut f. Statistik und Ökonometrie, Inst. f. Empirische Wirtschaftsforschung, Universität Mannheim, Mannheim 1968, Diskussionspapier Nr. 7/68.

Ich habe die Thosssche Gliederung meiner Regionalisierung zugrunde gelegt (Abb. 2), weil sie (1) mit 24 Zusammenfassungen die größte Differenzierung als Zwischenglied zwischen Land und Stadt- und Landkreisen erlaubt und (2) der sozioökonomischen Wirklichkeit am besten gerecht wird. Man braucht dieser Einteilung nicht zuzustimmen; denn im übrigen ist jede andere Gruppierung auf Grund der Untersuchungsmethode dieser Studie möglich, weil die entsprechenden Größen ohne Umrechnungen addiert werden können. Außerdem werden zum Abschluß der Untersuchung auch noch die einzelnen Kreise in die Darstellung einbezogen.

Das Landesentwicklungsprogramm Niedersachsen[26a]), das die Einteilung des Landes in 14 Entwicklungsräume vornimmt, ist mir erst nach Fertigstellung der Untersuchung bekannt geworden. Die Raumunterteilung (Abb. 3) beruht vornehmlich auf der Abgrenzung von Arbeitsmarktbereichen, „deren Grenzen so bestimmt sind, daß sich die kleinsten grenzüberschreitenden Pendlerströme ergeben. Ergänzend sind auch Einkaufsbeziehungen berücksichtigt" (S. 29). Das Abgrenzungsprinzip scheint mir beachtenswert. Das Bezugssystem konnte jedoch bis auf eine Transformation der Untersuchungsergebnisse in das Schema der Entwicklungsräume am Schluß dieser Untersuchung keine Anwendung mehr finden.

4.4.2. Die Konsistenz[27]) der Bevölkerungsverteilung

Der Raum Nordwestdeutschland hatte im Jahre 1950 2 248 071 E mehr als im Jahre 1939. Das ist eine Zunahme von 44 %. Zehn Jahre später hatte derselbe Raum um 3 151 E abgenommen. In diesen zehn Jahren 1950—1960 findet eine völlige Neuverteilung der Bevölkerung statt, in der Regel durch Abwanderung; denn eine absolute Zunahme hatten nur die Kreise Lüneburg-Stadt, Meppen, Wolfsburg-Stadt, Bentheim, Lingen und Salzgitter zu verzeichnen. Außerdem versuchten in diesem Zeitraum die Städte Osnabrück, Hannover, Braunschweig (Braunschweig hatte schon in der Periode vor 1950 zugenommen), Hildesheim und Hameln wieder in ihren alten Rang hineinzuwachsen. 1950 bedeutet also den Höhepunkt in einer Bevölkerungsflut, die in den nächsten 10 Jahren abläuft. In der zweiten Periode 1961—1970 wachsen dann einzelne Gebietskörperschaften um insgesamt 471 389 E. Es nehmen ab Lüneburg-Stadt, Lüchow-Dannenberg, Hannover-Stadt (— 49 341 E), Braunschweig-Stadt (— 22 385 E), Helmstedt, Hameln-Stadt, Holzminden, Hildesheim-Stadt, Alfeld, Goslar Stadt- und Landkreis, Zellerfeld, Blankenburg und Einbeck. Scheinbar ein verwirrendes Bild, aber einige Entwicklungen lassen doch allgemeine Gesetzmäßigkeiten erkennen.

[26a]) Landesentwicklungsprogramm — Niedersachsen 1985. Stand Sommer 1973, Hannover 1973.

[27]) Konsistenz wird von der Physik als die Beschaffenheit von Körpern in ihrem Verhalten gegen Formänderungen definiert. Die analytische Statistik versteht unter Konsistenz die „wünschenswerte Eigenschaft einer Schätzfunktion" in dem Sinne, „wenn die Folge von Schätzfunktionen mit steigendem Stichprobenumfang gegen den Parameter stochastisch konvergiert. Dabei bedeutet stochastische Konvergenz, daß die Wahrscheinlichkeit, daß sich der Parameter und der Schätzwert nur mehr als eine beliebig kleine positive Größe unterscheiden, mit wachsendem Stichprobenumfang gegen Null geht". (In: Gablers Wirtschaftslexikon 3, S. 835).
Persistenz nennt Esenwein-Rothe „relatives Verharrungsvermögen" bzw. „Bereitschaft und das Vermögen, die einmal getroffene Standortentscheidung immer neu zu bejahen und sich in der Marktwirtschaft vom einmal gewählten Standort aus durchzusetzen". (Esenwein-Rothe: Die Persistenz von Industriebetrieben in strukturschwachen Wirtschaftsgebieten. In: ARL, FuS Bd. XVII, Hannover 1961, S. 74, S. 73).

So zeigt die *Stadtentwicklung* übereinstimmende Züge.

Tabelle 12:

Städteentwicklung in Nordwestdeutschland im Spiegel der Wohnbevölkerung

	1939—1950	1950—1961	1961—1970
Wilhelmshaven	− 12 457	− 1 032	+ 2 535
Bremen	− 5 535	+ 119 968	+ 28 016
Oldenburg	+ 43 789	+ 2 389	+ 5 654
Hannover	− 26 654	+ 128 621	− 49 341
Braunschweig	+ 27 692	+ 22 325	− 22 385
Osnabrück	+ 2 457	+ 29 120	+ 2 050
Hildesheim	+ 191	+ 24 004	− 2 563
Hameln	+ 16 325	+ 2 321	− 3 029
Celle	+ 22 005	− 1 414	− 1 845
Lüneburg	+ 16 096	+ 1 424	− 766

Die Entwicklung in Tabelle 12 erscheint widerspruchsvoll und zeigt trotzdem einen gleichsinnigen Verlauf: Einmal überschneiden sich schon in der ersten Periode zwei Entwicklungen, die Zerstörung der Städte und der Beginn des Rückströmens der Bevölkerung, was in der Mehrzahl schon eine absolute Zunahme der Einwohner bedeutete; wo es keine Zerstörung gegeben hatte, wuchsen die Städte schon von Beendigung des Krieges an; die zweite Periode brachte das Einpendeln in den alten Zustand und die dritte Periode eine allgemeine Bevölkerungsabnahme mit Ausnahme von Wilhelmshaven, Bremen, Oldenburg und Osnabrück.

Die *Ballungsräume als übergeordnete Funktionsräume* formieren sich neu. Zum Beweis wird die Entwicklung der Ballungsräume Hannover, Braunschweig, Bremen und Osnabrück in der Zusammenstellung der Übersicht IV niedergeschrieben, indem der Anteil der Raumeinheiten für 1939 und 1970 gegenübergestellt wird. Es ergibt sich dann in Tausendstel des Bevölkerungsanteils von Nordwestdeutschland folgendes Bild:

Ballungsraum Hannover	Anteil 1939 ‰	Anteil 1970 ‰
Hannover-St	92,3	67,02
Hannover-L	17,97	29,88
Neustadt	7,76	15,17
Burgdorf	12,07	17,62
Springe	6,73	9,00
	136,83	138,69

Ballungsraum Braunschweig

Braunschweig-St	38,43	28,61
Braunschweig-L	8,38	11,95
Salzgitter	8,94	15,12
Wolfenbüttel	17,87	17,32
Peine	11,54	12,54
Helmstedt	14,72	15,21
	99,88	100,75
Gifhorn ⎱ Wolfsburg ⎰	14,21	28,69
	114,09	129,44

Verdichtungsraum Braunschweig
(in der Abgrenzung nach A. SCHRÖDER[28]))

Braunschweig-St	38,43	28,60
Braunschweig-L	8,38	11,95
Salzgitter	8,94	15,12
Wolfenbüttel	17,87	17,32
Gifhorn ⎱ Wolfsburg ⎰	14,21	28,69
	87,83	101,68

Ballungsraum Bremen

Bremen-St	88,21	75,79
Delmenhorst-St	7,54	8,09
Osterholz	8,34	10,26
Hoya	15,48	14,99
Verden	10,38	11,44
	129,95	120,48

Ballungsraum Osnabrück

Osnabrück-St	20,99	18,41
Osnabrück-L	15,02	17,85
	36,01	36,26
Wittlage	3,69	3,58
Melle	5,37	5,23
	45,07	45,07

Auch wenn man die *Bevölkerungsentwicklung im Spiegel der Entwicklung der Erwerbsfähigen in der Wohnbevölkerung* analysiert, dann zeigt sich ein allgemeines Hineinwachsen in die alten Determinationen. Es sammeln sich die Arbeiter und Angestellten dort, wo man Arbeit zu finden hofft. Keine der Regionen — mit Ausnahme von Wolfsburg und Salzgitter — war in der Lage, die vorhandenen Erwerbsfähigen nutzbringend zu beschäftigen. Deshalb zeigen Aufstellungen für die Abschnitte 1950 bis 1961 und 1961 bis 1970 in der Regel negative Vorzeichen, d. h. ein Teil der Erwerbsfähigen wanderte ab. Aber auch die mit einem Pluszeichen versehenen Zeilen bedeuten nichts anderes als ein Hineinwachsen in die alten Relationen, insbesondere in den während des Krieges an-

---

[28]) A. SCHRÖDER: Der Ballungsprozeß in Niedersachsen - Bremen im Spiegel der Steuerstatistiken. In: Steuerstatistiken als Grundlage raumwirtschaftlicher Untersuchungen, ARL, FuS Bd. 67, Hannover 1971.

geschlagenen Agglomerationen, nur daß sich diese Entwicklung von Anfang an mit der schon gekennzeichneten Umquartierung eines Teiles der Wohnbevölkerung bzw. der Erwerbsfähigen der Städte in das Umland verband. Mit Pluszeichen sind aufzulisten die Kreise:

	Periode 1950—1961	Periode 1961—1970
Emden	+ 3 386	+ 778
Wilhelmshaven	+ 3 687	+ 1 298
Friesland		+ 802
Harburg	+ 586	+ 7 488
Stade		+ 1 581
Meppen	+ 1 811	
Oldenburg-St	+ 2 372	+ 2 385
Ammerland		+ 628
Oldenburg		+ 975
Osterholz	+ 622	+ 2 441
Verden		+ 4 664
Delmenhorst-St	+ 2 575	+ 728
Celle-St	+ 351	
Celle-L		+ 3 005
Gifhorn		+ 4 429
Soltau		+ 3 130
Bentheim	+ 633	
Lingen	+ 116	
Osnabrück-St	+ 13 883	
Osnabrück-L	+ 3 273	+ 589
Hannover-St	+ 69 116	
Hannover-L	+ 15 032	+ 23 365
Neustadt	+ 2 168	+ 17 722
Burgdorf	+ 2 927	+ 7 000
Springe		+ 2 218
Braunschweig-St	+ 16 576	
Braunschweig-L		+ 6 863
Salzgitter	+ 7 507	+ 2 274
Hameln-St	+ 3 060	
Schaumburg-Lippe		+ 1 396
Hameln-Pyrmont		+ 260
Hildesheim-St	+ 12 402	
Hildesheim-Marienburg		+ 1 654
Goslar-St	+ 1 120	
Lüneburg-St		+ 434

Tabelle 13: *Bevölkerungsentwicklung in Nordwestdeutschland 1939—1970*)*

Region	Zunahme			Verbleib am Ausgangspunkt			Rangverlust			Hinweise
	1939	1970	1970 zu 1939	1939	1970	1970 zu 1939	1939	1970	1970 zu 1939	
9 Ostfriesland							49,79	44,65	5,14	Rangverl. von Emden
10 Wilhelmshaven							56,44	44,87	11,57	Rangverl. von Wilhelmshaven
11 Bremerhaven							31,89	28,29	3,60	Rangverl. von Bremerhaven
12 Stade							32,75	31,69	1,06	Rangverl. von Cuxhaven
13 Harburg	12,81	18,48	5,67							
14 Lüneburg							8,07	6,48	1,59	
15 Lüchow							21,60	19,59	2,01	
16 Meppen				27,69	27,98	+ 0,29				
17 Oldenburg	47,14	51,33	4,19							
18 Bremen							129,95	120,48	9,47	Rangverl. von Bremen
19 Rotenburg	15,81	16,46	0,65							
20 Fallingbostel	14,28	16,42	2,14							
21 Celle	18,16	20,72	2,56							Industrialisierung des Lk Celle
22 Wolfsburg	14,21	28,69	14,48							Gründung der VW-Werke
23 Bentheim-Lingen	22,71	24,47	1,76							
24 Vechta-Bersenbrück				21,96	21,68	— 0,28				
25 Osnabrück				45,07	45,07	± 0,00				
26 Diepholz-Nienburg				23,14	22,81	— 0,33				
27 Hannover	136,83	138,69	1,86							Rangverlust von Hannover St, Zunahme des Umlandes
28 Braunschweig	99,88	100,75	0,87							Rangverlust von Braunschweig St, Zunahme des Umlandes
29 Hameln	47,01	48,06	1,05							
30 Hildesheim				37,36	37,38	+ 0,02				
31 Harzkreise							28,19	26,25	1,94	
32 Raum Göttingen	57,28	58,82	1,54							Zunahme von Göttingen
	486,12	522,89	36,77	155,22	154,92	— 0,30	358,68	322,30	36,38	

*) Alle Zahlenangaben in ‰ des Gesamtraumes.

Eine Sonderentwicklung liegt in Wolfsburg mit + 19 284 und + 11 527 Erwerbsfähigen vor. Im übrigen enthält die Aufstellung nur negative Zahlen. Dabei ist anzumerken, daß in den dargestellten zwei Jahrzehnten nur in der Stadt Cuxhaven und in den Landkreisen Norden, Lüchow-Dannenberg, Aschendorf-Hümmling, Cloppenburg, Verden, Bremervörde, Bersenbrück und Melle noch nach 1961 eine strukturelle Verstärkung des warenproduzierenden Gewerbes aufgetreten ist. In allen anderen Wohnbevölkerungsgebieten war damals der Industrialisierungstrend im Sinne einer Strukturänderung zugunsten der Industrie bereits abgeschlossen.

Die gesamte Veränderung der Bevölkerungsverteilung in der Wohnbevölkerung ist in Tabelle 13 nach Regionen zusammengestellt und nach Zunahme, Verbleib am Ausgangspunkt und Rangverlust klassifiziert worden. Dabei fällt auf, daß die gesamte Küste einen Rangverlust erlitten hat, und zwar wegen des Zurückbleibens von Emden, Wilhelmshaven, Bremerhaven, Bremen und Cuxhaven. Abgefallen sind auch Lüchow-Dannenberg, Meppen und die Harzkreise. Überhaupt nicht bewegt haben sich die Regionen Lüneburg, Vechta-Bersenbrück, Osnabrück und Hildesheim. Die Gewinner waren die Regionen Harburg (+ 0,56 %), Oldenburg (+ 0,41 %), Rotenburg-Bremervörde (+ 0,06 %), Fallingbostel-Soltau (+ 0,21 %), Celle (+ 0,25 %), Wolfsburg (+ 1,44 %), Bentheim-Lingen (+ 0,17 %), Hannover (+ 0,18 %), Braunschweig (+ 0,08 %) und Hameln (+ 0,10 %) und Göttingen (+ 0,15 %). D. h. also, daß das Grundgefüge der Bevölkerungsverteilung nach einem säkularen Experiment im Verlauf von 30 Jahren wiederhergestellt wurde.

Die Verteilung der Abweichungen läßt erkennen, daß 66,23 % der gesamten Bevölkerung von 1970 oder 17 Regionen genau in der regionalen Verteilung wohnen wie 1939, und wenn man Differenzen bis zu — oder + 0,5 % zuläßt, dann sind es 69,05 % oder 19 Regionen. Die regionalen Einheiten, die von 0,51 bis 0,75 % zu- oder abgenommen haben, beherbergen 11,43 % der Bevölkerung. Die Region Bremen hat sich mit 12,04 % Anteil zwischen 0,76 bis 1,0 % Abnahme angesiedelt, die Region Wilhelmshaven mit 4,48 % zwischen 1 und 1,25 % Verlust, und Wolfsburg liegt mit 2,86 % Bevölkerungsanteil zwischen 1,26 und 1,50 % Veränderung. Man sollte dabei nicht übersehen, daß die einzige raumordnerische Leistung Wolfsburg nur im Zuge einer alles überschattenden Motorisierung und mit Unterstützung der gesamten Nation durchgesetzt werden konnte. Es wäre natürlich sehr interessant und noch mehr aussagekräftig, wenn außer der Entwicklung der Bevölkerungszahl auch die natürliche Bevölkerungsentwicklung in die räumliche Bilanz einbezogen werden könnte, aber das überstieg die Kraft der Untersuchung.

Ein klärendes Wort soll noch zur Frage der lokalen Verdichtung gesagt werden. Nordwestdeutschland besitzt 144 Städte und 51 Siedlungen über 5 000 E ohne Stadtrecht, also 195 Siedlungsstrukturen, die nach allgemeiner Ansicht für eine weitere Agglomerierung in Betracht kommen. Eine Untersuchung von Thomas[29]) gibt uns die Möglichkeit, diese Entwicklung für den Zeitraum von 1961 bis 1970 näher zu untersuchen.

Thomas erfaßt „im Gegensatz zu den Stadtregionen nicht funktionale Verflechtungsbereiche auf wirtschaftlicher Grundlage wie die Stadtregionen, sondern die Wachstums- und Agglomerationsvorgänge der Bevölkerung im Umland der größeren Städte" (S. 31).

---

[29]) W. Thomas: Ein Abgrenzungsvorschlag für städtische Agglomerationen, dargestellt am Beispiel Niedersachsen. In: Neues Archiv für Niedersachsen, Bd. 20, H. 1, Göttingen 1971.

Wachstumszonen sind für ihn „zusammenhängende Gebiete, die sich unmittelbar an die Verwaltungszentren der Kernstadt anschließen", wenn die Gemeinden eine bestimmte Wachstumsrate der Bevölkerungszunahme erreichen, die er mit 3 % zu Beginn des Zeitraumes, bei einer bestimmten Bevölkerungsdichte mit nur 2 % bzw. 1 % annimmt (S. 34). THOMAS weist auf diesem Wege 42 Kernstädte und 435 Umlandgemeinden als Agglomerationen für das Jahr 1969 aus. Zwischen 1961 und 1969 wurden 177 Gemeinden neu in den Agglomerationsprozeß eingegliedert. „Diese neu hinzugenommenen Gemeinden aller Wachstumszonen wiesen 1961 eine Bevölkerung von 318 000 Menschen auf. Damit waren die räumlichen Bevölkerungsgewinne der Agglomerationen praktisch ebenso hoch wie die in ihren Grenzen vom 31. 12. 1969 seit dem 6. 6. 1961 registrierten Geburten- und Wanderungsüberschüsse" (S. 36 f.). Für Nordwestdeutschland ergibt sich damit folgende Entwicklung: Es wuchsen

| | Bevölkerungsstand | | Zunahme absolut | Bevölkerungs-anteil | | Zu- bzw. Abnahme 1961 bis 1969 |
	6. 6. 1961	31. 12. 1969		1961	1969	
Kernstädte	3 119 619	3 157 263	+ 37 644	42,4 %	40,3 %	— 2,1 %
Wachstums-zonen	836 370	1 135 933	+ 299 563	11,4 %	14,5 %	+ 3,1 %
Agglomeratio-nen	3 955 989	4 293 196	+ 337 207	53,8 %	54,8 %	+ 1,0 %
Übrige Gebiete	3 392 165	3 545 656	+ 153 491	46,2 %	45,2 %	— 1,0 %
Nordwest-deutschland	7 348 154	7 838 852	+ 490 698	100,0 %	100,0 %	

Nach dieser Aufstellung sind somit von rd. einer halben Million Bevölkerungszunahme nicht ganz 70 % in die THOMASschen Agglomerationen gezogen. In einer Sonderuntersuchung sind die Ergebnisse von THOMAS über das urbane und suburbane Geschehen zwischen 1961 und 1969 in das Zahlenwerk der eigenen Untersuchung eingeordnet worden. Das Ergebnis ist eindeutig. Wenn man die 42 Agglomerationen nach THOMAS nach der Agglomerationsdynamik[30]) in der Zeit von 1961 bis 1969 ordnet, ergeben sich 3 Gruppen von Agglomerationen:

(1) Agglomerationen mit einer Agglomerationsdynamik über dem bisherigen Agglomerationsgrad.

---

[30]) Die Agglomerationsdynamik wird durch den Prozentsatz der Agglomerations*zunahme* gegenüber dem *Wachstum* der betroffenen Kreise definiert. Eine Agglomerationsdynamik von 100 % bedeutet demnach, daß die gesamte Bevölkerungszunahme eines Kreises oder der beteiligten Kreise von der Agglomeration innerhalb dieses Raumes absorbiert worden ist. Eine Prozentzahl über 100 % besagt, daß die Agglomeration das regionale oder überregionale Geschehen bestimmt hat. Agglomerationsgrad ist der Bevölkerungsanteil der Agglomeration in Relation zum übergeordneten Kreis bzw. den beteiligten Kreisen.

Dazu gehören:

Name der Agglomerationen	Aggl.-grad 1969	unter 49 % Aggl.-dynamik in %	unter 49 % Bevölk.-Zunahme	50—99 % Aggl.-dynamik in %	50—99 % Bevölk.-Zunahme	100—199 % Aggl.-dynamik in %	100—199 % Bevölk.-Zunahme	200 % und darüber Aggl.-dynamik in %	200 % und darüber Bevölk.-Zunahme
Aurich	38,4	42,5	3 041						
Wilhelmshaven-Varel	74,3			79,9	9 050				
Nordenham	27,9	43,0	492						
Cuxhaven	55,0							218,0	6 222
Stade u. Buxtehude	45,3			94,3	10 820				
Harburg	53,1			82,9	23 415				
Lüneburg	70,6					117	6 956		
Uelzen	32,3					133	776		
Meppen	28,5	29,2	3 078						
Papenburg-Aschend.	32,4	34,3	3 314						
Bremen	87,7					109	53 432		
Celle	53,3			71,3	6 895				
Gifhorn	27,7			54,7	8 859				
Wolfsburg	39,0					100	39 056′		
Osnabrück	83,7			88,3	21 126				
Nienburg	36,2			78,2	2 541				
Peine	43,5					142	3 037		
Stadthagen	27,4	46,9	3 048						
Hameln u. Pyrmont	62,3					180	4 457		
Hildesheim	54,5			76,3	5 743				
Göttingen	87,2					172	18 408		
Osterode	27,2			73,0	1 110				
25 Agglomerationen			13 363		89 559		126 122		6 222

Es sind somit von 1961 bis 1969 235 266 Personen in Wachstumszonen erhöhter Agglomerationsdynamik seßhaft geworden, das sind weniger als 50 % der gesamten Bevölkerungszunahme in Nordwestdeutschland. Die Agglomerationsdynamik lag zwischen 50 und 99 % in Wilhelmshaven-Varel, Stade-Buxtehude, Harburg, Celle, Gifhorn, Osnabrück, Nienburg und Hildesheim. Die Agglomerationsdynamik betrug 100 % und mehr in Cuxhaven, Lüneburg, Uelzen (praktisch jedoch ohne jede Bedeutung), Bremen, Wolfsburg, Peine, Hameln-Pyrmont und Göttingen.

(2) Agglomerationen mit einer Agglomerationsdynamik unter dem lokalen Agglomerationsgrad (d. h. der Agglomerationsgrad hat abgenommen).

110

Dazu rechnen: Name der Agglomerationen	Aggl.-grad 1959	Aggl.-dynamik in %	Betroffene Einwohner
Emden-Norden	62,4	57,5	5 676
Leer	61,0	15,5	1 869
Bremerhaven	65,9	42,3	2 984
Oldenburg	61,0	37,0	6 236
Verden	24,4	0	43
Nordhorn	41,7	39,4	4 159
Lingen	54,4	54,3	4 759
Hannover	75,8	64,2	52 392
Wunstorf	21,0	12,8	5 499
Barsinghausen	8,9	7,7	4 404
Lehrte	15,9	2,3	535
Braunschweig	75,4	32,1	7 187
13 Agglomerationen			95 743

In 13 Agglomerationen mit einer Bevölkerungszunahme von 95 743 blieb somit die Agglomerationsdynamik hinter dem erreichten Agglomerationsgrad zurück. Es sollte nicht übersehen werden, daß von 1961 bis 1970 in den Agglomerationen Hannover und Braunschweig nicht nur die Kernstädte, sondern auch die Wachstumszonen ihren bisherigen Höchststand unterschritten haben.

(3) Agglomerationen, die in der betreffenden Zeit keine agglomerierende Kraft gegenüber dem gleichnamigen Kreis ausstrahlten.

Dazu gehören:

Name der Agglomerationen	Aggl.-grad 1969	Bevölkerungszu- oder -abnahme	
Helmstedt	24,4	− 2 443 E	bei einem Kreisverlust von − 48 E
Goslar-Harzburg	95,5	+ 993 E	bei einem Kreisverlust von − 2 282 E
Münden	50,2	− 381 E	bei einem Kreisgewinn von + 172 E
Holzminden	40,8	+ 1 353 E	bei einem Kreisverlust von − 1 459 E

Um den oft genannten spill-over-Effekt einzugrenzen, bringe ich zum Abschluß der Bevölkerungsentwicklung noch eine Darstellung über die Entwicklung der Stadtregionen in Nordwestdeutschland (Tab. 14). Sie zeigt, daß die Stadtregionen in Nordwestdeutschland von 2 342 445 E (1939) auf 3 341 673 (1961) gewachsen sind, und ihr relativer Anteil ist gleichzeitig von 45,91 % auf 45,48 % gefallen. Nach 1961 bis 1968 haben sie auf 3 546 803 E zugenommen, und ihr Anteil ist auf 45,67 % gestiegen. Gewachsen sind Hannover, Bremen, Osnabrück, Göttingen, Oldenburg, Wolfsburg, Lüneburg. Von Bedeutung ist diese Zunahme in Bremen (+ 0,3 %) und Wolfsburg (+ 0,37 %), wobei festzustellen ist, daß die Stadtregion Bremen auch 1968 immer noch 0,4 % unter dem Rang von

Tabelle 14:

Die Entwicklung der Stadtregionen in Nordwestdeutschland

| | Einwohner absolut | | | Einwohner in % von Nordwestdeutschland | | | Veränderungen 1968 zu 1961 | | | |
| | | | | | | | Kernstädte | | Außenzonen | |
	1939	1961	1968	1939	1961	1968	absolut	in %	absolut	in %
Hannover	611 264	852 594	904 492	(11,98)	(11,60)	(11,65)	− 51 013	− 8,9	+102 911	+ 36,8
Bremen-Delmenh.	602 156	812 596	882 256	(11,80)	(11,06)	(11,36)	+ 45 608	+ 7,3	+ 24 052	+ 12,6
Braunschweig	272 440	369 370	373 844	(5,34)	(5,03)	(4,81)	− 19 780	− 8,0	+ 24 252	+ 19,7
Osnabrück	162 698	233 737	252 809	(3,19)	(3,18)	(3,25)	+ 1 203	+ 0,9	+ 17 869	+ 18,8
Bremerhaven/ Nordenham	167 779	222 969	233 553	(3,29)	(3,03)	(3,01)	+ 7 347	+ 5,2	+ 3 237	+ 4,0
Göttingen	91 872	146 103	161 896	(1,80)	(1,99)	(2,08)	+ 9 596	+ 9,2	+ 6 197	+ 14,6
Oldenburg	94 651	149 671	159 249	(1,86)	(2,04)	(2,05)	+ 5 999	+ 4,8	+ 3 579	+ 14,6
Hildesheim	102 587	144 212	149 700	(2,01)	(1,96)	(1,93)	+ 208	+ 0,2	+ 5 280	+ 11,0
Wolfsburg		117 603	152 683		(1,60)	(1,97)	+ 22 693	+35,2	+ 12 387	+ 23,4
Wilhelmshaven	128 346	123 252	130 568	(2,52)	(1,68)	(1,68)	+ 2 287	+ 2,3	+ 5 029	+ 21,8
Lüneburg	55 720	84 310	89 727	(1,09)	(1,15)	(1,16)	+ 306	+ 0,5	+ 5 111	+ 20,7
Hameln	52 942	85 256	86 027	(1,04)	(1,16)	(1,11)	− 3 375	− 6,7	+ 4 146	+ 11,9
Nordwestdeutsche Stadtregionen	2 342 445	3 341 673	3 546 803	(45,91)	(45,48)	(45,67)				
Einwohner Nord- westdeutschland	5 102 306	7 347 221	7 766 843	(100,00)	(100,00)	(100,00)				

Quelle: Stadtregionen in der Bundesrepublik Deutschland 1961, ARL FuS Bd. XXXII, Hannover 1967, S. 274 f. und ergänzende Mitteilungen.

1939 liegt (Tabelle 14). Über die Veränderungen in den Außenzonen ist in der Analyse zu THOMAS bereits das Notwendige gesagt worden.

Tabelle 15:   *Einwohnerverteilung in Mitteldeutschland und Berlin*

	1939	1950	1956	1960
Gesamt-Berlin*)	5 188 104 = 28,9 %	4 199 278 = 22,8 %	4 247 056 = 23,8 %	4 158 889 = 24,2 %
Halle-Leipzig**)	1 925 004 = 10,7 %	2 080 582 = 11,3 %	2 014 795 = 11,3 %	1 962 795 = 11,2 %
Chemnitz***)	1 860 622 = 10,4 %	1 975 148 = 10,7 %	1 768 644 = 9,9 %	1 777 247 = 10,3 %
Dresden****)	1 021 120 = 5,7 %	869 495 = 4,7 %	858 437 = 4,8 %	851 344 = 4,9 %
Einwohnerzahl in Mitteldeutschl.	17 893 000	18 388 000	17 832 000	17 188 000
Anteil der Ballungen	= 55,7 %	= 49,5 %	= 49,8 %	= 50,6 %

*) West- und Ostberlin, Fürstenwalde, Strausberg, Bernau, Oranienburg, Nauen, Potsdam St, Potsdam L, Zossen, Königswusterhausen.

**) Städte Halle und Leipzig, die Kreise Saalkreis, Merseburg, Bitterfeld, Eisleben, Weißenfels, Leipzig L, Altenburg, Borna, Hohenmölsen, Zeitz.

***) Chemnitz St, Chemnitz L, Hohenstein-Ernstthal, Stollberg, Glauchau, Zwickau St, Zwickau L, Werdau, Aue, Schwarzenberg, Zschopau, Plauen St, Plauen L, Reichenbach, Auerbach, Oelsnitz, Klingenthal, Annaberg, Greiz.

****) Dresden St, Dresden L, Pirna, Freital.

Interessant ist an dieser Stelle ein Blick auf die Bevölkerungsentwicklung in Mitteldeutschland. HELMUT LEHMANN hat die Ballungen in Mitteldeutschland auf ihre Konsistenz untersucht und ist zu dem Ergebnis gekommen, daß „wie auf vielen anderen Gebieten ... sich auch hier trotz ... Trennung und unterschiedlichem Gesellschaftssystem eine erstaunliche Strukturgleichheit (zeigt)"[31]. In der Tat läßt die Tabelle 15 erkennen, inwieweit sich die Bevölkerungsverteilung in Mitteldeutschland in der alten Form behauptet hat.

4.4.3 Die regionale Verteilung der Arbeitsplätze

Die regionale Verteilung der Arbeitsplätze läßt sich durch die Entwicklung der Beschäftigtenzahlen im sekundären und tertiären Sektor und die Aufteilung der Industriebeschäftigten charakterisieren.

Die *Beschäftigten*[32]) sind durch die Arbeitsstättenzählungen 1950, 1961 und 1970 bekannt. Die Kreis- und Regionalzahlen sind in Übersicht V zusammengestellt. Absolut ist die Beschäftigtenzahl von 1 832 324 (1950) auf 2 965 965 Personen im Jahre 1970, also um 1 133 641 Beschäftigte, gewachsen. Die regionale Entwicklung im Rahmen des nordwestdeutschen Raumes ist in Tabelle 16 zusammengefaßt worden.

Die Regionen 9 Ostfriesland, 10 Wilhelmshaven, 16 Meppen, 17 Oldenburg, 19 Rotenburg/Bremervörde, 20 Fallingbostel/Soltau, 22 Wolfsburg, 24 Vechta, 26 Diepholz

[31]) H. LEHMANN: Die Ballungen in Mitteldeutschland in ihrem Verhältnis zu Westdeutschland. In: Informationen Nr. 18/64 (1964), S. 652 ff.

[32]) Beschäftigte sind die am Arbeitsort erfaßten Erwerbstätigen, Erwerbspersonen die am Wohnort gezählten. Diese Unterscheidung ist für alle Aussagen über Gemeinden und Kreise von entscheidender Bedeutung. Die Differenz dieser Zählkategorien beinhaltet die Pendelwandlung.

Tabelle 16:
Die regionale Verteilung der Beschäftigten im sekundären und tertiären Sektor in Nordwestdeutschland 1950—1970 (in % von Nordwestdeutschland)

	Zunahme				Stillstand				Abnahme			
	1950	1961	1970	1970 zu 1950	1950	1961	1970	1970 zu 1950	1950	1960	1970	1970 zu 1951
9 Ostfriesland	3,34	3,50	3,72	+0,38								
10 Wilhelmshaven	3,96	4,06	4,04	+0,08								
11 Bremerhaven									2,75	2,48	2,36	—0,39
12 Stade									2,83	2,53	2,58	—0,25
13 Harburg					1,02	0,88	1,04	+0,02	2,62	2,41	2,41	—0,21
14 Lüneburg									0,56	0,44	0,46	—0,10
15 Lüchow-Dannenberg												
16 Meppen	1,22	1,25	1,44	+0,22								
17 Oldenburg	3,90	3,94	4,42	+0,52								
18 Bremen									14,06	14,56	13,87	—0,19
19 Rotenburg/Bremervörde	1,08	1,00	1,14	+0,06								
20 Fallingbostel/Soltau	1,31	1,27	1,44	+0,13								
21 Celle									2,02	1,93	1,87	—0,15
22 Wolfsburg	1,91	2,88	3,69	+1,78								
23 Bentheim/Lingen					2,10	1,97	2,07	—0,03				
24 Vechta/Bersenbrück	1,52	1,45	1,61	+0,09								
25 Osnabrück									5,00	4,99	4,92	—0,08
26 Diepholz/Nienburg	1,73	1,66	1,86	+0,13								
27 Hannover	16,15	17,95	17,87	+1,72								
28 Braunschweig									11,93	11,66	10,51	—1,42
29 Hameln									5,37	4,65	4,61	—0,76
30 Hildesheim									4,03	3,84	3,70	—0,33
31 Harzkreise									3,23	2,78	2,49	—0,74
32 Raum Göttingen									6,36	5,93	5,81	—0,55
	36,12	38,96	41,23	+5,08	3,12	2,85	3,07	—0,01	60,76	58,20	55,59	—5,17

Tabelle 17: Veränderungen in der regionalen Verteilung der Industriebeschäftigten und des Brutto-Inlandsprodukts in Nordwestdeutschland
(alle Zahlen in % von Nordwestdeutschland)

Industriebeschäftigte

Region	Zunahme				Stillstand				Abnahme			
	1951	1961	1970	1970 zu 1951	1951	1961	1970	1970 zu 1951	1951	1961	1970	1970 zu 1951
9 Ostfriesland	1,57	1,84	2,87	+1,30								
10 Wilhelmshaven	3,69	4,37	4,04	+0,35								
11 Bremerhaven									2,19	1,73	1,81	—0,38
12 Stade									1,77	1,35	1,46	—0,31
13 Harburg					0,37	0,34	0,38	+0,01				
14 Lüneburg					1,50	1,46	1,55	+0,05				
15 Lüchow-Dannenberg	0,17	0,19	0,31	+0,14								
16 Meppen	0,87	0,95	1,07	+0,20								
17 Oldenburg	2,14	2,29	2,76	+0,62								
18 Bremen					11,82	12,62	11,86	+0,04				
19 Rotenburg/Bremervörde					0,52	0,42	0,54	+0,02				
20 Fallingbostel/Soltau	0,86	1,02	1,13	+0,27								
21 Celle	2,02	1,66	1,82	—0,20								
22 Wolfsburg	3,19	5,17	7,05	+3,86								
23 Bentheim/Lingen									3,23	2,56	2,32	—0,91
24 Vechta/Bersenbrück	1,04	1,29	1,49	+0,45								
25 Osnabrück									6,04	5,79	5,68	—0,36
26 Diepholz/Nienburg	1,26	1,44	1,66	+0,40								
27 Hannover	17,77	19,39	18,95	+1,18								
28 Braunschweig									15,68	14,49	12,68	—3,00
29 Hameln									6,49	5,16	4,99	—1,50
30 Hildesheim									5,15	4,95	4,42	—0,73
31 Harzkreise									3,68	3,07	2,61	—1,07
32 Raum Göttingen									7,00	6,41	6,01	—0,99
	34,54	43,15		+8,57	14,21		14,33	+0,12	51,23		41,98	—9,25

115

Noch Tabelle 17

| Region | Brutto-Inlandsprodukt | | | | | | | | | | | |
| | Zunahme | | | | Stillstand | | | | Abnahme | | | |
	1957	1961	1966	1966 zu 1957	1957	1961	1966	1966 zu 1957	1957	1961	1966	1966 zu 1957
9 Ostfriesland	3,83	4,23	4,02	+0,19								
10 Wilhelmshaven					3,23	3,35	3,25	+0,02				
11 Bremerhaven	2,34	2,36	2,55	+0,21								
12 Stade					2,10	2,08	2,13	+0,03				
13 Harburg					0,88	0,89	0,90	+0,02				
14 Lüneburg					2,35	2,39	2,28	−0,07				
15 Lüchow-Dannenberg					0,49	0,48	0,45	−0,04				
16 Meppen	1,38	1,51	1,46	+0,08								
17 Oldenburg	3,97	3,88	4,10	+0,13								
18 Bremen									16,50	14,77	15,01	−1,49
19 Rotenburg/Bremervörde					1,21	1,14	1,19	−0,02				
20 Fallingbostel/Soltau					1,29	1,41	1,30	+0,01				
21 Celle	1,78	1,77	2,02	+0,24								
22 Wolfsburg	3,40	4,86	5,75	+2,35								
23 Bentheim/Lingen	2,35	2,17	2,51	+0,16								
24 Vechta/Bersenbrück	1,73	1,56	1,78	+0,05								
25 Osnabrück									4,87	4,61	4,38	−0,49
26 Diepholz/Nienburg	2,19	2,36	2,52	+0,33								
27 Hannover	17,37	17,68	17,65	+0,28								
28 Braunschweig									11,19	11,10	9,93	−1,26
29 Hameln									4,11	4,33	3,95	−0,16
30 Hildesheim									3,21	3,17	3,06	−0,15
31 Harzkreise									2,74	2,28	2,14	−0,60
32 Raum Göttingen	5,56	6,41	6,01	+0,45								
	45,90		50,37	+4,47	11,55		11,50	−0,05	42,63		38,47	−4,15

und 27 Hannover sind um 5,08 % der Beschäftigten gestiegen, wobei 1,78 % auf Wolfsburg und 1,72 % auf Hannover entfallen, denen sich Meppen mit 0,72 %, Oldenburg mit 0,52 % und Ostfriesland mit 0,38 % anschließen. Abnahmen sind zu registrieren in 11 Bremerhaven, 14 Lüneburg, 15 Lüchow-Dannenberg, 21 Celle, 25 Osnabrück und wesentlich stärker in 28 Braunschweig (— 1,42 %), 29 Hameln (— 0,76 %), 30 Hildesheim (— 0,33 %), 31 Harzkreise (— 0,74 %) und 32 Göttingen (— 0,55 %). Die genannten Räume mußten 5,17 % der Beschäftigten abgeben. Braunschweig hat gegenüber seinem Rang von 1950 in 20 Jahren, insbesondere aber nach 1961, 11 % seiner Beschäftigten verloren, die Weserkreise um Hameln verloren 13 %, ganz Süd-Niedersachsen büßte 10 % der Beschäftigten ein.

Die Veränderungen in der regionalen Verteilung der *Industriebeschäftigten* lassen sich ebenfalls über einen Zeitraum von 20 Jahren (1951 bis 1970) verfolgen[33]). Wir rufen uns dabei in Erinnerung, daß der große Industriesprung in Nordwestdeutschland in der Zeit vor dem Zweiten Weltkrieg liegt. Aber die absolute Zunahme der Industriebeschäftigten nach dem Zweiten Weltkrieg ist beträchtlich: Nordwestdeutschland zählte 1951 544 818 Industriebeschäftigte, 1961 829 358 und 1970 824 605 Industriebeschäftigte. Die Tabelle 17 teilt die Veränderungen nach Zunahme, Stillstand und Abnahme der Industriebeschäftigten auf.

Die Zunahme in den Regionen 9 Ostfriesland, 10 Wilhelmshaven, 15 Lüchow-Dannenberg, 16 Meppen, 17 Oldenburg, 20 Fallingbostel, 21 Celle, 22 Wolfsburg, 24 Vechta, 26 Diepholz und 27 Hannover beträgt 8,57 % über die alte Verteilung hinaus; davon entfallen auf die neuen Industriekerne mindestens 4 %, also etwa die Hälfte, weitere 1,30 % auf Ostfriesland, 1,18 % auf Hannover, die zum allergrößten Teil auf Teilwerke der Volkswagenwerke zurückgehen.

Die Wahrung des alten Ranges finden wir in den Regionen 13 Harburg, 14 Lüneburg, 18 Bremen; insgesamt haben sich die dort befindlichen Arbeitsplätze mit über 14 % der Industriebeschäftigten nur um 0,7 % verändert. Die regionale Abnahme (rd. 50 % der nordwestdeutschen Industrie) findet sich in den Regionen 11 Bremerhaven, 12 Stade, 23 Bentheim-Lingen, 28 Braunschweig, 29 Hameln, 30 Hildesheim, 31 Harzkreise, 32 Göttingen, also an der gesamten Nordseeküste mit Ausnahme von Emden und Bremen und in dem industriellen Süden von Niedersachsen von Braunschweig bis zur Weser. 3 % oder 1/3 des Schwundes an Industriebeschäftigten liegt in der Region Braunschweig, 1,5 % in der Region Hameln, 1,07 % in den Harzkreisen (Goslar), 0,99 % im Göttinger Raum und 0,91 % in Bentheim-Lingen. Damit sind 7,5 % der Abnahme von insgesamt 9,25 % regionalisiert.

Man kann diese Veränderungen prinzipiell nur als eine Verschlechterung der Attraktivität der traditionalen Standorte einstufen.

Ein *Vergleich der regionalisierten Beschäftigtenaufteilung mit der Entwicklung der Industriebeschäftigtenanteile*, der in Tabelle 18 zusammengestellt ist, ergibt in 21 von

[33]) Noch aufschlußreicher wäre es, die regionalen Branchenstrukturen, d. h. die Leistungsanteile der einzelnen industriellen Bereiche in der Region an der gesamten regionalen industriellen Leistung, über den gesamten Zeitabschnitt zu verfolgen. Ein erster Ansatz ist in dieser Hinsicht die Arbeit von P. BARTELMUSS: Industrielle Strukturwandlungen in Großräumen der Bundesrepublik Deutschland, Informationen 15/1970, S. 44 f.

24 Regionen eine völlige Übereinstimmung in den Ergebnissen. Er läßt auch erkennen, daß in einigen Regionen wie in 9 Ostfriesland und 22 Wolfsburg die Industrialisierung, in 16 Meppen, 27 Hannover die Vergrößerung des tertiären Sektors ausschlaggebend für die Erhöhung der Beschäftigtenzahl gewesen ist. In 3 Regionen sind die Ergebnisse widersprüchlich: In 14 Lüneburg und 15 Lüchow-Dannenberg haben die Industriebeschäftigten zugenommen, die Beschäftigten abgenommen, desgleichen in 18 Bremen. Das kann nur so gedeutet werden, daß die Wirtschaftsbereiche außerhalb der Industrie zusammengeschmolzen sind.

Tabelle 18:

Die Veränderungen in der regionalen Verteilung der Beschäftigten und Industriebeschäftigten von 1950 bis 1970 (in %/o von Nordwestdeutschland)

	Beschäftigte			Industriebeschäftigte		
	Zunahme	Stillstand	Abnahme	Zunahme	Stillstand	Abnahme
Region 9	+ 0,38			+ 1,30		
10	+ 0,08			+ 0,35		
11			— 0,39			— 0,38
12			— 0,31			— 0,25
13		+ 0,02			+ 0,01	
14			— 0,21		+ 0,05	
15			— 0,10	+ 0,14		
16	+ 0,72			+ 0,20		
17	+ 0,52			+ 0,62		
18		— 0,19			+ 0,04	
19	+ 0,06				+ 0,02	
20	+ 0,13			+ 0,27		
21			— 0,15			
22	+ 1,78			+ 3,86		
23			— 0,03			— 0,91
24	+ 0,09			+ 0,45		
25			— 0,08			— 0,36
26	+ 0,13			+ 0,40		
27	+ 1,72			+ 1,18		
28			— 1,42			— 3,00
29			— 0,76			— 1,50
30			— 0,33			— 0,73
31			— 0,74			— 1,07
32			— 0,55			— 0,99

Es bleibt abschließend die Frage zu klären, ob die einzelnen Veränderungen einen entsprechenden Ersatz für Arbeitsplätze überhaupt oder für die verlorenen Arbeitsplätze in der Industrie zur Folge hatten. Dafür gibt es zwei Kriterien: die Entwicklung des Bruttoinlandsprodukts, das allerdings erst ab 1957 zur Verfügung steht, und das Verhalten der Bevölkerung (Abwanderung) nach dem Wiedereinpendeln der Siedlungsverteilung in die neue Ordnung (also im letzten Jahrzehnt).

Wenn man von der Industriebeschäftigten-Entwicklung als dem harten Kern der räumlichen Entwicklung ausgeht, dann ergeben sich folgende Gruppierungen:

(1) Bei Abnahme der Industriebeschäftigten kann festgestellt werden, daß in allen Fällen — außer in der Region 23 Bentheim/Lingen — gleichzeitig eine Abnahme der Beschäftigten insgesamt eingetreten ist, daß eine Abnahme der Bevölkerung (in 7 Regionen von 10) und eine Abnahme des Bruttoinlandsproduktes (in 6 Regionen von 10) zu registrieren war. Die Bevölkerungsentwicklung in den Regionen Bentheim/Lingen, Osnabrück und Hannover hat sich jedenfalls vom Rückgang der Industriebeschäftigten bzw. Beschäftigten und Industriebeschäftigten nicht beeinflussen lassen. Die Regionen Wilhelmshaven, Bentheim-Lingen, Hannover und Göttingen haben wahrscheinlich durch eine Verstärkung des tertiären Sektors eine Vergrößerung des Bruttoinlandsprodukts erreicht.

Region	Industrie-beschäftigte 1961—1970	Beschäftigte 1961—1970	Bevölkerungs-Entwicklung 1961—1970	BIP 1957—1966
10 Wilhelmshaven	— 0,33	— 0,02	— 0,04	+ 0,19
18 Bremen	— 0,76	— 0,69	— 0,10	— 1,49
23 Bentheim-Lingen	— 0,24	+ 0,10	+ 0,10	+ 0,16
25 Osnabrück	— 0,11	— 0,07	+ 0,07	— 0,36
27 Hannover	— 0,44	— 0,08	+ 0,21	+ 0,28
28 Braunschweig	— 1,81	— 1,15	— 0,49	— 1,26
29 Hameln	— 0,17	— 0,04	— 0,13	— 0,16
30 Hildesheim	— 0,53	— 0,14	— 0,14	— 0,15
31 Harzkreise	— 0,46	— 0,42	— 0,22	— 0,60
32 Raum Göttingen	— 0,40	— 0,12	— 0,17	+ 0,45

(2) Wenn man von der Zunahme der Industriebeschäftigten ausgeht, dann ist in 11 von 14 Regionen ebenfalls eine Zunahme der Beschäftigten insgesamt (nicht in 11 Bremerhaven, 14 Lüneburg, 21 Celle) festzustellen, in 8 Regionen eine positive Bevölkerungsentwicklung und in 11 Regionen ein steigendes Bruttoinlandsprodukt. Die Bevölkerungsentwicklung in 11 Bremerhaven, 12 Stade, 14 Lüneburg, 15 Lüchow-Dannenberg, 19 Rotenburg und 26 Diepholz verlief trotz der positiven Vorzeichen bei den wirtschaftlichen Indikatoren negativ.

9

Region	Industrie-beschäftigte 1961—1970	Beschäftigte 1961—1970	Bevölkerungs-Entwicklung 1961—1970	BIP 1957—1966
9 Ostfriesland	+ 1,03	+ 0,22	+ 0,13	+ 0,02
11 Bremerhaven	+ 0,08	— 0,12	— 0,08	+ 0,03
12 Stade	+ 0,11	+ 0,05	— 0,08	+ 0,20
13 Harburg	+ 0,04	+ 0,16	+ 0,26	+ 0,02
14 Lüneburg	+ 0,09	± 0,00	— 0,09	— 0,07
15 Lüchow-Dannenberg	+ 0,12	+ 0,02	— 0,07	— 0,04
16 Meppen	+ 0,12	+ 0,69	+ 0,14	+ 0,08
17 Oldenburg	+ 0,47	+ 0,48	+ 0,24	+ 0,13
19 Rotenburg	+ 0,12	+ 0,14	— 0,01	— 0,02
20 Fallingb.-Soltau	+ 0,11	+ 0,17	+ 0,05	+ 0,01
21 Celle	+ 0,16	— 0,06	± 0,00	+ 0,24
22 Wolfsburg	+ 1,88	+ 0,81	+ 0,36	+ 2,35
24 Vechta-Bersenbr.	+ 0,20	+ 0,16	+ 0,04	+ 0,05
26 Diepholz	+ 0,22	+ 0,20	— 0,06	+ 0,43

Allgemein kann man wohl sagen, daß Arbeitsplatzinvestitionen zunächst eine zögernde Reaktion in der Bevölkerungsverteilung zur Folge haben. Auch dieses Verhalten ist ein Beweis für die außerordentliche Konsistenz der Bevölkerungsverteilung.

Es hat sich in bezug auf die räumliche Verteilung der Wirtschaft bisher immer die Tatsache ergeben, daß der erste gelungene Ansatz agglomerierende Wirkung auf weitere Betriebe hatte. Nun ist nach dem Zweiten Weltkrieg eine neue Industrie von beträchtlichen Ausmaßen entstanden: die Fremdenverkehrsindustrie, die allerdings seit altersher an besondere Raumvorteile gebunden ist, aber doch auch ganz neue räumliche Beziehungen entdeckt hat. Von der ökonomischen Seite her gesehen bedeutet die Fremdenverkehrsindustrie „eine Verschiebung von Kaufkraft, die sich im Fremdenverkehrsgebiet zunächst darin bemerkbar macht, ‚daß eine allseitige Belebung der produktiven Kräfte eintritt' und in einer gehobenen Kaufkraft der Wirtschafter im Fremdenverkehrsgebiet wieder auf die Wirtschaft der großen Städte und Industriegebiete zurückwirkt"[34].

Der nachfolgende Abschnitt hat die Aufgabe zu untersuchen, welche räumliche Konsistenz der Fremdenverkehr bisher gezeigt hat. Für die Beurteilung gibt es zwei statistische Quellen: die amtliche Fremdenverkehrsstatistik, die in Übersicht VI ausgewertet wurde, sie beginnt zeitlich mit der gewünschten Genauigkeit 1955/56, und die Statistik der Arbeitsgemeinschaft der Niedersächsischen Heilbäder und Kurorte, die die Regionalvereinigungen Nordsee, Mittel- und Westniedersachsen und Harz umfaßt und bis 1950 zurückgeht. Beide Statistiken ließen sich nicht vergleichbar machen, so daß die amtliche Statistik als Grundlage der nachfolgenden Betrachtungen gewählt wurde (vgl. Abb. 4).

[34] FR. SCHUHWERK: Von der Wirtschaftskraft des Fremdenverkehrs. In: Jahrbücher für Nationalökonomie und Statistik, Jena 1941, Bd. 153, S. 600.

NORDERNEY BALTRUM LANGEOOG SPIEKEROOG WANGEROOGE
JUIST
BORKUM
CUXHAVEN
WILHELMSHAVEN

I

BAD ZWISCHENAHN

LÜNEBURG

FALLINGBOSTEL

BLENHORST

II

BAD HÜSEDE

BENTHEIM

FALLERSLEBEN

BAD ESSEN
IBURG MELLE
BAD
ROTHENFELDE
LAER

BAD NENNDORF
BAD EILSEN
BAD MÜNDER

BAD SALZDETFURTH
SALZGITTER BAD

BAD PYRMONT
BODENWERDER

III

HAHNENKLEE-
BOCKSWIESE
BAD
HARZBURG

WILDEMANN
CLAUSTHAL-ZELLERFELD
ALTENAU
BAD
GANDERSHEIM
BAD GRUND
BRAUNLAGE
ST. ANDREASBERG
HOHENGEISS
BAD LAUTERBERG
BAD
SACHSA

	SEEHEILBAD
	SEEBAD
●	HEILBAD
⊖	KNEIPPHEILBAD
⊖	KNEIPPKURORT
△	HEILKLIMATISCHER KURORT
✕	WINTERSPORTPLATZ
—	STAATLICH ANERKANNT

I REGIONALVEREINIGUNG DER NORDSEEHEILBÄDER UND
NORDSEEBÄDER NIEDERSACHSENS;

II REGIONALVEREINIGUNG DER HEILBÄDER UND KURORTE
MITTEL- UND WESTNIEDERSACHSENS;

III REGIONALVEREINIGUNG DER HARZER HEILBÄDER
KURORTE

Abb. 4: Verteilung der Heilbäder in Nordwestdeutschland

121

Wie hat sich das Fremdenverkehrspotential im Laufe der Entwicklung verteilt?

1. Es entfielen bei den Seebädern auf die 9 großen Plätze (in %)

	1957/58	1961/62	1964/65	1968/69
Baltrum	5,1	6,3	6,3	5,7
Borkum	13,6	14,3	15,0	15,0
Cuxhaven	16,8	16,1	14,9	17,3
Juist	14,0	12,6	12,5	10,3
Langeoog	7,7	7,1	7,1	8,0
Norderney	19,1	18,8	19,4	16,7
Spiekeroog	5,5	4,2	4,0	3,6
Wangerooge	8,3	8,0	7,3	6,9
Wilhelmshaven	5,1	4,5	3,5	2,9
insgesamt:	95,2	91,9	90,0	86,4

Prozent aller Übernachtungen in Seebädern in Niedersachsen.

Es stiegen die Fremdenverkehrsübernachtungen in

	1957/58	1961/62	1964/65	1968/69
Esens-Bensersiel	0,0	0,1	0,2	1,3
Greetsiel		0,1	0,2	0,2
Hooksiel		0,1	0,2	0,3
Langwarden	0,5	0,4	0,6	1,4
Minsen-Horumersiel	1,5	1,6	2,0	2,8
Sahlenberg	1,9	2,2	2,6	3,0
insgesamt:	3,9	4,5	5,8	9,0

Prozent aller Übernachtungen in Seebädern in Niedersachsen.

Dabei stiegen die Übernachtungen absolut von

| 2,5 Mio | 3,7 Mio | 4,4 Mio | auf 5,9 Mio[35]). |

---

[35]) 1957/58 ist 1 % = 25 559 Übernachtungen,
1968/69 ist 1 % = 59 056 Übernachtungen.

2. Es entfielen bei den Heilbädern und Luftkurorten auf

	1955/56	1957/58	1961/62	1964/65	1968/69
Harzburg	6,1	5,5	4,9	5,3	6,0
Nenndorf	8,1	7,6	6,7	7,3	7,3
Pyrmont	11,8	10,3	10,2	10,2	10,6
Sachsa	6,8	6,0	5,7	5,4	6,7
Braunlage	9,5	8,4	9,0	9,0	8,7
Grund	4,5	2,7	2,1	2,1	1,7
Iburg	0,9	0,9	1,6	1,9	2,0
Lauterberg	3,5	1,9	4,2	4,5	4,1
Zwischenahn	0,4	0,4	1,1	1,9	2,1
Hohegeiß	2,1	1,7	1,8	2,1	2,5
St. Andreasberg		4,5	4,7	3,6	4,2
Altenau	3,8	4,4	4,2	4,2	5,5
Wildemann	4,2	3,2	4,1	4,1	3,0
Hahnenklee	(4,5)	4,7	4,7	4,5	6,9
	(66,2)	62,2	65,0	66,1	69,3

Prozent aller Übernachtungen in Heilbädern und Kurorten in Niedersachsen bei einer absuluten Steigerung von

4,6 Mio	5,8 Mio	7,2 Mio	8,1 Mio	auf 7,6 Mio

Es zeigt sich also, daß der Kreis der beteiligten Gemeinden und ihr Anteil außerordentlich konsistent geblieben ist. Die 14 größeren Heilbäder und Luftkurorte haben in dem gesamten Zeitabschnitt immer einen Marktanteil von rd. 2/3 aller Übernachtungen in diesem Sektor auf sich gezogen. Es ist nicht ausgeschlossen, daß die erste Erhebung für die Zeit 1955/56 den Anteil der größeren Bade- und Luftkurorte überhöht darstellt, weil die Statistiken zunächst unvollständig waren. Wenn das richtig ist, würde der Marktanteil der einzelnen Orte noch starrer sein, als ich gemeinhin annehme.

Die größten relativen Veränderungen haben sich in den folgenden Orten ergeben (1955/56 auf 1968/69):

Bad Eilsen	von 0,7 auf 4,4	=	+ 3,6
Bad Gandersheim	von 0,18 auf 0,77	=	+ 0,6
Bad Grund	von 4,5 auf 1,7	=	− 2,8
Bad Iburg	von 0,9 auf 2,0	=	+ 1,1
Bad Lauterberg	von 3,5 auf 4,9	=	+ 0,6
Bad Rehburg	von 4,6 auf 1,2	=	− 3,4
Bad Rothenfelde	von 4,2 auf 3,7	=	− 0,5
Bad Zwischenahn	von 0,4 auf 2,1	=	+ 1,7
Braunlage	von 9,5 auf 8,7	=	− 0,8
Clausth.-Zellerfeld	von 4,7 auf 2,6	=	− 2,1
Wildemann	von 4,2 auf 3,0	=	− 1,2
Altenau	von 3,8 auf 5,5	=	+ 1,7
Bevensen	von 0,3 auf 2,3	=	+ 2,0
Buntenbock	von 0,3 auf 1,3	=	+ 1,0
Zorge	von 0,3 auf 1,0	=	+ 0,7
Neuhaus	von 0,8 auf 2,1	=	+ 1,3

4.5. Die ökonomische Kausalität im Raumgefüge

4.5.1. Die gesamtwirtschaftliche und sektorale regionale Produktivität in Nordwestdeutschland

Dieser Abschnitt ist von entscheidender Bedeutung, weil er über die Bevölkerungs- und Arbeitsstättenverteilung hinaus einen Einblick in die ökonomische Kausalität in dem gekennzeichneten Raumgefüge vermitteln will, und zwar in 3 Stufen: (1) zunächst hinsichtlich der Erstellung des Bruttoinlandsproduktes, sodann (2) hinsichtlich der Arbeitsproduktivität in den einzelnen Land- und Stadtkreisen und (3) bezüglich der Konstruktion einer Rangfolge der regionalen Strukturgleichungen im Rahmen der Bundesrepublik.

„Das in einer kleinen Region erwirtschaftete Bruttoinlandsprodukt fällt in seiner Zusammensetzung stets anders aus als das im gleichen Gebiet investierte und konsumierte Inlandsprodukt"[36]). Zur Verfügung für regionale Vergleiche steht jedoch bisher nur die Entstehungsseite des Bruttoinlandsproduktes, diese wiederum in folgender Berechnung: absolute Werte, das Bruttoinlandsprodukt je Einwohner bzw. je Kopf der Wirtschaftsbevölkerung und für das Jahr 1961 auch je Beschäftigten.

Es kann kaum einem Zweifel unterliegen, daß die einzige echte Bezugnahme zwischen Bruttoinlandsprodukt und Bevölkerung das BIP je Beschäftigten darstellt. Diese Berechnung konnte jedoch für 1961 nur auf Grund „einer Sonderaufbereitung der Arbeitsstättenzählung 1961 gewonnen werden" (S. X). In der Regel stehen nur die Kopfwerte je Wohn- und Wirtschaftsbevölkerung zur Verfügung, wobei „die Konzeption der Wirtschaftsbevölkerung ... in etwa den Beschäftigten die Bevölkerungszahl zu(ordnet), aus der die Erwerbstätigkeit resultiert" (S. XI).

---

[36]) Das Bruttoinlandsprodukt der kreisfreien Städte und Landkreise 1957—1966. Sozialproduktsberechnungen der Länder, H. 3/1968, S. VII.

Tabelle 19:

Regionale Verteilung des BIP in Nordwestdeutschland

Gebiet (Abgrenzung nach geschlossenen Kreisen)		Wohnbevölkerung 1961		Wirtschaftsbevölkerung 1961		
		insges.	in % von Nds. und Bremen	insges.	in % von Nds. und Bremen	Abweich. gegenüb. d. Wohnbevölk. in %
I. Ballungsgebiete*)						
1. Hannover	Kernstadt	573 282	7,9	727 500	10,0	+26,9
	Umland	291 837	3,4	213 300	2,9	—26,9
	zusammen	865 119	11,3	940 800	12,9	+ 8,7
2. Bremen	Kernstadt	621 829	8,4	708 900	9,7	+14,0
	Umland	69 971	0,9	49 200	0,7	—29,7
	zusammen	691 800	9,3	758 100	10,4	+ 9,6
3. Braunschweig	Kernstadt	420 923	5,7	527 600	7,3	+25,3
	Umland	325 977	4,4	243 400	3,3	—25,3
	zusammen	746 900	10,1	771 000	10,6	+ 3,2
4. Osnabrück	Kernstadt	138 658	1,8	188 400	2,6	+35,9
	Umland	120 883	1,6	89 600	1,2	—25,9
	zusammen	259 541	3,4	278 000	3,8	+ 7,1
5. Bremerhaven	Kernstadt	141 849	1,9	144 400	2,0	+ 1,8
	Umland	72 310	0,9	53 900	0,7	—25,5
	zusammen	214 159	2,8	198 300	2,7	— 7,4
Ballungsgebiete zusammen	Kernstadt	1 896 541	25,7	2 296 800	31,8	+21,1
	Umland	880 978	11,2	649 400	8,9	—26,3
	zusammen	2 777 519	36,9	2 946 200	40,7	+ 6,1
II. Übrige kreisfreie Städte**)		622 679	8,4	703 100	9,7	+12,9
III. Übrige Landkreise mit 100 und mehr E/qkm		2 498 166	33,9	2 259 600	31,3	— 9,5
IV. Übrige Landkreise mit weniger als 100 E/qkm		1 448 801	20,8	1 316 400	18,2	— 9,1
Niedersachsen und Bremen insges.		7 347 165	100,0	7 225 300		— 1,7
dar.: LK Neustadt a. Rbge.		75 651	1,1	53 900		—28,8
LK Grafschaft Hoya		111 859	1,7	91 300		—18,4
LK Verden		83 412	1,3	65 700		—21,2

*) Es rechnen
zum Ballungsgebiet Hannover: Kernstadt StK Hannover,
zum Ballungsgebiet Bremen: StK Bremen, Delmenhorst,
zum Ballungsgebiet Braunschweig: StK Braunschweig, Salzgitter und Wolfsburg,
zum Ballungsgebiet Osnabrück: StK Osnabrück,
zum Ballungsgebiet Bremerhaven: StK Bremerhaven;
**) Göttingen St wird als kreisangehörige Gemeinde geführt.

Bruttoinlandsprodukt in Niedersachsen und Bremen			Regionale Verteilung des Bruttoinlandsproduktes nach der Erstellung in % von Nds. und Bremen		
in Mio DM	DM je E	in DM je Kopf d. Wirtsch.-Bevölkerung			
1961	1961	1961	1957	1961	1966
4 975,2	8 680,84	6 840	12,8	12,8	12,5
1 401,2	4 794,85	6 579	3,3	3,6	3,8
6 376,4	7 368,55		16,1	16,4	16,3
4 895,2	7 871,96	7 010	14,1	12,5	12,5
163,3	2 333,36	3 318	0,5	0,4	0,5
5 058,5	7 311,68		14,6	12,9	13,0
4 028,8	9 570,64	7 636	8,8	10,3	10,5
1 192,5	3 658,44	4 899	2,9	3,0	2,9
5 221,3	6 990,51		11,7	13,3	13,4
1 052,2	7 581,95	5 590	2,6	2,7	2,5
469,5	3 883,37	5 241	1,6	1,2	1,1
1 521,7	5 859,97		4,2	3,9	3,6
631,0	4 448,39	4 370	1,6	1,6	1,6
178,8	2 471,83	3 320	0,4	0,4	0,5
809,8	3 780,86		2,0	2,0	2,1
15 582,4	8 216,15	6 785	39,9	39,9	39,6
3 405,3	3 863,47	5 247	8,7	8,6	8,8
18 987,7	6 835,11		48,6	48,5	48,4
3 372,1	5 425,95	4 796		8,5	
10 705,6	4 285,58	4 739	51,4	27,3	51,6
5 856,5	4 038,13	4 449		15,7	
38 922,1	5 297,12		100,0	100,0	100,0
291,6	3 854,34	5 410			
414,8	3 706,28	4 543			
273,6	3 280,34	4 164			

**) Umland LK Hannover, Burgdorf,
 Umland LK Osterholz,
 Umland LK Braunschweig, StK Wolfenbüttel,
 Umland LK Gifhorn,
 Umland LK Osnabrück,
 Umland LK Wesermünde.

Tabelle 20: Die gesamtwirtschaftlichen und sektoralen Produktivitäten in Nordwestdeutschland 1961
a) Gesamtwirtschaftliche Produktivität

	Reg.-Bez. Hannover	Reg.-Bez. Hildesheim	Reg.-Bez. Lüneburg	Reg.-Bez. Stade	Reg.-Bez. Osnabrück	Reg.-Bez. Aurich	Verw.-Bez. Braunschweig	Bremen und Verw.-Bez. Oldenburg
6 000— 7 000 DM				Osterholz		Wittmund		
7 000— 8 000 DM					Aschendorf-Hümmling			
8 000— 9 000 DM			Lüchow-Dannenberg		Witlage	Aurich; Leer	Blankenburg	Cloppenburg
9 000—10 000 DM	Springe	Hildesheim St; Alfeld; Zellerfeld	Harburg; Lüneburg L	Bremervörde; Rotenburg; Verden; Stade	Bersenbrück		Goslar St; Braunschweig L	Vechta
10 000—11 000 DM	Hoya; Hameln-Pyrmont; Schaumburg; Schaumburg-Lippe	Einbeck; Münden	Gifhorn; Uelzen; Soltau	Cuxhaven St	Bentheim; Melle	Norden	Braunschweig St	Ammerland; Oldenburg L; Wilhelmshaven
11 000—12 000 DM	Hameln St; Neustadt a. Rbge.	Duderstadt; Northeim; Osterode; Göttingen; Peine	Burgdorf; Celle St; Lüneburg St		Osnabrück St		Gandersheim; Goslar L	Bremerhaven; Delmenhorst St; Friesland; Oldenburg St
12 000—13 000 DM	Nienburg; Diepholz	Hildesheim-Marienburg; Holzminden	Celle L; Fallingbostel		Lingen		Wolfenbüttel	
13 000—14 000 DM	Hannover St					Emden St	Helmstedt	
14 000—15 000 DM					Osnabrück L; Meppen			Bremen St
15 000—16 000 DM	Hannover L							
16 000—17 000 DM								Wesermarsch
17 000—18 000 DM								
18 000—19 000 DM							Salzgitter St	
19 000—20 000 DM								
20 000—21 000 DM								
21 000—22 000 DM								
22 000—23 000 DM								
23 000—24 000 DM								
24 000—25 000 DM								
25 000—26 000 DM								
26 000—27 000 DM								
27 000—28 000 DM			Wolfsburg St					

Gesamtwirtschaftliche Produktivität der BRD = 12 500 DM

b) Land- und Forstwirtschaft

	Reg.-Bez. Hannover	Reg.-Bez. Hildesheim	Reg.-Bez. Lüneburg	Reg.-Bez. Stade	Reg.-Bez. Osnabrück	Reg.-Bez. Aurich	Verw.-Bez. Braunschweig	Bremen und Verw.-Bez. Oldenburg
4 000— 5 000 DM						Aurich		
5 000— 6 000 DM				Osterholz	Aschendorf-Hümmling Wittlage	Leer Wittmund		Cloppenburg
6 000— 7 000 DM	Diepholz Nienburg Neustadt a. Rbge.	Duderstadt Peine Osterode	Fallingbostel Gifhorn Lüchow-Dannenberg Soltau Harburg	Bremervörde Verden Land Hadeln Stade Rotenburg Wesermünde	Bentheim Meppen	Norden		Wesermarsch
7 000— 8 000 DM		Einbeck Münden Northeim Holzminden	Burgdorf Lüneburg L		Bersenbrück L Lingen Melle Osnabrück L		Braunschweig L Goslar L Helmstedt Wolfenbüttel	Ammerland Oldenburg L Friesland Vechta
8 000— 9 000 DM	Hoya Hannover L Hameln-Pyrmont Springe Schaumburg	Göttingen Hildesheim-Marienburg					Blankenburg Gandersheim	
9 000—10 000 DM	Schaumburg-Lippe	Alfeld	Uelzen					
10 000—11 000 DM		Zellerfeld						Bremen Land
11 000—12 000 DM								

Sektorale Produktivität im Bundesgebiet 1961 = 6 019 DM

129

c) Sektorale Produktivität in warenproduzierendem Gewerbe

	Reg.-Bez. Hannover	Reg.-Bez. Hildesheim	Reg.-Bez. Lüneburg	Reg.-Bez. Stade	Reg.-Bez. Osnabrück	Reg.-Bez. Aurich	Verw.-Bez. Braunschweig	Bremen und Verw.-Bez. Oldenburg
6 000— 7 000 DM		Hildesheim St			Aschendorf-Hümmling	Wittmund		
7 000— 8 000 DM				Osterholz				
8 000— 9 000 DM				Wesermünde			Goslar St	Wilhelmshaven Bremerhaven
9 000—10 000 DM	Springe	Alfeld	Lüchow-Dannenberg	Rotenburg Verden		Aurich Leer	Braunschweig St Braunschweig L Blankenburg	Oldenburg St
10 000—11 000 DM	Schaumburg Schaumburg-Lippe		Harburg Lüneburg L	Cuxhaven Land Hadeln Stade	Osnabrück St Wittlage Melle Bersenbrück Bentheim			Ammerland Vechta
11 000—12 000 DM	Hoya Hameln-Pyrmont	Einbeck Peine Göttingen Zellerfeld	Celle St Lüneburg St Soltau Uelzen	Bremervörde			Gandersheim	Oldenburg L
12 000—13 000 DM	Hameln St	Minden Northeim						Delmenhorst St Cloppenburg
13 000—14 000 DM	Hannover St	Osterode					Helmstedt	Bremen St Friesland
14 000—15 000 DM	Neustadt a. Rbge.	Hildesheim-Marienburg Holzminden				Emden St	Goslar L	
15 000—16 000 DM		Duderstadt	Gifhorn				Wolfenbüttel	
16 000—17 000 DM	Diepholz				Osnabrück L			
17 000—18 000 DM								
18 000—19 000 DM	Hannover L		Burgdorf Celle L Fallingbostel					
19 000—20 000 DM	Nienburg							
20 000—21 000 DM						Norden	Salzgitter St	
21 000—22 000 DM								
22 000—23 000 DM								
23 000—24 000 DM								
24 000—25 000 DM					Meppen			
25 000—26 000 DM								Wesermarsch
26 000—27 000 DM								
27 000—28 000 DM								
28 000—29 000 DM								
29 000—30 000 DM								
30 000—31 000 DM			Wolfsburg St					

d) Handel und Verkehr

	Reg.-Bez. Hannover	Reg.-Bez. Hildesheim	Reg.-Bez. Lüneburg	Reg.-Bez. Stade	Reg.-Bez. Osnabrück	Reg. Bez. Aurich	Verw.-Bez. Braunschweig	Bremen und Verw.-Bez. Oldenburg
7 000— 8 000 DM						Wittmund	Goslar L	
8 000— 9 000 DM	Schaumburg	Zellerfeld	Burgdorf Celle L Wolfsburg St	Land Hadeln Osterholz Wesermünde	Aschendorf-Hümmling	Aurich Leer		
9 000—10 000 DM	Springe Hameln-Pyrmont Nienburg Schaumburg-Lippe	Einbeck Holzminden Duderstadt Osterode Alfeld	Celle St Fallingbostel Harburg Lüchow-Dannenberg Gifhorn Lüneburg L		Bersenbrück Lingen Wittlage	Norden	Gandersheim Helmstedt Braunschweig L Blankenburg Wolfenbüttel	Delmenhorst St Friesland
10 000—11 000 DM	Hannover L	Hildesheim St Hildesheim-Marienburg Peine Northeim Münden	Lüneburg St Uelzen	Cuxhaven St Stade Bremervörde Rotenburg Verden	Melle			Cloppenburg Oldenburg L Wesermünde
11 000—12 000 DM	Hameln St Hoya Diepholz Neustadt a. Rbge.	Göttingen	Soltau		Osnabrück L Meppen		Braunschweig St Goslar St	Oldenburg St Vechta Wilhelmshaven St
12 000—13 000 DM					Osnabrück St.			Bremerhaven
13 000—14 000 DM	Hannover St							
14 000—15 000 DM					Bentheim	Emden		
15 000—16 000 DM								Ammerland
16 000—17 000 DM							Salzgitter	Bremen St

Sektorale Produktivität im Bundesgebiet 1961 = 12 445 DM

131

e) Übrige Dienstleistungen

	Reg.-Bez. Hannover	Reg.-Bez. Hildesheim	Reg.-Bez. Lüneburg	Reg.-Bez. Stade	Reg.-Bez. Osnabrück	Reg.-Bez. Aurich	Verw.-Bez. Braunschweig	Bremen und Verw.-Bez. Oldenburg
7 000— 8 000 DM	Zellerfeld						Blankenburg	
8 000— 9 000 DM						Norden		
9 000—10 000 DM						Wittmund		
10 000—11 000 DM	Hameln-Pyrmont		Burgdorf	Cuxhaven St				
11 000—12 000 DM	Schaumburg	Duderstadt Osterode Münden	Celle St Harburg Lüchow-Dannenberg	Bremervörde	Aschendorf-Hümmling Melle	Emden St Leer	Goslar St Goslar L Wolfenbüttel	Wilhelmshaven Bremerhaven
12 000—13 000 DM	Springe Hameln St Hoya	Alfeld Northeim Einbeck Peine Holzminden		Land Hadeln Osterholz Rotenburg Verden	Osnabrück St Osnabrück L Bersenbrück Lingen Meppen Bentheim Wittlage		Braunschweig St Braunschweig L Helmstedt Salzgitter St	Friesland Wesermarsch Vechta
13 000—14 000 DM	Hannover St Neustadt a. Rbge. Schaumburg-Lippe	Hildesheim St Hildesheim-Marienburg Göttingen	Lüneburg St Celle Gifhorn Lüneburg L Fallingbostel Soltau Uelzen	Stade Wesermünde			Gandersheim	Delmenhorst St Oldenburg St Cloppenburg Ammerland Bremen St
14 000—15 000 DM	Nienburg					Aurich		Oldenburg L
15 000—16 000 DM	Diepholz Hannover L							
16 000—17 000 DM	Wolfsburg							

Sektorale Produktivität im Bundesgebiet 1961 = 13 793 DM

Nach diesen Vorbemerkungen beginne ich mit der angekündigten Darstellung über die regionale Verteilung der Produktivität:

(1) Eine Übersicht über die regionale Erstellung des Bruttoinlandsproduktes enthält die Tabelle 19, die jedoch die Werte je Beschäftigten nicht aufführt, weil sie uns anschließend eingehend beschäftigen werden. Dafür wurde noch die regionale Verteilung der absoluten Beträge auf den Gesamtraum Nordwestdeutschland nach Prozenten aufgenommen. Die Tabelle, die den Raum Nordwestdeutschland nach Ballungsgebieten mit der Untergliederung der einzelnen Verdichtungsgebiete und diese wiederum nach Kernstadt und Umland und die Nichtballungsgebiete nach den übrigen kreisfreien Städten, den übrigen Landkreisen mit 100 E und mehr je qkm und übrigen Landkreise mit weniger als 100 E unterteilt, läßt folgendes erkennen:

Zunächst zeigt sich, daß sich die regionale Unterteilung des BIP von 1957 bis 1966 zwischen Ballungsgebieten und den übrigen Gebieten nicht verschoben hat. Im einzelnen sind zwar Verschiebungen erfolgt, die aber in einem anderen Zusammenhang diskutiert werden sollen. Es fällt weiter auf, daß ein beträchtlicher Teil des Umlandes an der Erstellung des BIP in den Kernstädten mitgearbeitet hat und auch Erwerbstätige aus Kreisen außerhalb des Umlandes in der Kernstadt bzw. im Umland arbeiten. Die absolute und relative Überhöhung der Wohnbevölkerung durch die Wirtschaftsbevölkerung kann aus der Tabelle abgelesen werden. Die Zahlen des BIP je Kopf der Wirtschaftsbevölkerung lassen schließlich erkennen, daß die Bedeutung des Umlandes für die Kernstadt außerordentlich unterschiedlich ist. Man braucht nur das BIP je Kopf der Wirtschaftsbevölkerung des Umlandes von Hannover, Bremen und Osnabrück zu vergleichen. Es ist schließlich nicht uninteressant, daß in den Nichtballungsgebieten die kreisfreien Städte 1961 8,5 %, die Landkreise mit 100 und mehr Einwohnern je qkm 27,3 % und die Landkreise unter 100 E je qkm 15,7 % des BIP erstellten.

(2) Die Gemeinschaftsveröffentlichung der Statistischen Landesämter gestattet eine Einordnung eines jeden Stadt- und Landkreises in bezug auf die durchschnittliche (auf das Bundesgebiet bezogene) Arbeitsproduktivität für das Jahr 1961. In der Tabelle 20 sind alle nordwestdeutschen Stadt- und Landkreise enthalten, und zwar registriert nach der gesamtwirtschaftlichen Produktivität, der Produktivität im warenproduzierenden Gewerbe, in Land- und Forstwirtschaft, in Handel und Verkehr und in den übrigen Dienstleistungen. Der Bundesdurchschnitt wurde besonders gekennzeichnet. Es kann somit für jede regionale Einheit die gesamtwirtschaftliche und sektorale Stellung im System der Bundesrepublik in absoluten Zahlen je Beschäftigten abgelesen werden. Und wenn die Übersicht über die Kreise in den einzelnen Leistungsstufen zahlenmäßig zusammengefaßt wird, dann zeigt sich folgendes Schema für die gesamtwirtschaftliche und sektorale Einstufung der 77 Kreiseinheiten:

Leistungsstufe je Beschäftigten in DM	Gesamtwirtschl. Produktivität Zahl der Kreise		Land- und Forstwirtschaft Zahl der Kreise		Warenproduz. Gewerbe Zahl der Kreise		Handel und Verkehr Zahl der Kreise		Übrige Dienstleistungen Zahl der Kreise	
	absolut	in %	absolut	in %	absolut	in %	absolut	in %	absolut	in %
4 000— 5 000	1	1,3	1	1,7	1	1,3				
[5 000— 6 000	2	2,6	6	10,0	3	3,9				
6 000— 7 000	8	10,4	21	35,0	4	5,2	2	2,6	3	3,9
7 000— 8 000	14	18,2	18	30,0	11	14,3	11	14,3		
8 000— 9 000	17	22,1	9	15,0	14	18,2	26	33,8	1	1,3
9 000—10 000	17	22,1	3	5,0	13	16,9	17	22,1	3	3,9
10 000—11 000	8	10,4	1	1,7	5	6,5	13	16,9	17	22,1
11 000—12 000	3	3,9	1	1,7	5	6,5			26	33,8
12 000—13 000	3	3,9			5	6,5	2	2,6	21	27,3
13 000—14 000	1	1,3			3	3,9	1	1,3	3	3,9
14 000—15 000	1	1,3			1	1,3	2	2,6	2	2,6
15 000—16 000					1	1,3	1	1,3	1	1,3
16 000—17 000					1	1,3	2	2,6		
17 000—18 000					1	1,3				
18 000—19 000	1	1,3			4	5,2				
19 000—20 000					1	1,3				
20 000—21 000					3	3,9				
21 000—22 000										
22 000—23 000										
23 000—24 000										
24 000—25 000					1	1,3				
25 000—26 000					1	1,3				
26 000—27 000										
27 000—28 000	1	1,3			1	1,3				
28 000—29 000										
29 000—30 000										
30 000—31 000										
	77	100	60	100	77	100	77	100	77	100

Zusammengefaßte Gruppen (Klammerwerte): Gesamtwirtschl. Produktivität 59 / 18; Land- und Forstwirtschaft 7 / 53; Warenproduz. Gewerbe 51 / 26; Handel und Verkehr 69 / 8; Übrige Dienstleistungen 50 / 27.

Bundesdurchschnitt

Es mag sein, daß die Ziffern für das Jahr 1961, wie WÄLDCHEN meint, an Aktualität verloren haben, weil sie mehr als 10 Jahre zurückliegen, aber sie sind insofern von Interesse, weil sie „in systematischer Weise den Zusammenhang zwischen allgemeinem wirtschaftlichen Niveau, sektoraler Produktivität und sektoraler Beschäftigung"[37]) darstellen. Es kann somit für jede Kreiseinheit aus Tabelle 20 abgelesen werden, was ein Beschäftigter im Kollektiv seines Kreises zu der Wertschöpfung beiträgt und auf welcher Stufe der Gesamtskala sein Kreis liegt. Aus Tabelle 20 geht hervor, daß in Nordwestdeutschland in der gesamtwirtschaftlichen Produktivität 59 Kreiseinheiten unter dem Bundesdurchschnitt und 16 auf dem Bundesdurchschnitt und darüber, in Land- und Forstwirtschaft 7 Kreise unter dem Bundesdurchschnitt und 53 Kreise auf dem Bundesdurchschnitt und darüber, im warenproduzierenden Gewerbe 51 unter dem Bundesdurchschnitt und 26 auf dem Bundesdurchschnitt und darüber, in Handel und Verkehr 69 Stadt- und Landkreise unter dem Bundesdurchschnitt und 8 auf dem Bundesdurchschnitt und darüber und in den übrigen Dienstleistungen 50 unter dem Bundesdurchschnitt und 27 Kreiseinheiten auf dem Bundesdurchschnitt und darüber liegen. Wenn es eine gleiche Aufgliederung für das Jahr 1970 geben würde, könnte man leicht feststellen, welche Produktivitätsverschiebungen eingetreten sind.

Die Häufigkeitsverteilung der Kreise auf die einzelnen Leistungsstufen gestattet schließlich eine Prüfung der Frage, ob Nordwestdeutschland eine Ähnlichkeit mit der Bundesrepublik besitzt und bzw. oder ob eklatante Abweichungen vorhanden sind. Aus Tabelle 21 ergibt sich, daß 1961 auf Grund der wirtschaftlichen Leistung insgesamt im Bundesgebiet 72,1 % und Nordwestdeutschland 76,7 % aller Kreise unter dem Bundesdurchschnitt lagen, in der Land- und Forstwirtschaft 59,4 % im Bundesgebiet und in Nordwestdeutschland nur 21,7 % (d. h. weniger als die Hälfte), im warenproduzierenden Gewerbe 72,8 % im Bundesrahmen und 66,3 % in Nordwestdeutschland (was ein beachtliches Ergebnis darstellt), im Handel und Verkehr im Bundesgebiet 86,7 % und in Nordwestdeutschland 89,7 %, in den übrigen Dienstleistungen schließlich im Bundesgebiet 56,7 % und in Nordwestdeutschland 65 % aller Kreise. Eine genauere Prüfung der Häufigkeitsverteilung läßt erkennen, daß in allen Bereichen in weiten Teilen außerordentliche Ähnlichkeiten vorhanden sind, allerdings mit drei erkennbaren Ausnahmen, die als Charakteristika für Nordwestdeutschland bewertet werden müssen: Im Bereich der Land- und Forstwirtschaft fehlen die unteren (schlechten) Leistungsstufen, in den übrigen Dienstleistungen die obersten (überdurchschnittlichen), und in dem entscheidenden Bereich des warenproduzierenden Gewerbes sind die überdurchschnittlichen Kreise gut vertreten, während direkt unter, im und über dem Bundesdurchschnitt eine bemerkenswerte Schwächezone vorhanden ist.

(3) PAUL WÄLDCHEN hat darüber hinaus eine Indexformel entwickelt, „die die wesentlichen wirtschaftlichen Merkmale einer Region zusammenfaßt" (S. 825) und die er als „regionale Strukturgleichung" bezeichnet. Der entscheidende Fortschritt ist darin zu sehen, daß außer den Leistungswerten je Beschäftigten in den einzelnen Bereichen ihr Verhältnis zum Bundesdurchschnitt und ihr Beschäftigtenanteil in die Gleichung eingeht. WÄLDCHEN definiert die durchschnittliche Produktivität oder das Produktivitätsniveau einer Region als die Summe der sektoralen Produktivitäten — gemessen an der nationalen (bundesdeutschen) gesamtwirtschaftlichen Produktivität — jeweils multipliziert mit dem sektoralen Beschäftigtenanteil. Eine Übersicht der Strukturgleichungen aller Kreiseinheiten für das Jahr 1961 ist in Tabelle 22 wiedergegeben. Sie ist außerdem in das Kartenbild

---

[37]) P. WÄLDCHEN: Regionale Strukturgleichungen für die Bundesrepublik Deutschland. In: Informationen 24/67 (1967).

Tabelle 21:

Häufigkeitsverteilung der Kreise auf die Leistungsstufen
(in Prozenten)

Leistungsstufe je Beschäftigten in DM	Wirtschaft insgesamt		Land- und Forstwirtsch.		Warenprod. Gewerbe		Handel u. Verkehr		Übrige Dienstleist.	
	Bund	NW	Bund	NW	Bund	NW	Bund	NW	Bund	NW
unter 3 000			1,9							
3 000— 4 000			9,2							
4 000— 5 000			24,5	1,7						
5 000— 6 000	0,9		23,8	10,0	0,2					
6 000— 7 000	2,8	1,3	20,2	35,0	1,1	1,3	0,2			
7 000— 8 000	9,0	2,6	9,6	30,0	4,6	3,9	4,3	2,6	0,7	3,9
8 000— 9 000	15,1	10,4	5,2	15,0	8,1	5,2	14,4	14,3	1,9	
9 000—10 000	17,0	18,2	2,6	5,0	15,8	14,3	26,6	33,8	2,5	1,3
10 000—11 000	14,0	22,1	1,4	1,7	15,2	18,2	25,4	22,1	9,2	3,9
11 000—12 000	13,3	22,1	1,1	1,7	17,0	16,9	15,8	16,9	18,6	32,1
12 000—13 000	11,0	10,4	0,5		10,8	6,5	6,7	2,6	23,8	33,8
13 000—14 000	7,8	3,9			8,1	6,5	3,5	1,3	16,8	27,3
14 000—15 000	3,9	3,9			5,5	6,5	1,4	2,6	8,5	3,9
15 000—16 000	2,6	1,3			4,8	3,9	0,5	1,3	8,7	2,6
16 000—17 000	0,7	1,3			2,6	1,3	0,7	2,6	5,3	1,3
17 000—18 000	0,4				1,6	1,3	0,5		1,8	
18 000—19 000	0,4				1,6	4,2			0,9	
19 000—20 000					0,4	1,3			0,2	
20 000—21 000	0,7				0,5	3,9			0,5	
21 000—22 000					0,5				0,2	
22 000—23 000									0,2	
23 000—24 000									0,2	
24 000—25 000					0,4	1,3				
25 000—26 000					0,4	1,3				
26 000—27 000										
27 000—28 000	0,4	1,3			0,2					
28 000—29 000										
29 000—30 000										
30 000—31 000					0,2	1,3				
31 000—32 000										
32 000—33 000										
33 000—34 000					0,2					
34 000 und mehr					0,2					
	100,0	100,0	100,0	100,0	100,0	100,0	100,0	100,0	100,0	100,0

_____ Bundesdurchschnitt

(Abb. 5) übersetzt worden. Um die Eckwerte klarzustellen, werden vorweg die regionalen Strukturgleichungen für die Bundesrepublik Deutschland, das Land Niedersachsen, Hamburg und Bremen angeführt. Sie lauten:

für			Landwirtschaft		Warenproduz. Gewerbe		Handel und Verkehr		Übrige Dienstleistungen	
			sektorale Produktivität	Beschäftigtenanteil	sektorale Produktivität	Beschäftigtenanteil	sektorale Produktivität	Beschäftigtenanteil	sektorale Produktivität	Beschäftigtenanteil
Bundesrepublik	100	=	0,482 ×	11,41 +	1,08 ×	49,51 +	0,996 ×	19,50 +	1,10 ×	19,58
Land Niedersachsen	93,64	=	0,559 ×	17,42 +	1,07 ×	42,74 +	0,88 ×	19,52 +	1,01 ×	20,30
Hamburg	141,55				1,47 ×	39,98 +	1,56 ×	33,09 +	1,20 ×	25,49
Bremen Stadt	120,89				1,09 ×	43,77 +	1,30 ×	33,59 +	1,06 ×	27,56

Aus den Gleichungen ist zu entnehmen, daß die sektorale Produktivität der niedersächsischen Landwirtschaft besser ist als der Bundesdurchschnitt, aber auch der Beschäftigtenanteil ist um 50 % höher. Die sektorale Produktivität des niedersächsischen warenproduzierenden Gewerbes lag fast auf der Höhe des Bundesdurchschnitts (1,07 gegen 1,08), aber im Beschäftigtenanteil zu niedrig (42,74 gegen 49,51). Im Vergleich zur Stadt Bremen schneidet Niedersachsen im gewerblichen Sektor gar nicht schlecht ab, weil sektorale Produktivität und Beschäftigtenanteil fast den Anteilen von Bremen entsprechen. Dagegen ist die industrielle Produktivität von Hamburg unvergleichlich viel höher (1,47 gegen 1,07). In Handel und Verkehr ist Niedersachsen Hamburg und Bremen in Produktivität und Beschäftigtenanteil weit unterlegen (0,88 : 1,56 : 1,30 bzw. 19,52 : 33,09 : 33,59), nicht so stark in den Dienstleistungen (1,01 : 1,20 : 1,06 bzw. 20,30 : 25,49 : 27,56).

Die regionale Verteilung der Leistungserstellung in Nordwestdeutschland ist sehr differenziert und schwierig darzustellen. Ich gehe so vor, daß nacheinander der Raum zwischen Hamburg und Bremen, das Emsland, der Raum um Hannover und Südniedersachsen betrachtet werden.

Der Raum, der sich zwischen den Leistungszentren Hamburg und Bremen aufbaut, zeigt folgendes Gefüge (in Punkten; Bundesindex = 100):

	Hamburg	141,55
	Bremen	120,89
Es zählen Punkte:	Verden	74,74
	Osterholz	63,50
	Bremerhaven	79,87
	Wesermünde	66,16
	Stade	79,17
	Cuxhaven	75,85
	Land Hadeln	68,76
	Harburg	73,05
	Lüneburg St	90,61
	Lüneburg L	74,36
	Uelzen	87,74
	Soltau	80,97

Die Kreise sind somit mit Ausnahme von Lüneburg St und Uelzen ausnahmslos in der Stufe 60—80 einzuordnen und liegen damit mindestens 20 Punkte unter dem Bundesdurchschnitt.

Ganz anders ist das Gefüge in der südlichen und westlichen Umgebung von Bremen.

Es zählen Punkte:	Delmenhorst	91,89
	Friesland	92,51
	Wilhelmshaven	83,96
	Wesermarsch	133,05
	Oldenburg St	89,43
	Oldenburg L	92,96
	Ammerland	83,02
	Grfsch. Hoya	82,92

Das heißt, das südliche und westliche Umland von Bremen ist eine ganze Stufe leistungsstärker als das Gebiet zwischen Hamburg und Bremen. Alle Kreise sind der Stufe 80—100 zuzuordnen, und der Kreis Wesermarsch gehört sogar zu den stärksten Leistungskernen des ganzen nordwestdeutschen Raumes.

Tabelle 22:

Regionale Strukturgleichungen für Stadt- und Landkreise in Nordwestdeutschland für das Jahr 1961

	Produktivitätsindex	Landwirtschaft			Warenproduzierendes Gewerbe			Handel u. Verkehr			Übrige Dienstleistungen		
		sektorale Produktivität	Beschäftigtenanteil		sektorale Produktivität	Beschäftigtenanteil		sektorale Produktivität	Beschäftigtenanteil		sektorale Produktivität	Beschäftigtenanteil	
9 Aurich	68,55	0,39	39,79	15,66	0,79	24,48	19,54	0,66	16,68	11,11	1,16	19,04	22,22
Norden	87,83	0,51	22,51	11,69	1,61	25,64	41,34	0,73	20,05	14,77	0,62	32,07	20,01
Emden	105,31				1,18	39,79	47,18	1,12	33,32	37,37	0,93	22,28	20,75
Leer	67,21	0,41	30,57	12,74	0,37	30,57	22,59	0,70	20,62	14,58	0,94	18,36	17,29
10 Wittmund	55,82	0,44	46,42	20,61	0,58	19,70	11,61	0,63	13,70	8,73	0,73	20,17	14,86
Friesland	92,51	0,50	17,09	8,64	1,08	53,96	58,45	0,71	13,52	10,43	0,97	15,40	14,98
Wilhelmshaven	83,96				0,64	47,18	30,53	0,94	22,74	21,48	1,09	29,26	31,93
Wesermarsch	133,05	0,54	22,10	12,07	2,05	43,16	88,54	0,85	17,04	14,61	1,01	17,58	17,81
11 Wesermünde	66,16	0,50	50,09	25,20	0,67	20,51	13,93	0,68	12,57	8,63	1,09	16,82	18,38
Bremerhaven	79,87				0,69	38,16	26,65	1,01	28,36	28,89	0,93	25,99	24,32

Noch Tabelle 22

	Produktivitäts-index	Landwirtschaft		Warenproduzierendes Gewerbe		Handel u. Verkehr		Übrige Dienstleistungen	
		sektorale Produktivität	Beschäftigten-anteil	sektorale Produktivität	Beschäftigten-anteil	sektorale Produktivität	Beschäftigten-anteil	sektorale Produktivität	Beschäftigten-anteil
12 Stade	79,17	0,54	15,13 / 27,53	0,83	28,91 / 24,03	0,80	22,52 / 18,03	1,04	21,09 / 21,97
Cuxhaven	75,85			0,81	40,40 / 32,87	0,84	22,88 / 19,24	0,85	27,68 / 23,74
Land Hadeln	68,76	0,48	19,68 / 40,93	0,84	25,32 / 21,41	0,67	17,21 / 11,59	0,97	16,52 / 16,07
13 Harburg	73,05	0,53	18,30 / 34,35	0,80	28,72 / 23,07	0,79	17,79 / 14,17	0,91	19,12 / 17,49
Hamburg	141,55			1,47	39,98 / 58,92	1,56	33,79 / 51,78	1,20	25,49 / 30,84
14 Lüneburg St	90,61			0,91	41,13 / 37,60	0,82	24,81 / 20,52	0,98	33,05 / 32,47
Lüneburg L	74,36	0,58	24,28 / 41,63	0,83	31,68 / 26,83	0,74	12,70 / 9,40	1,02	13,97 / 14,30
Uelzen	87,74	0,79	22,74 / 28,77	0,92	27,47 / 25,51	0,83	24,03 / 20,03	0,98	19,71 / 19,46
15 Lüchow-Dannenberg	66,68	0,51	23,07 / 44,50	0,72	22,20 / 16,00	0,73	15,03 / 11,10	0,90	18,25 / 16,50
16 Meppen	112,27	0,50	16,03 / 31,71	1,94	33,06 / 66,43	0,94	17,73 / 16,70	0,97	15,51 / 15,10
Aschendorf-Hümmling	56,06	0,36	15,27 / 42,32	0,62	28,55 / 17,88	0,69	15,16 / 10,54	0,90	13,61 / 12,36

Noch Tabelle 22

	Produktivitäts-index	Landwirtschaft sektorale Produktivität	Landwirtschaft Beschäftigten-anteil	Warenproduzierendes Gewerbe sektorale Produktivität	Warenproduzierendes Gewerbe Beschäftigten-anteil	Handel u. Verkehr sektorale Produktivität	Handel u. Verkehr Beschäftigten-anteil	Übrige Dienstleistungen sektorale Produktivität	Übrige Dienstleistungen Beschäftigten-anteil
17 Ammerland	83,02	0,54	36,67 / 19,86	0,86	34,40 / 29,86	1,24	13,85 / 17,18	1,06	16,06 / 16,11
Oldenburg St	89,43			0,73	34,08 / 25,13	0,89	32,40 / 29,08	1,11	31,45 / 35,20
Oldenburg L	92,96	0,54	43,08 / 23,33	0,91	27,56 / 25,31	0,81	14,86 / 12,17	1,16	27,53 / 32,14
Cloppenburg	71,57	0,38	42,80 / 16,50	0,99	28,74 / 28,69	0,81	14,53 / 11,88	1,04	13,91 / 14,48
18 Bremen	120,89			1,09	43,47 / 47,73	1,30	33,59 / 43,94	1,06	27,56 / 29,22
Osterholz	63,50	0,44	32,64 / 14,49	0,62	32,58 / 20,51	0,64	15,68 / 10,11	0,96	19,08 / 18,37
Hoya	82,92	0,68	42,31 / 29,04	0,91	23,14 / 21,25	0,91	18,36 / 16,73	0,98	16,18 / 15,89
Verden	74,74	0,50	27,41 / 13,81	0,74	35,52 / 26,31	0,81	16,86 / 13,73	1,03	20,20 / 20,87
Delmenhorst	91,89			0,98	57,30 / 56,48	0,74	20,84 / 15,47	1,05	18,88 / 19,93
19 Rotenburg	72,64	0,55	37,74 / 20,80	0,73	25,36 / 18,58	0,81	17,32 / 14,13	0,97	19,56 / 19,11
Bremervörde	73,63	0,50	43,42 / 21,88	0,88	24,51 / 21,67	0,86	16,15 / 14,03	1,00	15,90 / 16,04

Noch Tabelle 22

Kreis	Produktivitäts-index	Landwirtschaft sektorale Produktivität	Landwirtschaft Beschäftigten-anteil	Warenproduzierendes Gewerbe sektorale Produktivität	Warenproduzierendes Gewerbe Beschäftigten-anteil	Handel u. Verkehr sektorale Produktivität	Handel u. Verkehr Beschäftigten-anteil	Übrige Dienstleistungen sektorale Produktivität	Übrige Dienstleistungen Beschäftigten-anteil
20 Fallingbostel	88,95	0,50 / 13,60	26,90	1,51 / 62,38	41,28	0,77 / 10,14	13,16	0,96 / 16,29	16,84
Soltau	80,92	0,50 / 11,52	23,00	0,82 / 28,77	34,68	0,88 / 16,67	18,93	0,99 / 23,33	23,37
21 Celle St	89,67			0,94 / 37,83	39,87	0,78 / 19,60	25,05	0,95 / 32,23	33,38
Celle L	98,99	0,57 / 18,04	31,55	1,45 / 55,44	38,16	0,67 / 9,95	14,70	0,99 / 15,55	15,57
22 Gifhorn	87,89	0,55 / 20,66	37,11	1,25 / 38,49	30,68	0,76 / 11,83	15,41	1,00 / 16,90	16,77
Wolfsburg	215,74			2,42 / 196,45	80,91	0,64 / 5,08	7,92	1,29 / 14,20	10,97
23 Bentheim	85,84	0,40 / 8,92	21,88	0,92 / 46,71	50,51	1,15 / 16,56	14,36	1,03 / 13,63	13,23
Lingen	104,11	0,53 / 15,54	29,18	1,61 / 57,59	35,62	0,76 / 14,58	19,11	1,01 / 16,38	16,19
24 Vechta	76,13	0,50 / 17,22	34,18	0,85 / 28,72	33,46	0,88 / 15,05	16,99	0,98 / 15,12	15,36
Bersenbrück	77,96	0,55 / 20,53	37,04	0,93 / 31,38	33,50	0,75 / 11,57	15,31	1,02 / 14,46	14,12
25 Osnabrück St	90,80			0,80 / 38,31	47,74	1,02 / 31,42	30,70	1,00 / 21,07	20,90

142

Noch Tabelle 22

	Produktivitäts-index	Landwirtschaft sektorale Produktivität	Landwirtschaft Beschäftigten-anteil	Warenproduzierendes Gewerbe sektorale Produktivität	Warenproduzierendes Gewerbe Beschäftigten-anteil	Handel u. Verkehr sektorale Produktivität	Handel u. Verkehr Beschäftigten-anteil	Übrige Dienstleistungen sektorale Produktivität	Übrige Dienstleistungen Beschäftigten-anteil
25 Osnabrück L	108,68	0,62	21,69 / 13,55	1,35	52,25 / 70,85	0,91	10,59 / 9,71	1,00	14,50 / 14,55
Wittlage	70,22	0,47	39,23	0,80	32,74 / 26,40	0,77	14,62 / 11,27	1,02	13,39 / 13,77
Melle	86,70	0,62	27,55 / 17,28	0,92	44,56 / 42,60	0,84	13,40 / 11,29	0,93	14,47 / 13,52
26 Diepholz	97,93	0,53	39,61 / 21,23	1,41	32,22 / 45,54	0,93	13,86 / 12,90	1,27	14,29 / 18,24
Nienburg	101,21	0,54	36,11 / 19,81	1,55	33,06 / 51,39	0,79	15,06 / 12,05	1,15	15,60 / 17,94
27 Hannover St	106,78			1,04	47,89 / 50,15	1,09	25,48 / 27,98	1,08	26,38 / 28,64
Hannover L	126,30	0,64	9,05 / 5,85	1,46	60,07 / 88,23	0,84	16,58 / 14,01	1,27	14,28 / 18,20
Neustadt	94,18	0,52	25,47 / 13,43	1,13	39,64 / 44,81	0,95	16,38 / 15,70	1,09	18,49 / 20,23
Burgdorf	95,45	0,56	20,70 / 11,74	1,47	33,20 / 49,11	0,68	23,40 / 15,91	0,82	22,67 / 18,66
Springe	94,93	0,64	19,57 / 12,57	1,09	49,88 / 54,75	0,79	14,17 / 11,26	1,00	16,35 / 16,35
28 Braunschweig St	83,58			0,73	51,53 / 38,07	0,89	23,80 / 21,32	1,00	23,95 / 24,18
Braunschweig L	75,11	0,63	32,94 / 20,92	0,75	36,89 / 38,07	0,72	14,86 / 10,72	1,02	15,28 / 15,67

	Produktivitäts-index	Landwirtschaft – sektorale Produktivität		Landwirtschaft – Beschäftigten-anteil	Warenproduzierendes Gewerbe – sektorale Produktivität		Warenprod. – Beschäftigten-anteil	Handel u. Verkehr – sektorale Produktivität		Handel – Beschäftigten-anteil	Übrige Dienstleistungen – sektorale Produktivität		Übrige – Beschäftigten-anteil
28 Salzgitter	140,97				1,60	105,95	66,12	1,32	19,53	14,74	0,98	15,48	15,76
Wolfenbüttel	99,41	0,60	9,17	15,06	1,22	57,97	47,33	0,74	12,43	16,80	0,93	19,53	20,79
Peine	88,64	0,64	8,52	13,20	0,91	52,92	57,92	0,87	12,59	14,44	1,01	14,60	14,42
Helmstedt	108,76	0,60	10,50	17,30	1,43	65,17	45,38	0,76	13,73	17,91	0,99	19,34	19,39
29 Grafsch. Schaumburg	80,68	0,67	14,28	21,27	0,87	35,75	40,66	0,79	11,28	14,13	0,85	19,38	22,66
Schaumburg-Lippe	86,49	0,79	14,00	17,57	0,87	36,26	41,62	0,72	14,51	20,08	1,04	21,72	20,78
Hameln-Pyrmont	84,02	0,69	15,77	22,67	0,92	35,57	40,52	0,79	11,28	14,13	0,85	19,38	22,66
Hameln St	92,93				0,95	49,32	51,06	0,83	20,69	24,73	0,99	22,91	23,01
Holzminden	97,06	0,62	9,87	15,88	1,15	60,12	52,04	0,73	11,80	15,96	0,97	15,66	16,10
30 Hildesheim St	72,62				0,55	28,71	52,08	0,80	19,01	23,76	1,05	24,90	23,55
Hildesheim-Marienburg	98,96	0,69	16,78	24,13	1,16	56,18	48,33	0,80	10,53	13,06	1,06	15,46	14,54
Alfeld	79,86	0,73	11,35	15,54	0,77	41,07	25,98	0,75	12,51	15,65	1,00	14,92	14,82

144

Noch Tabelle 22

	Produktivitäts-index	Landwirtschaft			Warenproduzierendes Gewerbe			Handel u. Verkehr			Übrige Dienstleistungen		
		sektorale Produktivität		Beschäftigten-anteil	sektorale Produktivität		Beschäftigten-anteil	sektorale Produktivität		Beschäftigten-anteil	sektorale Produktivität		Beschäftigten-anteil
31 Goslar St	78,73				0,66	33,31	50,30	0,90	24,17	26,85	0,95	20,87	21,81
Goslar L	90,99	0,62	16,09	25,86	1,16	51,50	44,03	0,59	8,67	14,53	0,94	14,71	15,56
Gandersheim	87,98	0,67		16,70	0,91	46,79	50,99	0,79	13,38	16,83	1,06	16,46	15,47
Zellerfeld	74,44	0,86	5,16	5,98	0,88	37,26	42,35	0,69	9,69	13,86	0,59	22,31	37,79
Blankenburg	70,05	0,68	5,87	8,58	0,79	33,94	42,73	0,73	10,85	14,86	0,57	19,37	33,82
32 Göttingen	92,19	0,65	6,16	9,40	0,88	34,25	38,92	0,88	19,96	22,52	1,09	31,84	29,14
Duderstadt	88,48	0,51	16,20	31,29	1,20	49,23	40,73	0,73	9,35	12,69	0,89	13,69	15,24
Osterode	91,01	0,52	8,49	16,28	1,08	56,40	52,11	0,73	11,32	15,48	0,91	14,79	16,12
Einbeck	81,59	0,57	11,66	20,25	0,91	43,35	47,58	0,69	11,88	17,19	0,98	14,70	14,96
Northeim	89,17	0,63	14,21	22,37	1,00	44,26	43,91	0,82	13,78	16,65	0,99	16,91	17,06
Münden	87,33	0,58	10,48	17,83	0,99	41,66	41,82	0,81	12,60	15,50	0,90	22,58	24,82

Das Emsland ist zwischen Emden mit 105,31 und Osnabrück mit 90,80 Punkten einge-spannt und zeigt sehr unterschiedliche Züge. Es verzeichnen 1961:

Aurich	68,55	Bentheim	85,84
Norden	87,83	Lingen	104,11
Leer	67,21	Vechta	76,13
Wittmund	55,82	Bersenbrück	77,96
Meppen	112,27	Osnabrück L	108,68
Aschendorf-Hümmling	56,06	Wittlage	70,22
Cloppenburg	71,57	Melle	84,70

Punkte. Mit anderen Worten: 8 Kreise gehören der Stufe unter 80 (mindestens 20 Punkte unter dem Bundesdurchschnitt), 3 Kreise der Stufe 80 bis 100 und 3 Kreise dem Bereich über dem Bundesdurchschnitt an.

Der Zentralraum um Hannover besitzt folgendes Gefüge:

Hannover St	106,78	Celle St	89,67
Hannover L	126,30	Celle L	98,99
Neustadt	94,18	Grfsch. Schaumburg	80,68
Burgdorf	95,45	Schaumburg-Lippe	86,49
Springe	97,13	Hameln-Pyrmont	84,02
Nienburg	101,21	Hameln St	92,93
Diepholz	97,93	Holzminden	97,46
Fallingbostel	88,95		

Punkte. Es ist somit festzustellen, daß alle Kreiseinheiten im Raum um Hannover über 80, und zwar sehr oft nahe an 100 (am Bundesdurchschnitt) liegen. Die stärksten Leistungs-kerne sind außer Hannover Nienburg (101,21), Holzminden (97,46) und Celle L (98,99). Die nächst Hannover führende Stadt Hameln zählt 92,93 Indexpunkte. Sie gleicht damit aufs Haar den anderen Städten gleicher Struktur: Osnabrück mit 90,80, Lüneburg 90,61, Göttingen 92,19, Celle 89,67 Punkten. Zwischen Hannover (106,78 Punkte) und der erwähnten Stadtgruppe liegen Bielefeld mit 97,88 und Herford mit 100,55 Punkten.

Der Süden und Südosten läßt folgende Teilräume erkennen:

Wolfsburg mit	215,74
Punkten und im Umland	
Gifhorn mit	87,89
und Helmstedt	108,76
Punkten.	
Braunschweig St	83,58
Braunschweig L	75,11
Salzgitter	140,97
Wolfenbüttel	99,11

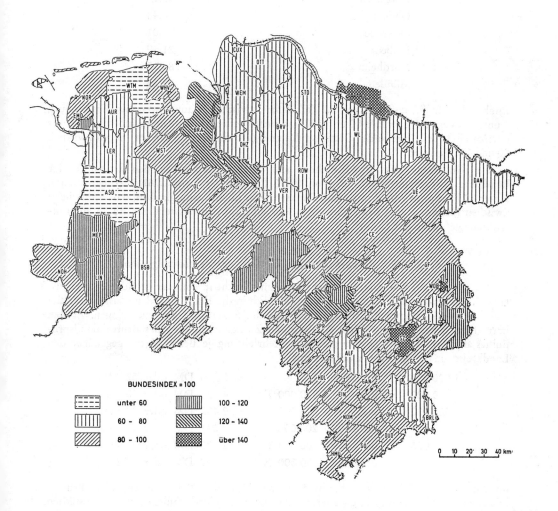

Abb. 5: Die Produktivitätslandschaft in Nordwestdeutschland

147

Peine	88,64
Goslar St	78,73
Goslar L	90,99
Gandersheim	87,98
Zellerfeld	74,44
Blankenburg	70,05
Göttingen	92,19
Duderstadt	88,48
Osterode	91,01
Einbeck	81,59
Nordheim	89,17
Münden	87,33

Punkte. Das heißt, daß von den 10 Teilräumen zwischen Braunschweig bis Blankenburg 4 unter 80 liegen, 5 zwischen 80 und 100 und nur Salzgitter konnte den Bundesdurchschnitt überschreiten. Alle Kreise des Göttinger Raumes (Göttingen bis Münden) liegen zwischen 80 und 100 Punkten.

Ein schwacher Punkt ist Hildesheim mit 72,62 Indexpunkten, den der zugehörige Landkreis Hildesheim-Marienburg mit 98,96 Punkten im Jahre 1961 überflügelt hatte. Unter 80 liegt auch Alfeld mit 79,86 Punkten. Fast könnte man glauben, daß Hildesheim zwischen Hannover und Braunschweig industriell nicht den notwendigen Raum zur Entwicklung gefunden hat.

4.5.2. Die volkswirtschaftliche Leistung der Verdichtungsräume

Die vorstehend benutzte Methode ist geeignet, Licht in eine der grundlegenden Auseinandersetzungen in der Raumforschung, nämlich in die Frage nach dem Zusammenhang zwischen Bevölkerungsverdichtung und Höhe des Sozialproduktes zu bringen. ELSNER hatte 1965 behauptet und durch Analyse und Zusammenstellung des Bruttoinlandsproduktes des Jahres 1961 belegt, daß „die Mehrleistung je Beschäftigten gegenüber den Landkreisen in den kreisfreien Städten mit

1 000 000	und mehr E		5 756 DM oder 52,7 %,
500 000	bis	1 000 000 E	4 334 DM oder 39,6 %,
200 000	bis	500 000 E	2 437 DM oder 22,3 %,
100 000	bis	200 000 E	2 041 DM oder 18,7 %,
50 000	bis	100 000 E	2 830 DM oder 25,9 %,
	unter	50 000 E	792 DM oder 7,2 %,

im Durchschnitt der kreisfreien Städte also 3 332 DM oder 30,5 % (betrug). Das Bruttoinlandsprodukt je Beschäftigten übertraf den Landkreisdurchschnitt in den Großstädten um 33,3 % und in den übrigen kreisfreien Städten um 19,4 %"[38]). WELZ hat demgegenüber bald Bedenken angemeldet und darauf aufmerksam gemacht, daß merkwürdigerweise die Größenklasse 50 000 bis 100 000 E mit 2 830 DM (25,9 %) eine höhere Mehr-

---

[38]) H. ELSNER: Die Verdichtung ist volkswirtschaftlich rentabel. In: Der Städtetag, 1965, H. 12, S. 600 und 601.

leistung aufweist als die Größenklasse 200 000 bis 500 000 E mit 2 437 DM (22,3 %) und 100 000 bis 200 000 E mit 2 041 DM (18,7 %) und mit Recht bemerkt, „daß somit eine eindeutige Beziehung zwischen größeren Einwohnerzahlen oder höherer Bevölkerungsdichte und höheren Produktionswerten je Beschäftigten nicht gegeben ist"[39]. Er hat darüber hinaus eine Rangliste von 76 kreisfreien Städten und Landkreisen — davon 18 (fast ¼) aus Nordwestdeutschland — in der Reihenfolge der Höhe des BIP je Beschäftigten im warenproduzierenden Gewerbe veröffentlicht, um „vollends die Fragwürdigkeit der von ELSNER gezogenen Schlußfolgerung aufzuzeigen". Die Liste ist in der Tat frappierend, weil mit einem Male Weltstädte wie Hamburg und München nach Landkreisen wie Norden und Fallingbostel rangieren und in der Liste der 76 Einheiten nicht Hannover oder Bremen, wohl aber Duderstadt und andere erscheinen. Andererseits ist sie natürlich nicht voll beweiskräftig, weil sie aus dem Vergleich nur einen Sektor (das warenproduzierende Gewerbe) herausnimmt. Allerdings hatte ELSNER seine Behauptung auch zusätzlich mit einer Aufstellung über das Bruttoinlandsprodukt je Beschäftigten im warenproduzierenden Gewerbe für die einzelnen Größenklassen der kreisfreien Städte und die Dienstleistungsbereiche ergänzt.

Die Nachprüfung ergibt, daß ELSNER durchaus richtig gerechnet hat. Man kann allerdings differenzieren und kommt dann zu einer wirklichkeitsnäheren Betrachtung.

Sckon 1967 hat WÄLDCHEN in seinem grundlegenden Beitrag eine Tabelle veröffentlicht, die die Durchschnitte und Extremwerte für Landkreise und kreisfreie Städte vergleicht. Danach betrugen die einzelnen Werte unter Bezugnahme auf den Bundesdurchschnitt (12 500 DM = 100):

	Wirtschaft insgesamt	Land- und Forstwirtschaft	Warenproduz. Gewerbe	Handel und Verkehr	Übrige Dienstleistungen
in den Landkreisen					
im Durchschn.	88,7	45,8	101,8	82,7	112,5
im Maximum	218,2	89,3	274,1	137,0	188,0
im Minimum	42,7	19,2	47,3	44,1	57,3
in den kreisfreien Städten					
im Durchschn.	111,9		114,4	109,8	108,8
im Maximum	216,0		242,8	162,2	197,4
im Minimum	73,3		55,1	68,9	71,8

Im gesamtwirtschaftlichen Durchschnitt des Jahres 1961 standen danach die Städte mit 111,9 Punkten vor den Landkreisen, im warenproduzierenden Gewerbe übertrafen die Städte die Landkreise mit 114,4 zu 101,8 Punkten, in Handel und Verkehr mit 109,8 zu 82,7, aber in den Dienstleistungen lagen umgekehrt die Landkreise mit 112,5 Punkten vor den kreisfreien Städten mit 108,8 Punkten. Und wenn man die Maxima und Minima in die Betrachtung einbezieht, dann zeigt die Wirklichkeit, daß an der Spitze der Rangliste der Landkreis Köln mit 218,2 Punkten liegt, unmittelbar gefolgt von der Stadt Wolfsburg mit 216,0 Punkten, und daß das Minimum der Städte durch die Stadt Hildesheim mit 73,3 Punkten repräsentiert wird.

[39] H. WELZ, in: Raumforschung und Raumordnung, 1966, H. 4, S. 176.

Wenn man aber die unveränderte WELZsche Übersicht in der Schreibweise von WÄLDCHEN niederschreibt, dann lautet sie für Nordwestdeutschland wie folgt:

| | Produktiv.-Index | Warenproduzierendes Gewerbe | | Punktzahl im warenproduz. Gewerbe |
		sektorale Produktivität	Beschäftig-ten-Anteil	
Wolfsburg St	215,74	2,42 ×	80,91	= 196,45
Wesermarsch	133,05	2,05 ×	43,16	= 88,54
Meppen	112,27	1,94 ×	33,06	= 66,43
Lingen	104,11	1,61 ×	35,62	= 57,59
Norden	87,33	1,61 ×	25,64	= 41,34
Salzgitter St	140,97	1,60 ×	66,12	= 105,95
Nienburg	101,21	1,55 ×	33,06	= 51,39
Fallingbostel	88,95	1,51 ×	41,28	= 62,38
Burgdorf	95,45	1,47 ×	33,20	= 49,11
Hamburg St	141,55	1,47 ×	39,98	= 58,92
Hannover L	126,30	1,46 ×	60,07	= 88,23
Celle L	98,99	1,45 ×	38,16	= 55,44
Helmstedt	108,76	1,43 ×	45,38	= 65,17
Grfsch. Diepholz	97,93	1,41 ×	32,22	= 45,54
Osnabrück L	108,68	1,35 ×	52,25	= 70,85
Gifhorn	87,79	1,25 ×	30,68	= 38,49
Wolfenbüttel	99,11	1,22 ×	47,33	= 57,97
Duderstadt	88,48	1,20 ×	40,73	= 49,23

Und es zeigt sich, daß die Tabelle von WELZ, die die Nichtigkeit der ELSNERschen Berechnungen erweisen sollte, nichts anderes als die sektorale, nicht an Stadt oder Land gebundene Produktivität im Sektor des warenproduzierenden Gewerbes einzelner Städte und Landkreise enthält, die man nach dem Vorbild von ELSNER in zwei Summen für Stadt und Land aufrechnen kann. Wenn man aber die Leistung nach Sektoren differenziert, so sieht die Leistung noch einmal anders aus. Mit anderen Worten: Die Leistung von Stadt- und Landkreisen ist im einzelnen wesentlich unterschiedlicher, als ELSNER und WELZ glaubten, d. h. genauso wie sie in Tabelle 22 wiedergegeben wird.

4.5.3. Ein Vergleich zwischen der regionalen Produktivitätsverteilung und den Realsteuerkraftgrundlagen

Die in dem vorstehenden Abschnitt erschlossene und nach Punkten bewertete regionale Produktivität hat noch einen weiteren Vorzug, als sie die Möglichkeit gibt, durch einen Vergleich mit der Realsteuerkraft einen unmittelbaren Bezug zur raumordnungspolitischen Praxis zu gewinnen und die determinierenden wirtschaftlichen Kräfte ins volle Rampenlicht zu rücken.

Den Realsteuern wurden bekanntlich ursprünglich die Produktionsfaktoren als Steuerobjekte zugrunde gelegt. Danach müßte es dann 3 Objektsteuern: eine Arbeitssteuer, eine Grundsteuer und eine Kapitalsteuer geben. Davon sind Grundsteuer und Kapitalsteuer übriggeblieben, das gegenwärtige deutsche Steuerrecht zählt als Realsteuern die Steuern auf land- und forstwirtschaftlich genutzte Grundstücke (Grundsteuer A), sonstige Grundstücke (Grundsteuer B) und die Steuer auf Kapital und Ertrag gewerblicher Unternehmen (Gewerbesteuer). Sie werden von jeher zur Kennzeichnung der gemeindlichen Steuerkraft benutzt.

Einige Autoren meinen, daß „Steuerkraftzahlen (der oben genannten Art) ein unvollkommenes Leistungsmaß abgeben" und „von einer engen Beziehung zur Wertschöpfung nicht gesprochen werden kann", insbesondere deshalb, weil „an Wertschöpfungsbestandteilen ... nur Gewinne und Zinsen, nicht jedoch die stark ins Gewicht fallenden Löhne und Gehälter einbezogen (werden)"[40]). Das ist richtig, aber der von mir durchgeführte Vergleich zwischen Produktivitätsindex und Steuerkraft ergibt jedoch eine große Parallelität der Reihen.

FRIEDRICH SCHNEPPE hat für die niedersächsischen Stadt- und Landkreise die erforderlichen Unterlagen gesammelt[41]). Für den Vergleich ist folgendes zu beachten: Für Grundsteuer A und B ist ein Irrtum nicht möglich, und für die Gewerbesteuer werden die Meßgrößen für Mehrbetriebsunternehmen durch Zerlegung der Steuermeßbeträge auf die Gemeinden der örtlichen Zweigbetriebe aufgeteilt. Nur kann den Meßgrößen für die Grundsteuern und die Gewerbesteuer nicht das gleiche Gewicht zuerkannt werden; denn während die Gewerbesteuermeßbeträge dem neuesten Stand entsprechen, basieren die Einheitswerte für die Grundsteuern noch auf den Werten von 1936. Diese Tatsache kann nur bedeuten, daß in allen Kreisen, in denen die Grundsteuern dominieren, die Realsteuern unter den Produktivitätswerten des vorhergehenden Abschnitts liegen müssen.

Es kommt noch ein zweites hinzu: Die Gewerbesteuern basieren auf Gewerbekapital und Gewerbeertrag. Das Gewerbekapital wird mit seinen echten Werten den Steuern zugrunde gelegt, aber der Gewerbeertrag ist der nach den Bestimmungen des Einkommensbzw. Körperschaftssteuergesetzes zu ermittelnde Gewinn des Gewerbebetriebes zuzüglich der Zinsen für Dauerschulden und abzüglich eines Anteils der Einheitswerte des zum Betriebsvermögen gehörenden Grundbesitzes. H. GÖRGENS hat berechnet, daß nur $^1/_6$ des einfachen Steuermeßbetrages auf das Gewerbekapital und $^5/_6$ auf den Gewerbeertrag zurückgehen. „Mithin ist die Streuung der Gewerbesteuerkraft hauptsächlich auf die unterschiedliche Höhe des Gewerbeertrages je Einwohner in den einzelnen Kreisen zurückzuführen"[42]). Mit anderen Worten: Es ist zu erwarten, daß die Realsteuerkraft in wirtschaftsstarken Gebieten die Produktivitätsgrößen übersteigt.

[40]) S. GEISENBERGER, W. MÄLICH, J. H. MÜLLER, G. STRASSERT: Zur Bestimmung wirtschaftlichen Notstands und wirtschaftlicher Entwicklungsfähigkeit von Regionen. ARL, Abh. Bd. 59, Hannover 1970, S. 34 f.

[41]) FR. SCHNEPPE: Die Realsteuerkraft in Niedersachsen 1951—1961. In: Statistische Monatshefte für Niedersachsen, Jg. 16, H. 10 (1962), S. 311 ff.

[42]) H. GÖRGENS: Die Steuerkraftunterschiede zwischen den Kreisen des Landes Nordrhein-Westfalen. In: Mitteilungen d. Rhein.-Westfäl. Inst. f. Wirtschaftsforschung, 1965, H. 3, S. 61 ff.

Tabelle 23:

Die Bedeutung des Gewerbeertrages in der Realsteuerkraft in den Kreisen

	Grundsteuer A	Grundsteuer B	Gewerbe-steuermeß-beträge	Produktivi-tätsindex	Realsteuer-kraft in DM v. H.	Überhöhung $=\dfrac{\text{Realsteuerkraft}}{\text{Produktivitätsindex}}$
Hannover St		520 752	2 918 000	92,13	134,92	1,4
Hannover L		7 977 820	52 685 000	106,78	202,34	1,9
Hildesheim St		1 102 191	5 814 000	72,62	136,46	1,8
Einbeck	422 990	303 559	1 559 000	81,59	91,70	—
Peine	500 403	986 864	3 438 000	88,64	89,40	—
Celle St		590 367	2 746 000	89,67	107,72	1,2
Celle L	658 752	519 791	4 926 000	98,99	116,28	1,2
Gifhorn	1 053 451	519 282	4 717 000	87,89	92,90	—
Cuxhaven		720 589	2 226 000	75,85	126,84	1,7
Stade	1 503 508	932 532	3 810 000	79,17	82,36	—
Osnabrück		1 712 505	9 615 000	90,80	155,75	1,7
Bentheim	407 477	692 961	4 409 000	85,84	97,92	—
Emden		432 608	2 428 000	105,31	104,92	—
Norden	892 320	737 402	2 358 000	87,83	87,38	—
Braunschweig St		3 323 385	14 501 000	83,58	138,54	1,8
Goslar St		573 125	2 125 000	78,73	124,62	1,6
Salzgitter	326 313	1 335 574	7 758 000	140,97	157,36	—
Blankenburg	86 419	193 768	403 000	70,05	73,02	—
Helmstedt	762 503	1 041 446	5 910 000	108,76	114,16	—
Delmenhorst		620 576	2 696 000	91,89	111,30	—
Friesland	796 874	837 128	2 731 000	92,51	88,16	—
Wolfsburg		1 082 110	19 170 000	215,74	592,04	2,7

In dem durchgeführten Vergleich wurde zunächst die Realsteuerkraft für 1961 in DM je E, die auf eine Realsteueraufbringungskraft im Bundesdurchschnitt von DM 152,38 je E bezogen ist, auf den Bundesproduktivitätsindex von 100 umgerechnet, so daß alle Einzelvergleiche von der gemeinsamen Basis 100 vorgenommen werden können. Der Vergleich ergab, daß die Realsteuerkraft 1961 in der größten Zahl aller Fälle unter den Produktivitätsindexzahlen lag, auch liegen mußte, weil man die Einheitswerte für die Grundsteuern künstlich auf der Basis von 1936 festgehalten hat. Die Differenz zwischen möglicher und tatsächlicher Steuerkraft ist mit 20 bis 30 % anzusetzen. Dagegen übersteigt in den Fällen der Tabelle 23 die vergleichbare Realsteuerkraft den Produktivitätsindex oder kommt ihm zumindest sehr nahe. Die Überhöhung ist in den Fällen Hameln (1,4fache), Hannover (1,9fache), Hildesheim (1,8fache), Cuxhaven (1,7fache), Osnabrück (1,7fache), Braunschweig (1,8fache), Goslar (1,6fache) und Wolfsburg (2,7fache) so gravierend, daß klar erkennbar ist, daß die Produktivitätslandschaft des vorstehenden Abschnitts noch von einem Horizont überdeckt wird, der je nach der wirtschaftlichen Struktur der Region und insbesondere nach ihrem Ertrag in unterschiedlicher Höhe über der

Produktivitätslandschaft liegt. Er kennzeichnet m. E. erst die die räumliche Ordnung determinierenden Kräfte, die die gesamtwirtschaftliche Einbindung einer Region, eines Kreises oder einer Stadt bedeuten.

Aus diesen Überlegungen und Berechnungen ergeben sich zwei bedeutsame Konsequenzen, die bisher nicht genügend beachtet wurden:

Zunächst wird die Tatsache offenbar, daß die auf der Basis des Bruttoinlandsproduktes gewonnene Produktivitätslandschaft im Sinne der Realsteuerkraft zu modifizieren ist, wenn man die die räumliche Ordnung bestimmenden Kräfte und ihre geographische Verteilung ermitteln will.

Zugleich wird in den letzten Darlegungen des kausale Element erkennbar, das die gesamtwirtschaftliche Einbindung der Kreise und Städte bestimmt und das von der Landesentwicklungspolitik erkannt werden muß, weil es über ihre Effizienz entscheidet: Die richtige Lage eines Ortes oder eines Betriebes „hängt weder vom Aufwand, noch vom Ertrag allein ab, geschweige denn von einem einzelnen Kosten- oder Erlöselement ... Entscheidend ist letztlich allein ihr Saldo: der Reingewinn. Wo dieser am größten ist, liegt in der freien Wirtschaft der betriebswirtschaftlich richtige Standort"[43]. Was diese Erkenntnis von AUGUST LÖSCH, die hier abermals bestätigt wurde, wirklich bedeutet, wird erst klar, wenn man sich erinnert, daß $5/6$ des Gewerbesteuermeßbetrages aus dem Gewerbeertrag herrühren und daß außerdem die Gewerbesteuer — wenn auch in Grenzen — eine Progressionssteuer ist.

An dieser Stelle muß abschließend noch einmal das Problem der volkswirtschaftlichen Leistung der Städte angeschnitten werden. Der Leser wird sich erinnern, daß die Sozialproduktsberechnung für 1961 die ELSNERsche These auf die Sektoren Warenproduzierendes Gewerbe und Handel und Verkehr zurückführte. Wer aber die vorstehende Tabelle aufmerksam gelesen hat, muß festgestellt haben, daß der Quotient Gewerbesteuermeßbeträge durch Produktivitätsindex für alle nordwestdeutschen kreisfreien Städte größer als 1 war, d. h. daß angenommen werden muß, daß sie auch die durch die Realsteuer erwiesene größere wirtschaftliche Leistung unter Beweis gestellt haben. Nach der vorstehenden Tabelle sind die Städte die natürlichen Gravitationskerne der wirtschaftlichen Kraft des Landes. Auch die Untersuchung „der Verursachung der nicht zu bestreitenden Rangunterschiede im sozioökonomischen Gefüge" in Bayern und Nordwestdeutschland[44] hat ergeben, daß die Städte (Kernstädte in der Ballung und kreisfreie Städte in den übrigen Gebieten) durch einen besonderen Niveauunterschied ausgezeichnet sind. Jetzt ist aber in der Tabelle 23 ein Fall aufgetaucht, wo kreisfreie Stadt und der dazugehörige Landkreis durch die gleiche Überhöhung ausgezeichnet sind. Es handelt sich um Stadt- und Landkreis Celle, die beide die Überhöhung 1,2 aufweisen. Es ist das erste und einzige Mal, daß ein Landkreis dieselbe Gewerbesteuerkraft besitzt wie die Stadt, die ihm den Namen gibt. Wer in Tabelle 22 nachsieht, wird eine eigenartige Situation vorfinden, die hier wiedergegeben wird:

---

[43] A. LÖSCH: Die räumliche Ordnung der Wirtschaft. Stuttgart 1962, S. 17 f.

[44] Steuerstatistiken als Grundlage raumwirtschaftlicher Untersuchungen. ARL, FuS Bd. 67, Hannover 1971.

Produktivitäts-Index	Land-wirtschaft	Warenprod. Gewerbe	Handel und Verkehr	Übrige Dienstleistungen
Celle St 89,67 =		0,94 × 39,87 37,83	+ 0,78 × 25,05 + 19,60	+ 0,95 × 33,38 + 32,23
Celle L 98,99 =	0,57 × 31,55 18,4	+ 1,45 × 38,16 + 55,44	+ 0,67 × 14,70 + 9,15	+ 0,99 × 15,57 × 15,55

Mit Worten heißt das, daß der Landkreis Celle durch die Landwirtschaft (+ 18,4 Punkte) und die hervorragende sektorale industrielle Produktivität (1,45, die etwa 17 Punkte ausmacht) das Plus der Stadt Celle in Handel und Verkehr (+ 10 Punkte) und in den Dienstleistungen (+ 17 Punkte) sogar übertrifft und daß außerdem der Gewerbeertrag im Landkreis Celle dem der Stadt Celle entspricht. Es ist nicht unmöglich, daß sich schon jetzt oder im Laufe der Entwicklung zusätzliche Beispiele dieser Art finden, so daß die allgemeine Feststellung, daß kreisfreie Städte durch einen beträchtlichen Niveauunterschied gegenüber dem Durchschnitt des Raumgefüges ausgezeichnet sind, durch die Einfügung „in der Regel" eingeschränkt werden muß.

4.5.4. Produktivitäts- und Wohlstandsniveaus in Nordwestdeutschland

Bis jetzt sind die Regionen und Kreise immer getrennt als Siedlungssysteme (nach Wohnstätten) oder als Wirtschafts-(Leistungs-)systeme (nach Arbeitsstätten) dargestellt worden. In allen Fällen wurden so von demselben Raum zwei Aufnahmen erstellt; es konnte aber nicht ermittelt werden, was in einem bestimmten Raum von der dort erstellten Leistung verblieben ist, d. h., es konnte nie festgestellt werden, wie sich dieselbe Region oder derselbe Kreis in bezug auf Produktivität und Wohlstand entwickelt hat.

Die Auswertung der Steuerstatistiken ermöglicht erstmals einen umfassenden Blick auf beide Sphären derselben räumlichen Einheit, indem das Umsatzniveau, das Produktivitätsniveau (auf Grund der einheitlichen Steuermeßbeträge und anderer Indikatoren) und das Einkommensniveau (nach Gesamteinkommen, Löhnen und Gehältern und Einkünften) bestimmt werden können.

In diesem Abschnitt wird eine Übersicht über die Entwicklung der Verdichtungsgebiete in Nordwestdeutschland für den Zeitabschnitt 1935—1970 vorgelegt, und zwar nach absoluten Zahlen und nach Relationen bezogen auf den Gesamtraum (Übersicht VII, in abgekürzter Form Tabelle 24). Die absoluten Zahlen können selbstverständlich je E, je Beschäftigten und je Steuerpflichtigen aufbereitet werden.

Tabelle 24:

Kennziffern für die Ballungsgebiete in Nordwestdeutschland
(in Prozenten des Gesamtraumes)

	Bevölkerungsanteil					Umsatzniveau				Produktiv.-Niv.*			BIP		Gesamteinkomm.		
	1935	1954	1958	1965	1968	1935	1954	1958	1968	1937	1958	1966	1957	1966	35/36	54/55	1966
Hannover St	9,4	7,0	7,8	7,3	6,8	14,9	15,8	16,7	14,4	17,4	16,1	17,5	12,8	12,5	15,7	11,4	10,7
Hannover L	1,6	2,2	2,3	2,8	2,9	1,5	1,8	1,8	1,8	2,3	2,7	3,0	2,1	2,6	1,6	2,5	3,4
Burgdorf	1,2	1,5	1,6	1,6	1,7	0,8	0,9	0,8	0,8	0,8	1,2	1,5	1,2	1,2	1,0	1,5	1,7
	12,2	10,7	11,7	11,7	11,4	17,2	18,5	19,3	17,0	20,5	20,0	22,0	16,1	16,3	18,3	15,4	15,8
Osnabrück St	2,0	1,7	1,8	1,9	1,8	3,0	3,0	3,0	2,9	2,6	3,3	3,5	2,6	2,5	2,8	2,5	2,4
Osnabrück L	1,6	1,6	1,6	1,7	1,8	1,2	1,2	1,0	1,1	1,0	1,0	1,7	1,6	1,1	1,4	1,6	1,6
	3,6	3,3	3,4	3,6	3,6	4,2	4,2	4,0	4,0	3,6	4,3	5,2	4,2	3,6	4,2	4,1	4,0
Braunschweig St	3,4	3,3	3,4	3,1	2,9	5,7	4,0	3,8	3,5	5,5	4,8	4,9	3,9	4,3	5,7	4,5	3,9
Braunschweig L	1,1	0,9	0,9	1,1	1,2	0,6	0,5	0,4	0,6	0,5	0,3	0,6	0,4	0,6	0,7	0,8	1,1
Salzgitter	—	1,4	1,5	1,5	1,5	—	1,6	3,5	3,3	—	2,3	1,4	2,6	1,5	—	1,4	1,5
Wolfenbüttel	1,9	1,9	1,9	1,8	1,8	—	1,4	1,1	1,0	1,5	1,2	1,6	1,5	1,3	1,6	1,9	1,9
Wolfsburg St	—	0,5	0,7	1,1	1,1		2,5	4,1	7,2	—	7,4	5,8	2,4	4,7	—	0,8	1,5
Gifhorn	1,3	1,6	1,6	1,7	1,7		1,0	0,8	0,7	0,4	0,9	1,3	1,0	1,1	0,7	1,3	1,4
	7,7	9,6	10,0	10,3	10,2		11,0	13,7	16,3	7,9	16,9	15,6	11,8	13,5	8,7	10,7	11,3
Bremen St	8,6	6,8	7,5		7,8	20,4	16,9	17,1	15,0	22,6	14,6	14,2	13,4	11,9	14,2	10,2	10,1
Delmenhorst St	0,7	0,8	0,8	0,8	0,8	0,7	0,6	0,6	0,7	1,1	1,0	0,9	0,8	0,7	0,9	0,9	0,9
Osterholz	1,7	1,0	1,0	0,8	1,0	1,1	0,3	(0,3)	0,4	1,5	0,3	0,5	0,5	0,5	1,7	0,7	0,8
	11,0	8,6	9,3		9,6	22,2	17,8	(18,0)	16,1	25,2	15,9	15,6	14,7	13,1	16,8	11,8	11,8
Bremerhaven St	2,2	1,8	1,9		1,9	2,9	2,4	2,2	1,6	3,4	2,1	1,6	1,6	1,7	3,3	2,4	2,2
Wesermünde	1,0	1,1	1,0	1,0	1,0	0,4	0,4	0,3	0,3	0,2	0,3	0,4	0,4	0,5	0,5	0,8	0,7
	3,2	2,9	2,9		2,9	3,3	2,8	2,5	1,9	3,6	2,4	2,0	2,0	2,2	3,8	3,2	2,9
Ballungsräume insgesamt	37,7	35,1	37,2		37,7		54,3	57,5	55,3	60,8	59,5	60,4	48,8	48,7	51,8	45,2	45,8

*) Auf der Basis der Steuermeßbeträge nach Zerlegung.

Völlig klar wird hier, daß Nordwestdeutschland durch ein Gefüge von Stadtsystemen, d. h. durch die drei Verdichtungsräume Hannover, Bremen und Braunschweig geführt wird, die insgesamt rd. 37 % der Bevölkerung, 55 % der Gesamtumsätze, 60 % aller Gewerbesteuermeßbeträge, 48 % des Sozialprodukts und zwischen 45 und 50 % des Gesamteinkommens repräsentieren. Und es fällt weiter auf, daß diese Relationen im Prinzip 1970 nicht anders aussehen als 35 Jahre vorher, mit einer Ausnahme: Das Gesamteinkommen in den genannten Räumen hat von 51,8 % (1935/36) auf 45,8 % (1965) abgenommen.

Dabei kehren im einzelnen die schon bekannten Erscheinungen wieder: Die Stadt Hannover ist, gemessen an der Bevölkerung, von 9,4 auf 6,8 % von Nordwestdeutschland stetig abgesunken, sie konnte ihr Umsatzniveau fast und ihr Produktivitätsniveau vollständig erhalten, aber das Gesamteinkommen in der Stadt ist von 15,7 % auf 10,7 % (um 1/3 des Ursprungsstandes) abgesunken. Der Verdichtungsraum von Hannover in der amtlichen Begrenzung hat seinen Anteil an den nordwestdeutschen Meßwerten konstant oder verbessert gehalten: Das Umsatzniveau beträgt weiter 17 %, der Anteil am Sozialprodukt 16 %, aber das Gesamteinkommen ist auch hier von 18,3 auf 15,8 % abgesunken.

Der erweiterte Verdichtungsraum Braunschweig—Salzgitter—Wolfsburg zeigt den starken Rückgang in Braunschweig (Stadt und Land): Das Umsatzniveau fiel von 6,3 auf 4,1 %, das Produktivitätsniveau von 6,0 auf 5,5 %, das Gesamteinkommen von 6,4 auf 5,0 % beim Ansteigen des Sozialprodukts von 4,3 (1957) auf 4,9 % (1966). Dagegen haben die neuen Industriekerne Salzgitter und Wolfsburg neues Leben in diesem Raum entstehen lassen, so daß der Gesamtverdichtungsraum in der Bevölkerung von 7,7 auf 10,2 %, auf dem Umsatzniveau von 11,0 % (1954) auf 16,3 % (1968), auf dem Produktionsniveau von 7,9 auf 15,6 % und im Gesamteinkommen von 8,7 auf 11,3 % angestiegen ist.

Die Stadt Bremen ist in ihrem Anteil an der Bevölkerung von 8,6 auf 7,8 % abgesunken[44a], ihr Umsatzniveau ist von 20,4 auf 15,0 %, ihr Produktivitätsniveau von 22,6 auf 14,2 % und ihr Gesamteinkommen von 14,2 auf 10,1 % gefallen. Der Verdichtungsraum Bremen ist dementsprechend auf dem Umsatzniveau von 22,2 auf 16,1 %, dem Produktivitätsniveau von 25,2 auf 15,6 % und im Gesamteinkommen von 16,8 auf 11,8 % geschrumpft.

Eine ganz ähnliche Entwicklung ist in Bremerhaven zu verzeichnen.

Der Verdichtungsraum Osnabrück konnte seine Stellung mit Einschränkung halten, das Produktivitätsniveau ist sogar von 3,6 auf 5,2 % gestiegen.

4.5.5. Zusammenfassung

Wer die sozioökonomische Landesentwicklung auf der Basis der Stadt- und Landkreise am Beispiel Nordwestdeutschlands anhand der vorstehenden Analysen überblickt,

---

[44a] A. Schröder (Steuerstatistiken als Grundlage raumwirtschaftlicher Untersuchungen, ARL, FuS Bd. 67, Hannover 1971, S. 171) hat die Einwohnerzahl für Bremen St im Jahre 1933 mit 346 172 E angegeben. W. Wortmann (Die voraussichtliche Bevölkerungsentwicklung der Hansestadt Bremen bis zum Ende dieses Jahrhunderts. In: Archiv f. Landes- u. Volkskunde von Niedersachsen. Bd. IV, 1943, S. 233) zählte 371 588 E. Der Anteil an der Gesamtbevölkerung Nordwestdeutschlands würde sich damit von 7,4 auf 8,6 % erhöhen. Allerdings wäre dann Osterholz entsprechend tiefer anzusetzen. Die Umgemeindung im Jahre 1939 bedeutete einen Zuwachs von 36 000 E (Wortmann a. a. O., S. 234). Nach G. Uelschen (Die Bevölkerung im Wirtschaftsgebiet Niedersachsen 1821—1939, Hannover 1942) und amtl. Mitteilungen zählte Bremen 1939 um 450 000 E oder 88,21 ‰ von Nordwestdeutschland.

wird die Landesentwicklung, die in Nordwestdeutschland seit 1935 stattgefunden hat, nicht anders charakterisieren können, als daß ein fundamentaler Strukturwandel mit einer erstaunlichen Konsistenz der Siedlungssysteme und einer beachtlichen Zahl von Industriekernen in erreichbarer Nähe der Siedlungen korrespondiert. Die Darstellung hat auch regionale Entwicklungen sichtbar gemacht, die ich als Rangverlust oder Neuentwicklung gekennzeichnet habe. Im Prinzip haben sich jedoch in allen Fällen die Standorte und ihre Dimensionen aus der Vorkriegszeit als die auch heute gültigen Raumdominationen durchgesetzt.

Es scheint so, und das ist einleuchtend, daß die vorhandenen Siedlungszentren und Wirtschafts(Industrie)kerne auch die Kristallisationspunkte für den Wiederaufbau und eine Weiterentwicklung geworden sind. Mit anderen Worten: Man kann — wenn auch in Grenzen — sowohl in den Jahren vor dem Kriege wie auch wieder in den 60er Jahren von einer den anderen Räumen gegenüber ausgeglichenen ökonomischen Lage sprechen. Andernfalls müßte ein entsprechender Wanderungsverlust ausgewiesen werden können. In Teilräumen ist dieser auch aufgezeigt worden.

Es hat sich außerdem gezeigt, daß der regionale Aufbau weit komplizierter ist, als bisher in den Klischees von Stadt und Land, Verdichtungsgebieten und übrigen Gebieten dargestellt wurde, in Wirklichkeit ist der ganze Raum mit einem System von Soziotopen, d. h. sachlichen Ordnungen, besetzt, die im Sinne einer notwendigen Bedingung von den Investitionsentscheidungen begründet, strukturiert und determiniert werden. Dabei wurde gleichzeitig erkannt, daß die regionalen Einkommensniveauunterschiede kleiner geworden sind.

Es trat schließlich in Erscheinung, daß Siedlungssysteme und Wirtschaftssysteme — d. h. Wohn- und Leistungsseite der Bevölkerung — räumlich nicht übereinstimmen, d. h. daß sie unterschiedlichen Entwicklungsprinzipien folgen. Ausschlaggebende Bevölkerungsteile halten offenbar in dem ganzen Zeitraum an ihrer räumlichen Bindung, an Boden, Wohnweise und Umwelt fest und erstreben die Arbeitsstätte in erreichbarer Nähe. Mit dem Anwachsen der Bevölkerung muß daher der Pendlerstrom entsprechend gewachsen sein[44b]).

4.6. Analyse der räumlichen Aktivitäten

4.6.1. Vorbemerkungen

An dieser Stelle taucht die Frage auf, warum die regionale Siedlungs- und Wirtschaftsentwicklung so verlaufen ist: ob die aufgezeigte Konsistenz der Siedlungs- und Wirtschaftskörper im Zuge der natürlichen Entwicklung lag oder ob sie von den öffentlichen Händen mit raumordnerischem Akzent aktiv herbeigeführt worden ist.

Die öffentlichen Hände sind — wie ich früher dargelegt habe — in Nordwestdeutschland nicht untätig gewesen, sie haben auch bestimmte raumordnerische Vorstellungen formuliert und gefördert. Das Gesetz über Raumordnung und Landesplanung in Nieder-

---

[44b]) Das Landesentwicklungsprogramm unterstreicht diese Trennung zwischen Wohnen und Arbeiten, wenn es feststellt, „daß die strukturschwachen Gebiete nicht nur über eine Vermehrung der Arbeitsplätze, sondern in starkem Maße auch über die Zunahme der Auspendler gewachsen sind" (Landesentwicklungsprogramm Niedersachsen 1985 — Stand Sommer 1973, Hannover 1973, S. 69).

sachsen stammt zwar erst vom 30. 3. 1966, es wurde aber schon am 6. 2. 1963 im Landtag eingebracht, und Landesentwicklung ist in Niedersachsen zu allen Zeiten groß geschrieben worden. Als erstes Land hat Niedersachsen 1950 ein erstes Raumordnungsprogramm vorgelegt, und Landesplanungsaufgaben wurden immer als Landesaufgaben erfüllt.

KURT BRÜNING und HANS KRAUS legten schon 1948 einen ersten Raumordnungsplan für Niedersachsen vor, der 1949 im Maßstab 1 : 800 000 veröffentlicht wurde. Es handelt sich um 5 Einzelpläne: Land- und Forstwirtschaft, Verkehr, Entwicklung der Gemeinden, Industrieentwicklung und Erholung[45]). Der Raumordnungsplan entspricht „dem wissenschaftlichen Erkenntnisstand und den wirtschaftlichen Erschließungsmöglichkeiten von 1948 und enthält z. T. Festlegungen, die vor dem Kriege getroffen wurden"[46]). Sie betrachteten ihn daher von vornherein als überholungsbedürftig und ergänzten ihn anschließend durch ein Programm über die langfristige Entwicklung Niedersachsens[47]). Seit 1954 arbeiteten sie in Zusammenarbeit mit dem niedersächsischen Ministerium für Ernährung, Landwirtschaft und Forsten und dem Ministerium für Wirtschaft und Verkehr „eine neue Konzeption für die anzustrebende Entwicklung" aus, die den Arbeitstitel „Niedersachsenplan" erhielt[48]). Dieser Plan ist jedoch nicht erschienen. Das Ziel der Verfasser war, ein Leitbild für die raumbedeutsamen Maßnahmen im Lande Niedersachsen zu schaffen, „um der Landesplanung die Möglichkeit zu geben, die Einzelentscheidungen jeweils in einer großen Linie auf lange Sicht einzuweben". Sie wollten die Landesentwicklung nach dem Leitbild einer räumlichen Ordnung beeinflussen und ihr entgegenstehende Kräfte unterbinden. Auch die Niedersachsenpläne[49]) der späteren Zeit verfolgten die Absicht, eine Programmierung der Zukunftsaufgaben herbeizuführen.

Das Land Bremen hat in derselben Zeit mit großer Zielstrebigkeit versucht, die Belange seiner Häfen und seiner Wirtschaft zu fördern.

Die Frage, die hier zur Debatte steht, ist, ob die öffentlichen Aktivitäten die nordwestdeutsche Landesentwicklung gestalten konnten. Ich glaube nachgewiesen zu haben, daß sich regional nicht viel geändert hat, daß das gesamte Lebensniveau auf eine höhere Ebene gehoben wurde, aber daß die Relationen zwischen den Landesteilen dieselben geblieben sind. Nun könnte es allerdings sein, daß gerade die raumordnerische Leistung darin zu erblicken ist, daß sie allzu große Veränderungen in den Siedlungs- und Wirtschaftsystemen verhindert hat. Um diese Alternative entscheiden zu können, müßte man wissen, wie groß die öffentlichen Einsätze im Vergleich zu den Gesamtaktivitäten in einem Kreis oder in einer Region gewesen sind, d. h. allgemein, ob ein Sozialgewinn oder -verlust vorliegt und was die öffentlichen Hände dazu beigetragen haben.

Nun ist das alles leichter gesagt als getan. Nach den Erkenntnissen, die in den bisherigen Darlegungen gewonnen wurden, liegt der Landesentwicklung ein System von Gleichungen aller menschlichen Aktivitäten zugrunde, die wir aber bis jetzt mehr ahnen als

---

[45]) K. BRÜNING und H. KRAUS: Raumordnungsplan für Niedersachsen. In: Raumforschung u. Raumordnung, 1950, H. 2, S. 47 ff.

[46]) K. BRÜNING: Niedersachsen. In: Schriften d. Wirtschaftswiss. Ges. z. Studium Niedersachsens, NF Reihe B, Bd. 6 (1956), S. 317.

[47]) Langfristige Entwicklung des Landes Niedersachsen. Denkschrift, Hannover 1952.

[48]) K. BRÜNING: Niedersachsen, a. a. O., S. 318.

[49]) Vgl. H. HUNKE: Der Ruf nach dem Niedersachsen-Plan. Gedanken um die Landesstrukturpolitik und ihre Finanzierung. In: Neues Archiv für Niedersachsen, Bd. 17, H. 3, 1968, S. 1 ff.

quantifizieren können. Und auch die bloße Regionalisierung der öffentlichen Ausgaben, d. h. die Zurechnung an einzelne Kreise, bringt die Forschung nur einen ersten Schritt vorwärts, solange wir nicht wissen, ob die für eine Gebietswirtschaft ausgegebenen Beträge in der betreffenden Region oder nebenan oder ganz woanders konsumiert und investiert werden. Ich meine aber, daß einige Beurteilungen des öffentlichen Verhaltens und der Effizienz ihrer Maßnahmen möglich sind, falls wir den Input der öffentlichen Ausgaben kennen; denn dann müssen die in einer Gebietswirtschaft ausgegebenen Beträge irgendwie in den Gesamtumsätzen des Kreises, in den Gesamteinkommen oder in den Industrielohnausgaben zum Vorschein kommen, oder wenn nicht, dann werden sie in einem Vergleich mit diesen Größen immerhin beurteilt werden können.

4.6.2. Landesentwicklung und Infrastruktur

Ich habe ganz zu Anfang ausgeführt, daß Siedlungsstruktur und Arbeitsstättenverteilung von den gesellschaftlichen Geschehensverbänden geschaffen werden. Beide sind Systeme zur Bewältigung der Funktionen Wohnen und Arbeiten in der industriellen Welt. Dabei haben beide Systeme einen eigenen Kreislauf entwickelt. Der Wohnungsbau ist stärker in den staatlichen Sektor übergegangen, nachdem die Daseinsvorsorge in Gestalt des Gesundheitsdienstes, des Verkehrs, der Versorgung und der Entsorgung schon immer öffentlich betrieben wurden. Die Wirtschaft ist dagegen bis auf Energie und Wasser im privaten Bereich verblieben.

Physiologisch sieht das in den letzten 20 Jahren so aus, daß in Niedersachsen die Industrie rd. 30 Mrd DM, das Land Niedersachsen und seine Kommunen 21,7 Mrd DM und der Wohnungsbau für 1 199 133 Wohnungen 30 Mrd DM investiert haben. Im Wohnungsbau sind 647 177 Wohnungen oder rd. 50 % dem öffentlich geförderten sozialen Wohnungsbau zuzurechnen, der mit 15 844 Mio DM finanziert wurde. Es bestehen somit zwei Regelsysteme: der private Investitionskreislauf, der in Industrie und Wohnungsbau 30 + 15 = 45 Mrd DM und der öffentliche Kreislauf, der etwa 21,7 + 15 = 36,7 Mrd DM investiert hat. Das sind die Summen, die die Landesentwicklung initiiert und determiniert haben.

Die Fachsprache nennt den öffentlichen Teil dieser Investitionen raumwirksame Investitionen. GOTTFRIED MÜLLER definiert sie als „Infrastrukturinvestitionen ..., als bauliche Anlageinvestitionen im Bereich der Grundausstattung der kategorialen Grunddaseinsfunktionen des Menschen"[50]. Sie sind ihm deswegen so entscheidend wichtig, weil die in ihnen enthaltenen Bauinvestitionen „die übrigen Investitionen hinsichtlich des Standortes festlegen"[51]. MÜLLER hat 1963 angegeben, daß in Nordrhein-Westfalen etwa $^1/_3$ der baulichen Anlageinvestitionen durch die öffentlichen Haushalte finanziert wurde, davon bis

[50]) G. MÜLLER: Erarbeitung von praktisch anwendbaren Grundlagen und Methoden für die Koordinierung des Einsatzes raumwirksamer Bundesmittel. München 1970, S. 120.

[51]) G. MÜLLER: Die Verplanung strukturwirksamer Haushaltsmittel für die Landesentwicklung. In: Finanzpolitik und Raumordnung, ARL, FuS Bd. XXVIII, Hannover 1964, S. 89.

zur Hälfte über die Landeshaushalte. In der Untersuchung über Ebermannstadt gibt er an, „daß etwa 22—29 % der gesamten ordentlichen und außerordentlichen Haushaltsmittel als strukturwirksam angesehen werden können"[52]), 30 % der Gesamthaushaltsmittel sind ihm „Richtgröße" und „Richtmaß für die nächste Zukunft" für das gesamte Bundesgebiet. MÜLLER hat gleichzeitig mit Erstaunen festgestellt, „daß die Analyse der bayerischen Staatshaushalte von 1959—1970 ... einen kontinuierlich steigenden Verlauf der v. H.-Anteile der raumwirksamen Mittel nicht erkennen läßt" (S. 124).

Für die niedersächsischen Gebietskörperschaften hat die amtliche Statistik vermerkt, daß beim Land schon frühzeitig die Investitionsförderung durch Zuweisungen und Zuschüsse an andere Aufgabenträger eine größere Bedeutung hatte[53]). Die im Landeshaushalt gezählten Investitionen betrugen 1949 37 %, 1959 16 % und 1969 15 %. Der Finanzminister hat die Investitionen einschließlich Investitionsförderung für das Jahr 1972 mit 18,4 % der Gesamtausgaben angegeben. Dem MÜLLERschen Richtmaß wird damit nicht entsprochen.

Es gibt einen zweiten Ansatz zur Ermittlung der öffentlichen Einwirkung auf Siedlungs- und Arbeitsstättensystem in Gestalt der raumwirksamen Ausgaben. Nach meinen Berechnungen haben die öffentlichen Hände (Haushalte und Sozialversicherungen) 1950—1968 2 100 Mrd DM für öffentliche Ausgaben ausgegeben, davon 208 Mrd DM für unmittelbare Investitionen (Infrastruktur), 875 Mrd DM für laufende Aufgaben (Staatsverbrauch) und 926 Mrd DM für Transferausgaben. Raumrelevant sind nach dieser Auffassung nicht nur die Investitionen, sondern auch die laufenden Ausgaben und Transferausgaben. Dabei kann man hinsichtlich der räumlichen Wirkung stark vereinfacht von Raumneutralität und Raumwirksamkeit sprechen. Ich habe die räumlich-relevanten Ausgleichszahlungen für das Jahr 1966 ohne Einbeziehung der öffentlichen Aufträge, Zuwendungen aus der Mineralölsteuer und ohne die Dienstleistungen von Bundesbahn und Bundespost mit knapp ¼ der Gesamtsteuereinnahmen veranschlagt[54]). WIRNSHOFER hat für Bayern im Jahr 1968 berechnet, daß die bayerischen Ballungsgebiete etwa 5 % ihres Bruttoinlandsproduktes an die steuerschwachen Gebiete Bayerns (mit einer Zuschußleistung der steuerkräftigen Gebiete außerhalb Bayerns) abgeführt haben[55]).

Es gibt noch einen dritten Ansatz zur Ermittlung des öffentlichen Einflusses auf die Landesentwicklung. Das ist die These, daß nicht die öffentlichen Finanzhilfen, sondern in erster Linie die öffentlichen Präferenzen im Steuerrecht und in der Kreditvergabe die wachstumspolitische und damit die regionale Landesentwicklung bestimmen.

Es läßt sich nämlich schätzen, daß die öffentlichen Hände 60—70 % der Kapitalbildung und der Kapitaldisposition beeinflussen. Jedenfalls hat die Steuergesetzgebung — zunächst aus guten Gründen zur Herbeiführung der Vollbeschäftigung, später, weil die öffentlichen Haushalte sich so vorzüglich für Zwecke des Wachstums eigneten — in der

[52]) G. MÜLLER: Erarbeitung von praktisch anwendbaren Grundlagen und Methoden ..., a. a. O., S. 123 f.

[53]) 25 Jahre Niedersachsen, a. a. O., S. 40.

[54]) H. HUNKE: Öffentliche Aktivitäten und Raumordnung. In: Der Anteil der Ballungsgebiete an den öffentlichen Haushalten unter besonderer Berücksichtigung der Investitionen. ARL, FuS Bd. 75, Hannover 1972, S. 3.

[55]) J. WIRNSHOFER: Der Anteil der Ballungsgebiete an den öffentlichen Haushalten unter besonderer Berücksichtigung der öffentlichen Investitionen in Bayern. In: ARL, FuS Bd. 75, S. 90.

Nachkriegszeit in außerordentlichem Ausmaß die Selbstfinanzierung gefördert, indem die Kapitalbildung bevorzugt in die Unternehmen verlegt wurde. Diese Selbstfinanzierung ist Gegenstand umfangreicher und widersprechender Erörterungen gewesen. Sicher ist, daß „nicht verteilte, im Unternehmen zurückgehaltene Reingewinne, überhöhte Abschreibungen und auch die laufenden Abschreibungen, die erst später zu Ersatzbeschaffungen benötigt wurden, ... zusammen eine Quelle der Investitionsfinanzierung (bildeten), die zum Wiederaufbau der deutschen Volkswirtschaft ... entscheidend beigetragen hat"[56]. Diese Form der Investitionsfinanzierung hat andererseits zur Bevorzugung der vorhandenen Produktionsstrukturen und wahrscheinlich auch zu räumlichen Restriktionen geführt. In frühen Tagen der Industrieförderung hat daher schon MÖSSNER, ausgehend von der Tatsache, „daß die strukturelle Arbeitslosigkeit in erster Linie ein Ergebnis der Unfähigkeit eines bestimmten Wirtschaftsraumes ist, die für die Vollbeschäftigung erforderliche zusätzliche Kapitalquote aus eigener Kraft aufzubringen", gemeint, daß „eine zusätzliche Kapitalanreicherung innerhalb eines Wirtschaftsraumes durch Steuervergünstigungen und öffentliche Investitionen nur angemessen sei, wenn der Gewinn auf dem Kapitalmarkt als Angebot erscheint[57].

Diese Untersuchung kann und will zu den angeschnittenen Problemen keine weitere Aufklärung geben. Sie beschränkt sich auf die tendenzielle Erhellung der öffentlichen Förderung von Infrastruktur, Wohnungsbau und Industrie und versucht anschließend eine Prüfung der Effizienz in den einzelnen Regionen und Kreisen.

FRIEDRICH SCHNEPPE und INGRID TORNOW haben den Anteil an den öffentlichen Haushalten und besonders der Investitionen und damit die regionale Komponente der Infrastrukturverbesserung für Niedersachsen und Bremen untersucht[58]. Die genannte Untersuchung hat folgendes ermittelt:

— Die kommunalen Ausgaben für Neubauten je E betrugen:

	in den Kernstädten	im Umland	in den übr. kreisfreien Städten	in den übr. Landkreisen
	DM	DM	DM	DM
im Durchschnitt 1951/1953	51,16	29,79	32,26	26,82
1966/1968	248,71	214,60	293,42	240,43
sie stiegen auf das	5fache	7fache	9fache	9fache

[56] G. SCHMÖLDERS: Volkswirtschaftliche Probleme der sog. Selbstfinanzierung. In: Moderne Investitionsfinanzierung, Köln 1958, S. 37.

[57] K. E. MÖSSNER: Über die Grenzen der modernen Finanztheorie. In: Beiträge zur Finanzwissenschaft und zur Geldtheorie — Festschrift für Rudolf Stucken, Göttingen, S. 181.

[58] F. SCHNEPPE und I. TORNOW: Der Anteil der Ballungsgebiete an den öffentlichen Haushalten unter besonderer Berücksichtigung der Investitionen. ARL, FuS Bd. 75, Hannover 1972.

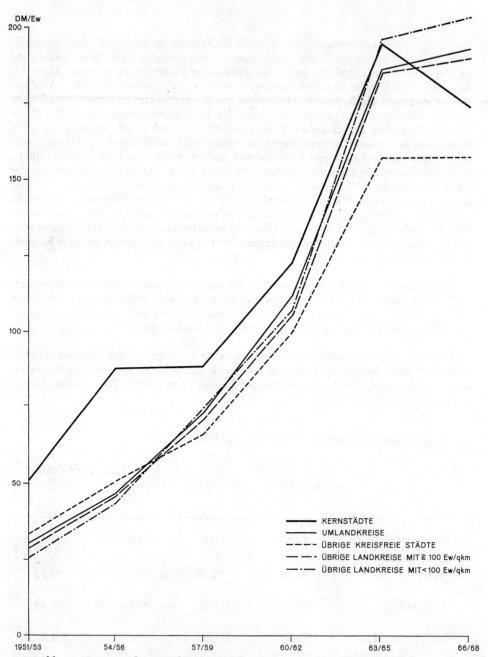

Abb. 6: Kommunale Ausgaben für Neubauten insgesamt in den Kernstädten und Umlandkreisen der Ballungsgebiete sowie in den übrigen Gebieten Niedersachsens 1951/53 bis 1966/68

Quelle: F. SCHNEPPE und I. TORNOW, Der Anteil der Ballungsgebiete an den öffentlichen Haushalten unter besonderer Berücksichtigung der Investitionen in Niedersachsen-Bremen. In: Forschungs- und Sitzungsbericht Nr. 75. Hannover 1972, S. 191

— Im Jahre 1968 korrespondierten die Gesamtausgaben, die Bauausgaben, die Neuanschaffungen, die Zuweisungen von Bund/Land in Nordwestdeutschland mit dem jeweiligen Anteil an der Bevölkerungszahl, niedriger waren in den übrigen Gebieten die Ausgaben für Personalausgaben, Grunderwerb und die Steuereinnahmen. Die kommunalen Bauausgaben überstiegen in den übrigen Gebieten den Bevölkerungsanteil hinsichtlich der Ausgaben für Schulen, kommunale Einrichtungen und Straßenbau.

— Bei den Bauausgaben des Landes, die im Jahre 1968 4,0 % des Landeshaushalts = 268,6 Mio DM ausmachten, wurden in erster Linie die Standorte Hannover und Göttingen bedient. „Nimmt man beide völlig heraus, so liegen die übrigen Kernstädte sehr dicht bei dem neuen Durchschnitt."

— Von den umfangreichen Zuweisungsausgaben (aus dem Landeshaushalt) von 2 237,6 Mio DM gingen 1 395,— Mio DM an die Gemeinden und Gemeindeverbände. Bei 725,5 Mio DM ist kein statistischer Nachweis möglich, aber die Zweckbestimmung „läßt den sicheren Schluß zu, daß die Ballungsgebiete auch an diesen Zuweisungen unterdurchschnittlich beteiligt waren".

— Die Ermittlungen über die Personalausgaben von Land und Bund fassen die Autoren in die Sätze zusammen: „Da viele staatliche Behörden und Einrichtungen in geeigneten zentralen Orten konzentriert sind ..., ist mit einer ungleichmäßigen Verteilung der Personalausgaben zu rechnen. Da aber andererseits die Lehrer einen großen Teil des Landespersonals stellen, können die Unterschiede bei Darstellung auf Kreisebene nicht sehr groß werden. Diese Erwartung wird voll bestätigt."

Die Personalausgaben des Landes werden für Hannover mit 837 DM je E, der Landesdurchschnitt mit 361 DM je E angegeben. Die Autoren weisen zugleich darauf hin, daß es auch noch andere Städte gibt, „in denen aus den Personalausgaben des Landes zusammen ein noch größerer Anteil des Einkommens stammt".

Die Bundespersonalausgaben konzentrieren sich in Hannover mit 14,9 %, die Landespersonalausgaben mit 17,3 %. Nach einer Mitteilung des Ministerpräsidenten beansprucht die Hauptstadtfunktion etwa 20 000 Arbeitsplätze.

Allgemein kann als erwiesen gelten, daß durch die Nivellierung der Finanzkraft der vorher beachtliche Vorsprung der Ballungsgebiete viel kleiner geworden ist.

4.6.3. Der soziale Wohnungsbau als Leitlinie in der Landesentwicklung [59])

Wenn wir annehmen — es wird sich sofort zeigen, daß diese Annahme korrigiert werden muß —, daß die Mehrbevölkerung von 2 715 304 Personen mit Wohnraum zu versorgen gewesen sei, dann bedeuten 672 406 Wohnungen im sozialen Wohnungsbau in der Zeit von 1948 bis 1969 247 Wohnungen auf 1 000 E, und wenn man den Kreis- bzw. Stadtanteil am sozialen Wohnungsbau durch den Bevölkerungsanteil der Mehrbevölkerung dividiert, entsteht eine erste Regionalisierung des sozialen Wohnungsbaus für Nordwestdeutschland in Prozenten des Durchschnitts für den nordwestdeutschen Raum (Tabelle 25).

---

[59]) Die Zahlen sind enthalten im Tätigkeitsbericht der Landestreuhandstelle für den Wohnungsbau 1969 und in den Mitteilungen des Statistischen Landesamtes Bremen.

Tabelle 25:
Rangordnung der Städte und Landkreise im sozialen Wohnungsbau
(Durchschnitt in Nordwestdeutschland = 100)

Region	bis 49 %		50—74 %		75—99 %		100 % und mehr	
9			Aurich	58	Norden	99	Emden	288
					Leer	81		
10			Friesland	71	Wittmund	77	Wilhelmshaven	253
					Wesermarsch	78		
11	Wesermünde	48					Bremerhaven	338
12			Stade	74	Land Hadeln	76	Cuxhaven	129
13	Harburg	29						
14			Lüneburg L	58	Uelzen	82	Lüneburg	145
15							Lüchow-D.	111
16			Meppen	50	Aschendorf	82		
17	Oldenburg L	46	Cloppenburg	53	Ammerland	76		
					Oldenburg	87		
18			Osterholz	52	Delmenhorst	95	Bremen	304
			Hoya	54				
			Verden	53				
19			Rotenburg	53				
			Bremervörde	59				
20			Fallingbostel	54	Soltau	87		
21			Celle L	57	Celle	96		
22			Gifhorn	53				
			Wolfsburg	74				
23			Bentheim	63				
			Lingen	64				
24			Vechta	56				
			Bersenbrück	72				
25	Osnabrück L	44	Wittlage	63			Osnabrück	174
			Melle	67				
26			Diepholz	65				
			Nienburg	66				
27	Neustadt	39	Springe	50			Hannover	338
	Burgdorf	41	Hannover L	59				
28	Braunschw. L	47	Peine	63	Wolfenbüttel	86	Salzgitter	113
					Helmstedt	99	Braunschweig	442
29	Grafschaft		Schaumburg-				Hameln	109
	Schaumburg	37	Lippe	71				
	Hameln-		Holzminden	66				
	Pyrmont	46						
30			Hildesheim-				Hildesheim	218
			Marienburg	67				
			Alfeld	59				
31			Gandersheim	68	Goslar L	96	Goslar	141
							Zellerfeld	138
							Blankenburg	107
32			Osterode	63	Göttingen	78	Münden	100
			Northeim	61	Einbeck	87		
			Duderstadt	71				

Die weitere Analyse zeigt, daß praktisch 6 Gruppen in der Verteilung der Wohnungsbaumittel vorhanden gewesen sind (Tabelle 26):

	Einwohner 1970	Zunahme 1939 bis 1970	Geförderte Wohnungen	Geförderte Wohnungen auf 1 000 E der Bevölk.-Zunahme
Gruppe I	2 245 062	505 799	319 747	
Gruppe II	1 228 146	375 035	86 190	229
Gruppe III	887 417	346 384	67 228	184
Gruppe IV	1 608 342	698 571	106 439	153
Gruppe V	983 099	388 918	50 388	129
Gruppe VI	820 563	418 887	42 606	102

Diese Zahlen lassen erkennen, daß der Gruppe I mit 14 Städten und Kreisen fast die Hälfte aller öffentlich geförderten Wohnungen in Nordwestdeutschland in den letzten 20 Jahren zuzurechnen ist. Zu einem Teil dürfte sich diese Tatsache durch die Zerstörung der Städte und den folgenden Wiederaufbau erklären. Aber ganz gleich, welches die Gründe sein mögen, ein Doppeltes ist klar ersichtlich: Wenn man den öffentlich geförderten Wohnungsbau als die Resultante aus öffentlichem und privatem Wollen und als klarste Manifestation des öffentlichen Trends ansieht, dann war die Wiederherstellung der historisch prädestinierten Gebiete ihre vornehmste Aufgabe. Es wird zugleich klar, daß für diese Gruppe der regionalen Einheiten jeder Vergleich der geförderten Wohnungen mit der Zunahme der Bevölkerung nichtssagend und falsch ist.

Wenn man diese bevorzugte Gruppe aussondert, stehen für 2 227 792 Neubürger noch 352 851 Wohnungen, d. h. 158 Wohnungen je 1 000 Neubürger, zur Verfügung, die entsprechend der Tabelle auf die Gruppen II bis VI aufgeteilt worden sind. Die Gruppe IV liegt etwa im Raumdurchschnitt dieser Verteilung. Die Gruppe II umfaßt 14 bevorzugte Landkreise und die Stadt Oldenburg, 9 von ihnen sind Zonengrenzlandkreise, 6 gehören in die Sanierungsgebiete, die Durchschnittsquote beträgt 229 Wohnungen je 1 000 Neubürger. Die Gruppe III zählt 10 regionale Einheiten, darunter 3 Zonengrenzlandkreise und 3 Kreise des Sanierungsgebietes Küste mit 184 Wohnungen je 1 000 E. Die Gruppe IV umfaßt 19 Landkreise und liegt um den Durchschnitt 153 Wohnungen je 1 000 Neubürger. Die Gruppe V zählt 10 Landkreise, darunter 1 Zonengrenzlandkreis, nämlich Gifhorn. Die Gruppe VI umfaßt 8 Landkreise mit 102 Wohnungen je 1 000 E.

Die Gründe dieser gesonderten und unterschiedlichen Förderung sind nicht bekannt. Sicher ist aber, daß alle Städte (Gruppe I und Oldenburg in Gruppe II) — schwach ausgedrückt — bevorzugt gefördert worden sind, daß die Zonengrenzlandkreise (aber nicht alle) und das Sanierungsgebiet Küste bevorzugt wurden, und daß die Landkreise um die Städte (Gruppe VI) die Nachhut der Förderung bilden, wobei die Landkreise Osnabrück L, Hannover L, Lüneburg L, Celle L und Hildesheim-Marienburg etwas besser gestellt wurden als die übrigen.

Tabelle 26:
*Die Verteilung der Wohnungsbaumittel im öffentlich geförderten Wohnungsbau
in Nordwestdeutschland*

	Einwohner 1970	Bevölke-rungs-zunahme 1939—1970	Zahl der geförderten Wohnungen	Geförderte Wohnungen auf 1000 E Bevölke-rungs-zunahme	Beson-deres Förde-rungs-motiv
Gruppe I					
Emden	48 525	11 282	8 023		
Wilhelmshaven	102 732	1 503	9 523		
Bremerhaven	142 919	30 088	25 249		
Cuxhaven	44 564	11 425	3 657		
Lüneburg	59 516	17 473	6 263		
Bremen	592 533	142 249	107 233		
Delmenhorst	63 266	24 788	5 863		
Osnabrück	143 905	36 824	15 929		
Hannover	523 941	79 645	66 689		
Braunschweig	223 700	27 632	30 288		
Salzgitter	118 201	72 603	20 414		
Hameln	47 414	15 623	4 388		
Hildesheim	93 801	21 700	11 700		
Goslar	40 045	12 964	4 526		
	2 245 062	505 799	319 747	632	
Gruppe II					
Lüchow-Dannenberg	50 623	9 447	2 607	276	ZS
Helmstedt	119 384	44 251	10 807	244	Z
Wolfenbüttel	135 371	44 164	9 431	214	Z
Goslar L	40 778	11 998	2 931	244	Z
Zellerfeld	33 661	5 666	1 946	379	ZS
Blankenburg	14 159	4 689	1 257	268	ZS
Einbeck	46 626	15 657	3 372	215	Z
Hann. Münden	44 361	12 280	3 036	247	Z
Norden	82 871	22 585	5 529	245	S
Leer	135 813	34 204	6 865	200	S
Wesermarsch	98 033	30 088	8 321	276	S
Aschendorf-Hümmling	76 072	14 076	2 883	204	
Oldenburg	130 852	51 832	11 184	215	
Uelzen	95 923	33 562	6 818	203	Z
Soltau	65 113	21 296	4 604	211	
Celle St	58 506	19 240	4 599	238	
	1 228 146	375 035	86 190	229	
Gruppe III					
Wittmund	56 717	15 166	2 754	181	
Friesland	93 223	33 405	5 894	176	S
Stade	139 745	51 251	9 346	182	
Land Hadeln	63 389	17 883	3 386	189	S
Ammerland	81 501	33 502	6 357	189	
Wolfsburg	88 655	81 654	15 108	185	Z
Bersenbrück	82 918	23 054	4 203	182	
Schaumburg-Lippe	84 589	31 949	5 641	177	
Duderstadt	41 266	12 822	2 232	174	ZS
Göttingen	155 414	63 695	12 307	193	Z
	887 417	346 381	67 228	184	

	Einwohner 1970	Bevölke- rungs- zunahme 1939—1970	Zahl der geförderten Wohnungen	Geförderte Wohnungen auf 1000 E Bevölke- rungs- zunahme	Beson- deres Förde- rungs- motiv
Gruppe IV					
Aurich	80 316	25 783	3 711	144	S
Lüneburg L	63 361	26 462	3 815	144	Z
Celle L	104 866	50 113	7 093	141	
Bentheim	111 161	44 250	6 926	154	
Lingen	80 149	31 170	4 887	160	
Vechta	86 557	34 381	4 737	138	
Bremervörde	72 413	26 141	3 828	146	
Wittlage	28 021	9 193	1 454	159	
Melle	40 081	13 427	2 237	167	
Diepholz	75 797	24 485	3 976	162	
Nienburg	102 453	35 721	5 812	162	
Hannover L	233 612	141 926	20 925	147	
Peine	98 012	39 127	6 130	157	Z
Holzminden	80 352	28 352	4 145	146	
Hildesheim-Marienburg	118 917	51 529	8 643	167	Z
Alfeld	79 501	28 352	4 138	146	
Gandersheim	76 510	26 014	4 428	165	Z
Osterode	85 786	30 779	4 773	155	Z
Northeim	90 477	31 366	4 781	152	Z
	1 608 342	698 571	106 439	153	
Gruppe V					
Meppen	77 078	28 867	3 856	133	
Cloppenburg	104 095	35 500	4 724	133	
Osterholz	80 186	37 636	4 874	129	
Hoya	117 222	38 226	5 087	133	
Verden	89 455	36 504	4 762	130	
Rotenburg	56 263	21 886	2 856	130	
Fallingbostel	63 224	24 205	3 245	134	
Gifhorn	135 633	69 114	9 179	133	Z
Springe	70 386	36 040	4 528	125	
Osnabrück L	139 556	62 940	7 277	116	
	933 099	388 918	50 388	129	
Gruppe VI					
Wesermünde	78 292	28 375	3 387	119	
Harburg	144 485	79 144	5 837	74	
Oldenburg L	84 736	39 845	4 573	114	
Neustadt	118 595	79 306	7 660	97	
Burgdorf	137 724	76 040	7 753	102	
Braunschweig L	93 424	50 684	5 923	117	
Grafsch. Schaumburg	80 724	31 949	3 653	114	
Hameln-Pyrmont	82 583	33 544	3 820	114	
	820 563	418 887	42 606	102	

Z = Zonengrenzgebiet.
S = Lage im Sanierungsgebiet Küste.

Ein Blick auf die Übersicht IV beweist, daß staatliche Förderung und private Nachfrage sich in der großen Linie auf die Wiederherstellung der alten Ordnung geeinigt hatten. Merkwürdig vom heutigen Erkenntnisstand aus ist die Tatsache, daß das Umland der Agglomerationen im Vergleich mit diesem selbst so schlecht weggekommen ist. Ballungfördernde Tendenzen haben also neben der grundsätzlichen Bevorzugung der Agglomeration in der Politik des sozialen Wohnungsbaus keine Rolle gespielt.

Man darf an dieser Stelle, wenn auch mit gewissen Einschränkungen, wohl den Schluß wagen, daß die Infrastrukturinvestitionen trotz der späteren Bevorzugung der Nichtballungsgebiete als Komplementärinvestitionen summa summarum einen ähnlichen räumlichen Weg genommen haben wie der Wohnungsbau. Das würde bedeuten, daß wir über die Investitionen, die zur räumlichen Festlegung von 30 bis 40 Mrd DM Investitionen führten, und über das Ergebnis ausreichend unterrichtet sind, und der private Wohnungsbau scheint diese Entscheidungen als sinnvoll und richtig befunden zu haben. Das aber würde bedeuten, daß 21,7 Mrd DM Infrastrukturinvestitionen und 30 Mrd DM Wohnungsbauinvestitionen langfristig im Prinzip für die überkommene räumliche Ordnung votiert haben.

4.6.4. Die Industriepolitik des Landes Niedersachsen

Nach meinen Feststellungen ist von den nach Kriegsende bis 1957 einschließlich neu geschaffenen 305 000 Arbeitsplätzen zunächst jeder zweite und später jeder dritte aus öffentlichen Mitteln vorfinanziert worden. Im Prinzip hat sich an dieser aktiven Industriepolitik auch in den späteren Jahren nichts geändert. Industrieförderung und Bürgschaftssystem des Landes haben stets sachlich und erfolgreich zusammengewirkt.

Wahrscheinlich wird man auch beweisen können, daß keine regionale Industrialisierungsmöglichkeit einer anderen im Wege gestanden hat. Aber Industrialisierungspolitik ist kein Zuckerlecken. ESENWEIN-ROTHE berichtet über die Industrialisierung in den Regierungsbezirken Aurich, Oldenburg, Osnabrück (ohne die Stadt Osnabrück) und Stade einschließlich Bremen und Bremerhaven, daß in der Zeit von 1945 bis 1959 1 396 Neugründungen von Unternehmen registriert wurden, daß nur 779 überlebten und daß von 40 000 Arbeitsplätzen 26 000 erhalten blieben[60]). Nach einer Mitteilung des niedersächsischen Ministers für Wirtschaft und Verkehr wurden von 1950 bis 1963 1 200 Industriebetriebe mit rund 130 000 Beschäftigten neu angesiedelt, das sind — bezogen auf den Zuwachs an Arbeitsplätzen in derselben Zeit in Höhe von 319 000 — 40 %/o aller neuen Industriebeschäftigten. Über den Standort der Arbeitsplätze wäre nur auf Grund einer Sonderuntersuchung zu berichten. Einen Anhalt zur Standortbestimmung des Industriewachstums bildet die Untersuchung von ISBARY für die Zeit von 1952 bis 1956[61]). Daraus würde sich schließen lassen, daß in dieser Zeit rund 90 %/o des Industriewachstums an traditionalen Industriestandorten erfolgt ist.

Für die Zeit nach 1955 hat das Bundesministerium für Arbeit durch das Institut für Raumordnung auf Grund der Unterlagen der Bundesanstalt für Arbeit Übersichten über die Verlagerung und Neuerrichtungen von Industriebetrieben herausgegeben, seit 1966 auch über Stillegungen von Industriebetrieben. Mit Recht ist gegen solche Berichte und gleichlautende Pressemitteilungen auf die Problematik der verwendeten Begriffe wie

---

[60]) I. ESENWEIN-ROTHE: Die Persistenz von Industriebetrieben in strukturschwachen Wirtschaftsgebieten. In: Industrialisierung ländlicher Räume. ARL, FuS Bd. XVII, Hannover 1961, S. 69 u. 80.

[61]) G. ISBARY: Regionale Aspekte der Entwicklung des Industriebesatzes in den Kreisen der Bundesrepublik 1952—1956. In: Raumforschung u. Raumordnung 1957, H. 3/4, S. 18.

Tabelle 27: Verlagerung und Neugründung von Industriebetrieben in Nordwestdeutschland

Jahr	Zahl der erfaßten Betriebe	Anzahl der geplanten Beschäftigten absolut	Land in % zum Bund	Absolute Zahl der Betriebe nach einzelnen Wirtschaftsgruppen							Die Verteilung der Beschäftigten der Betriebe auf die einzelnen Wirtschaftsgruppen						
				Eisen- u. Met.-Ind.	Elektro-Ind.	Chem. u.Verw. Ind.	Nahr.- u. Genußm. Ind.	Text.-Ind.	Bekl.-Ind.	Sonst. Ind.	Eisen- u. Met.-Ind.	Elektro-Ind.	Chem. u. verw. Ind.	Nahr. u. Genußm.-Ind.	Text.-Ind.	Bekl.-Ind.	Sonst. Ind.
1955–1957 a)	81	24 862	18	27	4	9	6	3	13	16	17 595	1 007	793	1 290	259	1 253	2 386
b)	9	3 492	3	4		1		1	1	2	3 180		68		56	53	135
	90	28 354	21	31	4	10	6	4	14	18	20 775	1 007	861	1 290	325	1 306	2 521
1958–1960 a)	78	11 552	11	19	7	9	6	3	20	11	2 290	3 682	808	596	200	2 436	1 266
b)	2	299	1	2							299						
	80	11 851	14	21	7	9	6	3	20	11	2 589	3 682	808	596	200	2 436	1 266
1961–1963 a)	105	11 432	9	34	12	6	12	4	18	12	4 117	1 496	885	1 227	484	1 786	962
b)	9	5 036	4	4	4		1				2 864	2 039		110			
	114	16 468	13	38	16	6	13	4	18	12	6 984	3 555	885	1 387	484	1 786	962
1964–1965 a)	204	9 465	12	51	15	21	14	17	48	18	3 939	820	70	847	306	1 515	599
b)	7	410	1	2	1				1		248	30		102		30	
	211	9 875	13	53	16	21	17	11	49	18	4 187	850	703	945	306	1 545	599
1966–1967 a)		4 111	8	15	5	14	24	1	16	23	435	130	911	1 067	32	526	664
b)		524	1					1							12		
		4 635	9	15	5	14	24	2	16	23	435	130	911	1 067	44	526	664
Stillgelegt a)	194	16 401	2,2														
b)	13	1 162	1,2														
	207	17 563	3,4														
1968–1969 a)	190	8 952	9,9	27	15	19	17	15	52	17	1 936	1 138	907	1 001		1 389	
b)	5	546	0,6	1	1			1	1			500					
	195	9 498	10,5	28	16	19	17	16	53	18	1 936	1 638	907	1 001		1 389	
Stillgelegt a)	93	7 780	1,1														
b)	14	1 103	1,2														
	107	8 883	2,3														

a) = Niedersachsen.
b) = Land Bremen.

Neuansiedlung und Verlagerung und die Unsicherheit der Zahlenangaben durch die Saldierung mit Betriebsabgängen hingewiesen worden. Gerade die Gegenüberstellung von Neugründungen und Betriebsabgängen ist ein unerläßlicher Akt, um die Objektivität der Zahlenangaben sicherzustellen. Es sind auch sonst gegen die Erhebungen selbst erhebliche Bedenken geltend gemacht worden. ESENWEIN-ROTHE hat darauf hingewiesen, daß darin ein „systematischer Fehler" liegt, wenn die Enquete alle vorherigen Gründungen (d. h. die vor 1955) unberücksichtigt" ließ. „Dabei werden z. B. für Wilhelmshaven nur 2 Neugründungen (mit je zwischen 200 und 499 Beschäftigten), für Oldenburg überhaupt keine Betriebsgründung ausgewiesen. Tatsächlich wurden seit 1945 in Wilhelmshaven 132 Betriebe errichtet, in Oldenburg 118, und von diesen bestanden Ende 1958 noch 52 rsp. 39, darunter allein 2 Werke des Maschinenbaues mit mindestens 12 000 Arbeitsplätzen, 1 Betrieb der Elektrotechnik mit mehr als 2 000, 2 Textilbetriebe mit mehr als 600 Beschäftigten und weitere mittelbare und kleine Betriebe in anderen Branchen mit zumindest noch 5 000 Arbeitskräften"[62]).

Soviel läßt sich aus den Tabellen aber wohl ableiten, daß in der angesprochenen Zeit zwischen 25 und 30 % der Steigerung der Industriebeschäftigten im niedersächsischen Bereich auf das Konto der verlagerten und neugegründeten Industriebetriebe geschrieben werden muß, wobei die verlagerten Zweigbetriebe $^2/_3$ aller in den Berichten aufgeführten Arbeitsplätze ausmachen.

Danach entfallen etwa 25 % aller im Jahre 1970 noch vorhandenen Arbeitsplätze auf Betriebe, die nach 1950 entstanden sind. Der regionale Anteil schwankt zwischen 30 % in den Raumeinheiten (für regionale Zielprojektionen zum 2. Ausbauplan der Bundesfernstraßen) 202 Bremen—Bremerhaven, 305 Hoya—Diepholz—Nienburg—Rotenburg und 304 Emsland, 25 % in 301 Ostfriesland, 302 Oldenburg und 306 Lüneburg, 20 % in 311 Göttingen und 309 Hameln und 15 % in 308 Hannover und 310 Braunschweig und 10 % in 307 Osnabrück. Mit anderen Worten: Die Darstellung bestätigt die Tendenz, Arbeitsplätze auch an nicht-traditionalen Standorten zu schaffen. Das Ergebnis der Vergewerblichung belegt andererseits die Konstanz des Arbeitsstättensystems, wobei 8,57 % (in den wachsenden Regionen) und 9,25 % (in den schrumpfenden Regionen) die alte Verteilung nicht bestätigt haben.

Auf die Frage, ob die Industriepolitik die leichte Abänderung der Standorte herbeigeführt hat, kann die Untersuchung keine letzte Antwort geben. Die Industriepolitik hat entscheidende Hilfestellung gegeben. Aber es erscheint nicht ausgeschlossen, daß die industrielle Entwicklung auch unbeeinflußt diesen räumlichen Weg eingeschlagen hätte. Jedenfalls ist die Tatsache nicht zu leugnen, daß der Produktivitätsanteil der sog. Ballungsräume 1937 60,8 % der Summe der nordwestdeutschen Steuermeßbeträge betrug und 1966 60,4 %. Mit anderen Worten: Wenn man den Kapitaleinsatz in der Industrientwicklung zum Beurteilungsmaßstab wählt, schrumpfen die räumlichen Veränderungen in den letzten 40 Jahren auf ein Minimum zusammen. Wenn allerdings der erweiterte Verdichtungsraum Braunschweig—Salzgitter—Wolfsburg auf den Ballungsraum Braunschweig (Stadt und Land) reduziert wird, so daß Salzgitter und Wolfsburg den Nichtballungsgebieten zugerechnet werden, aus denen sie nach 1935 entstanden sind, dann kann man sagen, daß in Niedersachsen—Bremen außerhalb der alten Ballungsgebiete ein neues wirtschaftliches Kraftfeld mit dem doppelten Stellenwert des Ballungsraumes Braunschweig entstanden ist.

---

[62]) I. ESENWEIN-ROTHE: Über die Möglichkeiten einer Quantifizierung von Standortqualitäten. In: Festschrift für Andreas Predöhl, Jahrbuch für Sozialwissenschaft, Bd. 14 (1963), Göttingen, S. 507.

Im Rahmen der regionalen Wirtschaftspolitik haben die Bundesausbauorte[63]) eine besondere instrumentale Rolle gespielt. Die ersten Bundesausbauorte wurden 1959 anerkannt. Die Bundesausbauorte in Nordwestdeutschland sind in Tabelle 28 enthalten. Die letzten 1968 anerkannten Brake/Weser, Verden/Aller, Lingen/Ems und Meppen/Ems

Tabelle 28:

Entwicklung des Industriebeschäftigtenanteils der Bundesausbauorte
(gemessen durch den Anteil der übergeordneten Landkreise)*)

	1961	1964	1966	1968	1970
Bundesausbauorte von 1959					
Aurich	0,20	0,22	0,20	0,23	0,26
Papenburg (LK Aschendorf-H.)	0,44	0,46	0,49	0,51	0,58
Duderstadt	0,38	0,34	0,35	0,33	0,37
Bundesausbauorte von 1960					
Westerstede (LK Ammerland)		0,61	0,62	0,62	0,65
Quakenbrück (LK Bersenbrück)		0,69	0,70	0,77	0,81
Zeven (LK Bremervörde)		0,26	0,27	0,30	0,33
Stadthagen (LK Schaumburg-Lippe)		0,77	0,82	0,79	0,84
Bundesausbauorte 1963					
Hude (LK Oldenburg)		0,54	0,56	0,63	0,67
Bentheim		1,82	1,81	1,79	1,74
Bundesausbauorte von 1966					
Osterholz-Scharmbeck			0,36	0,42	0,40
Uelzen			0,55	0,52	0,57
Helmstedt			1,21	1,14	1,04
Wildeshausen (LK Oldenburg)			0,56	0,63	0,67

*) Anteil der Kreise an Nordwestdeutschland.

wurden nicht mehr aufgenommen, weil im Rahmen der Übersicht über ihre Entwicklung nichts mehr ausgesagt werden kann. Bei den übrigen Bundesausbauorten wurde der Anteil der Industriebeschäftigten der übergeordneten Landkreise in Relation zu den Industriebeschäftigten von Nordwestdeutschland ausgewiesen, und in der Tat zeigt sich, daß mit Ausnahme von Duderstadt, Bentheim und Helmstedt ein Ansteigen des Industriebeschäftigtenanteils nachweisbar ist. Das muß nicht auf die Förderung der Bundesausbauorte zurückgehen, es besteht aber die Wahrscheinlichkeit.

4.7. Exkurs: Eine Effizienzbetrachtung nach Kreisen

Ob und wie sich die öffentlichen Investitionen im Infrastrukturbereich, im Wohnungsbau und in der Industrieförderung regional ausgewirkt haben, wird Gegenstand der anschließenden Analyse nach Kreisen sein. Ich werde versuchen, die Kreise durch 3 Indikatoren darzustellen:

(1) Umfang und Entwicklung der Bevölkerung von 1939 bis 1970, der Industriebeschäftigten von 1950 bis 1970, des Sozialprodukts von 1957 bis 1966,

(2) die Wirtschaftsstruktur im Jahre 1961 und

(3) die Stellung eines Kreises im Gefüge eines Verdichtungsraumes, soweit das möglich ist.

---

[63]) W. ALBERT: Bundesausbauorte 1966. In: Informationen 18/1966, S. 547. — Derselbe: Regionale Wirtschaftspolitik im Konjunkturzyklus. In: Informationen 13/1968, S. 353 ff.

Mit anderen Worten: Es wird vorausgesetzt, daß die Reaktion der Bevölkerung (Zu- oder Abnahme) und die Effekte in der Wirtschaft (Einkommens- und Kapazitätseffekte) die Entwicklung widerspiegeln. Leider stehen die Daten aus den Steuerstatistiken bis jetzt nur für einige ausgewählte Kreise zur Verfügung, so daß sich in der Regel die Kennzeichnung der Kreise auf Bevölkerungs- und Industriebeschäftigtenentwicklung beschränkt.

4.7.1. Landesentwicklung im Küstengebiet bzw. Sanierungsgebiet Küste

4.7.1.1. Allgemein

Man ist gewohnt, die Systeme Hamburg und Bremen als die Projektion der innerdeutschen Industriegebiete auf die Nordsee anzusehen. Das ist jedoch nur sehr beschränkt richtig.

ALFRED GILDEMEISTER hat 1926 auf die beiden entscheidenden Behinderungen der deutschen Nordseeküste von Cuxhaven bis Emden hingewiesen. Er schreibt: „Wenn man den Durchgangsverkehr durch Deutschland berücksichtigt und andererseits beachtet, daß Holland und Belgien auch eine erhebliche Selbstversorgung haben, so dürfte doch per Saldo festzustellen sein, daß Deutschland nur etwa die Hälfte seines Übersee-Verkehrs über seine eigenen Häfen lenkt; eine Tatsache von eminenter Bedeutung für die Verkehrslage Deutschlands. Deutschland ist weltwirtschaftlich zur Hälfte Hinterland der Seehäfen von Holland und Belgien, oder anders herum gesehen: seine Küstenentwicklung ist so schwach und die Anschlußbreite an den Ozean so schmal, daß es in den eigenen Häfen nur die Hälfte seiner seewärtigen Aus- und Einfuhr behandelt." Und er sagt weiter, daß „die Frage des Standortes der deutschen verarbeitenden Industrie fremder Rohstoffe ... in Deutschland außerordentlich ungünstig gelöst (ist)", während „in England der Standort keiner Industrie weiter als 70 km von der Seeküste ist. In Deutschland ist das Küstengebiet industrieschwach; die Verdichtung des Eisenbahnnetzes, die Verdichtung in den Karten des Reichsarbeitsministeriums über die Verteilung der Industriearbeiterschaft, beginnt erst südlich einer Linie, die etwa von Osnabrück über Hannover nach Berlin verläuft. Hinter den deutschen Nordseehäfen von Emden, Bremen und Hamburg erstrecken sich Heiden, Gebiete mit geringer Bevölkerungsdichte und schwacher Industrie"[64].

Im Grunde hat ein Gutachten des Batelle-Instituts aus dem Jahre 1969 diese Ansicht bestätigt und dem Sinne nach ausgeführt, daß allein der seewärtige Güterumschlag von Rotterdam 1968 um fast die Hälfte über dem gesamten seewärtigen Umschlag der 10 größten deutschen Häfen lag, und festgestellt, „daß die Bedeutung der deutschen Seehäfen in einem für die wirtschaftliche Entwicklung der deutschen Außenwirtschaft bedenklichen Ausmaß abnimmt".

In Übereinstimmung mit dieser Entwicklung steht der Bevölkerungsrückgang in den Schwerpunkten des Küstengebietes (in Werten von Nordwestdeutschland):

in Emden	von	7,38 auf	6,21 ‰
Wilhelmshaven	von	22,28 auf	13,14 ‰
Cuxhaven	von	6,49 auf	5,70 ‰
Bremen	von	88,21 auf	75,79 ‰
Bremerhaven	von	29,11 auf	18,18 ‰
insgesamt	von	153,47 auf	119,02 ‰.

Die Zahl der Industriebeschäftigten hat dagegen um ein Geringes (1,39 %) zugenommen, das Bruttosozialprodukt ist um ein Geringes (2,11 %) gefallen.

Die Ursachen für diese Stagnation liegen nicht in dem Küstengebiet, die Ursachen liegen vielmehr außerhalb in nationalen und weltweiten Entwicklungen.

---

[64] A. GILDEMEISTER: Die Verkehrslage Deutschlands. In: Schriftenreihe der weltwirtschaftlichen Gesellschaft, Münster 1926.

Tabelle 29:   Die Landesentwicklung an der Küste bzw. des Sanierungsgebietes Küste (nach Kreisen)

| | Einwohnerzahlen | | | | | | | |
| | absolut | | | | in ‰ von Nordwestdeutschland | | | |
	1939	1950	1961	1970	1939	1950	1961	1970
Emden	37 681	37 243	45 669	48 525	7,38	5,07	6,22	6,21
Aurich	54 533	74 009	72 262	80 316	10,69	10,07	9,84	10,27
Leer	101 609	132 292	123 794	135 813	19,91	18,00	16,85	17,37
Norden	60 286	83 069	75 872	82 871	11,81	11,30	10,33	10,60
Wittmund	41 551	58 432	51 583	56 718	8,14	7,95	7,02	7,26
Wilhelmshaven	113 686	101 229	100 197	102 732	22,28	13,77	13,64	13,14
Friesland	59 828	94 945	84 233	93 233	11,72	12,92	11,46	11,93
Wesermarsch	72 975	112 549	96 891	98 033	14,30	15,31	13,19	12,54
Cloppenburg	68 595	94 791	90 979	104 095	13,44	12,90	12,38	13,32
Vechta	52 176	79 125	76 013	86 557	10,23	10,76	10,35	11,07
Cuxhaven	33 139	46 861	44 015	44 564	6,49	6,38	6,00	5,70
Stade	88 494	145 954	128 238	139 745	17,34	19,86	17,45	17,88
Land Hadeln	45 506	75 814	61 099	63 389	8,92	10,32	8,32	8,11
Bremervörde	46 272	81 127	69 427	72 413	9,07	11,04	9,45	9,26
Osterholz	42 550	73 407	69 971	80 186	8,34	9,99	9,52	10,26
Delmenhorst	38 478	57 273	57 312	63 266	7,54	7,79	7,80	8,09
Bremen	450 084	444 549	564 517	592 533	88,21		76,83	75,79
Bremerhaven	122 831		141 849	142 919	22,11		19,31	18,28
Wesermünde	49 917	83 190	72 310	78 292	9,78	11,32	9,84	10,01

Noch Tabelle 29

| | Industriebeschäftigte | | | | B I P | | Produktivitätsindex | Sektorale industr. Produktivität | Öffentlich geförderter Wohnungsbau | |
| | absolut | | in % von Nordwestdeutschland | | | | | | | in % des Raumdurchschnitts |
	1951	1970	1951	1970	1957	1966	1961		Gruppe	
Emden	2 995	14 885	0,55	1,63	0,94	1,01	105,31	1,18	I	288 %
Aurich	565	2 387	0,10	0,26	0,52	0,57	68,55	0,79	IV	58 %
Leer	4 077	7 404	0,75	0,81	1,08	1,04	67,21	0,37	II	81 %
Norden	904	1 533	0,17	0,16	0,69	0,73	87,83	1,61	II	99 %
Wittmund	928	1 127	0,17	0,12	0,35	0,34	55,82	0,58	III	77 %
Wilhelmshaven	6 635	7 771	1,22	0,85	0,91	1,03	83,96	0,64	I	253 %
Friesland	7 545	15 772	1,38	1,73	1,21	1,13	92,51	1,08	III	71 %
Wesermarsch	4 999	12 182	0,92	1,33	1,36	1,55	133,05	2,05	II	78 %
Cloppenburg	2 760	5 619	0,51	0,67	0,92	0,85	71,57	0,99	V	53 %
Vechta	2 093	6 257	0,38	0,68	0,86	0,77	76,13	0,85	IV	56 %
Cuxhaven	5 609	6 116	1,03	0,67	0,65	0,66	75,85	0,81	I	129 %
Stade	2 970	5 762	0,55	0,63	1,26	1,45	79,17	0,83	III	74 %
Land Hadeln	1 053	1 481	0,19	0,16	0,44	0,43	68,76	0,84	III	76 %
Bremervörde	1 641	3 013	0,30	0,33	0,71	0,72	73,63	0,88	IV	59 %
Osterholz	1 583	3 708	0,29	0,40	0,47	0,48	63,50	0,62	V	52 %
Delmenhorst	6 673	7 235	1,22	0,79	0,79	0,73	91,89	0,74	I	95 %
Bremen	52 736	86 829	9,68	9,53	13,39	11,86	120,89	1,09	I	304 %
Bremerhaven	11 261	15 592	2,07	1,71	1,65	1,66	79,87	0,69	I	338 %
Wesermünde	665	910	0,12	0,10	0,45	0,47	66,16	0,67	VI	48 %

4.7.1.2. Hamburg

Die Hamburger Entwicklung wird durch folgende Daten belegt. Die Einwohnerzahl betrug in:

	1925	1939	1961	1970
Hamburg St	1 568 000	1 712 000	1 832 000	1 794 000
Region Hamburg	1 799 000	1 890 000	2 190 000	

Im Rahmen Westdeutschlands ergeben sich folgende Prozentanteile:

	1925	1939	1961	1970
Hamburg St	4,30 %	4,25 %	3,39 %	3,06 %
Land Hamburg	4,80 %	4,70 %	4,06 %	

Gegen diese in den Prozentzahlen zum Ausdruck kommende Entwicklung kämpft Hamburg mit einer bewundernswerten Energie. Die Bevölkerungsplanzahl von 2 Mio Einwohnern ist fast eine mystische Zahl geworden. Das Planziel lautet dementsprechend 300 000 Einwohner mehr für die Stadt und 400 000 Einwohner für das Land.

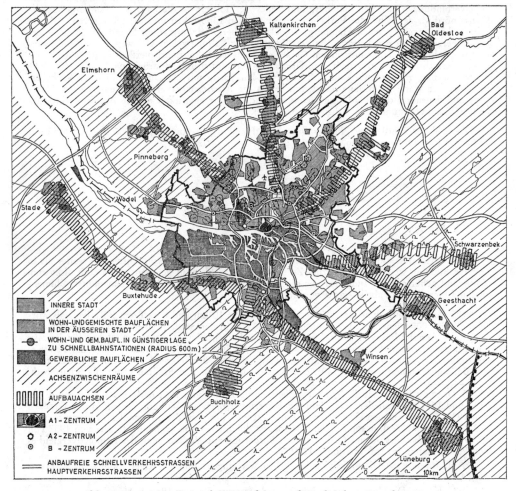

Abb. 7: Entwicklungsmodell Hamburg und Umland — Stand 1969 —

Quelle: ARL, Handwörterbuch der Raumforschung und Landesplanung, a. a. O., Sp. 1154.

Die regionale Strukturformel lautet für Hamburg:

$$141,55 = 1,47 \times \underset{58,92}{39,98} + 1,56 \times \underset{51,78}{33,09} + 1,20 \times \underset{30,84}{25,49}$$

Das bedeutet, daß alle 3 sektoralen Produktivitäten als außerordentlich bezeichnet werden müssen.

Die Zahl der Beschäftigten betrug 1961 1 017 134, davon entfielen auf das warenproduzierende Gewerbe 406 738, auf Handel und Verkehr 336 617 und auf die übrigen Dienstleistungen 259 357. Die Zahl der Beschäftigten ist von 810 000 (1939) auf 1 017 134 (1961) um 200 000 gestiegen. Mit dieser Zunahme muß die Mantelbevölkerung in der gleichen Zeit um etwa 400 000 Menschen gewachsen sein, von denen 120 000 in der Stadt Hamburg nachgewiesen werden können und bei 100 000 Einpendlern mehr als 250 000 im Umland zu lokalisieren sind[65]).

Die Beziehungen zwischen Hamburg und Niedersachsen sind begrenzt. „Die günstigeren Verkehrsverbindungen zwischen Hamburg und Schleswig-Holstein — die Lage des Hamburger Stadtkernes nördlich der Elbe, die Verkehrsengpässe an den Elbbrücken und die günstigeren Nahverkehrsverbindungen zwischen Hamburg, Wedel, Pinneberg, Ulzburg, Lübeck und Aumühle — erklären bereits völlig die Tatsache, daß das Hamburger Ballungsgebiet viel weiter nach Schleswig-Holstein reicht und daher mit diesem Gebiet auch engere Arbeitsmarktverflechtungen hat als mit den niedersächsischen Nachbargebieten. Diese Situation läßt sich durch arbeitsmarktpolitische Maßnahmen nicht verändern, sie kann sich allenfalls langfristig mit der Umgestaltung der Verkehrsverbindungen wandeln. Bislang haben sich jedoch die Arbeitsmarktverflechtungen zwischen Hamburg und den nördlichen Nachbargebieten erheblich stärker entwickelt als die Arbeitsmarktbeziehungen Hamburgs zum niedersächsischen Raum"[66]).

Die Zahl der Pendler aus Niedersachsen nach Hamburg ist von etwa 16 000 im Jahr 1955 auf 27 000 im Jahr 1961 gewachsen.

4.7.1.3. Bremen

Der Wirtschaftseinfluß Bremens reichte im industriellen Zeitalter von Anfang an weiter als in anderen Städten, weil Bremen bis zum Zollanschluß 1888, d. h. in der Zeit, als es noch nicht zum Zollland gehörte, seine Industrie vor die Staatsgrenze legte. So wurden Delmenhorst, Blumenthal und Hemelingen Fabrikvororte von Bremen.

1925 wohnten auf einer Kreisfläche mit dem Radius 10 km und dem Bremer Rathaus als Mittelpunkt 341 000 Menschen, davon nicht ganz 300 000 in der Stadt Bremen, und auf einer Kreisfläche mit dem Radius von 25 km 503 1000 Menschen[67]). HEINZ HOLLMANN[68]) hat für Bremen einen doppelten Einflußbereich unterschieden: eine Stadtregion, die eigentliche Zone des Pendlereinzugsbereichs, „in dem die wirtschaftliche Tätigkeit noch dominierend von dem Arbeitszentrum der Ballung bestimmt wird" (S. 49), eine Satellitenzone mit den Städten Osterholz-Scharmbeck,

---

[65]) OLAF BOUSTEDT hat die hamburgischen Pendlerzahlen von 1961 nach dem Gebietsstand von 1937 und 1961 aufgegliedert. Die Zahl der Erwerbspersonen am Wohnort betrug in den Grenzen von 1937 527 631, in den Grenzen von 1961 891 967, die Zahl der Einpendler dementsprechend 243 671 bzw. 96 207, d. h. die Einpendlerquote ist durch das Groß-Hamburg-Gesetz von 1937 von 35 % auf 9,8 % abgesunken. (O. BOUSTEDT: Forderung zur Verbesserung des Regionalvergleiches von Pendlerdaten. In: Informationen 12/1970, S. 360 f.).

[66]) H. JÜRGENSEN: Die volkswirtschaftlichen Wirkungen administrativer Raumgrenzen. Hamburg 1963.

[67]) G. KAPPE: Die Unterweser und ihr Wirtschaftsraum. Bremen 1929, S. 86.

[68]) H. HOLLMANN: Trabantenstädte im Raum Bremen. In: Studien zum Problem der Trabantenstadt, ARL, FuS Bd. XXVII, Hannover 1965, S. 39 ff.

Tabelle 30:   *Das wirtschaftliche Gefüge im Wirtschaftsraum Bremen*

Einwohner	1925	1939	1950	1961	1970
Bremen St	294 966	450 084	444 549	564 517	592 533
Delmenhorst St		38 478	57 273	57 312	63 266
Summe		488 562	501 822	621 829	655 799
Kerngebiet Bremen		491 055	505 576	625 757	
Erwerbspersonen im Kerngebiet		272 810	222 292	268 803	
Einpendler		40 070	27 366	53 942	
Beschäftigte		312 890	249 658	322 745	
davon Industriebeschäftigte			59 409	94 064	
Einwohner der Stadtregion	503 100	563 205	626 610	749 942	
Multiplikator für das Verhältnis Wirtschaftsbevölkerung/Beschäftigte		1,8	2,5	2,3	
Anteil der Einpendler an der Zahl der Beschäftigten		12 %	12 %	16 %	

Region Bremen im Jahre 1961 (ohne die Städte Bremen und Delmenhorst)

Kreis	Wohnseite			Leistungsseite				
	Bevölkerung	Erwerbspersonen	Beschäftigte	Landwirtschaft	Warenprod. Gewerbe	Handel und Verkehr	Übrige Dienstleistungen	Auspendler
Osterholz	69 971	32 233	20 571	6 716	6 703	3 227	3 925	11 662
Hoya	111 865	53 318	40 011	16 929	9 259	7 438	6 475	13 307
Verden	83 412	33 776	29 281	8 026	10 402	4 938	5 915	4 495
	265 248	119 327	89 863					29 464
Rotenburg	52 446	24 259	19 966	7 536	5 064	3 459	3 907	4 293
Wesermarsch	96 891	43 907	39 079	8 676	16 869	6 661	6 873	4 828
	149 335	68 166	59 045					9 121

Tabelle 31:

Erwerbspersonen und Pendler in der Stadtregion Bremen
nach Hollmann *)

	Erwerbspersonen		Einpendler		Auspendler		darunter in das Kerngebiet	
	1950	1961	1950	1961	1950	1961	1950	1961
I. Stadtregion								
insgesamt	275 930	325 873	30 563	62 386				
a) Kerngebiet	222 292	268 803	27 366	53 942				
darunter:								
Bremen	196 685	240 461	25 572	49 907				
Delmenhorst	23 886	26 461	1 774	3 941				
b) Verstädterte Zone	22 896	26 927	2 364	6 500	9 172	14 972	8 057	12 376
c) Randzone	30 742	30 143	833	1 944	8 173	13 875	6 519	10 981
II. Satellitenzone								
Osterholz-Scharmbeck	5 172	6 246	913	2 104	1 026	2 086	835	1 829
Syke	2 747	2 961	428	864	544	923	449	**776**
Bassum-Twistringen	5 549	5 362	934	1 064	724	1 530	416	1 027
			2 275	4 032	2 294	4 539	1 700	3 632
III. Trabantenzone								
Zeven	2 713	3 140	440	695	103	344	15	36
Rotenburg	5 319	5 725	747	1 296	278	804	137	436
Verden	7 862	7 478	1 609	3 015	665	1 228	458	770
Hoya	1 894	1 814	425	800	58	231	8	41
Sulingen	2 678	3 222	428	1 089	93	192	42	48
Wildeshausen	4 111	4 137	173	620	154	364	58	255
Brake-Elsfleth	9 079	8 933	994	1 742	498	1 127	105	249
			4 816	9 257	1 849	4 290	823	1 835

*) Heinz Hollmann: Trabantenstädte im Raum Bremen. In: Studien zum Problem der Trabantenstadt, ARL, FuS Bd. XXVI, Hannover 1965, S. 77.

KERNGEBIET
VERSTÄDT. ZONE
RANDZONE
TRABANT
QUASI-TRABANT
SATELLIT

Abb. 8: Stadtregion Bremen/Delmenhorst
— Abgrenzung 1970 —

Quelle: H. HOLLMANN: Die Neuabgrenzung der Stadtregion Bremen/Delmenhorst. In: ARL, FuS Bd. 59, Hannover 1970.

Syke und Bassum und eine Trabantenzone mit Verden, Hoya, Sulingen, Wildeshausen, Brake und Elsfleth. Ich habe in früheren Abschnitten die Region Bremen mit den Kernstädten Bremen und Delmenhorst und den Landkreisen Osterholz, Grafschaft Hoya und Verden umgrenzt. Wenn das richtig ist, hätten diese Kreise im Jahre 1961 29 464 Pendler nach Bremen und einschließlich der Kreise Rotenburg und Wesermarsch 38 585 Pendler in die Kernstädte entsenden können (Tab. 30). Das sind gut ³/₄ der in Bremen und Delmenhorst gezählten Einpendler. HOLLMANN, der eine empirische Analyse der Quellorte veröffentlicht hat, zählte

14 972 Einpendler aus der verstädterten Zone,

13 875 Einpendler aus der Randzone,

 4 539 Einpendler aus der Satellitenzone,

 9 257 Einpendler aus der Trabantenzone

42 643 Einpendler (Tabelle 31).

Die HOLLMANNsche Analyse ergibt damit praktisch dasselbe Ergebnis wie die Rechnung nach Landkreisen, so daß damit die in Tabelle 31 genannten Städte als die äußere Umgrenzung des Pendler-Einzugsbereiches angesehen werden können. Von den Pendlern stammen etwa 40 000 aus Niedersachsen.

Die Struktur der Region Bremen wird durch folgende regionale Strukturgleichungen gekennzeichnet:

	Landwirtschaft		Warenproduz. Gewerbe		Handel und Verkehr		Übrige Dienstleistungen	
Bremen	120,89		1,09 × 43,77	+	1,30 × 33,59	+	1,06 × 27,56	
Delmenhorst	91,89		0,98 × 57,30	+	0,74 × 20,84	+	1,05 × 18,88	
Osterholz	63,50	= 0,44 × 32,64	+	0,62 × 32,58	+	0,64 × 15,68	+	0,96 × 19,08
Hoya	82,92	= 0,68 × 42,31	+	0,91 × 23,14	+	0,91 × 18,36	+	0,98 × 16,18
Verden	74,74	= 0,50 × 27,41	+	0,74 × 35,52	+	0,81 × 16,86	+	1,03 × 20,20

Der Raum Bremen besitzt somit im Kerngebiet eine bundesdurchschnittliche Industrie — Bremen über dem Bundesdurchschnitt, Delmenhorst leicht darunter, wobei Delmenhorst mit dem Beschäftigtenanteil die Fabrikstadt ausweist —, in Hoya industriell eine sektorale Produktivität von 0,91, im übrigen aber eine weit überlegene Bedeutung in Handel und Verkehr in Bremen (1,30 × 33,59), Dienstleistungen mit überdurchschnittlicher sektoraler Produktivität in Bremen, Delmenhorst und Verden und weit überlegenem Beschäftigtenanteil in Bremen. Die Überlegenheit des Ballungsraumes Hannover ist im warenproduzierenden Gewerbe begründet. Ein Vergleich der Ballungsräume Bremen und Hannover verdeutlicht die völlig unterschiedliche Struktur der beiden Räume: Das wirtschaftliche Fundament Hannovers liegt in der industriellen Ausstattung der Landkreise hinsichtlich sektoraler Produktivität und Beschäftigtenanteil, in den Kreisen um Bremen ist davon nichts zu spüren. Die Stärke ist in Bremen Handel und Verkehr (1,30 × 33,59 gegenüber 1,09 × 25,48 in Hannover), während die übrigen Dienstleistungen die gleiche Bedeutung aufweisen (Hannover 1,08 × 26,38, Bremen 1,06 × 27,56). Im übrigen beträgt die Zahl der Einpendler in Relation zu den Beschäftigten in Hannover rund das Doppelte von Bremen.

Die Stellung des Verdichtungsraumes hinsichtlich Umsatzniveau, Produktivitätsniveau und Wohlstandsniveau wird durch folgende Zahlen ausgedrückt (in Relation zu Nordwestdeutschland):

	Bevölkerung		Umsätze in %			
	1939	1970	1935	1954	1958	1968
Bremen St	88,21 ‰	75,79 ‰	20,4	16,9	17,1	15,0
Delmenhorst	7,54	8,09	0,7	0,6	0,6	0,7
Osterholz	8,34	10,26	1,1	0,3	(0,3)	0,4
	104,09 ⁰/₀₀	94,14 ⁰/₀₀	22,2	17,8	18,0	16,1

	Gewerbesteuermeßbeträge			Gesamteinkommen		
	1937	1958	1966	1935/36	1954/55	1965
Bremen	22,6 %	14,6 %	14,2 %	14,2 %	10,2 %	10,1 %
Delmenhorst	1,1	1,0	0,9	0,9	0,9	0,9
Osterholz	1,5	0,3	0,5	1,7	0,7	0,8
	25,2 %	15,9 %	15,6 %	16,8 %	11,8 %	11,8 %

4.7.1.4. Emden und Ostfriesland

Das wichtigste Verkehrs- und Industriezentrum in Ostfriesland ist der Hafen Emden. Zu Beginn der 90er Jahre des vorigen Jahrhunderts war Emden ein kleines Landstädtchen. Auf seine einst große Stellung als Seehafen- und Handelsstadt wiesen nur noch Baudenkmäler, wie z. B. der herrliche Renaissancebau des Rathauses, die Kirchen und großartige Bürgerhäuser hin. Wirtschaftlich war es eine tote Stadt. Erst als am Ende des Jahrhunderts das Land Preußen den Emder Hafen zum Umschlagplatz für das östliche Ruhrgebiet ausbaute, trat eine bemerkenswerte wirtschaftliche Entwicklung ein. Sie wurde über ein halbes Jahrhundert hindurch einzig und allein von dem Umschlag der Güter Kohle, Erz und Getreide getragen, denn die industrielle Tätigkeit blieb auf die Werften beschränkt, die ihre Existenzgrundlage wiederum in dem mit dem Massengutumschlag verbundenen See- und Binnenschiffsverkehr fanden.

Inzwischen hat sich die Situation entscheidend verändert. Die Zahl der Beschäftigten ist von 15 686 (1950) über 25 788 (1961) auf 31 764 (1970) gestiegen. Die Zahl der Industriebeschäftigten entwickelte sich in folgender Weise:

	1951		1954		1957		1961
	2 995	0,55 %	5 556	0,88 %	6 338	0,83 %	5 923	0,72 %

	1964		1966		1969		1970
	6 122	0,72 %	11 228	1,31 %	11 355	1,37 %	14 885	1,63 %

Die Errichtung des Zweigwerkes der Volkswagenwerke im Jahre 1965 war die entscheidende öffentliche Aktivität. Die Bedeutung dieser industriellen Maßnahme wird unterstrichen, wenn man diese Aktivität vor dem zeitlichen Horizont sieht. Ein Schnitt durch die Emdener Wirtschaft im Jahre 1965 ergibt folgende Momentaufnahme:

	Beschäftigte		Lohnsumme	Gewerbesteuer-aufkommen
insgesamt	17 000		190 Mio DM	12 Mio DM
davon:				
im warenproduz. Gewerbe	6 800	(40 %)		
Handel und Verkehr	5 100	(30 %)		
Dienstleistungen	5 100	(30 %)		
Speziell:				
im Hafenumschlag	7 100	(42 %)	85 Mio DM	3,8 Mio DM
Volkswagenwerk	3 000	(18 %)	35 Mio DM	1,7 Mio DM

1970 sieht die wirtschaftliche Lage in Emden wie folgt aus: Die Zahl der Erwerbspersonen in Emden hat sich von 18 468 (1961) auf 19 246 (1970) kaum verändert, aber die Zahl der Beschäftigten ist von 15 686 (1950) über 25 788 (1961) auf 31 764 (1970) gestiegen, die Zahl der Industriebeschäftigten von 2 995 (1950) über 5 923 (1961) auf 14 885 (1970). Bezogen auf die Relation zum Gesamtraum gibt es in Nordwestdeutschland keinen Kreis außer Wolfsburg, der eine solche Steigerung auf dem Industriesektor zu verzeichnen gehabt hätte. Emden ist zum wirtschaftlichen Zentrum von Ostfriesland geworden.

Damit sind Emden und Ostfriesland allerdings ihre Sorgen nicht los geworden; denn Massenumschlag und Wirtschaftskraft der Stadt Emden, soweit sie vom Seehafen bezogen wird, sind nach wie vor gefährdet. Der in Emden und Leer beheimatete Fischfang durchläuft eine Krise nach der anderen. Die entscheidende Frage ist immer noch, ob der Hafen Emden seine Stellung als der führende deutsche Massenguthafen für Erz- und Kohleumschlag behaupten kann.

Nach dem Bericht der Tiefwasserhäfen-Kommission 1972 wird der Einfuhrbedarf an Eisenerz betragen:

1970	1975	1980	2000
43 Mio t	46 Mio t	50 Mio t	70 Mio t

Über die deutschen Nordseehäfen wurden 1970 14,9 Mio t eingeführt, so daß $^2/_3$ der Gesamteinfuhr über die Rheinmündungshäfen liefen. Die zukünftige Entwicklung steht unter folgenden Überlegungen:

(1) Die deutschen Hüttenwerke der Ost-Ruhr vertreten die Auffassung, daß eine Erzumschlaganlage, die ausschließlich Erzumschlag für Dritte betreiben kann, nur bei einem Jahresumschlag von über 12 Mio t wirtschaftlich arbeiten kann. Dem stehen gegenüber die Anstrengungen der traditionalen Erzumschlagsanlagen in Emden, Brake, Nordenham, Bremerhaven und Hamburg-Harburg und die Entwicklung der Schiffsgrößen. Die Tiefwasserhäfen-Kommission hat diese Probleme eingehend untersucht und dargestellt.

(2) 1965 wurde ein Gemeinschaftsprojekt von 15 deutschen Massenstahlwerken und eines holländischen Partners bekannt, in Rotterdam gemeinsam an der Küste eine Umschlaganlage für Erz und Kohle von zunächst 10—15 Mio t und später 35 Mio t Umschlagskapazität, eine Erzpelitieranlage und ein alle europäischen Maßstäbe übersteigendes Hüttenwerk zu errichten. WILHELM THRON hat diese Entwicklung so interpretiert, daß „es sich im Sinne der Standorttheorie um eine zunächst noch auf die Teilstrecke bis zur Küste begrenzte (und erst irgendwann einmal in der Zukunft auch die Ozeane überquerende) Wanderung der materialorientierten Hüttenindustrie" handelt. „Eine Völkerwanderung der europäischen und insbesondere der deutschen Stahlindustrie von ihren überkommenen Standorten zum Meere wird es nicht geben, aber ein Wachstumsstillstand an der alten Stelle und eine gewisse Verlagerung des Kapazitätszuwachses an die Küste stehen nicht mehr außerhalb jeder Diskussion"[69]). ERNST-WILHELM MOMMSEN hat gleichzeitig darauf hingewiesen, daß „fast ein Drittel des deutschen Industrieexports von den 10 größten deutschen Unternehmen bestritten werde, die im gesamten Industrieumsatz jedoch nur mit $^1/_7$ beteiligt seien. Damit sei bewiesen, daß Massenexport nur noch mit kostengünstigsten Großanlagen möglich sei".

In diesem Zusammenhang hat HELMUT KEUNECKE in einem klarstellenden Beitrag „Dortmunder Stahlperspektiven" betont, „daß die Roheisen- und Rohstahlerzeugung einschließlich der Verarbeitung bis zum Halbzeug in einem Hüttenwerk an der Küste wirtschaftlicher ist als im Inland. Demgegenüber hat die Verarbeitung von Halbzeug und Breitband in der Nähe der Absatzmärkte eindeutige Vorteile. Damit ist die Richtung vorgezeichnet." KEUNECKE sagt dann weiter: „Die Hüttenindustrie des östlichen Ruhrgebiets wird nicht — wie in den vergangenen Jahren immer wieder spekuliert wurde — zur Küste abwandern. Mit Sicherheit wird im Augenblick nur eine Feststellung getroffen werden können: Der Ausbau Wilhelmshavens zum Tiefsee-Hafen der Dortmunder Stahlindustrie — 1960 noch von ihr und der Kammer gefordert — wird nicht mehr zur Diskussion stehen. Ob die Erzbezüge über Emden, die etwa zu gleichen Teilen über den Dortmund-Ems-Kanal und über die Bahn kommen, in dieser Größenordnung auf lange Sicht aufrechterhalten werden, ist eine Frage, über die im Augenblick nur gerätselt werden könnte. Ihre Beantwortung hängt ... davon ab, bis zu welchem Punkt es gelingt, die Umschlagfähigkeit des Emdener Hafens dem Zug zum größer werdenden Erzfrachter anzupassen. Die Voraussetzungen dafür, daß Ijmuiden nicht nur Zulieferant von Roheisen und -stahl wird, sondern auch eine zusätzliche Funktion für den Umschlag von für

---

[69]) FAZ vom 27./28. 5. 1965.

182

Dortmund bestimmte Erze übernimmt, sind dort gegeben und werden sicher im Laufe der Zeit verbessert werden. . . . Die Entfernung zwischen Ijmuiden und Dortmund auf dem Wasserwege ist mit 290 km nur unwesentlich länger als die zwischen Emden und Dortmund (269 km). . . ."[70]).

4.7.1.5. Wilhelmshaven

Wilhelmshavens Entwicklung ist von der Gründung an bis 1945 vom Ausbau der deutschen Kriegsmarine getragen worden. Zwei Drittel aller Beschäftigten lebten unmittelbar von der Kriegsmarine und ihren Betrieben. Das Schicksal der Stadt in den letzten 30 Jahren kann in wenigen Zahlen umrissen werden: Der Bevölkerungsanteil betrug 1939 22,28 ‰, 1970 13,14 ‰, der Bevölkerungsrang ist somit auf fast die Hälfte abgesunken, Industriebeschäftigte gab es 1951 6 635 (1,22 %), 1970 7 771 (0,85 %), die sektorale industrielle Produktivität der vorhandenen Industrien verleiht keine Aussicht auf eine Besserung der Lage. Auch der nach dem Kriege initiierte Fremdenverkehr ist von 5,1 % (1957/58) auf 2,9 % (1968/69) zurückgegangen. Schon eine Gemeinde wie Minsen-Horumersiel konnte im Jahre 1968/69 fast das gleiche Ergebnis (2,8 %) erreichen.

Aber in der Stadt Wilhelmshaven lebt ein starker Wille, die Entdeckung der preußischen Kriegsschiffbauer, den Tiefseehafen der deutschen Nordseeküste, wirtschaftlich zu nutzen. Der erste sichtbare Erfolg war die Gründung der Nordwest-Oel-Pipeline in Wilhelmshaven (1956/57), die zwar im Gegensatz zum Massengutumschlag in Emden der Stadt nicht viel eingebracht, aber die Tiefseezufahrt interessant gemacht hat. Der Ausbau der Jade für den 200 000 tdw-Tanker wird im wesentlichen 1971 abgeschlossen sein. Unmittelbar anschließend wird das Fahrwasser von See bis zur Tankerlöschbrücke soweit vertieft, daß ab 1973 250 000 tdw-Tanker Wilhelmshaven erreichen können. Außerdem wurden inzwischen die Untersuchungen für 350 000, 500 000 und 700 000 tdw-Tanker durchgeführt[71]).

Die Möglichkeiten, die in dieser Tatsache des Tiefseehafens stecken, zeigt folgende Projektion für die Entwicklung des Mineralölimports über die deutschen Nordseehäfen:

	Mineralölbedarf der Bundesrepublik	Import über Nordseehäfen insges.	davon über deutsche Nordseehäfen
1970	137 Mio t	77 Mio t	49 Mio t*)
1975	181 Mio t	101 Mio t	68 Mio t
1980	221 Mio t	124 Mio t	83 Mio t
1985	260 Mio t	143 Mio t	97 Mio t
1990	295 Mio t	162 Mio t	110 Mio t
1995	325 Mio t	179 Mio t	122 Mio t
2000	355 Mio t	195 Mio t	133 Mio t

*) Davon in Wilhelmshaven 22 Mio t.

Außerdem ist die Industrialisierung des Wilhelmshavener Tiefwasserhafens in Angriff genommen worden. Die Schweizer Aluminiumhersteller Alusuisse haben sich 1970 als erste entschlossen, in Wilhelmshaven die Produktion von Tonerde und Chemiegrundstoffen vorzunehmen. Inzwischen hofft Wilhelmshaven auf eine schnelle Weiterentwicklung zu einer Hafen-Industriezone. Schließlich sieht sich die Stadt als eine Alternative „für die mit Großschiffen bewältigten Güterverkehrsströme und für tiefwassergebundene Hafenindustrie" neben Rotterdam[72]).

---

[70]) In: Ruhrwirtschaft 2/66, S. 43 f.

[71]) Bericht der Tiefwasserhäfen-Komm. 1972, S. 17; vgl. PETER W. FISCHER: Zukunftsaufgabe Industrieansiedlung. In: Niedersachsen auf dem Wege in das Jahr 2000, S. 59. — GERHARD EICKMEIER: Die Zukunftsaussichten des Seehafens Wilhelmshaven. In: Niedersachsen auf dem Wege in das Jahr 2000, S. 348.

[72]) G. EICKMEIER: Die Zukunftsaussichten des Seehafens Wilhelmshaven. In: Niedersachsen im Jahre 2000, a. a. O., S. 361.

13

4.7.1.6. Regierungsbezirk Stade

Der Regierungsbezirk Stade ist heute ein geographischer Begriff. „Bis zum 30jährigen Krieg ein blühendes Gebiet mit dem wichtigen Seehafenplatz Stade, der Hamburg an Bedeutung weit überflügelte, geriet es mehr und mehr in die Lage einer abseits gelegenen Provinz, um die sich Landesherren und Regierungen nur wenig kümmerten. Nachdem Hamburg und Bremen ihre dominierenden Stellungen im Elb- und Wesermündungsraum endgültig bezogen hatten, geriet das Gebiet aus dem Gleichgewicht, Niederelbe und Unterweser wurden zu geographischen Grenzen und wirkten nunmehr eher wirtschaftshemmend als -fördernd, indem sie engere Beziehungen zu den westlichen und östlichen Nachbargebieten verhinderten. Der rd. 7 000 qkm große Bezirk verlor seinen Anschluß an die aufstrebenden Wirtschaftsgebiete Deutschlands. Daß Ende des 19. Jahrhunderts bis zum Ersten Weltkrieg der Unterelberaum das relativ und absolut größte Auswanderungsgebiet Deutschlands wurde, war eine Folge dieser Entwicklung." So urteilt die Industrie- und Handelskammer Stade[73]).

Der Regierungsbezirk Stade (Abb. 9) ist in der Tat keine wirtschaftliche Einheit, sondern zu einem großen Teil Einflußgebiet der Städte Hamburg und Bremen. Er ist für die Analyse der räumlichen Aktivitäten interessant, weil eine Untersuchung der Industrie- und Handelskammer Stade und eine Übersicht des Regierungspräsidenten Stade über den finanziellen Input für die Jahre 1961 bis 1963 vorliegen, die auch für die spätere Zeit gelten dürfte.

Kennzeichnend ist für den Regierungsbezirk Stade, daß er einen außerordentlich niedrigen Industriebesatz besitzt (Agrarzone im Sinne ISENBERGS), wo die Gesamtumsätze je Einwohner in den Landkreisen noch nicht einmal die vergleichbaren Umsätze im Regierungsbezirk Aurich erreichen, „der als Musterbeispiel eines zurückgebliebenen und förderungsbedürftigen Wirtschaftsraumes gilt".

Für eine Analyse teilt man am besten den Regierungsbezirk Stade in den bremisch orientierten Teil Osterholz, Verden und Wesermünde und den Rest-Regierungsbezirk mit den Kreisen Cuxhaven, Stade, Land Hadeln, Bremervörde und Rotenburg (Tabelle 32). Es ist klar ersichtlich, daß

Tabelle 32:

Indikatoren für den Regierungsbezirk Stade

	Bevölkerung		Industriebeschäftigte		BIP		Produkt.-Index 1961
	1939	1970	1950	1970	1957	1966	
Cuxhaven	6,49 ‰	5,70 ‰	1,03 %	0,67 %	0,65 %	0,66 %	75,85
Stade	17,36 ‰	17,88 ‰	0,55 %	0,63 %	1,26 %	1,45 %	79,17
Land Hadeln	8,92 ‰	8,11 ‰	0,19 %	0,16 %	0,44 %	0,43 %	68,76
Bremervörde	9,07 ‰	9,26 ‰	0,30 %	0,33 %	0,71 %	0,72 %	73,63
Rotenburg	6,74 ‰	7,20 ‰	0,22 %	0,21 %	0,51 %	0,46 %	72,64
	48,58 ‰	48,15 ‰	2,29 %	2,00 %	3,57 %	3,72 %	
Osterholz	8,34 ‰	10,26 ‰	0,29 %	0,40 %	0,47 %	0,48 %	63,50
Verden	10,38 ‰	11,44 ‰	0,36 %	0,68 %	0,75 %	0,94 %	74,74
Wesermünde	9,78 ‰	10,01 ‰	0,12 %	0,10 %	0,45 %	0,47 %	66,16
	28,50 ‰	31,71 ‰	0,77 %	1,18 %	1,67 %	1,89 %	

---

[73]) HEINE, In: Niedersächsische Wirtschaft 23/24 (1960), S. 960.

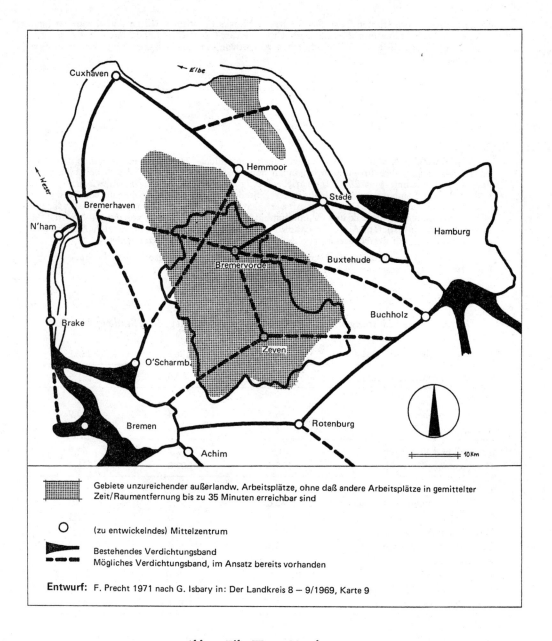

Gebiete unzureichender außerlandw. Arbeitsplätze, ohne daß andere Arbeitsplätze in gemittelter Zeit/Raumentfernung bis zu 35 Minuten erreichbar sind

○ (zu entwickelndes) Mittelzentrum

Bestehendes Verdichtungsband
Mögliches Verdichtungsband, im Ansatz bereits vorhanden

Entwurf: F. Precht 1971 nach G. Isbary in: Der Landkreis 8 — 9/1969, Karte 9

Abb. 9: Elbe-Weser-Mündungsraum

die nach Bremen orientierten Teile des Regierungsbezirks in einem gewissen Aufschwung stehen, dagegen sind die Indikatoren für die Stadt Cuxhaven und den Kreis Land Hadeln recht negativ während die Zahlen für den LK Stade einen Aufschwung erkennen lassen. Seine Entwicklungs-indikatoren sind

Bevölkerung		Industriebeschäftigte			
1939	1970	1951		1970	
17,36 ‰	17,88 ‰	2 970	0,55 %	5 762	0,63 %

Diese Entwicklung wurde maßgeblich getragen von einigen Unternehmen, die erst in den letz-ten 12 Jahren dort ihre Produktion begonnen haben und zusätzlich rd. 2 500 Arbeitsplätze bei einer Gesamtzunahme von 2 772 Industriebeschäftigten auf sich vereinigen. Inzwischen ist die niedersächsische Landesregierung dabei, den Kreis Stade zu einem Industriezentrum von überregio-naler Bedeutung zu machen. Das Atomkraftwerk der NKW, der Chemikomplex von Dow Chemi-cal, die Aluminiumoxydfabrik und Aluminiumhütte der VAW werden insgesamt 2—3 Mrd DM an dieser Stelle investieren. Auch der Landkreis Bremervörde läßt einen begrenzten Aufschwung erkennen, der ggf. mit der Förderung von Zeven als Bundesausbauort zusammenhängt.

Die finanziellen Leistungen von Bund und Land hat der Regierungspräsident in Stade für die Jahre 1961 bis 1963 zusammengestellt (Tabelle 33).

Tabelle 33:

Die finanziellen Leistungen von Bund und Land für den Reg.-Bez. Stade in Mio DM

Landeshaushalt	1961	1962	1963
Gesamtsumme der Zuweisungen	189,6	280,6	291,5
davon:			
Personalausgaben	56,8	57,4	38,9
Versorgung	17,5	20,3	24,0
Personal und Versorgung	74,3	77,7	62,9
Gesamtsumme für sachl. Aufgaben	115,3	202,0	228,6
davon:			
Finanzzuweisungen an Gemeinden	30,0	53,0	53,0
Landstraßen	11,5	16,0	21,3
Zuschüsse an Wasser- und Bodenverbände (Küstenprogramm)	18,3	46,4	44,6
Gewerbeförderung	50 000 DM	57 000 DM	33 000 DM
Wirtschaftsförderung	80 000 DM	735 000 DM	819 000 DM
Fischereihafen in Cuxhaven	7 609 000 DM	14 308 000 DM	16 329 000 DM
Bundeshaushalt insgesamt	60,2	102,4	133,0
davon:			
Versorgung nach GG 131	10,4	10,5	11,4
Landwirtschaft	6,8	10,5	12,7
Bundesstraßen	13,0	11,0	17,4
Neubau Autobahn	26,0	63,9	83,0
Gesamtsumme Bund/Land	249,8	383,0	424,5

Was haben diese finanziellen Zuführungen bewirkt? Die Bevölkerung in Stade zeigt einen Anstieg von 17,45 ‰ im Jahre 1961 auf 17,88 ‰ im Jahre 1970 und hat den Vorkriegsanteil überschritten. Und die bremisch orientierten Teile und Bremervörde zeigen den erwähnten Anstieg. Die
gewaltigen Investitionen seit 1969 in Stadersand müssen hier natürlich ausgeklammert werden, weil
sie bis 1970 nicht effizient geworden sein können. Im Regierungsbezirk Stade wohnten 1961 162 043
Lohnsteuerpflichtige mit einem Bruttolohn von 938 758 000 DM. Im Jahre 1969 waren es 166 937
Beschäftigte mit einem Lohn- und Gehaltsaufkommen von 1 374 619 000 DM. Um den Einfluß der
staatlichen Mittel auf die wirtschaftliche Entwicklung abschätzen zu können, müßte bekannt sein,
welcher Anteil im Regierungsbezirk ausgegeben wurde und wie er sich auf Lohn und Güterbe-
schaffung aufteilt. Zunächst ist zu bedenken, daß die staatlichen Personalausgaben und Versor-
gungsbeträge zwar als Dauerzahlungen besonders wichtig sind, aber keinen zusätzlichen Effekt ausgelöst haben können. Für die Auslösung dieses Effektes würden also 1961 165,1 Mio DM und im
nächsten Jahr entsprechend mehr in Frage kommen. Dazu kommen die beträchtlichen Summen für
den Wohnungsbau, die in der Aufstellung des Regierungspräsidenten fehlen. Unter der weiteren
Voraussetzung, daß 50 % der erwähnten Summen als Löhne und im Raum des Regierungsbezirks
Stade ausgegeben wurden, würde die Lohnsumme im Regierungsbezirk um 10 % aufgestockt worden sein. Das ist kein unbeträchtlicher Input. Im Reg.-Bezirk Stade (ohne die bremisch orientierten Teile und ohne Stade) ist aber ein Aufschwung nicht festzustellen; denn die Indikatoren

Bevölkerung		Industriebeschäftigte	
1961	1970	1950	1970
30,91 ‰	30,27 ‰	1,74 %	1,27 %

zeigen keine positive Entwicklung; d. h., es kann kaum angenommen werden, daß eine aktive
Entwicklung in Fluß geraten ist; vielleicht wurde eine passive verhindert. Die Bruttolohnsumme
des Regierungsbezirks im Vergleich zu der des Landes ist von 7,1 % im Jahre 1961 auf 5,7 % (1971)
abgesunken. Dagegen wurde der bremisch orientierte Teil von der bremischen Wirtschaft induziert.

Die Indikatoren

Bevölkerung		Industriebeschäftigte	
1961	1970	1950	1970
30,71 ‰	31,71 ‰	0,77 %	1,18 %

zeigen eine positive Entwicklung.

4.7.2. Die Region des Emslandplanes

Die Abgrenzung des Erschließungsgebietes erfolgte nach Rückstandsmerkmalen. Es umfaßt
5 331 km², aus dem Regierungsbezirk Osnabrück die Kreise Aschendorf-Hümmling, Meppen,
Lingen, Grafschaft Bentheim und Bersenbrück (zu etwa 1/3), aus dem Verwaltungsbezirk Oldenburg den Kreis Cloppenburg etwa zur Hälfte und geringe Teile der Kreise Ammerland und Oldenburg und etwa 1/5 des Kreises Leer aus dem Regierungsbezirk Aurich (Abb. 10). Nach dem Raumordnungsbericht 1972 wurde der Emslandplan von 1951 bis einschließlich 1971 mit 603 Mio DM
Bundeszuschüssen finanziert, das von Bund, Land und Kreisen finanzierte Investitionsvolumen
betrug 1 235 Mio DM.

Nun ist es nicht so, als ob früher im Emsland nichts geschehen wäre. Allein der Dortmund-Ems-
Kanal hat seinerzeit eine viertel Mrd Goldmark gekostet. Aber es ist richtig, daß das Emsland
als Randgebiet von Territorien nie planmäßig erschlossen wurde. GERCKE[74] nennt daher den Emslandplan den Versuch, mit fremder Hilfe über „die Verbesserung der Infrastruktur ein wirtschaftliches Wachstum zu initiieren". LAUENSTEIN[75] bezeichnet den Emslandplan als eine „Gesamter-
schließung mittels angewandter Raumplanung". Der Ministerpräsident von Niedersachsen, ALFRED

---

[74] FR. GERCKE: Zur Bestimmung der Wirkung von Landesentwicklungsmaßnahmen. Diss.
Hannover 1964, S. 26.

[75] JOH. D. LAUENSTEIN, in: Jahresheft der Albrecht-Thaer-Gesellschaft Celle (Mai 1963).

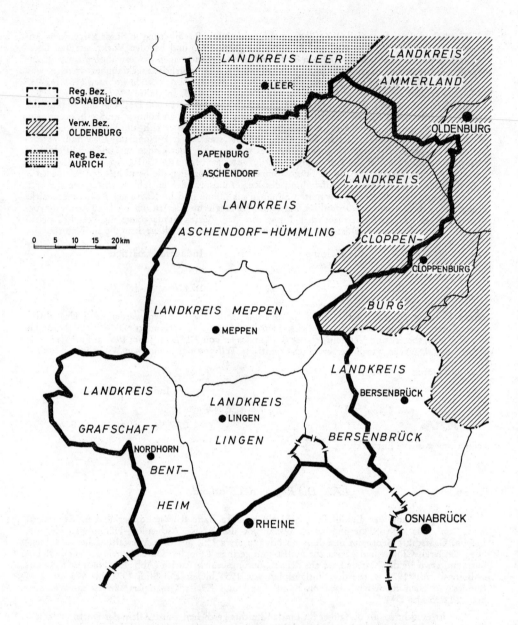

Abb. 10: Gebiet des Emsland-Planes

Tabelle 34: *Die Region des Emslandplanes von 1939—1970*

Verwaltungsbezirk	Fläche 6. 6. 1961 qkm	Einwohner					%-Anteile an Nordwestdeutschland			
		17. 5. 1939 insgesamt	13. 9. 1950 insgesamt	dav. Vertriebene	6. 6. 1961 insgesamt	1970 insgesamt	1939	1950	1961	1970
Kreis Aschendorf-Hümmling	1 145,9	61 969	68 448	9 257	66 516	76 072	12,15	9,32	9,04	9,73
Kreis Grafschaft Bentheim	916,0	66 911	94 339	18 883	100 656	111 161	13,11	12,83	13,69	14,22
Kreis Lingen	816,3	48 979	66 953	12 759	71 394	80 149	9,60	9,11	9,72	10,25
Kreis Meppen	1 037,5	48 211	60 899	9 882	66 571	77 078	9,45	8,29	9,06	9,86
Emsland	3 915,7	226 070	290 639	50 781	305 137	344 460	44,31	39,55	41,51	44,06
Land Niedersachsen	47 382,4	4 539 700	6 797 379	1 851 000	6 641 426	7 082 158				

Verwaltungsbezirk	Industriebeschäftigte				Brutto Inlandsprodukt		Produktivitäts-index 1961
	1951 absolut	1970 absolut	1950 in % von Nordwestdeutschland	1970 in % von Nordwestdeutschland	1957 in % von Nordwestdeutschland	1966 in % von Nordwestdeutschland	
Kreis Aschendorf-Hümmling	2 281	5 330	0,42	0,58	0,60	0,59	56,06
Kreis Grafschaft Bentheim	15 768	15 901	2,89	1,74	1,34	1,49	85,04
Kreis Lingen	1 856	5 249	0,34	0,57	1,01	1,02	104,11
Kreis Meppen	2 475	4 447	0,45	0,48	0,78	0,87	112,27
Emsland	22 380	30 927	4,09	3,37	3,73	3,97	

189

KUBEL, nannte den Emslandplan bei der 10-Jahres-Feier am 31. 1. 1962 den „modernsten norddeutschen Raumordnungsplan" und stellte das Ziel auf, „das Emsland insgesamt zu erschließen"[76]. Bis zu diesem Zeitpunkt waren von 1951 bis 1961 rd. 850 Mio DM für die Erschließung, d. h. für Bodenkultivierung, agrarstrukturelle Maßnahmen, Wasserwirtschaft und Verkehr, aufgewendet worden.

Für eine Beurteilung der Effizienz des Emslandplanes muß zwischen den Landkreisen, die vollkommen einbezogen wurden, und dem Land an der Ems unterschieden werden. Die nachstehende Untersuchung hat sich daher ebenfalls zunächst auf die 4 Kreise Aschendorf- Hümmling, Grafschaft Bentheim, Lingen und Meppen beschränkt (Tabelle 34).

Das Ergebnis des Emslandplanes kann wie folgt dargestellt werden:

— HELMUT FRANKE, der den Emslandplan im Hinblick auf die Seßhaftmachung der Landarbeiter untersucht hat, hat festgestellt, daß „im Emsland mit den starken Förderungsmaßnahmen zum Bau von Landarbeiterstellen weder gelungen (ist), das Heuerlingsystem in einer modifizierten, den heutigen Verhältnissen besser entsprechenden Form zu stabilisieren, noch war es möglich, den verheirateten Landarbeiter in nennenswertem Umfang einzubürgern"[77]. Auf den untersuchten Landarbeiterstellen saßen im Jahre 1962 nur noch 7 % echte Landarbeiter. In anderer Form waren 22 % in der Landwirtschaft tätig, 14 % übten einen mit der Landwirtschaft verbundenen Beruf aus. Fast die Hälfte, 44 %, wanderten in die gewerbliche Wirtschaft ab.

— FRIEDIRCH GERCKE ist in einer sehr gründlichen Untersuchung im Hinblick auf die bodenbedingte Tragfähigkeit zu dem Ergebnis gekommen, daß 1950 im Emsland nur 21 827 Vollarbeitskräfte angemessen entlohnt werden konnten, daß aber 48 000 im Emsland tätig waren (S. 22) und daß bis 1961 die Arbeitsproduktivität der Landwirtschaft um 75 % gestiegen war, so daß durch die Erhöhung der bodenbedingten Tragfähigkeit nur 9 000 Arbeitskräfte auszuscheiden brauchten. „Damit wird ein Erfolg sichtbar, der für das Emsland von ausschlaggebender Bedeutung ist" (S. 60 f.).

— In bezug auf die Bevölkerung stellt GERCKE fest, daß die Tragfähigkeit des Emslandes um mehr als 50 000 E erhöht wurde (S. 134), und meint, „daß die Tendenz zum ausgeglichenen Bevölkerungssaldo für das Emsland ... auf Anpassung der sozialökonomischen Entwicklung in die gesamtwirtschaftliche Entwicklung schließen läßt" (S. 93). In der Tat wurden 1970 120 000 E im Emsland mehr gezählt als 1950.

— Nach GERCKE versachten die Landesentwicklungsmaßnahmen „eine kräftige Aufwärtsentwicklung der allgemeinen wirtschaftlichen Situation, die mit dem steigenden Einkommensniveau in Wirtschaft und Industrie wachsende Verdienstchancen im tertiären Sektor verursachen" (S. 113). Die Umstrukturierung ist richtig beobachtet worden; die Lohneinkommen sind anteilsmäßig zum Lande Niedersachsen von 3,1 % (1950) auf 3,5 % (1969) gestiegen. Es sind auch in allen genannten Kreisen gewisse Agglomerationserscheinungen zu beobachten, die aber in ihrer Agglomerationsdynamik kaum zu Buch schlagen.
Nach Feststellungen der eigenen Untersuchung ist das Ergebnis jedoch wesentlich differenzierter zu beurteilen:

— Die Bevölkerungsentwicklung läßt erkennen, daß die Summe der 4 Emslandkreise fast den alten Rang von 1939 ausweist: 44,06 (1970) zu 44,31 (1939). In dieser Rechnung sind enthalten Bentheim mit + 1,11 ‰, Lingen mit 0,65 ‰, Meppen mit 0,41 ‰ und Aschendorf-Hümmling mit —2,42 ‰.

— Das landwirtschaftliche Ergebnis des Emslandplanes ist sicher eindrucksvoll, und ich möchte mit GERCKE sagen, daß die Landwirtschaft sich stark verbessert und konsolidiert hat, aber die Auswirkung auf die gesamtwirtschaftliche Entwicklung ist wesentlich geringer zu veranschlagen, weil die landwirtschaftliche sektorale Produktivität dazu nicht ausreicht.

— Die Industriealisierung der 4 Emslandkreise zeigt einen Zuwachs von 22 380 (1951) auf 30 927 Industriebeschäftigte (1970), aber relativ einen Abfall von 4,09 % auf 3,37 %. Das wichtigste ist, daß die Grafschaft Bentheim mit dem Industriezentrum Nordhorn von 15 768 (1950) auf 15 901 (1970) und damit von 2,89 auf 1,74 % abgesunken ist. Damit verstärken sich die Zweifel, ob nicht mehr erreicht worden wäre, wenn man einen nennenswerten Teil der Aufwendungen von vornherein für den industriellen Sektor bereitgestellt hätte, immerhin hat

---

[76]) Festschrift zur 10-Jahres-Feier am 31. 1. 1962.
[77]) H. FRANKE: Bedeutung und Auswirkung der Landarbeitersiedlung im Emsland unter besonderer Berücksichtigung der Umwandlung von Heuerlingsstellen. Bonn 1964, S. 138.

Tabelle 35: *Die Entwicklung des gesamten Emslandes von 1939—1970*

		Aschendorf-Hümmling	Bentheim	Lingen	Meppen	Bersenbrück	Vechta	Leer	Cloppenburg	Emsland insges.	Land Niedersachsen
a) Bevölkerung											
Einwohner 1950		68 475	94 339	66 953	60 953	88 535	79 125	132 292	94 791	685 409	
Einwohner 1966		71 576	106 075	76 077	72 286	81 173	81 816	129 283	98 755	717 041	
Zu- bzw. Abnahme 1950—1966		3 101	11 736	9 124	11 376	−7 362	2 691	−3 009	3 964	31 632	
Anteil an der Bevölkerung von Nordwestdeutschland (in Promille)	1939	12,15 °/oo	13,11 °/oo	9,60 °/oo	9,45 °/oo	11,43 °/oo	10,23 °/oo	19,91 °/oo	13,44 °/oo	99,62 °/oo	
	1950	9,32 °/oo	12,83 °/oo	9,11 °/oo	8,29 °/oo	12,04 °/oo	10,76 °/oo	18,00 °/oo	12,90 °/oo	93,25 °/oo	
	1961	9,04 °/oo	13,69 °/oo	9,72 °/oo	9,06 °/oo	10,78 °/oo	10,35 °/oo	16,85 °/oo	12,38 °/oo	91,87 °/oo	
	1970	9,73 °/oo	14,22 °/oo	10,25 °/oo	9,86 °/oo	10,61 °/oo	11,07 °/oo	17,37 °/oo	13,22 °/oo	96,33 °/oo	
Durchschnittl. Geburtenüberschuß auf 1000 E		17,7	13,7	16,6	19,1	9,0	16,8	10,5	17,8	15,1	
absolut		1 195	1 382	1 189	1 281	721	1 288	1 298	1 640	9 994	
Geburtenüberschuß 1950—1966		19 120	22 112	19 024	20 496	11 536	20 608	20 768	26 240	159 904	
Wanderungsverlust		16 019	10 376	9 900	9 109	18 898	17 917	23 777	22 276	128 272	
Altersaufbau der Wohnbevölkerung											
unter 15 Jahre		31,9%	26,9%	30,1%	31,8%	25,9%	30,3%	26,0%	31,2%	29,3%	22,6%
15—65 Jahre		59,9%	64,4%	61,4%	60,9%	63,2%	60,8%	62,9%	60,2%	61,7%	65,9%
über 65 Jahre		8,2%	8,7%	8,5%	7,3%	10,9%	8,9%	10,9%	8,6%	9,0%	11,5%
b) Industriebereich											
Industriebesatz (auf 1000 E)	1950	28	166	24	34	33	29	29	26	46	62
	1964	58	149	67	61	73	62	53	47	71	110
Anteil an den Industriebeschäftigten von Nordwestdeutschland in Prozent	1950	0,42%	2,89%	0,34%	0,45%	0,65%	0,38%	0,75%	0,51%	4,39%	
	1961	0,44%	1,96%	0,60%	0,51%	0,68%	0,61%	0,73%	0,51%	6,04%	
	1970	0,58%	1,74%	0,57%	0,48%	0,80%	0,68%	0,81%	0,67%	5,33%	
Berufspendler nach außerhalb (Fernpendler)	1965	1 112	740	1 356	521	2 104	751	2 678	2 595	11 857	

der Raum zwei Industriekerne mit nicht geringer Bedeutung: Meppen mit dem Produktivitätsindex von 112,27 und Lingen von 104,11. Auch wenn jetzt versucht wird, Nordhorn 5 000 zusätzliche Industriearbeitsplätze zu verschaffen, dann muß darauf verwiesen werden, daß die
Grafschaft Bentheim fast 10 000 Arbeitsplätze braucht, um ihren alten Rang zu erreichen.

In diesem Zusammenhang ist es nicht uninteressant, wenn die Kreisbeschreibung für die Grafschaft Bentheim darauf aufmerksam macht, daß die Standortentwicklung von Nordhorn von
1885 bis 1890, von 1905 bis 1910 und von 1925 bis 1930 die Impulse ausgelöst hat, „um einer
größeren Quote des kreisbürtigen Nachwuchses heimatlichen Nahrungsraum" und „sogar kreis-
fremden Bevölkerungsteilen eine wirtschaftliche Existenzmöglichkeit zu geben[78]).

Für eine vertiefte Beurteilung erscheint es nun richtig, das gesamte Land an der Ems zu analysieren (Tabelle 35). Dabei zeigt sich, daß überall im Lande, auch außerhalb des Gebietes des
Emslandplanes, folgende Veränderungen zu beobachten sind:

	in der Bevölkerungsverteilung			in der Verteilung der Industriebeschäftigten		
im Gebiet des Emslandplanes	1939	1970	Saldo	1950	1970	Saldo
in Aschendorf-Hümmling	12,15 ‰	9,73 ‰	— 2,42 ‰	0,42 %	0,58 %	+ 0,16 %
Bentheim	13,11 ‰	14,22 ‰	+ 1,11 ‰	2,89 %	1,74 %	— 1,15 %
Lingen	9,60 ‰	10,25 ‰	+ 0,65 ‰	0,34 %	0,57 %	+ 0,23 %
Meppen	9,45 ‰	9,86 ‰	+ 0,41 ‰	0,45 %	0,48 %	+ 0,03 %
ganz oder teilweise außerhalb						
des Emslandplanes						
Bersenbrück	11,73 ‰	10,61 ‰	— 1,12 ‰	0,65 %	0,80 %	+ 0,15 %
Leer	7,38 ‰	6,21 ‰	— 1,17 ‰	0,75 %	0,81 %	+ 0,06 %
Vechta	10,23 ‰	11,07 ‰	+ 0,84 ‰	0,38 %	0,68 %	+ 0,30 %
Cloppenburg	13,44 ‰	13,32 ‰	— 0,12 ‰	0,51 %	0,67 %	+ 0,16 %

Mit anderen Worten: Die Landkreise Bentheim, Meppen, Lingen und Vechta haben ihren
Bevölkerungsanteil relativ zu Nordwestdeutschland erhöhen können, während alle anderen
zurückgeblieben sind. Sämtliche Landkreise, außer Bentheim, haben in der Skala der Verteilung der Industriebeschäftigten ihren Rang verbessern können, wobei das Zurückbleiben in Bentheim um — 1,15 % den Gesamtgewinn von 1,09 % im erweiterten Emsland
übertrifft. Regionale Gewinner im industriellen Sektor waren Lingen, Vechta, Bersenbrück und
Cloppenburg.

— Schließlich ist festzustellen, daß sich der oft beklagte Wanderungsverlust im gesamten Emsland
fortgesetzt hat. Er betrug von 1950 bis 1966 rd. 128 000 Seelen.

Damit ist ein endgültiges Urteil über den Emslandplan möglich geworden. Die Höhe der Aufwendungen ist, gemessen an den Investitionen der Gebietskörperschaften in Niedersachsen in
Höhe von 21,7 Mrd DM für etwa 7 Mio Menschen, so daß auf die 4 Kreise des Emslandes mit
350 000 E etwa 1/20, d. h. 1,1 Mrd DM entfallen würden, überhöht. Wenn man den Landkreis
Lüchow-Dannenberg vergleicht, muß man feststellen, daß im Emsland etwas Besonderes beabsichtigt gewesen sein muß. Nimmt man die jährlichen Investitionen in Lüchow-Dannenberg als Aus-
gangseinheit, dann ergibt sich folgender Vergleich:

Vergleich nach der Einwohnerzahl

	Einwohner	tatsächl. jährliche Investitionen	Investitionen bei maßstäblicher Berechnung nach Einwohnerzahl
Emsland	345 000 E	60 Mio DM	42 Mio DM
Lüchow-Dannenberg	50 000 E	6 Mio DM	6 Mio DM

[78]) Kreisbeschreibung Grafschaft Bentheim. In: Die deutschen Landkreise, Reihe Niedersachsen,
Bd. 9, Bremen 1953, S. 67.

192

Vergleich nach der Fläche

	Fläche	tatsächl. jährliche Investitionen	Investitionen bei maßstäblichen Berechnungen nach der Fläche
Emsland	4 000 qkm	60 Mio DM	20
Lüchow-Dannenberg	1 209 qkm	6 Mio DM	6

Und demgegenüber ist dann zu sagen, daß die räumlichen Aktivitäten den regionalen Multiplikator in den wirtschaftlichen Sektoren nicht richtig eingestellt haben. Das landwirtschaftliche Ergebnis ist eindrucksvoll, das Ergebnis der Infrastrukturverbesserung ist großartig, aber die Daten der Bevölkerungsentwicklung und die Daten im Industriesektor geben zu bedenken, daß die bestimmende Industrieentwicklung von vornherein zu kurz gekommen ist. Mit Recht hat WÄLDCHEN in der wiederholt zitierten Untersuchung geschrieben, „daß es auf der Grundlage der Daten von 1961 ... selbst bei maximaler Produktivität des Sektors Landwirtschaft nicht möglich war, den bundesdurchschnittlichen Index von 100 zu erreichen" (S. 835). Damit wird bestätigt, was der Bundesminister für Ernährung, Landwirtschaft und Forsten bereits im Bundesraumordnungsbericht von 1963 zum Ausdruck gebracht hat: „Alle diese Vorhaben (und er nennt dabei das Emslandprogramm) können als Beispiel dafür angesehen werden, daß landeskulturelle Maßnahmen nicht mehr ausreichen, um eine Änderung der Gesamtstruktur eines Raumes herbeizuführen, sondern daß hierzu eine zielgerichtete regionale Wirtschafts-, Landwirtschafts-, Sozial-Arbeitsmarkt-, Verkehrs-, Kommunal- und Kulturpolitik nach raumordnerischen Grundsätzen erforderlich ist"[79]). Wenn man das aber schon wußte und der Bundesdurchschnitt wie in Lingen und Meppen überschritten wird, dann ist es eigentlich erstaunlich, daß daraus damals keine Folgerungen gezogen worden sind, um die für das Emsland entscheidenden Aufgaben vorzuziehen.

Wenn man z. B. den für unsere Rechnung ungünstigsten Fall, den Vergleich nach der Einwohnerzahl, zugrunde legt, dann hätten 360 Mio DM für die Vergewerblichung des Emslandes bereitgestellt werden können, und bei Investitionskosten von 20 000 DM je Arbeitsplatz hätten rechnerisch 18 000 Industriearbeitsplätze, d. h. mit der Mantelbevölkerung 50 000 bis 70 000 Menschen, im Emsland installiert werden können. Das sind fast $^2/_3$ der Abwanderer des Landes an der Ems.

4.7.3. Der Osnabrücker Raum

Die Indikatoren lauten:

	Bevölkerung in ‰				Industriebeschäftigte in %		
	1939	1950	1961	1970	1951	1961	1970
Osnabrück St	20,99	14,90	18,87	18,41	3,09	3,15	2,89
Osnabrück L	15,02	15,99	16,45	17,85	2,17	1,89	1,82
Wittlage	3,69	4,16	3,68	3,58	0,25	0,25	0,28
Melle	5,37	5,97	5,34	5,23	0,52	0,50	0,68

[79]) Bundestag-Drucksache IV 1492 v. 1. Okt. 1963, S. 37.

Aus den Zahlen ist abzuleiten, daß zwischen Osnabrück St und dem gleichnamigen Landkreis eine Umverteilung der Bevölkerung stattgefunden hat und daß der Raum insgesamt seinen Anteil an den Industriebeschäftigten nicht halten konnte, während dem Landkreis Melle eine überdurchschnittliche Entwicklung gelungen ist. Sein Anteil an den Industriebeschäftigten stieg von 0,52 auf 0,68 % von Nordwestdeutschland, absolut von 2 830 (1951) auf 6 198 (1970), also um 3 168 Industriearbeitsplätze, während der Landkreis Osnabrück in der gleichen Zeit 4 073 Industriebeschäftigte gewann. Die Relationen zeigen andererseits, daß der industrielle Anteil des Landkreises Osnabrück 1970 immer noch 1,82 % gegenüber 0,68 % von Melle betrug.

A. KÜHN hat den Aufstieg von Melle überzeugend geschildert „Im Kreis Melle nahm das BIP je E von 1957—1967 um 118 % zu, so daß der Kreis mit diesem Zuwachs sowohl das Land Niedersachsen (96 v. H.) als auch den Bund (73 v. H.) weit übertrifft. Damit konnte der Kreis Melle den Vorsprung vom Bund und vom Land beim BIP stark abbauen. Im Untersuchungsgebiet gelang es dem Kreis Melle sogar, sich mit einem BIP von DM 7 400 je Kopf der Wirtschaftsbevölkerung an die Spitze der übrigen Landkreise vorzuarbeiten und sogar die Stadt Osnabrück zu übertreffen ... Das warenproduzierende Gewerbe hat sehr stark an Gewicht gewonnen und übertrifft die entsprechenden Werte für Niedersachsen und den Bund. Entgegen der Tendenz bei den Bundes- und Landeswerten hat im Kreise Melle der Bereich der Dienstleistungen absolut und relativ weniger zum BIP beigetragen als noch 1957"[79a].

KÜHN führt die Entwicklung der Wirtschaft und der allgemeinen Lebensbedingungen auf die raumwirksamen Investitionen der öffentlichen Hand zurück, die er für die Zeit von 1958—1967 auf 62,1 Mio DM beziffert. Daß die raumwirksamen Mittel die allgemeinen Lebensbedingungen günstig beeinflußt haben, ist offenbar richtig; daß jedoch die öffentliche Förderung den sichtbaren wirtschaftlichen Aufschwung initiiert hätte, muß starken Zweifeln begegnen:

— Nach den Maßstäben des Landes liegt der ermittelte Betrag zwar leicht über dem Durchschnitt des Landes, aber für die Förderung der Industrie sind in dem genannten Zeitraum nur 16,6 Mio DM eingesetzt worden, von denen mehr als 12 Mio DM, d. h. mehr als 3/4, den Kreisen Bersenbrück und Wittlage zugeflossen sind. „Den Rest teilten sich die Kreise Osnabrück (Stadt und Land) und der Kreis Melle". Es ist kaum vorstellbar, daß ein geringer Teil von 4,6 Mio DM in 10 Jahren eine Industrieentwicklung herbeigeführt hätte, um so mehr, als zugleich der Trend in Osnabrück L rückläufig war und Wittlage von 0,25 auf 0,28 % anstieg.

— Das Entscheidende aber ist, daß der ökonomische Prozeß im Landkreis Melle mit einer Steigerung des Rohvermögens von 120,4 (1957) auf 630,8 Mio DM (1966) — das ist das Fünffache des Ausgangswertes — und der Einheitswerte von 37,8 Mio DM (1957) auf 120,5 Mio DM (1966) — das ist das Dreifache — auch durch die gesamten raumwirksamen Investitionen nicht erklärt werden kann. Der Umsatz im Kreise betrug 1966 582 Mio DM. Es ist kein Zweifel: die Ursache für den industriellen Aufschwung lag im Markt.

4.7.4. Südwestniedersachsen (im Vergleich zu Ostwestfalen)[80]

GERD HENNINGS hat für eine Untersuchung über „Grundlagen und Methoden der Koordination des Einsatzes raumwirksamer Bundesmittel" ein nordrhein-westfälisch-niedersächsisches Grenzgebiet durchleuchtet, das in Nordrhein-Westfalen die Landkreise Herford, Lübbecke, Minden und Lemgo — von ihm Ostwestfalen genannt —, in Niedersachsen die Landkreise Grfsch. Diepholz, Nienburg-Weser, Schaumburg-Lippe und Grfsch. Schaumburg — bei HENNINGS als Südwestniedersachsen bezeichnet — umfaßt. Man kann darüber streiten, ob diese Begrenzung richtig ist, aber die

---

[79a] A. KÜHN: Erarbeitung von praktisch anwendbaren Grundlagen und Methoden für die Koordinierung des Einsatzes raumwirksamer Bundesmittel. Hannover 1972. Arbeitsmaterialien d. ARL, S. 52.

[80] Die hier „mit ‚Ostwestfalen' bezeichnete Region ist nicht identisch mit dem im üblichen Sprachgebrauch der Landesplaner verwendeten Begriff ‚Ostwestfalen-Lippe' ". G. HENNINGS: Grundlagen und Methoden der Koordination des Einsatzes raumwirksamer Bundesmittel, dargestellt am Beispiel der Politikbereiche Raumordnungspolitik, regionale Gewerbestrukturpolitik und regionale Arbeitsmarktpolitik. In: Beiträge zum Siedlungs- und Wohnungswesen und zur Raumplanung, Bd. 2, Münster 1972, S. 11.

HENNIGSschen Gründe, daß die Trennung des Raumes durch eine Landesgrenze unterschiedliche Förderung ermöglicht hat und daß das Gebiet „in seiner Gesamtheit zu den Bundesfördergebieten bzw. Räumen der regionalen Aktionsprogramme (gehört)" (S. 12), sind einleuchtend. Der Untersuchungsraum ist auch deswegen aufschlußreich, weil HENNINGS die Gewerbestrukturmittel für beide Regionen ermittelt hat. In der Schlußtabelle stehen 147,6 Mio DM für Ostwestfalen und 36,4 Mio DM für Südwestniedersachsen in der Zeit von 1965 bis 1970, d. h. für die niedersächsischen Gebiete ¹/₅ der Summe von Ostwestfalen. Aber „insgesamt werden die aus Landesmitteln nach Ostwestfalen geflossenen Finanzierungsmittel erheblich höher als hier angegeben anzusetzen sein" (S. 266). „Gegenüber den durch das Land Nordrhein-Westfalen zur Verfügung gestellten Mitteln pro Kopf der Bevölkerung (202 DM) in Ostwestfalen nehmen sich die niedersächsischen Bemühungen (69 DM/Wohnbevölkerung) bescheiden aus" (S. 276).

Dabei darf nicht unerwähnt bleiben, daß das nordrhein-westfälische Gebiet schon früher im Rahmen des Ostwestfalenplanes[81]) hinsichtlich Infrastruktur und Arbeitsplatzbeschaffung gefördert wurde. Damals sind (allerdings einschließlich der Landkreise Paderborn, Warburg, Büren und Höxter) etwa 7 000 neue Arbeitsplätze entstanden. 1960 wurde der Ostwestfalenplan aufgegeben, und die Förderung wurde im Rahmen der allgemeinen Förderungsprogramme von Bund und Ländern fortgesetzt.

Es erhebt sich die Frage, was mit den stark unterschiedlichen Mitteln in so unterschiedlichen Regionen erreicht wurde:

— HENNINGS weist darauf hin, daß unter den „Motivationen, die zu räumlichen Bevölkerungsbewegungen führen, Wanderungsgewinne oder -verluste ein besonderes Gewicht für die Beurteilung der sozio-ökonomischen Situation einer Region" besitzen. Er führt in diesem Zusammenhang an, daß von 1961 bis 1968 Ostwestfalen 16 239, Südwestniedersachsen nur 3 329 Personen aus Wanderungen gewonnen haben (d. h. auf 1 000 Personen in Ostwestfalen 25,7, in Südwestniedersachsen 10,1 Personen Bevölkerungsgewinn). Wenn man jedoch die Wohnbevölkerung in einem längerfristigen Ablauf betrachtet, wie es dieser Untersuchung eigen ist, dann zeigt sich, daß Ostwestfalen seinen Anteil von 1939 mit 1,16 % der westdeutschen Bevölkerung nicht zu halten vermochte und auf 1,05 % im Jahre 1970 abgesunken ist (Tabelle 46). Der Bevölkerungsanteil ist in Südwestniedersachsen im gleichen Maßstab von 0,55 % (1939) auf 0,59 % (1970) angestiegen. Nach der HENNINGSschen Projektion für 1980 wird sich an dieser Bevölkerungsverteilung kaum etwas ändern.

— Die Erwerbstätigkeit in den einzelnen Kreisen ist natürlich strukturell sehr verschieden. Nach HENNINGS ergibt sich für 1961 und 1980 folgende Aufteilung auf die einzelnen Bereiche:

	Ostwestfalen		Südwest-niedersachsen		BRD
	1961	1980	1961	1980	1961
Land- und Forstwirtschaft, Tierhaltung und Fischerei	15	5,2	30	10,4	14
Energiewirtschaft und Wasserversorgung, Bergbau	1	} 48,7	3	} 32,6	3
Verarbeitendes Gewerbe (ohne Baugewerbe)	47		27		38
Baugewerbe	8	7,6	9	10,8	8
Handel	11	13,8	9	18,1	12
Verkehrs- und Nachrichtenübermittlung, Kreditinstitute und Versicherungsgewerbe	5		6		7
Sonstige Dienstleistungen	14	24,7	16	28,1	19

---

[81]) Ostwestfalenplan. In: Handw. der Raumforschung und Raumordnung, ARL, Hannover 1966, Sp. 1284 ff.

Die regionalen Strukturgleichungen bestätigen diese Feststellungen:

Kreise	Produk-tivitäts-index	Land- und Forstwirtschaft	Warenprodu-zierendes Gewerbe	Handel u. Verkehr	Übrige Dienst-leistungen
Herford	103,23	0,7160 × 10,67 7,64	1,0760 × 65,46 70,43	0,8336 × 14,10 11,75	1,3728 × 9,76 13,40
Lübbecke	78,94	0,3760 × 29,03 10,91	0,9136 × 48,21 44,05	0,8680 × 12,47 10,83	1,2800 × 10,27 13,14
Minden	88,14	0,5768 × 13,21 7,62	0,8656 × 48,77 42,22	0,9136 × 21,63 19,76	1,1320 × 16,37 18,53
Lemgo	91,03	0,6672 × 13,13 8,76	0,9176 × 55,15 50,60	0,9408 × 15,03 14,14	1,0504 × 16,68 17,52
Diepholz	97,93	0,5360 × 39,61 21,23	1,4136 × 32,22 45,54	0,9304 × 13,86 12,90	1,2768 × 14,29 18,24
Nienburg	101,21	0,5480 × 36,16 19,81	1,5544 × 33,06 51,39	0,7944 × 15,16 12,05	1,1504 × 15,60 17,94
Schaumburg	80,68	0,6712 × 20,27 14,28	0,8792 × 40,66 35,75	0,6616 × 19,32 12,78	0,9536 × 18,72 17,85
Schaumburg-Lippe	86,49	0,7968 × 17,57 14,00	0,8712 × 41,62 36,26	0,7224 × 20,08 14,51	1,0448 × 20,78 21,72

Danach sind die beiden Kreise mit der höchsten Produktivitätszahl Herford mit 103,23 und Nienburg mit 101,21 (im Bundesdurchschnitt). In allen südwestniedersächsischen Kreisen und in Lübbecke ist der landwirtschaftliche Beitrag zum Produktivitätsindex 2- bis 3mal höher als in den 3 restlichen ostwestfälischen Kreisen, und zwar wegen des entsprechend höheren Anteils an den Beschäftigten in der Landwirtschaft. Die industrielle sektorale Produktivität ist überlegen in Nienburg (1,55), Diepholz (1,41) und Herford (1,07), aber der Beschäftigtenanteil liegt in Südwestniedersachsen zu niedrig. In Handel und Verkehr stehen Lemgo und Diepholz in der sektoralen Produktivität an der Spitze der genannten Regionen, in der Punktzahl jedoch Minden. In den übrigen Dienstleistungen beherrschen Herford mit einer sektoralen Produktivität von 1,37, Lübbecke 1,28 und Diepholz mit 1,27 das Feld, aber in diesem Fall liegt Schaumburg-Lippe wegen des höheren Beschäftigtenanteils in diesem Sektor an der Spitze der 8 Kreise.

Interessant ist ein Vergleich zwischen den Landkreisen Herford (Produktivitätsindex 103,23) und Diepholz (97,93). Im landwirtschaftlichen Sektor besitzt Diepholz einen fast viermal höheren Beschäftigtenanteil als der Kreis Herford (39,61 % gegen 10,67 %), in der Industrie ist die sektorale Produktivität von Diepholz überlegen (1,41 gegen 1,07), aber der Beschäftigtenanteil im warenproduzierenden Gewerbe beträgt nur 32,22 % gegen 65,46 % in Herford. In Handel und Verkehr bestehen keine großen Unterschiede (12,90 Punkte gegen 11,75 Punkte in Herford), und in den übrigen Dienstleistungen liegt Diepholz mit 18,24 Punkten um fast die Hälfte höher als Herford.

An diesen Unterschieden scheint sich nach den Prognosen von HENNINGS hinsichtlich der Erwerbspersonenzahl wenig zu ändern. Die Erwerbspersonenzahlen sind in beiden Gebieten von 1961 bis 1980 konstant, und ihr Verhältnis ändert sich auch nicht (Tabelle 36). Aber die

Tabelle 36:

Südwestniedersachsen und Ostwestfalen

Wohnbevölkerung

	1939 absolut	in %	1950 absolut	in %	1961 absolut	in %	1970 absolut	in %	1980 absolut	in %
Lk Herford	162 829	0,44	212 048	0,43	220 421	0,40	231 600	0,31	233 193	0,32
Lk Lübbecke	58 778	0,15	79 110	0,16	84 172	0,16	91 800	0,16	96 579	0,15
Lk Minden	136 106	0,34	179 618	0,32	189 654	0,35	201 800	0,34	206 628	0,33
Lk Lemgo	91 574	0,23	131 386	0,27	136 668	0,25	154 100	0,26	158 126	0,25
Ostwestfalen	411 197	1,16	602 162	1,18	630 915	1,16	680 100	1,07	693 528	1,05
Lk Grafsch. Diepholz	51 312	0,13	81 349	0,16	72 992	0,13	76 100	0,13	82 868	0,13
Lk Nienburg	66 732	0,16	115 550	0,23	98 994	0,18	103 400	0,17	111 032	0,17
Lk Grafsch. Schaumburg	51 368	0,13	91 118	0,19	75 642	0,14	80 400	0,14	83 080	0,13
Lk Schaumburg-Lippe	52 640	0,13	84 526	0,17	79 157	0,15	85 800	0,15	88 701	0,14
Südwestniedersachsen	222 062	0,55	372 543	0,75	326 785	0,60	345 700	0,59	365 681	0,58
Westdeutschland	40 248 000	100,00	48 662 000	100,00	53 977 000	100,00	58 528 000	100,00	62 613 000	100,00
Verhältnis der Wohnbevölkerung Ostwestfalen/ Südwestniedersachsen	1,85		1,51		1,84		1,88		2,00	

Industriebeschäftigte

	1939 absolut	in %	1950 absolut	in %	1961 absolut	in %	1970 absolut	in %	1980 absolut	in %
Lk Herford			40 270	0,84	45 257	0,54	44 562	0,50		
Lk Lübbecke			6 707	0,14	10 951	0,14	15 221	0,18		
Lk Minden			14 676	0,30	23 980	0,30	25 729	0,30		
Lk Lemgo			13 070	0,27	18 757	0,23	20 740	0,24		
Ostwestfalen			84 723	1,55	98 945	1,21	106 252	1,22	105 200	
Lk Grafsch. Diepholz			1 851	0,04	4 797	0,06	5 745	0,06		
Lk Nienburg			4 995	0,10	7 137	0,09	9 403	0,11		
Lk Grafsch. Schaumburg			3 990	0,08	6 358	0,08	7 732	0,09		
Lk Schaumburg-Lippe			8 581	0,17	6 822	0,08	7 639	0,09		
Südwestniedersachsen			19 417	0,39	25 104	0,31	30 589	0,35	29 250	
Westdeutschland			4 796 000	100,00	8 315 500	100,00	8 406 740	100,00		
Verhältnis der Wohnbevölkerung Ostwestfalen/ Südwestniedersachsen			4,4		3,9		3,5		3,6	

Pendlersituation wird sich ändern. Beide Regionen weisen in der Gegenwart eine negative Pendlerbilanz auf, die sich in Ostwestfalen auf — 9 581, in Südwestniedersachsen auf — 11 082 Personen beläuft (S 78). Nach der Prognose von HENNINGS wird die Arbeitskräftebilanz 1980 ganz anders aussehen. In Ostwestfalen steht einem Arbeitsangebot von 290 000 eine Arbeitsnachfrage von 291 000 Personen gegenüber, während in Südwestniedersachsen das Arbeitsangebot 139 000 gegenüber einer Arbeitsnachfrage von 122 000 Personen gegenübersteht. „Danach wird die Arbeitsnachfrage in Ostwestfalen das innerregionale Arbeitsangebot geringfügig übertreffen, während für Südwestniedersachsen dem prognostizierten Arbeitsangebot eine um 17 000 (!) Personen geringere Arbeitsnachfrage gegenüberstehen wird" (S. 119).

— Die Frage ist, ob diese Entwicklung auf die unterschiedliche öffentliche Förderung zurückzuführen ist. HENNINGS stellt für die Beurteilung dieser Frage 3 Daten zur Verfügung:

(1) Die Bruttoinvestitionen der Industrie waren insgesamt nach HENNINGS im Jahre 1965, 1966 und 1967 in Ostwestfalen rd. viermal höher als in Südwestniedersachsen. „Gleichzeitig waren die Investitionsausgaben pro Kopf der Industriebeschäftigten in beiden Regionen etwa gleich hoch" (S. 98).

(2) „Der industrielle Gesamtumsatz betrug in Ostwestfalen im Jahre 1961 rd. 3 Mrd DM, im Jahre 1968 rd. 5 Mrd DM (Wachstumsrate 67 v. H.). In demselben Zeitraum konnte die niedersächsische Industrie ihren Umsatz von 0,9 Mrd DM auf 1,6 Mrd DM steigern (Wachstumsrate 67 v. H.). Damit blieb der Produktionsrückstand Südwestniedersachsens gegenüber Ostwestfalen relativ konstant ... Beide Regionen realisieren (trotz der unterschiedlichen Förderung!) ein überdurchschnittliches Produktionswachstum" (S. 92).

(3) In Ostwestfalen betrug in der Gesamtindustrie 1961 der preisbereinigte Jahresumsatz 30 000 DM je Beschäftigten, in Südwestniedersachsen 38 000 DM. Im Jahr 1968 waren die vergleichbaren Daten 54 000 bzw. 50 000 DM. Die Steigerung betrug somit in Ostwestfalen 86 v. H. gegenüber nur 31 v. H. in Südwestniedersachsen. „Insgesamt hat die Knappheit des Faktors Arbeit die ostwestfälische Industrie zu mehr Rationalisierung gezwungen als die Industrie Südwestniedersachsens" (S. 97).

Wenn man diese Tatsachen realistisch überdenkt, dann muß man sagen, daß

— die Industrieförderung in Ostwestfalen mit rd. 30 Mio DM im Jahr angesichts der vorhandenen industriellen Potenz für die Region keine gesamtwirtschaftlich interessante Größe darstellt, der niedersächsische Einsatz natürlich erst recht nicht. Wenn man andererseits die Förderung auf die Industriebeschäftigten bezieht, dann waren sie nach HENNINGS gleich hoch, also glatte Geschenke zur Verbilligung der Investitionen, jedenfalls kein Ansatz zur Entwicklung einer schlecht strukturierten Region. „Der Produktionsrückstand Südwestniedersachsens bleibt gegenüber Ostwestfalen relativ konstant", obwohl „beide Regionen ein überdurchschnittliches Produktionswachstum realisierten".

— Nach den Prognosen von HENNINGS muß allerdings in der Zukunft mit einer Verschärfung der Diskrepanz zwischen den beiden Regionen gerechnet werden, weil beide Regionen sich weiter auseinanderentwickeln. Denn trotz des konstanten Verhältnisses zwischen den beiden Teilbevölkerungen und trotz des ebenfalls konstanten Anteils an den zur Verfügung stehenden Erwerbspersonen soll die Zahl der Pendler in Ostwestfalen fast verschwinden, in Südwestniedersachsen jedoch um 50 % ansteigen. Dagegen spricht m. E. zwar die Prognose über die Industriebeschäftigten, die für das Jahr 1980 günstiger ist als für das Jahr 1970. Es kann aber nicht ausgeschlossen werden, daß die prognostizierte erhebliche Abnahme der im landwirtschaftlichen Bereich Beschäftigten die Pendlerzahl stärker anschwellen läßt.

Aber wie dem auch sei, das viel Entscheidendere ist, daß „im Rahmen der regionalen Gewerbestrukturpolitik ... ein geschlossenes Ziel und Plansystem nicht vor (liegt), das von der Bundesebene bis zur lokalen Ebene reicht. Zwar bestehen Programme, welche die Bundesebene und die Landesebene verknüpfen, daneben unterhalten jedoch die Länder in der Regel eigene Förderungsprogramme. Auf der regionalen und lokalen Ebene gibt es jedoch ein unübersehbares Nebeneinander von Plänen und Maßnahmen, die nicht koordiniert werden" (S. 281). Die Gewerbestrukturförderung Ostwestfalen/Südwestniedersachsen ist ein treffliches Beispiel dafür, wie eine Industrieförderungspolitik raumordnungspolitisch unfruchtbar sein kann.

4.7.5. Der Großraum Hannover

Nach dem Willen des Landes und der verantwortlichen politischen Stellen des Großraumverbandes Hannover wird ein weiteres Wachstum des Siedlungskörpers in Hannover angestrebt. Der Regionalplan 1962 enthielt die Möglichkeit einer zusätzlichen Bevölkerung von 300 000 Menschen auf der Fläche von Hannover Stadt, Hannover Land, Burgdorf, Neustadt, Springe Stadt für gegeben, so daß folgende Entwicklung für wahrscheinlich gehalten wurde:

	1. 1. 1962	1970	1980
Hannover St	574 047	523 941	650 000
Hannover L	181 404	233 612	276 000
Burgdorf	116 121	118 595	148 000
Neustadt	77 282	137 724	146 000
Großraum Hannover	967 994	1 013 872	1 250 000

Folgerichtig waren in den Zielen der Raumordnung und Landesplanung zunächst über 100 000 Wohnungen vorgesehen. „Das ist also zunächst nur die Hälfte dessen, was dem Verband in den Zielen der Raumordnung und Landesplanung und unter Berücksichtigung des mutmaßlichen inneren Bedarfs langfristig aufgegeben ist. Die Erfüllung dieses Programms wird sich sowohl von der tatsächlichen Entwicklung als auch von den Möglichkeiten der Verwirklichung her voraussichtlich über 10 bis 15 Jahre erstrecken" (Verbandsplan 1962). Man beruft sich bei dieser für möglich gehaltenen Entwicklung auf das Prognos-Gutachten von Juli 1964, das für den Raum Hannover bis 1975 die Chance eines Zuwachses von rd. 100 000 Arbeitsplätzen ermittelt hat, davon ein Drittel im industriellen Bereich und rd. zwei Drittel im Dienstleistungsbereich, „jedoch nur unter der Voraussetzung, daß alle Wachstumschancen, insbesondere durch intensiven Wohnungsbau und Bildung eines großräumigen, hochqualifizierten Arbeitsmarktes, planmäßig ausgenutzt werden". Die gewünschten 300 000 E würden allerdings nach den Ergebnissen der Volkszählung von 1961 150 000 Arbeitsplätze benötigen, denn auf einen Arbeitsplatz entfielen 1,9 E bzw. auf einen Erwerbstätigen 2,1 E. Im Verbandsplan 1972 wird „unter Berücksichtigung der Bevölkerungsvorausschätzungen für das Gebiet der Bundesrepublik Deutschland (einschl. Wanderungen aus dem Ausland) in den nächsten 15 bis 20 Jahren nur noch eine Zunahme von 70 bis 90 000 E möglich gehalten".

Der Verband hat errechnet, daß für die kommunale Ausstattung der vorhandenen Orte und der neuen Siedlung mit insgesamt 100 000 neuen Wohnungen zwei Mrd Mark erforderlich sein werden. In diesem Betrag sind die Wohnungsbaukosten nicht enthalten, sondern nur die Summen für öffentliche Einrichtungen aller Art, vom Kinderspielplatz bis zur Krankenversorgung. Für die Verkehrsverbindungen sind etwa 3,3 Mrd Mark angesetzt, davon für das U-Bahn-Netz bis in die Stadtrandgebiete hinaus 1,7 Mrd Mark und für den Ausbau überregionaler Verkehrsstraßen noch einmal 1,4 Mrd Mark. Eine Kritik des Verbandsplanes ist hier nicht beabsichtigt, die Untersuchung wird prüfen, ob der Verbandsplan in der Entwicklung beschlossen liegt und was er wirtschaftlich bedeutet.

Tabelle 37: *Das wirtschaftliche Gefüge des Großraums Hannover*

Stadt Hannover	1925	1939	1958*)	1961	1970
Einwohner	426 487	470 950	566 000	572 917	523 941
Erwerbstätige wohnhaft in der Stadt	241 700		260 000	275 932	244 066
Einpendler	10 000		90 000	97 008**)	136 821
Beschäftigte	251 700		350 000	372 940	380 887
davon:					
Industriebeschäftigte	82 000		91 900	116 978	126 271
Warenproduzierendes Gewerbe				178 608	
Handel und Verkehr }	100 000		156 300	95 027	
Übrige Dienstleistungen }				98 399	
Zahl der Pendler in % der Beschäftigten	4 %		25,7 %	26,0 %	35,9 %
Wirtschaftsbevölkerung	450 000		770 000	820 000	950 000
Multiplikator für das Verhältnis Wirtschaftsbevölkerung zur Beschäftigtenzahl	1,8		2,2	2,2	2,5

*) Zahlen nach Hillebrecht
**) Der Pendler-Saldo beträgt nur 77 304

Landkreise im Großraum Hannover im Jahr 1961

Kreis	Wohnseite		Leistungsseite					Aus-pendler
	Bevöl-kerung	Erwerbs-personen	Beschäf-tigte	Landwirt-schaft	Warenprodz. Gewerbe	Handel u. Verkehr	übrige Dienstl.	
Hannover L	177 140	83 555	61 413	5 560	36 893	10 185	8 775	22 142
Burgdorf	115 062	51 743	36 158	7 481	12 007	8 464	8 200	15 585
Neustadt	75 651	34 718	24 605	6 269	9 754	4 032	4 550	10 113
Springe	62 062	27 683	21 664	4 241	10 808	3 071	3 554	6 019
	429 315	197 699	143 840					53 859

Die Analyse der Bevölkerungsentwicklung zeigt in den letzten 40 Jahren folgenden Trend:

	1939	1970	1939 bis 1970
Hannover St	92,30	67,02	— 25,28
Hannover L	17,97	29,88	+ 11,91
Neustadt	7,76	15,17	+ 7,41
Burgdorf	12,07	17,62	+ 5,55
Springe	6,33	9,00	+ 2,27
	136,43 ‰	138,69 ‰	+ 1,86 ‰

Aus der Zahlenzusammenstellung können drei Feststellungen entnommen werden: Einmal hat der Gesamtraum Hannover seinen alten Rang gewahrt (+ 1,86 ‰). Die Gesamtzunahme betrug 413 062 Menschen, das sind 15,21 % der Neubürger in Nordwestdeutschland. Genauso entscheidend ist die dritte Feststellung, daß das gesamte Wachstum des Umlandes durch den Verlust der Stadt Hannover aufgewogen wurde. Das sind drei Sachverhalte, die die weitere Entwicklung des Groß- raumes Hannover determinieren.

Die Analyse der Industrieentwicklung ergibt, daß der Großraum Hannover seinen Rang von 17,77 % (1951) auf 18,95 % (1970) verbessern konnte. Das bedeutet eine Steigerung der Indu- striebeschäftigten von 96 797 (1950) auf 172 689 (1970) um 75 892 Industriebeschäftigte. Dabei ging der Anteil der Beschäftigten im produzierenden Gewerbe an den Gesamtbeschäftigten von 50,6 auf 47,0 % zurück, während der Anteil der Tertiären von 49,4 auf 53,0 % anstieg. Auch die Arbeitsplatzkonzentration in der Innenstadt hat deutlich nachgelassen.

Die in der Stadt Hannover ansässigen Erwerbspersonen haben nur von 206 816 (1951) über 275 932 (1961) auf 244 066 (1970) zugenommen.

Das Zusammenwirken von Stadt und Umland wird deutlich, wenn man die Tabelle 37 studiert. Aus den Zahlen wird klar, daß die Stadt Hannover als Produktionsapparat aus sich nicht existie- ren kann. Das konnte sie bis vor 1925. Dann benötigte sie zusätzliche Arbeitskräfte, die absolut von 10 000 (1925) über 100 000 (1961) auf 136 821 (1970) anstiegen, das sind bezogen auf die Gesamtzahl der Erwerbstätigen in der Stadt 4 % (1925), 26 % (1961) und 36 % (1970). Anders ausgedrückt, die Mantelbevölkerung ist im Verlauf von 40 Jahren vom 1,8fachen auf das 2,5fache gewachsen. Konkret sieht das so aus, daß praktisch die Bevölkerung des Großraumes (nach der Zahl!) erforderlich ist, um die Leistung der Stadt Hannover zu produzieren. 1925 waren das 450 000 Menschen (in einer Agglomeration von 497 000 E) und 1961 820 000 Personen (in einer Agglomeration von 970 000 E). HILLEBRECHT meinte in seiner sehr instruktiven Untersuchung von 1962, daß sich das auch in Zukunft nicht ändern wird: „Eine Prognose läßt vermuten, daß 1980 Hannover, mit 650 000 Wohnplätzen ausgefüllt (das ist auch die Annahme des Regional- planes), nur die gleiche Zahl von Arbeitsplätzen bedienen kann wie 1939, als nur 470 000 E leb- ten. Anders ausgedrückt, die Wohnplätze für die steigende Anzahl der Arbeitsplätze werden nur außerhalb der Stadtgrenze gefunden werden können"[82]. Das gilt natürlich um so mehr, wenn die Auffüllung der Stadt um rd. 150 00 Menschen nicht stattfinden wird, wie anzunehmen ist, und die Zahl der Erwerbstätigen bzw. ihr Einsatz geringer werden.

Das Zusammenwirken von Stadt und Umland aus der Sicht des Umlandes sieht natürlich anders aus. Für 1961 ist eine solche Analyse möglich. Danach sind von den im Umland wohnenden 197 699 Erwerbspersonen unter der Voraussetzung, daß es keine Einpendler gibt, 143 840 orts- ansässige Beschäftigte und nur 53 859 Auspendler. Damit sind aber nur gut die Hälfte der Ein- pendler nach Hannover regional erklärt; oder wenn man den Pendlersaldo zugrunde legt: etwa 70 %. Anders gerechnet: Wenn man für die 143 840 im Umland Beschäftigten eine Mantelbevölke- rung von 316 448 Personen veranschlagt, die also nicht von Hannover leben, dann müssen noch rd. 110 000 Personen außerhalb des Großraumes für Hannover beansprucht werden.

---

[82]) R. HILLEBRECHT: Wirtschaftliche und städtebauliche Strukturveränderungen und deren Auswirkungen auf den Nahverkehr. In: Eisenbahntechnische Rundschau, H. 1, 1962, S. 25.

Für das Jahr 1961 ist auch der lokale Sitz der wirtschaftlichen Leistung zu bestimmen. Der Produktivitätsindex zeigt folgendes Bild:

	Landwirtschaft	Waren-produzier. Gewerbe	Handel und Verkehr	Übrige Dienst-leistungen
Hannover St	106,78 =	1,047 × 47,89 50,15	1,09 × 25,48 27,98	1,08 × 26,38 28,66
Hannover L	126,30 = 0,64 × 9,05 5,85	1,468 × 60,07 28,23	0,84 × 16,58 14,01	1,27 × 14,28 18,20
Neustadt	94,18 = 0,52 × 25,47 13,43	1,13 × 39,64 44,81	0,95 × 16,38 15,70	1,09 × 18,49 20,23
Burgdorf	95,45 = 0,56 × 20,70 11,74	1,47 × 33,20 49,11	0,68 × 23,40 15,91	0,82 × 22,67 18,66
Springe	94,93 = 0,64 × 19,57 12,57	1,09 × 49,88 54,75	0,77 × 14,17 11,26	1,00 × 16,35 16,35

Die Grundlage der Stadt Hannover ist demnach immer noch die Industrie mit 48 % der Beschäftigten, allerdings ist die sektorale Produktivität am schlechtesten in der gesamten Ballung. Zwei starke Kerne, Hannover L und Burgdorf, sind vorhanden, dann folgen mit Abstand Neustadt und Springe und erst zuletzt Hannover St. Die Stadt Hannover ist aber Sitz der Leistung im Bereich Handel und Verkehr wie bei den übrigen Dienstleistungen. Immerhin beherbergt Hannover L eine überlegene sektorale Produktivität in den Dienstleistungen (1,27). In absoluten Zahlen betrug das Bruttoinlandsprodukt je Beschäftigten im Jahre 1961 (in DM):

	insgesamt	Landwirt-schaft	Warenprod. Gewerbe	Handel und Verkehr	Dienst-leistungen
Hannover St	13 400		13 090	13 720	13 570
Hannover L	15 798	8 080	18 360	10 560	15 930
Burgdorf	11 930	7 090	18 490	8 500	10 290
Neustadt	11 850	6 950	14 130	11 890	13 680
Springe	9 920	8 290	9 700	9 930	12 510

Umsätze, Gewerbesteuermeßbeträge, Bruttolöhne und Einkünfte nahmen in den lezten 40 Jahren folgenden Verlauf (in Prozenten von Nordwestdeutschland):

	Umsätze				Gewerbesteuermeßbeträge		
	1935	1954	1958	1968	1937	1958	1966
Hannover St	14,9	15,8	16,7	14,4	17,4	16,1	17,5
Hannover Umland (Hannover L und Burgdorf)	2,2	2,6	2,6	3,6	3,1	3,9	4,5
	17,1	18,4	19,3	18,0	20,5	20,0	22,0

| | Bruttolöhne | | | Einkünfte | | |
	1936	1955	1965	1936	1954	1965
Hannover St	15,5	11,7	10,5	16,1	10,4	11,0
Hannover Umland (Hannover L und Burgdorf)	3,3	4,4	5,1	2,3	3,3	4,9
	18,8	16,1	15,6	18,4	13,7	15,9

Die Zahlen bedürfen keiner Erläuterung. Sie sprechen für sich selbst.

Das, was hier vor sich gegangen ist, bzw. vor sich geht und an Einzelbeispielen beschrieben wurde, wird gemeinhin als Entvölkerung der Kernstadt und Ausdehnung der Agglomeration dargestellt. Indes scheint mir, daß der beschriebene Wandel kausal und funktional mit dem Wesen der Stadt zusammenhängt. IPSEN hat die Stadt „eine größere, verdichtete Siedlung als Daueranlage an bevorzugter Stelle" genannt, „die durch Sonderleistungen für andere ihren Unterhalt gewinnt"[82a]. BOG hat in einer Studie zur „Funktionsanalyse des Ereignisfeldes Stadt und funktionaler Stadt-Land-Beziehungen die Stadt ähnlich als „eine Siedlung auf begrenzter räumlicher Grundlage" definiert, „die unter den Bedingungen nichtagrarischer Erwerbstätigkeit der Einwohner, dichter Besiedlung, Primat der funktionalen Leistungserfolges, Überwiegen im Zustand der Selbstverfügung im Zustand permanenter sozialer Konflikte existiert", und hinzufügt, daß zwar „die Formen der Unterwerfung (des Landes) ... in der Geschichte wechseln, die Bedeutung der Stadt-Land-Beziehung aber invariant (ist)"; d. h. eine „raum-zeitliche Fixierung" der Stadt-Land-Beziehungen „beobachtbar" ist[82b]. Für den Zeitraum der vorgelegten Untersuchung ist das unbestreitbar. Insbesondere hat die Analyse des Großraums Hannover erkennen lassen, daß die Stadt, abgesehen von der Hauptstadtfunktion, keine neuen Funktionen übernommen hat. Ich meine aber, überzeugend gezeigt zu haben, daß die Stadt zur Erfüllung ihrer alten Aufgaben im Rahmen größerer Zusammenhänge mehr Menschen brauchte, die sie im Umland gefunden hat, und daß sie andererseits einen Teil ihres Wohnraumes in dasselbe Umland verdrängte, um in der alten Stadt Platz für Arbeitsstätten, Treffpunkt und Verkehr zu haben. Im übrigen aber handelt es sich immer um dieselbe Stadt, die mit allen Kräften ihrer städtischen Leitung und ihrer Gewerbetreibenden, mit ihrem Sach- und Erfahrungskapital in jedem Augenblick bemüht ist, ihren alten Rang zu halten oder zu verbessern. Die räumliche Ausweitung der Verdichtungen erscheint mir — um ein Bild aus der Kristallkunde zu gebrauchen — als eine Pseudomorphose der Stadt, durch die sich ihre „Tracht", d. h. ihr äußeres Erscheinungsbild, geändert hat. Das ist aber auch alles. Prinzipiell hat sich die Funktion der Städte, repräsentiert durch ihre Relation zum Gesamtraum, prinzipiell nicht verschoben.

Insgesamt scheint diese Entwicklung für Hannover als optimal, aber zugleich jür jede Agglomeration als typisch betrachtet werden zu können. Wenn das richtig ist, würde es bedeuten, daß in dem angegebenen Zeitablauf ein Teil der Stadtfunktionen auf die gesamte Agglomeration übergegangen ist. Die produktiven Investitionen verteidigen nach wie vor den alten Standort. Umsatzniveau der Stadt und ihr Produktivitätsniveau bleiben im wesentlichen unberührt, aber ein Teil der Beschäftigten verlagert die Wohnung in das Umland, Bruttolöhne und Einkünfte erhöhen das Wohlstandsniveau dieses Teiles des Verdichtungsraumes, in dem auch ein Teil der neuen Investitionen getätigt wird. Mit dieser Entwicklung gewinnt aber die neue Stadt, d. h. die Agglomeration, keine neue wirtschaftliche Dimension, sondern der Rang der Stadt geht nun auf die Agglomeration über. Wenn nicht die ausländischen Arbeitskräfte die Ausschöpfung des Produktionspotentials ermöglicht hätten, stünden alte und neue Stadt längst an der Grenze der vorteilhaftesten Möglichkeiten mit der Antwort auf die Frage, ob sich die Agglomerationstendenz mit der Eingliederung zusätzlicher Arbeitskräfte fortsetzen kann, oder ob das Wachstum der Stadt nicht für alle sichtbar seinen Höhepunkt überschritten hat.

[82a] G. IPSEN: Artikel „Stadt (IV) Neuzeit" im Hdwb. d. Soz. Wiss. Bd. 9, Stuttgart-Tübingen-Göttingen 1956, S. 799.

[82b] I. BOG: Theorie der Stadt — Funktionsanalyse des Ereignisfeldes Stadt nur funktionale Stadt-Land-Beziehungen. Unveröff. Manuskript.

4.7.6. Das Zonengrenzland

4.7.6.1. Allgemein

Das Niedersächsische Ministerium für Wirtschaft und Verkehr hat 1966 die Lage im Zonenrandgebiet wie folgt beurteilt[83]:

(1) Im Zonenrandgebiet lebt rd. $^1/_3$ der niedersächsischen Bevölkerung. Im Vergleich zu den Vorkriegsverhältnissen hat die Einwohnerzahl des niedersächsischen Zonenrandgebietes um mehr als die Hälfte zugenommen. Im Jahre 1965 lag die Zahl der Einwohner um rd. 60 % über dem Stand des Jahres 1939. Demgegenüber ist die Bevölkerung im Vergleichszeitraum in Niedersachsen um knapp 50 % und im Bundesgebiet um rd. 40 % gestiegen. Die Bevölkerungsdichte des Zonenrandgebietes erhöhte sich von 107 E/qkm im Jahre 1939 auf 171 E/qkm im Jahre 1965, während sich die Bevölkerungsdichte Niedersachsens von 96 auf 145 und im Bundesgebiet von 162 auf 238 E/qkm erhöhte.

(2) Das Bruttoinlandsprodukt je E stieg im niedersächsischen Zonenrandgebiet von rd. 3 700,— DM im Jahr 1957 auf rd. 5 400,— DM im Jahre 1961. Diese Werte liegen in beiden Fällen über dem Landesdurchschnitt von 3 570,— DM (1957) und 5 070,— DM (1961). Die Steigerungsrate der Werte des Zonenrandgebietes übertrifft mit rd. 45 % ebenfalls den Landesdurchschnitt von 42 %. Dieses Ergebnis wird in außerordentlich starkem Maße von den Werten der Stadt Wolfsburg beeinflußt. Ohne die Werte der Stadt Wolfsburg liegt das Bruttoinlandsprodukt je E im übrigen Zonenrandgebiet mit rd. 3 500,— DM im Jahre 1957 und mit rd. 4 900,— DM im Jahre 1961 unter den jeweiligen Ergebnissen im Landesdurchschnitt.

(3) Insgesamt gesehen hat es in der Nachkriegszeit im industriellen Bereich im niedersächsischen Zonenrandgebiet beachtliche Fortschritte gegeben. Es muß allerdings hinzugefügt werden, daß sich diese Entwicklung vor allem in einigen Schwerpunktgebieten — so im Bereich der Städte Hildesheim, Göttingen, Wolfsburg und Braunschweig — vollzogen hat. Insgesamt erhöhte sich die Industriedichte im Zonenrandgebiet von 75 Industriebeschäftigten je 1 000 E im Jahre 1950 auf 139 Industriebeschäftigte je 1 000 E im Jahre 1965. Dieser Wert liegt nach dem Stand des Jahres 1965 über dem Durchschnitt des Landes Niedersachsen von 111 und nur knapp unter dem Durchschnitt des Bundesgebietes von 143 Industriebeschäftigten je 1 000 E.

(4) Zu der Aufwärtsentwicklung im industriellen Bereich haben auch die in der Zeit von 1950 bis 1965 neu errichteten Industriebetriebe beigetragen. Rd. 400 Industriebetriebe mit heute zusammen rd. 41 000 Beschäftigten sind in dieser Zeit im Zonenrandgebiet neu errichtet worden. Damit sind rd. 30 % der im Vergleichszeitraum in Niedersachsen neu errichteten Industriebetriebe im Zonenrandgebiet ansässig geworden.

Diese relativierende Darstellung, die zur Einführung in die Problematik des Zonenrandgebietes besonders geeignet ist, läßt schon erkennen, daß das niedersächsische Grenzland eine Summe von Einzelräumen mit außerordentlichen Unterschieden ist, die getrennt in ihren Zusammenhängen analysiert werden müssen, wenn Wichtiges erkannt werden soll. Auch die Zusammenstellung der Kommission der Europäischen Gemeinschaften über die wirtschaftliche Lage der beiden niedersächsischen Förderregionen:

	BIP je E in DM				im Bundesdurchschnitt (Bund = 100)			
	1957	1961	1964	1966	1957	1961	1964	1966
Nordwestniedersachsen	2 946	4 147	5 142	5 967	68,8	71,3	72,3	73,9
Niedersächsisches Zonenrandgebiet	3 811	5 530	6 861	7 596	89,0	95,1	96,4	94,1
Niedersachsen	3 570			7 040	83,4			87,2

beweist nur, daß in diesem Raum außerordentliche industrielle Potenzen vorhanden sein müssen, wenn sie den Durchschnittswert des ganzen benachteiligten Gebietes über den Landesdurchschnitt zu heben vermochten.

---

[83]) Presseinformationen Nr. 39/1966 v. 21. 4. 1966.

Tabelle 38: *Die Entwicklung des Zonengrenzlandes*

Kreis	Einwohner							
	Einwohner absolut				in ‰ von Nordwestdeutschland			
	1939	1959	1961	1970	1939	1950	1960	1970
Lüneburg	42 043	58 139	60 282	59 516	8,24	7,91	8,11	7,61
Lüneburg L	36 899	65 356	56 640	63 361	7,23	8,89	7,81	8,10
Wolfsburg	6 797	25 422	64 560	88 655	1,33	3,46	8,79	11,34
Gifhorn	65 739	119 281	119 427	135 633	12,88	16,23	16,25	17,35
Lüchow-Dannenberg	41 176	72 741	52 961	50 623	8,07	9,90	7,21	6,48
Uelzen	62 361	117 614	95 416	95 923	12,22	16,00	12,99	12,27
Braunschweig	196 068	223 760	246 085	223 700	38,43	30,44	33,49	28,61
Braunschweig L	42 740	72 174	72 691	93 424	8,38	9,82	9,89	11,95
Goslar	27 081	40 689	41 431	40 045	5,31	5,54	5,64	5,12
Goslar L	28 780	50 129	41 774	40 778	5,64	6,82	5,69	5,22
Salzgitter	45 598	100 667	110 276	118 201	8,94	13,70	15,01	15,12
Wolfenbüttel	91 207	148 728	133 868	135 371	17,87	20,23	18,22	17,32
Helmstedt	75 133	126 950	119 382	119 384	14,72	17,27	16,25	15,21
Gandersheim	50 496	91 203	75 939	76 510	9,90	12,41	10,34	9,79
Blankenburg	9 470	17 215	14 287	14 159	1,86	2,34	1,94	1,81
Hildesheim	72 101	72 292	96 296	93 801	14,13	9,84	13,11	12,00
Hildesheim-Marienburg	67 398	126 888	108 894	118 917	13,21	17,26	14,82	15,21
Göttingen	91 719	144 091	144 704	155 414	17,97	19,60	19,70	19,88
Duderstadt	28 444	43 102	38 713	41 266	5,57	5,86	5,27	5,28
Einbeck	26 969	47 786	42 724	42 626	5,29	6,50	5,81	5,45
Northeim	59 111	106 226	90 539	90 477	11,58	14,45	12,32	11,57
Münden	31 081	47 686	44 166	44 361	6,09	6,49	6,01	5,67
Osterode	55 007	91 291	84 211	85 786	10,78	12,42	11,46	10,97
Zellerfeld	27 955	41 555	35 740	33 661	5,48	5,65	4,86	4,31
Peine	58 885	106 108	95 872	98 012	11,54	14,44	13,05	12,54

| Kreis | Industriebeschäftigte | | | | BIP in % | | Produktivi- tätsindex | Sektorale Produkti- vität im warenprodz. Gewerbe |
| | absolut | | in % | | | | | |
	1951	1970	1951	1970	1957	1966	1961	1961
Lüneburg	4 225	6 693	0,78	0,73	0,83	0,82	90,61	0,91
Lüneburg L	927	2 297	0,17	0,25	0,42	0,45	74,36	0,83
Wolfsburg	17 402	53 225	3,19	6,15	2,37	4,69	215,74	2,42
Gifhorn		7 761		0,98	1,03	1,06	87,89	1,25
Lüchow-Dannenberg	912	2 830	0,17	0,31	0,49	0,45	66,68	0,62
Uelzen	3 039	5 215	0,56	0,57	1,10	1,01	87,74	0,92
Braunschweig	30 644	44 890	5,62	4,92	3,87	4,33	83,58	0,73
Braunschweig L	2 449	2 147	0,45	0,23	0,44	0,57	75,11	0,75
Goslar	5 468	7 514	1,00	0,82	0,61	0,64	78,73	0,66
Goslar L	2 692	2 123	0,49	0,23	0,40	0,33	90,98	1,16
Salzgitter	13 858	32 762	2,54	3,59	2,56	1,48	140,97	1,60
Wolfenbüttel	12 029	13 005	2,21	1,42	1,51	1,26	99,11	1,22
Helmstedt	12 787	9 488	2,35	1,04	1,55	1,26	108,76	1,43
Gandersheim	7 030	10 086	1,29	1,10	0,96	0,76	87,98	0,91
Blankenburg	1 515	1 709	0,28	0,18	0,16	0,14	70,05	0,79
Hildesheim	8 982	20 123	1,65	2,20	1,25	1,36	72,62	0,55
Hildesheim-Marienburg	9 383	11 039	1,72	1,21	1,12	0,88	98,96	1,16
Göttingen	9 274	16 704	1,70	1,83	1,94	2,34	92,19	0,88
Duderstadt	3 098	3 401	0,57	0,37	0,48	0,42	88,48	1,20
Einbeck	3 099	6 840	0,57	0,75	0,57	0,46	81,59	0,91
Northeim	8 089	8 983	1,48	0,98	1,05	0,89	89,17	1,00
Münden	3 137	4 528	0,58	0,49	0,48	0,44	87,33	0,99
Osterode	11 448	14 350	2,10	1,57	1,03	0,92	91,01	1,08
Zellerfeld	3 326	2 422	0,61	0,26	0,61	0,27	74,44	0,88
Peine	13 650	14 343	2,51	1,57	1,26	1,03	88,64	0,91

4.7.6.2. Der Lüneburger Raum

Die Region, zu der Lüneburg St, Lüneburg L und Uelzen gehören, nahm in den letzten 40 Jahren folgende Entwicklung: (Bevölkerung in Promille, Industriebeschäftigte und BIP in Prozent von Nordwestdeutschland):

	Bevölkerung		Industriebeschäftigte		BIP		Sektor. Industrie-Produktivität
	1939	1970	1950	1970	1957	1966	1961
Lüneburg St	8,24	7,61	0,78	0,73	0,83	0,82	0,91
Lüneburg L	7,23	8,10	0,17	0,25	0,42	0,45	0,83
Uelzen	12,22	12,27	0,56	0,57	1,10	1,01	0,92
	27,69	27,98	1,51	1,55	2,35	2,38	

Es ist klar zu sehen, daß dieser Raum alle Merkmale eines Erwartungsraumes hat. Das störende Moment ist der um 10 %, teilweise um fast 20 % zu niedrige Anteil des warenproduzierenden Gewerbes, wie die Strukturgleichungen belegen.

W. HEIDTMANN und W. ALTKRÜGER haben die Kreise Lüneburg St, Lüneburg L, Celle St, Celle L, Fallingbostel, Lüchow-Dannenberg, Soltau und Uelzen analysiert[84]). Sie meinen, daß „die räumliche Grundstruktur der industriellen und gewerblichen Standorte ... im wesentlichen erst in den vergangenen 10 Jahren deutlichere Konturen angenommen (hat)." Wenn jedoch die längerfristige Entwicklung betrachtet wird, dürfte sich diese Auffassung kaum halten lassen. Die Autoren haben ermittelt, daß dem Förderungsgebiet („Fast der gesamte Untersuchungsraum ist Förderungsgebiet im Sinne der Gemeinschaftsaufgabe ‚Verbesserung der regionalen Wirtschaftsstruktur.' Die Landkreise Lüchow-Dannenberg, Lüneburg und Uelzen befinden sich innerhalb des Zonenrandgebietes, der Landkreis Soltau ist wirtschaftlich schwach strukturiertes Gebiet") von 1961—1970 etwa 76 Mio DM Bundesmittel, dazu 100 Mio DM nach dem Investitionszulagengesetz und 35 Mio DM Landesmittel, d. h. insgesamt 111 bzw. 211 Mio DM, zugeflossen sind, und zwar

für Industrie- und Gewerbeförderung	60 Mio DM
für Fremdenverkehrsförderung	5,3 Mio DM
für Straßenbau	25,0 Mio DM
für Ver- und Entsorgung	20,5 Mio DM

Davon gingen nach

Lüchow-Dannenberg	40 Mio DM
Lüneburg St und L	32 Mio DM
Uelzen	25 Mio DM
Soltau	13 Mio DM

[84]) W. HEIDTMANN und W. ALTKRÜGER: Raumordnungspolitische Aspekte der Industrie- und Gewerbeförderung — dargestellt am Beispiel der Gebietseinheit Lüneburger Heide. In: Informationen 21/1973, S. 485 ff.

Das Ergebnis sieht nach meinen Berechnungen wie folgt aus:

	Beschäftigte				Industriebeschäftigte			
	1951	1961	1970	51/70	1951	1961	1970	51/70
	19 186	27 774	27 996		4 009	6 051	8 104	
Celle St	1,05	1,02	0,94	—0,11	0,74	0,73	0,88	+0,14*)
	18 171	27 894	29 286		4 225	6 718	6 693	
Lüneburg St	1,02	1,03	0,99	—0,03	0,78	0,81	0,73	—0,05
	17 730	24 665	28 072		7 007	7 712	8 815 (1969)	
Celle	0,91	0,91	0,95	+0,04	1,29	0,93	1,01	—0,28
	12 305	17 642	21 743		3 085	6 018	7 126	
Fallingbostel	0,67	0,65	0,73	+0,06	0,57	0,73	0,78	+0,21
	10 263	11 987	13 779		912	1 606	2 830	
Lüchow-Dan.	0,56	0,44	0,46	—0,10	0,17	0,19	0,31	+0,14
	7 914	10 597	12 387		927	1 681	2 297	
Lüneburg	0,43	0,39	0,42	—0,01	0,18	0,20	0,25	+0,07
	11 801	16 885	21 195		1 598	2 433	3 230	
Soltau	0,64	0,62	0,71	+0,07	0,29	0,29	0,35	+0,06
	22 020	26 784	29 551		8 029	3 670	5 215	
Uelzen	1,20	0,99	1,00	—0,20	0,56	0,44	0,57	+0,01

*) Die zweite Zeile enthält bei jedem Kreis die Relation der Beschäftigten bzw. Industriebeschäftigten zum nordwestdeutschen Raum in Prozent.

Ich halte das Ergebnis nicht für negativ; denn die Zahl der Industriebeschäftigten ist von 1961—1970 von 16 100 auf 20 265 gestiegen, relativ von 4,55 auf 4,95 %. Es ist natürlich nicht zu beweisen, welchen bedeutsamen Impuls die staatliche Förderung der Entwicklung gegeben hat; das mag aber angenommen werden. Richtig ist jedenfalls die Feststellung der Verfasser, „daß die Industrie- und Gewerbeförderung ... an der unbefriedigenden Situation (des Gebietes) noch nichts wesentliches (hat) ändern können". Von Wichtigkeit erscheinen mir auch die Ausführungen über die Bedeutung von Infrastrukturmaßnahmen „als Vorleistungen der öffentlichen Hand zur Finanzierung eines Teiles der Produktionsvoraussetzungskosten", die nach Auffassung der Autoren „wenig geeignet (erscheinen), die Standortwahl zukunftsträchtiger Unternehmen zu beeinflussen" (S. 496).

4.7.6.3. Lüchow-Dannenberg

Die Indikatoren zeigen eine beträchtliche Bevölkerungsabnahme, einige Industrialisierungserfolge, insgesamt ein Gebiet in der Vereinsamung liegend, an der die „Entwicklung des industriellen Zeitalters fast spurlos vorübergegangen ist", ein bemerkenswerter Sonderfall, wie OTREMBA meint[85]).

Dabei sollte erwähnt werden, daß „der Kreis über die Mitte des 19. Jahrhunderts den dichtestbevölkerten Distrikt des gesamten Regierungsbezirks Lüneburg darstellt und seit 1939 die geringste Dichte aufweist". Seine Bevölkerungsdichte übertraf selbst die des Kreises Burgdorf. Die damalige Entwicklungshöhe ist in einer ertragreichen Landwirtschaft, bedeutenden Leineweberei und günstigen Verkehrslage begründet. „Als auswärtiger Hauptmarkt für die Erzeugnisse des Wendlandes fungiert Hamburg[86]).

[85]) E. OTREMBA: Der Landkreis Lüchow-Dannenberg — Ein Beharrungsraum an der Zonengrenze. In: Der Beitrag der Landwirtschaft zur regionalen Entwicklung, ARL, FuS Bd. XXXV, Hannover 1967, S. 601.

[86]) Gutachtliche Äußerung zur Frage der Entwicklung des Landkreises Lüchow-Dannenberg ARL, Gutachten Nr. 1, Hannover 1956, S. 5.

OTREMBA rechnet mit einem Anpassungsspielraum von einem halben Jahrhundert zur „Angleichung an moderne Wirtschaftsbelange". „Dann erhält man höchstwahrscheinlich eine Bevölkerungsdichte von 40 bis 50 E pro qkm bei nicht zu schätzenden volkswirtschaftlichen Kosten allgemeiner Art, da man über deren Höhe noch keinerlei Erfahrungssätze hat." Der von OTREMBA für möglich gehaltene Aufbau einer tragfähigen Bevölkerungsdichte von 100 E/qkm braucht hier nicht verfolgt zu werden, weil dieses Bevölkerungspotential in absehbarer Zeit kaum zur Verfügung stehen wird.

Die Förderung und Entwicklung der Wirtschaft im Landkreis Lüchow-Dannenberg wurde von SCHWENKE eingehend durchleuchtet[87]). SCHWENKE hat festgestellt, daß von 1950 bis 1968 zwischen 120 und 150 Mio DM in den Landkreis Lüchow-Dannenberg geflossen sind, davon für

Infrastruktur der Gemeinden	12	Mio DM
Wasserwirtschaftliche Maßnahmen	45	Mio DM
Straßenbau	17	Mio DM
	74	Mio DM
Landwirtschaft	40—60	Mio DM
Regionale Förderung	22,5	Mio DM
(davon für Industrie, Handwerk und Handel	9,2	Mio DM)
Insgesamt	136,5	Mio DM

Dazu für Schulbauten und öffentliche Einrichtungen eine nicht zu bestimmende Summe.

Aus diesen Zahlen geht hervor, daß die öffentliche Förderung sich vornehmlich auf die Infrastrukturverbesserung und die Landwirtschaft erstreckt hat. Nach SCHWENKE fehlen in der Landwirtschaft noch Investitionen im Umfang von 400 bis 500 Mio DM. „Angesichts dieser Summe erscheint das bisherige Fördervolumen für die Land- und Forstwirtschaft gering. Gemessen jedoch an der Förderung der anderen Wirtschaftszweige scheint die Landwirtschaft sehr günstig abgeschnitten zu haben. Sie erhielt die meisten Subventionen; wenngleich auch nur mit geringem Nutzen: Sie ist weder leistungsstark noch wettbewerbsfähig geworden" (S. 132).

Zur Beurteilung des Entwicklungseffektes sind folgende Überlegungen notwendig:

(1) 210—220 Mio DM Förderung (136 Mio für Infrastruktur und Landwirtschaft und 80 Mio für Wohnungsbau) in 18 Jahren bedeuten durchschnittlich 10 Mio zusätzliche Mittel pro Jahr. Lüchow-Dannenberg hatte 1961 11 660 Lohnsteuerpflichtige mit 64,5 Mio DM Bruttolöhnen. Unter der Voraussetzung, daß 50 % der investierten Mittel als Löhne im Kreisgebiet ausgegeben wurden, hätte die öffentliche Initiative rd. 8 % der Löhne in Lüchow-Dannenberg ausgemacht.
Im Jahre 1969 betrugen die Löhne und Gehälter im Baugewerbe des Kreises 12,4 Mio DM, d. h., daß die öffentlichen Investitionen durchaus 50 % des Baugewerbes und mehr mit Aufträgen versorgt haben könnten.
Demgegenüber steht eine Minimalbetrachtung: SCHWENKE teilt mit, daß im ersten Bauabschnitt der Jeetzel-Eindeichung die Baulose an Firmen in Braunschweig, Hannover, Westercelle und Hitzacker, im zweiten Bauabschnitt an Betriebe in Geesthacht, Bremen und Westercelle erteilt worden sind. Es ist also durchaus möglich, daß die regionale Effizienz dieser Förderungsmittel wesentlich geringer gewesen ist, als oben dargelegt wurde.
Neuerdings ist eine Kombination von landwirtschaftlichen und fremdenverkehrswirtschaftlichen Maßnahmen vorgeschlagen worden, um eine befriedigende Entwicklung des Landkreises zu erreichen. Nach dem vorliegenden Gutachten sollen in den nächsten fünfzehn Jahren 126 Mio DM, davon für landwirtschaftliche und forstwirtschaftliche Zwecke 55 Mio DM, für Elbdeichverstärkung 13 Mio DM und für den Fremdenverkehr 58 Mio DM, ausgegeben werden. Die öffentliche Hand soll 75 Mio DM und die private Wirtschaft 51 Mio DM investieren.

---

[87]) H. SCHWENKE: Die Förderung und die Entwicklung der Wirtschaft im Landkreis Lüchow-Dannenberg. Diss. Berlin 1970.

(2) Das Land Niedersachsen hat in 20 Jahren für 7 Mio E 21,7 Mrd DM investiert. Bei einer gleichmäßigen Verteilung der Investitionen, die zwar nicht überall gegeben ist, hätten auf 50 000 E des Kreises rd. 150 Mio DM entfallen können. SCHWENKE hat die Förderung mit über 136 Mio DM berechnet, so daß vielleicht eine Parallelität zwischen Einwohnerzahl und öffentlicher Investition vorhanden ist. Das aber würde bedeuten, daß zwar eine öffentliche Förderung des Kreises unterstellt, ein besonderer Akzent jedoch nicht erwartet werden kann; wenigstens nicht in Bevölkerungsteilen, die auf eine Beschäftigung im gewerblichen Sektor angewiesen sind.

(3) Die beiden großen Industriebetriebe in Lüchow, die zuerst 700 Industriebeschäftigte, später 1 200, d. h. 50 % aller Industriebeschäftigten, entlohnen, trugen schon bei der Beschäftigung von nur 1/3 aller Industriebeschäftigten des Kreises im Jahre 1969 etwa 8 Mio DM zur Gesamtlohnsumme des Kreises bei, so daß ihre Leistung die öffentliche Förderung (ohne Wohnungsbau) bereits übertraf. Mit anderen Worten: Die eingesetzten Mittel können sektoral durchaus fruchtbar gewirkt haben, aber ohne jeden regionalen Multiplikator. Auf diese Weise findet die Entwicklung eine plausible Erklärung: Die Bevölkerung nahm von 8,07 (1939) auf 7,21 (1960) und 6,48 % (1970) ab, die Industriebeschäftigten stiegen von 912 (1951) auf 2 830 (1970), d. h. von 0,17 auf 0,31 %, das Bruttoinlandsprodukt sank von 0,49 % (1957) auf 0,45 % (1966) ab.

4.7.6.4. Wolfsburg

Die Indikatoren zeigen folgende Entwicklung:

	Bevölkerung		Industrie-beschäftigte		BIP	
	1939	1970	1951	1970	1957	1966
Wolfsburg	1,330 ‰	11,34 ‰	17 042	53 225	2,37 %	4,69 %
Gifhorn	12,88 ‰	17,35 ‰		7 751	1,03 %	1,06 %
	14,21 ‰	28,69 ‰	3,19	7,07	3,40 %	5,75 %

	Produktivitäts-Index	Sektorale Produktivität
Wolfsburg	215,74	2,42
Gifhorn	87,89	1,25

Diese Entwicklung hängt ursächlich mit der Gründung der Volkswagenwerke zusammen. Wie eine Spinne im Netz sitzt Deutschlands Industriegigant Nummer eins in Wolfsburg. Das Prognos-Gutachten stellte fest, daß rd. ein Viertel des niedersächsischen Industriepotentials auf das Volkswagenwerk entfällt. Rd. 6 500 Firmen beliefern das Werk, und den 124 000 Beschäftigten des Volkswagen-Werkes (d. h. im Werk Wolfsburg und den Zweigwerken) sind doppelt soviel Arbeiter in den Zulieferbetrieben hinzuzurechnen. Das Einkaufspotential der Volkswagenwerke wurde 1972 mit 10 Mrd DM berechnet, das ist etwa die Größenordnung des Landeshaushaltes Niedersachsen.

4.7.6.5. Braunschweig und der Braunschweiger Raum

Die Indikatoren für Braunschweig St und L lauten im Rahmen von Niedersachsen-Bremen:

	Bevölkerung		Industriebeschäftigte		BIP		Produktivitäts-Index
	1939	1970	1950	1970	1957	1966	1961
Braunschweig St	38,43 ‰	28,61 ‰	5,62 %	4,92 %	3,87 %	4,33 %	83,58
Braunschweig L	8,38 ‰	11,95 ‰	0,45 %	0,23 %	0,44 %	0,57 %	75,11
	46,81 ‰	40,56 ‰	6,07 %	5,5 %	4,31 %	4,90 %	

Die in den Zahlenreihen zum Ausdruck kommende Entwicklung der Braunschweiger Wirtschaft findet in der Verlegung von Büssing nach Salzgitter, in der Verschmelzung von Voigtländer (seit 1756 in Braunschweig) mit Zeiss-Ikon im Jahre 1969 mit dem Ergebnis, daß Zeiss schließlich ganz aufgab, in dem Aufstieg der Fa. Rollei, die aber entscheidende Produktionen in kostengünstige Länder verlegte, in dem Scheitern des Konservenfabriken-Experiments der Braunschweigischen Staatsbank und einigen anderen Ereignissen sichtbaren Ausdruck.

KARL RIPPEL hat über die Unterschiede zwischen den Städten Hannover und Braunschweig eine interessante Rechnung für das Jahr 1958 aufgemacht, indem er die Einwohner der Stadt Braunschweig mit 244 365 Personen und ihr Umland mit 482 246 E und das Einflußgebiet von Hannover mit 558 071 E in der Stadt Hannover und 516 950 E im Umland verglich und feststellte, daß das Umland der Stadt Braunschweig „doppelt soviel Einwohner zählt wie die Stadt selbst und dieses Umland mit 482 246 E nur 34 704 Personen (7 %) hinter einem gleich großen Gebiet um Hannover zurückbleibt. Die Stadt Hannover zählt dagegen mit 558 071 E 41 121 Personen mehr als die Bevölkerung in dem ihr zugeordneten Umland" (S. 51). RIPPEL folgerte daraus „die hohe Bedeutung der Nahverkehrsbeziehungen und die Zuordnung der Bevölkerung des Umlandes zur Stadt Braunschweig"[88]. Das ist sicher richtig, wenn ich aber den Vergleich zwischen den beiden Städten auf der Leistungsseite durchführe, dann zeigt sich, daß die Stadt Hannover im Jahre 1961 97 000 Einpendler bzw. einen Einpendlerüberschuß von 77 304 Einpendlern gegenüber 33 516 Einpendlern in Braunschweig und die Wirtschaftsbevölkerung in Hannover 820 000 Menschen gegenüber 326 450 Personen in Braunschweig zählte, d. h. für die Produktion in Braunschweig nur 74 000 Menschen des Umlandes in der Kernstadt Braunschweig eingesetzt waren gegenüber 180—200 000 Personen in Hannover. Das zeigt die Schwäche der Stadt Braunschweig. Allerdings wird diese Rechnung dem Raum Braunschweig nicht ganz gerecht. Erst die Anerkennung der Tatsache, daß im Raum Braunschweig ein mehrpoliges Gefüge vorliegt, ergibt ein richtiges Bild von der Lage der Stadt Braunschweig.

Die Indikatoren des Braunschweiger Raumes:

	Bevölkerung in in ‰		Industriebeschäftigte in %		BIP in %		Sektorale Produktivität
	1939	1970	1950	1970	1957	1966	1961
Wolfenbüttel	17,87	17,32	2,21	1,42	1,51	1,26	1,60
Helmstedt	14,73	15,21	2,35	1,04	1,55	1,26	1,22
Gandersheim	9,90	9,79	1,29	1,10	0,96	0,76	0,91
Goslar St	5,31	5,12	1,00	0,82	0,61	0,64	0,66
Goslar L	5,64	5,22	0,49	0,23	0,40	0,33	1,16

kennzeichnen auch hier die Lage der einzelnen Stadt- und Landkreise als Stagnation und Rückgang. Natürlich hat das wirtschaftliche Gründe. In Goslar hängt das mit der Entwicklung des Metallerzbergbaus zusammen. Der Harzer Metallerzbergbau, der 1968 1 000 Jahre bestand, hat nicht nur am westdeutschen Metallerzbergbau einen hervorragenden Anteil, sondern er ist für den ganzen Wirtschaftsraum am Harz von lebenswichtiger Bedeutung. Von 1936 bis 1940 erfuhren die Betriebe einen großzügigen Ausbau, der nach 1948 in verstärktem Umfang den neuesten technischen Erkenntnissen entsprechend fortgesetzt wurde. Die Investitionsaufwendungen der Jahre 1948 bis 1962 betrugen insgesamt 156 Mio DM. Früher waren in den Harzer Betrieben durchschnittlich 6 000 Belegschaftsmitglieder tätig. Einschließlich der zu unterhaltenden Familienangehörigen lebten demnach rd. 24 000 Menschen unmittelbar vom Betrieb des Harzer Metallerzbergbaus und seiner Hütten. 350 Mio DM gingen pro Jahr an Aufträgen in den Harzer Raum, in der gleichen Zeit wurden 500 Mio DM an Löhnen und Gehältern gezahlt, die vornehmlich zu Umsätzen mit der örtlichen Geschäftswelt führten und damit im wesentlichen die Existenzgrundlage dieses Raumes bildeten. Dieser Metallerzbergbau befindet sich nun seit fast einem Jahrzehnt in einer schweren Krise.

---

[88] K. RIPPEL: Verkehrserschließung und Bevölkerungsentwicklung im Raum Braunschweig. In: Ballungsraum Südost-Niedersachsen. Kommunalpolit. Schriften der Stadt Braunschweig, Braunschweig 1960, Jg. 22.

4.7.6.6. Salzgitter

„Am nördlichen Harzrand wurden 1937 für die Neugründung der damaligen Reichswerke ‚Hermann Göring‘ 29 Gemeinden mit 19 164 E auf 213 km² Fläche zu dem neuen Gebilde ‚Watenstedt-Salzgitter‘ zusammengefaßt ... Diese Flächenausdehnung entspricht dem Landkreis Dinslaken, sie übersteigt die der Städte Dresden, Essen oder Frankfurt/Main ... Ende 1965 verteilten sich die rund 118 000 E auf Salzgitter-Lebenstedt mit 48 000 E, Salzgitter-Bad mit 25 000 E und zwei Stadtteile mit knapp 9 000 und 10 000 E, insgesamt also vier Stadtteile mit rund 92 000 E. Der Rest wohnt mit rund 12 000 E in fünf Stadtteilen von 2 000 bis 3 500 E und mit rund 6 000 E in vier Stadtteilen von 1 000 bis 2 000 E sowie mit 9 000 E in 12 Stadtteilen von 500 bis 1 000 E und schließlich mit rund 1 200 E in vier Stadtteilen unter 500 E"[89]).

Für die Wahl des Standortes der Hüttenwerke in Salzgitter war ausschlaggebend, daß es billiger war, Kohlen zum armen Erz zu transportieren als umgekehrt. Das Hüttenwerk Salzgitter sollte in 4 Ausbaustufen mit je 8 Hochöfen im Endstadium eine Rohstahlkapazität von ca. 4 Mio t Rohstahl erhalten. Der Erzbergbau sollte im Endausbau über 20 Mio t Roherz fördern. Hiervon sollten bis 15 Mio t im Hüttenwerk Salzgitter verhüttet, der Rest an die Ruhrhütten geliefert werden. Die Roherzförderung lag bei Kriegsende über 4 Mio t. Damals verfügte das Hüttenwerk Salzgitter über eine Stahlwerkskapazität von 2 Mio t Rohstahl im Jahr. Die Anlagekosten der Hütte einschließlich der Kokerei usw. betrugen insgesamt 1,1 Mrd RM. Der Wert der bis zum Jahre 1945 in Betrieb genommenen Anlagen kann mit 760 Mio RM beziffert werden.

Im Zuge des Wiederaufbaus wurden in Salzgitter bis 1961 etwa 1,3 Mrd DM investiert. Davon wurden 710 Mio DM aus eigenen Mitteln aufgebracht und die restliche Summe fremd finanziert. Die Entwicklung hatte gezeigt, daß die Zweifel, die seit der Gründung an der technischen und wirtschaftlichen Konkurrenzfähigkeit Salzgitters geäußert wurden, nicht zutrafen. Das Hüttenwerk Salzgitter konnte nachweisen, daß aus dem eisenarmen Salzgittererz in qualitativ hochwertiger Stahl erzeugt werden kann, der den Vergleich mit dem aus hochwertigen Auslandserzen erzeugten Stahl nicht zu scheuen braucht und daß die Stahlerzeugung wirtschaftlich ist, da Salzgitter über Jahre hindurch die niedrigsten Roheisen-Selbstkosten im Bundesgebiet hatte und auch heute noch im Kostendurchschnitt der Ruhr liegt.

Der Wiederaufbau von Salzgitter wurde erschwert durch die zusätzlichen Aufgaben von politischer Bedeutung (Schicksal von Borsig, Deutsche Industriewerke, Berlin, Werftenproblem u. a.), die dem Salzgitter-Konzern übertragen wurden.

Der folgenschwerste Schritt war die Angliederung von Büssing, mit der eine politische Ordnungsaufgabe übernommen wurde, um rd. 6 000 Arbeitsplätze im Zonenrandgebiet zu erhalten. Das Geschäftsjahr 1965/66 war „das schwerste Jahr, das die Salzgitter AG nach der Neuordnung des Konzerns im Jahre 1953 durchmachen mußte". Nicht nur die gesetzliche und die freie Rücklage waren verbraucht, die Schuldenlast war auf 3,14 Mrd DM gewachsen. Die Angliederung von Büssing hatte allein ½ Mrd DM gekostet.

1971/72 wurde die letzte Neuordnung der Salzgitter AG abgeschlossen. Der Geschäftsbereich I mit den Stahlwerken Peine-Salzgitter, den Handelsgesellschaften und den Erzbaubetrieben hatte 3,7 Mrd DM umgesetzt. Den größten Umsatz erzielten in diesem Bereich die Stahlwerke Peine-Salzgitter mit 1,7 Mrd DM. Der Geschäftsbereich II mit den Werftbetrieben, Linke-Hoffmann-Busch und der Deutschen Schachtbau- und Tiefrohr GmbH erzielte einen Gesamtumsatz von 1 319 Mio DM. Der Geschäftsbereich III mit den Betrieben der Weiterverarbeitung von Baustoffen erreichte fast 1 Mrd DM Umsatz. Die Zahl der im Salzgitterkonzern Beschäftigten verminderte sich von 84 000 Beschäftigten im Geschäftsjahr 65/66 (bei einem Umsatz von 4,5 Mrd DM) auf 59 000 Beschäftigte (mit einem Gesamtumsatz von 6,1 Mrd DM). Eine völlige Umstrukturierung kostete den Konzern zwar ¼ seines Konzernbesitzes, entlastete ihn aber gleichzeitig durch die Steigerung in der Weiterverarbeitung von 33 % auf 55 % und mit der Abnahme im Grundstoffbereich von 60 auf 35 % seines Umsatzes.

Von wesentlicher Bedeutung für die Stadt Salzgitter ist das mit einem Investitionsaufwand von 450 Mio DM errichtete Zweigwerk des Volkswagenwerks, das Ende 1970 mit 3 000 Arbeitskräften die Produktion aufgenommen hat.

---

[89]) E. KREBS: Stadt — Landkreis — Stadtlandkreis? In: Kommunalwirtschaft 7/1966, S. 292 f.

4.7.6.7. Peine

Die Entwicklung von Peine wird durch die Indikatoren:

	Bevölkerung		Industriebeschäftigte		BIP		Sektorale Produktivität
	1939	1970	1950	1970	1957	1966	1961
Peine	11,54 ‰	12,54 ‰	2,51 %	1,57 %	1,26 %	1,03 %	0,91

gekennzeichnet.

Der Aufstieg von Peine begann mit der Gründung der Ilseder Hütte im Jahre 1857 (Inbetriebnahme 1873), die den privatwirtschaftlichen Kurs in der Montanwirtschaft eröffnete. In der in Frage stehenden Zeit hat die Ilseder Hütte einen besonderen Ruf genossen. Im Bericht der Europäischen Gemeinschaft für Kohle und Stahl werden die finanziellen Ergebnisse „die zufriedenstellendsten in Westdeutschland" genannt, und Fachleute haben die Ilseder Hütte hinsichtlich der Dividende und Börsenkurse lange Zeit an die Spitze der deutschen Eisen- und Stahlunternehmen gestellt. Anfang der 60er Jahre wurden Stahlwerke und Verarbeitungsanlagen mit großen Investitionssummen, die die Grenze des Tragbaren streiften, erfolgreich modernisiert und anschließend in einer konsequenten Politik der Schuldensenkung entlastet. 1970 ist die Gesellschaft in den Stahlwerken Peine-Salzgitter aufgegangen.

Bevölkerungsentwicklung und relativer Rückgang der Wirtschaft des Kreises geben Rätsel auf.

4.7.6.8. Der Hildesheimer Raum

Die Indikatoren:

	Bevölkerung in ‰		Industriebeschäftigte in %		BIP in %		Sektorale Produktivität
	1939	1970	1950	1970	1957	1966	1961
Hildesheim	14,13	12,00	1,65	2,20	1,25	1,36	0,55
Hildesheim-Marienburg	13,21	15,21	1,72	1,21	1,12	0,88	1,16
Alfeld	10,02	10,17	1,78	1,00	0,84	0,83	0,77

lassen erkennen, daß die Stadt Hildesheim bei Schrumpfung der Bevölkerung nach dem Kriege stark aufgeholt hat (die Industriebeschäftigtenzahl wuchs von 9 000 (1950) auf 20 000 (1970), relativ von 1,65 auf 2,20 % im Verhältnis zum nordwestdeutschen Raum); der Landkreis Hildesheim-Marienburg hat den gewonnenen Vorsprung allerdings nicht halten können (seine Industriebeschäftigten von 9 283 blieben bei 11 039 stehen), relativ sank die Zahl von 1,72 auf 1,21 %. Es darf aber nicht übersehen werden, daß das Warenproduzierende Gewerbe des Landkreises 1961 eine sektorale Produktivität von 1,16, das Warenproduzierende Gewerbe der Stadt Hildesheim nur von 0,55 hatte, so daß von einem Beschäftigtenanteil von 52,08 bzw. 48,33 % der Beitrag zum Produktivitätsindex im Landkreis um das Doppelte höher war als in der Stadt Hildesheim (56,18 Punkte gegen 28,70 Punkte). Der Anteil der Industriebeschäftigten des Landkreises Alfeld ist von 1,78 auf 1,00 % gesunken.

4.7.6.9. Der Göttinger Raum

Die Indikatoren des Göttinger Raumes zeigen für Göttingen und Einbeck eine günstige Entwicklung:

	Bevölkerung in ‰		Industriebeschäftigte in %		BIP in %		Sektorale Produktivität
	1939	1970	1950	1970	1957	1966	1961
Göttingen	17,97	19,88	1,70	1,83	1,94	2,34	1,20
Einbeck	5,29	5,45	0,57	0,75	0,57	0,46	0,91

In den übrigen Landkreisen dieses Raumes konnte trotz durchschnittlicher und überdurchschnittlicher sektoraler Produktivitäten im warenproduzierenden Gewerbe wie in Duderstadt (1,20), Northeim (1,00), Münden (0,99), Osterode (1,08) ein regionales Zurückbleiben nicht verhindert werden.

ALBERT beziffert den Einsatz der Mittel des Regionalen Förderungsprogramms für die Zeit von 1951 bis 1967 für Niedersachsen mit 487,3 Mio DM[90]). Nach eigenen Aufzeichnungen ergibt die Summe der regionalen Bundesmittel 491,6 Mio DM. In den letzten Jahren sind davon rd. ²/₃

Tabelle 39:

Industriegebiet Süd-Niedersachsen

	Bevölkerung		Industriebeschäftigte		BIP
	1950 1961	1970 1961	1951 1961	1970 1961	1957 1966
	in ‰		in %		in %
Braunschweig St	+ 3,05	— 4,88	+ 0,16	— 0,96	+ 0,46
Braunschweig L	+ 0,07	+ 2,06	— 0,08	— 0,14	+ 0,13
Goslar St	+ 0,10	— 0,52	± 0,00	— 0,18	+ 0,03
Goslar L	— 1,13	— 0,47	— 0,18	— 0,08	— 0,07
Salzgitter St	+ 1,31	+ 0,11	+ 0,68	+ 0,37	— 1,08
Wolfenbüttel	— 2,01	— 0,90	— 0,58	— 0,21	— 0,25
Helmstedt	— 2,02	— 1,04	— 0,98	— 0,33	— 0,29
Gandersheim	— 2,07	— 0,65	— 0,11	— 0,08	— 0,20
Blankenburg	— 0,40	— 0,13	— 0,10	± 0,00	— 0,02
	— 3,10	— 6,42	— 1,79	— 1,61	— 1,29
Hildesheim St	+ 3,27	— 0,89	+ 0,62	— 0,07	+ 0,11
Hildesheim-Marienburg	— 2,44	+ 0,39	— 0,29	— 0,22	— 0,24
Göttingen	+ 0,10	+ 0,18	+ 0,08	+ 0,05	+ 0,40
Duderstadt	— 0,59	+ 0,01	— 0,19	± 0,00	— 0,06
Einbeck	— 0,69	— 0,36	+ 0,12	+ 0,06	— 0,11
Northeim	— 2,13	— 0,75	— 0,28	— 0,22	— 0,16
Münden	— 0,48	— 0,34	— 0,04	— 0,05	— 0,04
Osterode	— 0,96	— 0,49	— 0,28	— 0,25	— 0,11
Zellerfeld	— 0,79	— 0,34	— 0,21	— 0,14	— 0,34
Peine	— 1,39	— 0,51	— 0,48	— 0,46	— 0,23
Alfeld	— 2,05	— 0,76	— 0,53	— 0,25	— 0,01
	— 7,15	— 3,86	— 1,48	— 1,55	— 0,79
Grfsch. Schaumburg	— 2,10	+ 0,03	— 0,76	+ 0,03	— 0,05
Schaumburg-Lippe	— 0,87	+ 0,19	+ 0,04	+ 0,06	— 0,01
Hameln-Pyrmont	— 2,22	+ 0,07	— 0,44	+ 0,04	+ 0,04
Hameln St	+ 0,32	— 0,80	+ 0,10	— 0,29	— 0,13
Holzminden	— 1,83	— 0,82	— 0,37	— 0,03	— 0,12
	— 6,70	— 1,33	— 1,43	— 0,19	— 0,27

[90]) W. ALBERT: Theorie und Praxis der Infrastrukturpolitik. In: Schriften des Vereins für Socialpolitik, Bd. 54, 1970, S. 253.

im Zonenrandgebiet verbraucht worden, so daß man die Unterstützung von Bund und Land für das Zonenrandgebiet auf rd. 500 Mio DM schätzen kann. Das heißt, Bund und Land haben für 2,1 Mio E im Zonenrandgebiet in 19 Jahren 500 Mio DM aufgewendet und in der gleichen Zeit für 440 000 E im Emsland 1 200 Mio DM. Es liegt auf der Hand, daß von den Zonenrandmitteln keine grundlegenden Wirkungen erwartet werden dürfen, auch dann nicht, wenn die Industriegebiete aus der Beurteilung herausgenommen werden; und schließlich auch nicht, wenn die Förderung sich auf wirtschaftsnotwendige Infrastruktur beschränkt haben sollte. Auch die Zonenrand-Sonderabschreibungen haben keinen besonderen aktivierenden Einfluß ausüben können.

4.7.7. Industriegebiet Südniedersachsen

Wenn man den Braunschweiger Raum, den Hildesheimer — Göttinger Raum und die Region Hameln/Weser zusammenfaßt, liegt das Industriegebiet Südniedersachsen vor uns (Tabelle 39). Die Indikatoren besagen, daß, bezogen auf den Ausgangsstand des Raumes, das Gebiet von 38 % (1951) der nordwestdeutschen Industriebeschäftigten auf 30,83 (1970) abgesunken ist. Wenn also dieses Gebiet seinen alten Rang zurückgewinnen wollte, müßten nach dem Stand von 1970 dort 60 000 Arbeitsplätze neu geschaffen werden. Die Bevölkerung allerdings hat sich in diesem Raum trotz aller Abwanderungen knapp unter dem Anteil von 1939 gehalten.

Die negative Entwicklung ist nicht erst neuesten Datums. HAUFE hat schon für die Periode vor 1925 festgestellt, daß „Braunschweig … unter dem Einfluß der Nachbarschaft Hannovers in der Periode 1815 bis 1870 nur auf das 1,8fache zunahm und 1871 die relative Großstadtziffer noch nicht (erreichte). Bis 1925 nahm es auf das 2^1/$_2$fache der Basis 1871 zu — gegen 1815 auf das 4,6fache — und holte damit die Großstadtwerdung nach. Dem Braunschweiger Typus ähnelte die Entwicklung Hildesheims mit reichlicher Verfünffachung (5,4) seines Standes von 1815. Hannover wuchs dagegen schon bis 1871 zur Großstadt heran, indem es sich von 1815 bis 1870 mehr als vervierfachte und bis 1925 nochmals auf das 4fache des Standes von 1871 wuchs … Peine und Göttingen wuchsen normal auf das Doppelte (1815—1870) bzw. 2,4fache (1870—1925)"[91]. HAUFE zählte auch schon damals Süd- und Westharz (Zellerfeld, Osterode, Duderstadt, Hildesheim-Marienburg, Gronau und Alfeld zu „den relativ stagnierenden Strichen" (S. 78), die den Zonen starker Verdichtung eingelagert sind. Und wenn man die Bevölkerungs- und Industriebeschäftigtenentwicklung nach 1950 in der Tabelle 39 überfliegt, dann gibt die Massierung der Minuszeichen der Befürchtung Raum, daß diese älteste gewerbliche Zone in Nordwestdeutschland, die immer mit großen Schwierigkeiten zu kämpfen hatte, von neuem Gefahr laufen könnte, ein Rückstandsraum zu werden.

4.7.8. Ein Überblick über die Analyse der räumlichen Aktivitäten

Die Analyse der räumlichen Aktivitäten auf Grundlage der Kreise hat die vorhergehende Regionalanalyse ergänzt und vervollständigt. Insbesondere konnten spezifische öffentliche und private Aktivitäten sichtbar gemacht werden. Infrastruktur, Wohnungsbau und Industrieförderung wurden in Tabellen und Abbildungen deutlich.

Insgesamt kann als erwiesen gelten, daß der Wohnungsbau, insbesondere der soziale Wohnungsbau, vorwiegend der Wiederherstellung der alten Bevölkerungsverteilung diente und daß die Infrastruktur sich naturnotwendig mit ihr verband. So sind von diesen Investitionen kaum verändernde landesplanerische Initiativen ausgegangen.

---

[91]) H. HAUFE: Die Bevölkerung Europas. In: Neue deutsche Forschungen, Bd. 7, Berlin 1936, S. 126.

Die Industriepolitik verfolgte andererseits das Ziel der Arbeitsplatzbeschaffung an allen Wohnplätzen, wobei die nicht traditionalen Standorte, aber durchaus nicht immer, berücksichtigt wurden.

Die Indikatoren für die Bevölkerungsverteilung, die Industriebeschäftigtenverteilung, das Sozialprodukt und soweit wie möglich auch das Wohlstandsniveau haben die Auswirkungen dieser Verhaltensweisen belegt. In manchen Fällen konnte auch das neue Aktivitätsvolumen gegenüber anderen Investitionen gewichtet und transparent gemacht werden. Das ist in den Betrachtungen über Ostfriesland, Stade, das Emsland, Melle, Südwestniedersachsen, Lüchow-Dannenberg, den Lüneburger Raum, Wolfsburg und Salzgitter geschehen. Diese Bemühungen können natürlich nur ein Anfang sein, aber zu Beginn einer Effizienzanalyse ist ihr Wert nicht gering zu veranschlagen.

Aus diesen Betrachtungen ergeben sich mit großer Wahrscheinlichkeit folgende Erfahrungssätze:

(1) Das räumliche Gleichgewicht in Nordwestdeutschland wurde in den letzten 40 Jahren durch keine Investitionslenkung — weder durch Infrastruktur-, Wohnungsbau- oder Industrieförderung — wesentlich verschoben, wenn man von Wolfsburg und Salzgitter absieht.

(2) Es ist kein Fall sichtbar geworden, wo eine allgemeine Infrastrukturinvestition neue Industrieinvestitionen herbeigelockt oder induziert hätte.

(3) Entscheidend für die Entwicklung von Standorten waren in dem fraglichen Zeitraum immer rentable Industrieinvestitionen.

(4) Die Funktionen der Stadt sind in diesem Zeitraum zu einem Teil auf die Agglomerationen übergegangen, ohne daß jedoch eine neue städtische Qualität entstanden wäre.

4.7.9. Ein neuer Abschnitt in der Regionalen Wirtschaftsförderung

Mit dem Jahre 1969 hat nun ein neuer Abschnitt der Landesentwicklung, jedenfalls im Hinblick auf die Strategie der räumlichen Aktivitäten, begonnen. Es handelt sich um die Einführung der Investitionszulage und die erheblich verbesserte finanzielle Ausstattung der Regionalförderung[92]. Aber zunächst gilt es den Anschluß an die Problematik und den Ausgangspunkt des Geschehens in Nordwestdeutschland zu finden.

Das Problem liegt in Nordwestdeutschland auf der Hand, den bestimmenden Faktor in der Leistungsbilanz, das warenproduzierende Gewerbe, insbesondere die Industrie,

---

[92]) Vgl. W. ALBERT: Wirtschaftsförderung als Regionalpolitik. In: Finanzpolitik und Landesentwicklung, ARL, FuS Bd. 84, Hannover 1972, S. 21 ff.

zu verstärken. Die Zahl der Industriebeschäftigten wurde bisher wie folgt aufgestockt —
zum Vergleich wird der bayerische Industriebesatz mit angeführt:

	Stand 1951	1951 bis 1954	1954 bis 1957	1957 bis 1960	1960 bis 1963	1963 bis 1965	1965 bis 1969	Stand 1970
Bayern	82	+ 13	+ 21	+ 7	+ 5	+ 2	— 2	128
Niedersachsen	71	+ 11	+ 18	+ 7	+ 3	+ 1	— 2	109

Insgesamt betrug die Steigerung je 1 000 in Niedersachsen 38, in Bayern 46. Aus der
Zusammenstellung geht außerdem hervor, daß es eine bevorzugte Periode gegeben hat,
um eine Industrialisierungsaktion großen Stils mit dem notwendigen Rückenwind zu
starten, das war von 1954 bis 1957 der Fall. Ich habe damals die Forderung nach weiteren
100 000 Arbeitsplätzen in der Industrie aufgestellt. Die Bayern haben gleichzeitig ihren
Industriebesatz, nachdem sie schon + 3 im Vorgriff erreicht hatten, nochmals um 3 vermehrt, für Niedersachsen hätte eine verstärkte Industrieförderung in diesem Umfange
etwa 40 000 bis 50 000 zusätzliche Arbeitsplätze bedeutet.

1967 hat der Landtagsabgeordnete BRANDES im Landtag erklärt: „Es kommt darauf
an, daß wir 30 Beschäftigte mehr je 1 000 Einwohner in der Industrie tätig werden lassen und damit den Bundesdurchschnitt erreichen. Es geht darum, daß wir das Bruttosozialprodukt um 6 Mrd DM steigern müssen. Das ist das Problem, vor dem wir stehen, und daran schließen sich im Grunde genommen alle Lösungsmöglichkeiten, alle Chancengleichheiten
und alle gleichen Lebensverhältnisse an. Nur danach können wir unsere Landespolitik
ausrichten"[93]. Dieser Vorschlag würde zusätzlich 300 000 Arbeitsplätze im warenproduzierenden Gewerbe erfordern[94]; allerdings könnte ein Großbetrieb mit überdurchschnittlicher sektoraler Produktivität nach dem Muster des Volkswagenwerkes dieselbe Chance
mit 115 000 Arbeitsplätzen meistern[95].

Das Interessante ist, daß wiederum das Prognos-Gutachten von 1967 die Schaffung von
100 000 Arbeitsplätzen bis 1980 anpeilte.

---

[93]) Niedersächsischer Landtag. 6. Wahlperiode, 3. Sitzung v. 6. 7. 1967, Sp. 87 f.

[94]) H. HUNKE: Landesentwicklung im Widerstreit zwischen Romantik und Wirklichkeit. Hannover 1967, S. 15.

[95]) H. HUNKE: Der Ruf nach dem Niedersachsenplan. Gedanken um die Landesstrukturpolitik
und ihre Finanzierung. In: Neues Archiv f. Niedersachsen, Nr. 17, H. 3 (Göttingen 1968), S. 10.

218

Tabelle 40:

Bevölkerungsprognosen für Nordwestdeutschland

	Grundlage	1967	1970	1975	1980	1985	1990	1995
Niedersachsen Regionale Bevölk.-Projektion als Grundlage f. d. 2. Ausbauplan d. Bundesfernstraßen	1962—1965	6 967 300	(7 082 158)	7 355 000	7 617 000	7 916 000	8 263 000	8 668 000
Prognose der Prognos AG (einschl. Wanderungen)			7 188 000	7 374 000	7 453 000			
Die voraussichtliche Entwicklung in Niedersachsen bis zum Jahre 2000 (ohne Berücksichtigung der Wanderungen) — Landesverwaltungsamt/Abt. Statistik	1964		7 038 500	7 210 600	7 372 100	7 555 800*)	7 785 200	8 048 100
Die voraussichtliche Entwicklung der Bevölkerung Niedersachsens 1970—2000 (mit Wanderungen bis 1989) — Landesverwaltungsamt/Abt. Statistik	1970		7 100 400	7 246 800	7 307 000	7 379 300	7 486 300	7 606 700
Bremen Bevölkerungs-Entwicklung einschl. Wanderungen nach Prognos		749 700	(735 452)	783 000	797 000	812 000	829 000	850 000

( ) gezählte Einwohner.
*) Der fortgeschriebene Landesentwicklungsplan rechnet mit 7,5 Mio E.

Die Frage, ob dieses Ziel heute noch zu realisieren ist, kann nicht eindeutig beantwortet werden. Der beherrschende Impuls für die Vergrößerung des Sozialprodukts, der in der Eingliederung der Arbeitskraftreserven bestand, ist nicht mehr wirksam. Wenn man die vorliegenden Bevölkerungsprognosen (Tabelle 40) für die Bevölkerungsentwicklung in Nordwestdeutschland kritisch mustert, dann wird bis 1980 vielleicht eine Vergrößerung der Einwohnerzahl in Niedersachsen auf 7 300 000 und in Bremen auf 760 000, d. h. um 200 000 Personen, möglich sein.

Nach der Analyse des Deutschen Instituts für Wirtschaftsforschung sollen sich zwischen 1970 und 1977 Entwicklungen nach Tabelle 41 vollziehen. Das würde bedeuten, daß von 1970 bis 1977 82 000 zusätzliche Arbeitsplätze entstehen werden. Die Anteile der statistischen Raumeinheiten Bremen, Emden, Braunschweig, Hildesheim und Göttingen werden nach den Vorausberechnungen um 1,12 % abnehmen, das sind rd. 35 000 Arbeitsplätze, wobei 0,57 % auf die Raumeinheiten Bremen und Emden entfallen.

Aber es hat — wie schon angegeben — mit dem Jahre 1969 ein neuer Abschnitt aktiver Regionalpolitik begonnen, der völlig neue Gewichte zum Einsatz bringt. Schon das Landesentwicklungsprogramm Niedersachsen (Juni 1969) sprach die Absicht aus, in Niedersachsen im 10-Jahres-Zeitraum bis zum Jahre 1980 durch den Einsatz öffentlicher Mittel rd. 100 000 neue Arbeitsplätze im gewerblichen industriellen Sektor zu schaffen, und schlug vor, die Investitionskosten je Arbeitsplatz in Höhe von 50 000 DM mit 16 500 bzw. 21 500 DM zu subventionieren. Das Gesamtprojekt wurde dahin begrenzt, daß das Investitionsvolumen für die Schaffung von 100 000 Arbeitsplätzen und den Ausbau von 75 000 vorhandenen gewerblichen Arbeitsplätzen in Höhe von 5 Mrd DM zuzüglich 1,5 Mrd DM aus öffentlichen Mitteln mit 1,9 Mrd DM verbilligt werden sollte. Im Zeichen dieses Programms hat die niedersächsische Landesregierung die Industrialisierung an der Küste in Szene gesetzt.

Fast zur gleichen Zeit sind von Bund und Ländern 12 Regionalprogramme gestartet worden, 312 Schwerpunkte sind Ansatzpunkte für eine gezielte Industrieförderung geworden mit dem Ziel, in 5 Jahren 355 000 neue Arbeitsplätze in der Bundesrepublik zu schaffen. Für Niedersachsen sind zwei Aktionsprogramme vorgesehen:

	E in Mio	Fläche in qkm	Zahl der Schwerpunkte	Neue Arbeitsplätze	Vorgesehene Investitionen im gewerblichen Sektor
Niedersächsisches Zonenrandgebiet	2,3	13 700	26	35 000	1,2 Mrd DM
Nordwestniedersachsen	2,8	26 200	41	50 000	1,6 Mrd DM
insgesamt	5,1	39 900	67	85 000	2,8 Mrd DM

Über den Förderungseinsatz seit 1969 ist folgendes zu berichten:

— Der Niedersächsische Minister für Wirtschaft und öffentliche Arbeit hat mitgeteilt, daß seit 1969 ein Investitionsvolumen von rd. 8 Mrd DM gefördert worden sei, „mit der die Schaffung knapp 100 000 neuer Arbeitsplätze im Lande verbunden sein

Tabelle 41: Die Verteilung der Arbeitsplätze auf die Raumeinheiten Nordwestdeutschlands von 1961—1977

Lfd. Nr.	Regionen*)	BMV-Nr.	1961	1970 bei standortneutraler Entwicklung	1970 Standorteinfluß	1970 Insgesamt	Anfang 1977 bei standortneutraler Entwicklung	Anfang 1977 Standorteinfluß	Anfang 1977 Insgesamt	Regionsanteile in % an den Arbeitsplätzen von Nordwestdeutschland 1961	1970	1977
			(1)	(2)	(3)	(4)	(5)	(6)	(7)	(8)	(9)	(10)
6	Hamburg	201	1 016	1 098	—115	983	1 024	—80	944			
7	Bremen	202	374	398	— 25	373	383	—18	365	11,35	11,37	10,85
8	Emden	301	153	139	8	147	147	2	149	4,64	4,48	4,43
9	Oldenburg	302	297	283	18	301	303	12	315	9,01	9,17	9,37
10	Bremervörde	303	172	149	17	166	162	11	173	5,22	5,06	5,14
11	Lingen	304	135	113	19	132	126	15	141	4,09	4,02	4,19
12	Verden	305	172	144	21	165	160	17	177	5,21	5,02	5,27
13	Uelzen	306	260	237	18	255	255	12	267	7,88	7,77	7,94
14	Osnabrück	307	224	207	12	219	217	9	226	6,79	6,67	6,72
15	Hannover	308	492	530	— 7	523	544	— 4	540	14,93	15,94	16,05
16	Hildesheim	309	290	284	— 2	286	291	1	292	8,80	8,71	8,68
17	Braunschweig	310	477	478	— 2	476	483	— 2	481	14,47	14,50	14,35
18	Göttingen	311	249	242	5	237	241	— 4	237	7,53	7,22	7,05
	Niedersachsen		2 921	2 806	102	2 908	2 929	69	2 998			
	Niedersachsen und Bremen		3 295			3 281			3 363			

Quelle f. d. Spalten 1—7: DIW-Gutachten. Die Entwicklung des Angebots von Arbeitsplätzen in den Regionen der BR Deutschland bis zum Jahre 1977. Berlin Sept. 1972.

*) Regionen = Statistische Raumeinheiten für regionale Zielprojektionen zum 2. Ausbauplan der Bundesfernstraßen.

werde" und daß „mehr als $^1/_3$ des Investitionsvolumens, das in der Bundesrepublik mit öffentlichen Mitteln gefördert worden ist, auf Niedersachsen entfällt"[96]). Wenn das richtig ist, wäre das gesamte Landesentwicklungsprogramm bis 1980 in den ersten 3 Jahren initiiert bzw. abgewickelt worden.

Diese Mitteilung stimmt im Prinzip und in der Größenordnung mit einigen Äußerungen im Raumordnungsbericht 1972 der Bundesregierung überein. Dort heißt es: „Im Zeitraum 1969 bis 30. 6. 1972 entfielen von dem durch Investitionszulage geförderten Investitionsvolumen in Höhe von 22 943,5 Mio DM auf das Zonenrandgebiet 11 097,6 Mio DM (= 48,4 %). In der gleichen Zeit wurden von den insgesamt 363 433 Arbeitsplätzen im Zonenrandgebiet 180 838 Arbeitsplätze (= 49,8 %) neu geschaffen bzw. geplant" (S. 81 f.). An anderer Stelle wird das auch begründet: „In den 3 Jahren von 1969 bis 1971 konnte ein konjunkturbedingt großes Investitionsvolumen in die Fördergebiete gelenkt werden. Die Statistik weist folgende Gesamtergebnisse aus: Mehr als 2 000 Betriebe wurden neu errichtet, darunter fast 100 Betriebe, deren Investitionsvolumen 10 Mio DM übersteigt, darunter wieder 15 mit einem Investitionsvolumen von mehr als 100 Mio DM. Hinzu kommen mehr als 5 000 Fälle von Erweiterungen bereits fertiger Betriebe. Zusammen ergeben die Betriebserrichtungen und -erweiterungen ein Investitionsvolumen von 19 Mrd DM, wobei rd. 300 000 neue Arbeitsplätze entstanden" (S. 69).

Bei FISCHER ist zu lesen, daß Niedersachsen hinsichtlich der Zahl der durch die Regionalen Arbeitsprogramme 1969 und 1970 geschaffenen Arbeitsplätze „an der Spitze aller Bundesländer steht und fast die Hälfte der insgesamt geförderten Investitionsvorhaben auf das Land Niedersachsen entfällt"[97]).

Nach einer statistischen Quelle[98]) entfielen 1968 9,6, 1969 9,5 und 1970 10,2 % aller Investitionen auf Niedersachsen, die mit 36,0 % der Gesamtförderung gefördert wurden. Die geförderten Investitionen in Niedersachsen beliefen sich 1969 bis 1970 auf 5 557,5 Mio DM. Das ist doch wohl nur so zu verstehen, daß in Niedersachsen in den 3 Jahren von 1969 bis 1971 dreimal etwa 2,2 Mrd DM, d. h. rd. 7 Mrd DM investiert, davon 5,5 Mrd DM als förderungswürdig anerkannt, gefördert und dafür 36 % der Förderungsmittel zur Verfügung gestellt wurden.

— Der Niedersächsische Minister für Wirtschaft und öffentliche Arbeit hat bekanntgegeben, daß von 1969 bis zur Mitte 1972 im Bezirk Braunschweig mehr als 2,5 Mrd Investitionen mit Hilfe der Investitionszulage gefördert worden sind. Durch diese Investitionen sollten 26 000 neue Arbeitsplätze entstehen. Nach der gleichen Quelle sind von 1969 bis zur Mitte 1972 in der Region Stade mit Hilfe der Investitionszulage 2,5 Mrd gefördert worden. Im Zuge der Investition sollen mehr als 8 000 neue Arbeitsplätze im Regierungsbezirk Stade geschaffen werden.

Nach diesen Angaben hat es den Anschein, daß die deutsche Regionalpolitik in eine entscheidende Phase eingetreten ist. Die Effizienz der Maßnahmen läßt sich natürlich auf Grund der amtlichen Mitteilungen nicht beurteilen. Insbesondere bleibt unklar, welche Einsätze nur geplant und welche durchgeführt worden sind. Sicher ist nur, daß die Maßnahmen ganz anders dimensioniert wurden als früher, so daß von hier aus der erstrebte Erfolg wahrscheinlicher wird als bisher. Aber in dem zweiten ent-

---

[96]) Hannoversche Allgemeine Zeitung v. 8. 11. 1972.

[97]) In: Niedersachsen auf dem Wege in das Jahr 2000, a. a. O., S. 62.

[98]) Statistisches Bundesamt. Fachserie D. Industrie und Handel, Reihe 1, Betriebe und Unternehmen der Industrie, Reihe 1, Vorbericht 1969 und 1970.

Tabelle 42:
Transformation der Untersuchungsergebnisse auf die Entwicklungsräume des Landesentwicklungsplanes Niedersachsen und die Entwicklung bis 1985*)

Bevölkerung

Entwicklungsräume in Niedersachsen	in Tausend						in Anteilen von Niedersachsen					
	1939	1961	1971	1985 b. natürl. Wachstum	1985 Status quo Prognose	1985 Ziel-projektion	1939	1961	1971	1985 b. natürl. Wachstum	1985 Status quo Prognose	1985 Ziel-projektion
Ostfriesland	296	369	409	454	403	425	6,5	5,6	5,7	6,2	5,5	5,7
Emsland	226	305	349	408	343	370	5,0	4,6	4,8	5,6	4,7	4,9
Oldenburg	466	620	694	737	670	710	10,2	9,3	9,6	10,1	9,2	9,5
Osnabrück	281	479	516	537	510	525	6,2	7,2	7,2	7,4	7,0	7,0
Unterweser	431	614	668	689	660	700	9,5	9,2	9,3	9,5	9,1	9,3
Mittelweser	252	380	401	394	403	410	5,6	5,7	5,6	5,4	5,5	5,5
Unterelbe	232	350	407	406	417	455	5,1	5,3	5,7	5,6	5,7	6,1
Lüneburg	182	265	273	273	268	280	4,0	4,0	3,8	3,7	3,7	3,7
Zentralheide	165	273	293	300	295	300	3,6	4,1	4,1	4,1	4,1	4,0
Hannover	698	1 003	1 101	1 044	1 180	1 180	15,3	15,1	15,3	14,3	16,2	15,8
Hildesheim	191	286	294	292	309	310	4,2	4,3	4,1	4,0	4,3	4,1
Braunschweig	582	962	1 025	1 013	1 065	1 065	12,8	14,5	14,3	13,9	14,6	14,2
Harz	199	293	293	284	295	295	4,4	4,4	4,1	3,9	4,0	3,9
Göttingen	347	442	458	456	469	475	7,6	6,7	6,4	6,3	6,4	6,3
Niedersachsen	4 548	6 641	7 181	7 287	7 287	7 500	100,0	100,0	100,0	100,0	100,0	100,0

*) Prognosen für 1985 nach dem Landesentwicklungsprogramm.

Noch Tabelle 42

Entwicklungsräume in Niedersachsen	Erwerbspersonen										Industriebeschäftigte					
	in Tausend					in Anteilen von Niedersachsen					in Tausend			in Anteilen von Niedersachsen		
	1961	1970	1985 b. natürl. Wachstum	1985 Status quo Prognose	1985 Ziel-projektion	1961	1970	1985 b. natürl. Wachstum	1985 Status quo Prognose	1985 Ziel-projektion	1961	1970	1985 Status quo Prognose	1961	1970	1985 Status quo Prognose
Ostfriesland	165	160	186	160	171	5,4	5,3	5,8	5,0	5,2	16	27	33	2,2	3,3	4,0
Emsland	141	136	172	139	153	4,7	4,5	5,4	4,3	4,6	29	31	33	4,0	3,8	3,9
Oldenburg	276	280	314	280	300	9,1	9,3	9,8	8,8	9,1	50	55	60	6,8	6,8	7,1
Osnabrück	225	217	231	217	226	7,4	7,2	7,2	6,8	6,8	59	65	63	8,1	8,0	7,4
Unterweser	286	281	306	291	311	9,5	9,4	9,6	9,1	9,4	33	40	44	4,5	4,9	5,2
Mittelweser	171	168	171	175	179	5,6	5,6	5,4	5,5	5,4	38	42	43	5,2	5,2	5,1
Unterelbe	160	167	179	184	204	5,3	5,6	5,6	5,8	6,2	14	17	24	1,9	2,1	2,8
Lüneburg	117	112	115	112	118	3,9	3,7	3,6	3,5	3,6	14	17	21	1,9	2,1	2,5
Zentralheide	120	124	131	128	131	4,0	4,1	4,1	4,0	4,0	23	26	27	3,1	3,2	3,2
Hannover	474	492	478	550	550	15,7	16,4	15,0	17,2	16,7	162	173	174	22,1	21,4	20,5
Hildesheim	126	123	131	139	140	4,2	4,4	4,1	4,4	4,2	40	40	42	5,5	5,0	4,9
Braunschweig	437	436	455	485	485	14,5	14,5	14,3	15,2	14,7	164	184	188	22,4	22,8	22,2
Harz	129	121	123	127	127	4,3	4,0	3,9	4,0	3,8	40	38	37	5,5	5,7	4,4
Göttingen	193	188	198	204	208	6,4	6,3	6,2	6,4	6,3	50	54	58	6,8	6,7	6,8
Niedersachsen	3 020	3 005	3 190	3 191	3 303	100,0	100,0	100,0	100,0	100,0	732	809	847	100,0	100,0	100,0

scheidenden Punkte ist die alte Unklarheit geblieben, und der Bundesraumordnungs-bericht 1972 spricht ihn auch offen an, wenn wir dort lesen, „daß trotz aller Erfolge ... die Auswahl der Entwicklungsschwerpunkte sich als eine schwierige Aufgabe erwiesen hat, da es bisher keine eindeutige Antwort auf die Frage gibt, wie viele solcher Schwerpunktgemeinden überhaupt entwickelt werden sollten". Nachdem, was in dieser Untersuchung darüber gesagt wurde, müßte es wohl heißen: „entwickelt werden können". Sowohl vom verfügbaren Potential her wie von den Zusammenhängen der bestehenden Gefügeordnung aus können Maßnahmen, die sich auf eine Angriffsbreite von 300 Schwerpunkten erstrecken, zu leicht in einer allgemeinen Verbilligung der Investitionen enden. Wenn die Querschnittsraster für 1975 oder 1980 über die Wirtschaft Westdeutschlands gelegt werden, werden wir es wissen.

Für Nordwestdeutschland lassen das erwähnte Gutachten des DIW und die Transformation der eigenen Untersuchungsergebnisse in das Schema des neuen Landesentwicklungsprogramms (Tabelle 42) erkennen, daß sich in der großräumigen Verteilung der Bevölkerung und der Industriebeschäftigten auch in der mittleren Zukunft keine entscheidenden Veränderungen vollziehen werden. Mit anderen Worten: Über die Förderung der Arbeitsplätze ist die Raumordnung in der vor uns liegenden Zeit nur noch lokal und punktuell zu verbessern.

5. Das Ergebnis der Untersuchung über die räumliche Verteilung der Bevölkerung und ihrer Unterhaltsquellen von 1930–1970

Damit ist die Untersuchung zur Anatomie der westdeutschen Raumentwicklung im 20. Jahrhundert zunächst beendet. Das Ergebnis fasse ich wie folgt zusammen:

(1) Die beiden bisher in der Literatur vertretenen Trends einer zunehmenden Konzentration von Bevölkerung und Wirtschaft und des interregionalen Ausgleichs konnten nicht verifiziert werden.

(2) Der Eindruck hat sich verstärkt, daß in den dreißiger Jahren dieses Jahrhunderts die Epoche der Landesentwicklung, in der das Bevölkerungswachstum eine Agglomerierung großen Stils ermöglicht hat, zu Ende gegangen ist. Das Anwachsen der Bevölkerung nach 1945 ist ein einmaliger geschichtlicher Verdichtungsvorgang aus völlig anderen Gründen, der ebenfalls als abgeschlossen betrachtet werden muß. Die zukünftige Landesentwicklungspolitik wird im Zeichen eines schrumpfenden Bevölkerungspotentials stehen.

(3) Es kann kaum noch ein Zweifel bestehen, daß die beiden Raumerschließungssysteme der Bevölkerungs- und des Arbeitsstättenkörpers in der Entwicklung der letzten 40 Jahre eine außerordentliche Konsistenz bewiesen haben, die um so stärker bewertet werden muß, als diese Entwicklung während eines spektakulären Geschehens für andersartige Tendenzen viele und entscheidende Ansatzpunkte bis hin zur völligen Veränderung geboten hätte.

Es zeigt sich mit aller Eindeutigkeit, daß die Logik des Raumes im Prinzip die alte Ordnung bestätigt hat. Von einer Neuordnung des Raumes kann nur in wenigen Fällen die Rede sein. Die Entwicklung vollzog sich im Prinzip als die Eingliederung eines einmaligen Bevölkerungspotentials nach den alten Relationen.

LINDE nennt das einprägsam „Ergänzung und Erweiterung der Sachausstattung eines mit Leben eigenen Rechts bereits erfüllten Landes durch Dritte"[1]).

Diese Tatsache der Konsistenz wurde in dieser Untersuchung zwar nur für Westdeutschland auf der Grundlage der Regierungsbezirke und zusätzlich für Nordwestdeutschland auf der Basis der Stadt- und Landkreise erwiesen. Es kann aber wohl angenommen werden, daß das für das Gefüge der gesamten Bundesrepublik gilt. So hat KEIL betont, daß in Schleswig-Holstein zwar zwischen 1939 und 1960 eine Zunahme der Bevölkerung um 727 611 E oder 45,7 % zu verzeichnen war, aber „im Vergleich zur Vorkriegszeit für den größten Teil des Landes mit ³/₄ der Bevölkerung ... der starke Bevölkerungszuwachs im großen und ganzen regional gesehen ohne wesentliche Proportionalverschiebung erfolgt ist und daß nur im Hamburger Randgebiet eine abweichende Entwicklung in Richtung einer stärkeren Bevölkerungskonzentration sich ergibt"[2]). Für Bayern ist die Konsistenz des Gefüges durch die Untersuchung von SIEBER erhärtet worden[3]).

In dieser Konsistenz der räumlichen Ordnung stellen die ausländischen Arbeitskräfte ein beachtliches Kontingent. Im Bundesgebiet arbeiteten 1967 1 806 700 Ausländer, 1970 2 976 500. Die Analyse zeigt, daß gerade der Zustrom in die Städte

---

[1]) H. LINDE: Über Zukunftsaspekte in der Raumplanung, a. a. O., S. 91.

[2]) G. KEIL: Landesplanung in Schleswig-Holstein. Kiel 1964. H. 4, S. 40.

[3]) In: Steuerstatistiken als Grundlage raumwirtschaftlicher Untersuchungen, a. a. O., Tabellen 1 und 20.

und die industrialisierten Stadtregionen beträchtlich gewesen ist. Einen Zuwachs an deutscher Bevölkerung hatten Ende der 60er Jahre nur die Großstädte Freiburg, Göttingen, München, Münster, Mainz, Neuß, Oldenburg, Regensburg und Wilhelmshaven. Die Frage, ob das Ausbleiben dieser ausländischen Bevölkerung einen Rangverlust für die einzelnen Agglomerationen und eine Abschwächung der Wirtschaftskraft im Sinne einer Veränderung der regionalen Relationen mit sich gebracht hätte, ist nicht mit Sicherheit zu beantworten. Nach den Erfahrungen der letzten 40 Jahre wäre das sog. Wachstum wahrscheinlich insgesamt geringer, der relative Abstand aber erhalten geblieben.

(4) Das räumliche Geschehen im Industrialismus ist das Ergebnis raumdifferenzierender Faktoren. Die Raumwirtschaftstheorie nennt ihrer drei: konzentrationsfördernde externe und interne Ersparnisse und zwei Gegenkräfte Transportkosten und Bodenrente. Es hat den Anschein, als ob diese Faktoren mit Ausnahme der Bodenrente nach der Herausbildung der industriellen räumlichen Ordnung in Westdeutschland viel von ihrer Bedeutung verloren haben.

(5) Es hat sich gezeigt, daß die beiden Raumsysteme Bevölkerung und Wirtschaft unterschiedlichen Entwicklungsgesetzen unterliegen. Auch ihre Bereiche decken sich nicht. Es genügt, wenn sie sich auf Pendlerentfernung angenähert haben.

(6) Während in der Agrargesellschaft die Bedeutung von Einzelorganen außerordentlich gering zu veranschlagen ist, besteht die Industriegesellschaft aus vielen differenzierten Lebensformen, die aufeinander einwirken und voneinander abhänig sind. Damit ist der Kreislauf gestaltende Wirklichkeit geworden. Die Allokation von Bevölkerung und Wirtschaft vollzieht sich unter seinem Einfluß so, daß „alle (regionalen) Systeme mit ihren Teilsystemen in untrennbarem gegenseitigen Zusammenhang (stehen)" und „daher jedes input und jede Veränderung im Verhalten eines Teilsystems Veränderungen im Verhalten vieler Teile des Gesamtsystems hervor(rufen)"[4].

(7) Es konnte gezeigt werden, daß es in der modernen Wirtschaft für die nicht standortgebundenen Betriebe keine von Natur aus prädestinierten Standorte gibt; ihre Vorteile haben sich vielmehr im Rahmen bestimmter geschichtlicher Abläufe herausgebildet. Es lassen sich somit Eingliederungsbedingungen denken und schaffen, mit denen neue isolierte Standorte entstehen und alte verteidigt werden können.

(8) Bevölkerungswanderungen waren in dem behandelten Zeitabschnitt nie Ursache, sondern Folge von regionalen wirtschaftlichen Veränderungen. Die Entwicklung hat LINDE recht gegeben: „Auf das Ganze gesehen setzt jeder Wanderungsfall im Zielgebiet doch die offene Arbeitsstelle und Unterkunft voraus, jeder Wanderungssaldo also die vorlaufende Vermehrung von Arbeitsplätzen und Wohngelegenheiten ... In der Abfolge der aufeinander bezogenen Investitionsentscheidungen von Unternehmern, öffentlichen Haushalten und mit Rücksicht auf den Wohnungsbau schließlich auch der privaten Haushalte kommt der Arbeitsplatzinvestition der Rang der Leit- oder Basisinvestition zu"[5]. Es hat sich gleichzeitig herausgestellt, daß die Wohnentscheidungen der Bevölkerung den Arbeitsplatzinvestitionen nicht untergeordnet werden, sondern daß sie abwartend und eigenständig erfolgen.

---

[4] L. Küttner: Gebietsplanung und Kybernetik I. In: Wiss. Ztschr. d. Hochschule f. Arch. u. Bauwesen, Weimar 1962, H. 4, S. 339.

[5] H. Linde: Die räumliche Verteilung als Ergebnis gesellschaftlicher Prozesse. In: Bevölkerungsverteilung und Raumordnung, ARL, FuS Bd. 58, Hannover 1970, S. 51 f.

(9) Im Verlauf der Untersuchung hat sich kein Fall finden lassen, wo Infrastruktur-investitionen induzierend gewirkt hätten[6]). Induzierende Regionalpolitik kann nur durch Verlagerung von produktiven Investitionen mittels öffentlicher Unterstüt-zung bewirkt werden.

(10) Es hat sich ergeben, daß der regionale Multiplikator nur in Wirksamkeit tritt, wenn eine entsprechende Bevölkerungsagglomerierung stattfindet. Noch so bedeutende Kapitalinvestitionen in Kraftwerken oder Grundstoffindustrien allein sind regional wertlos.

(11) Es hat sich keine optimale Agglomerationsgröße in bezug auf die Höhe des Sozial-produkts je Erwerbstätigen nachweisen lassen. Die Leistung ist allein von der sekto-ralen Produktivität abhängig und wächst mit dem Beschäftigtenanteil, den sie auf sich ziehen kann. Im Bereich Handel und Verkehr ist eine zusätzliche Abhängigkeit von der Agglomerationsmächtigkeit gegeben. Es ließ sich weiter feststellen, daß die Vergrößerung der Verdichtungsräume in den letzten Jahrzehnten keine Produktivi-tätsverbesserung zur Folge hatte. Anscheinend ist das absolute Wachstum der Stadt-regionen nach 1930 durch soziale Daten (Verringerung der Arbeitszeit, veränderte Bevölkerungsstruktur) bedingt.

(12) Die Raumordnungspolitik nach 1945 entbehrte eines einheitlichen Systems von Maßnahmen. Im Prinzip haben die staatlichen Finanzoperationen auf dem Gebiete des Wohnungsbaus, der Infrastrukturverbesserung und der Landwirtschaftsum-strukturierung die alte Raumordnung unterstützt. Soweit die Raumordnungspolitik in andere Richtungen tendierte, blieb sie ohne größere wirtschaftliche Auswirkung. Die Untersuchung konnte nicht entscheiden, ob diese negative Wirkung in der un-genügenden Diemension der Einflußnahme, in der Wahl eines ineffektiven Einsatz-bereiches, im Wesen der Gefügeordnung der Volkswirtschaft oder in einer gegen-sätzlichen Zusammenstellung der Maßnahmen begründet lag. Im großen und ganzen besitzt die räumliche Ordnung in Westdeutschland heute dieselben Relationen wie in den dreißiger Jahren. Abweichungen sind durch nachweisbare Sondereinflüsse aus-reichend zu erklären.

---

[6]) Diese Feststellung stimmt überein mit dem Ergebnis anderer Untersuchungen, die inzwischen bekannt geworden sind. So heißt es in einer Veröffentlichung von DIETRICH FÜRST und KLAUS ZIMMERMANN, daß „Korrelationsanalysen von infrastrukturellen Merkmalen und die Häufigkeit von angesiedelten Unternehmen ... über kausale Verhältnisse nichts aussagen und vor allem das Gewicht der einzelnen Infrastrukturmerkmale nicht isolieren (können) ... Als Konsequenz wurde erkannt, daß Infrastrukturmaßnahmen durch Lenkungsinstrumente ergänzt werden müssen" (In-frastruktur und unternehmerische Standortentscheidungen. In: Raumforschung u. Raumordnung 1973, H. 1, S. 52 u. 53). — Die Forschungsgemeinschaft für Agrarpolitik und Agrarsoziologie e. V. urteilt in ihrer Studie „Über die Abgrenzung der Agglomerationen Rhein-Main, Rhein-Neckar und Karlsruhe": „Bemerkenswert ist insbesondere, daß es weder in der umfangreichen Analyse mit 77 Kennziffern noch in weiteren Versuchen mit kleineren Datensätzen gelang, einen Infrastruktur-faktor eindeutig und klar zu identifizieren. Dies ist sicher zu einem erheblichen Teil auf den sehr undifferenzierten Unterlagen über den Infrastrukturbestand zurückzuführen, könnte aber ebenso ein Hinweis darauf sein, daß die Infrastruktur als eine sehr komplexe Größe sich einer eindimen-sionalen Erfassung entzieht" (In: Sachverständigenkommission für die Neugliederung des Bundes-gebietes, Materialien zum Bericht der Sachverständigenkommission, Dezember 1972, S. 322).

228